普通高等教育工程管理和工程造价专业系列教材
东南大学2021年校级规划教材

工程经济学原理及应用

主　编　黄有亮
副主编　杜　静
参　编　（按姓氏笔画排序）
丁华军　于凤光　王　波　刘　艳
刘冬梅　李　圆　高　辉　章蓓蓓
蒋　霞　温茵茵　霍正刚

机械工业出版社

为满足日益增长的复合型人才和创新型人才的行业需求，培养具有社会责任感的未来工程师，适应新形势下工程经济学课程教学的发展，来自江苏、安徽等省的9所高校教学一线教师共同编写了本书。本书分为上、中、下三篇：上篇为工程经济学原理，主要内容包括资金的时间价值理论、工程经济要素、工程经济性判断的基本指标、工程方案经济性比较与选择、价值工程原理；中篇为工程投资经济分析，主要内容包括投资项目可行性研究、投资项目财务分析、投资项目经济费用效益分析、不确定性分析与风险分析；下篇为工程建设与运营经济分析，主要内容包括工程设计经济分析、工程施工经济性分析、工程设备系统经济性分析。

本书知识体系完备、工程案例丰富、配套教学资源齐全，可作为普通高等学校工程管理、工程造价、土木工程等土木建筑类相关专业的教材，也可作为建设单位、施工单位、监理单位等工程技术人员的参考书。

图书在版编目（CIP）数据

工程经济学原理及应用/黄有亮主编．—北京：机械工业出版社，2022.4（2025.6重印）
普通高等教育工程管理和工程造价专业系列教材
ISBN 978-7-111-70226-9

Ⅰ.①工…　Ⅱ.①黄…　Ⅲ.①工程经济学—高等学校—教材
Ⅳ.①F062.4

中国版本图书馆CIP数据核字（2022）第032173号

机械工业出版社（北京市百万庄大街22号　邮政编码100037）
策划编辑：林　辉　责任编辑：林　辉
责任校对：郑　婕　刘雅娜　封面设计：张　静
责任印制：单爱军
中煤（北京）印务有限公司印刷
2025年6月第1版第4次印刷
184mm×260mm · 19印张 · 544千字
标准书号：ISBN 978-7-111-70226-9
定价：59.80元

电话服务　　　　　　　　　网络服务
客服电话：010-88361066　机　工　官　网：www.cmpbook.com
　　　　　010-88379833　机　工　官　博：weibo.com/cmp1952
　　　　　010-68326294　金　书　网：www.golden-book.com
封底无防伪标均为盗版　　　机工教育服务网：www.cmpedu.com

前言

从古至今，几乎没有一项工程技术能独立于经济而存在。工程技术为经济而生，既以经济为生存的条件，又是实现经济的手段。“科学技术是第一生产力”这一重要论断，能让我们更深刻地理解工程技术与经济的关系。所以，工程人要懂经济学，学工程要学经济学。读一本工程经济学教材，对于在校学习的未来工程师们走向杰出和卓越之路是非常有益的。

在书店、图书馆和图书电子资源里，有关工程经济学的教材书盈四壁，各有独特之处。然而，随着我国工程建设的投资管理体制和相关财政税收体制不断改革和完善，教学内容需要不断更新和补充；随着信息技术的广泛应用和教学手段的多样化，教材形式需要进行改革；未来的经济建设和社会发展需要大量的复合型人才、创新型人才和具有社会责任感的工程师，课程的教学理念需要转变。为适应新形势下工程经济学课程教学发展的需要，编写团队在编写本书时，以教学指导委员会颁布的大纲知识点为基础，在传统课程内容的基础上融入我国特色的投资经济分析理论、投资决策体制和税制改革等内容，并进一步梳理、整合与优化，试图从以下四个方面打造出特色：

1）更新知识内容。一是自2016年后，我国已全面实施“营改增”，标志着实施了60多年的营业税退出了历史舞台。“营改增”改变了部分工程经济要素的计算方法及相互之间的运算关系，投资财务分析方法及相关报表也必须做出相应的变化和调整。二是现代投资与财务分析实践离不开基于计算机的财务分析工具，本书汇集了Excel内置的主要财务函数及使用说明，并利用其对各章主要例题进行分析和解答。

2）创新结构安排。每章开头设置引语，通过生活和工程实践案例引出本章要学习的内容，引发学生的学习兴趣和对相关经济问题的思考与讨论，建立所学知识内容的代入感。全书总体采用“原理+工程应用”的知识单元叠加式结构，分为上、中、下三篇，上篇的工程经济学原理为工程经济学课程必学的基本理论与方法，中篇的工程投资经济分析和下篇的工程建设与运营经济分析则是增进工程经济分析技能的学习内容。这一结构安排便于教师依据教学时数、授课学生专业特点、培养目标要求等进行教学内容的选择、组合和搭配。

3）辅助数字资源。以文字、图片、声音和影像等多种形式表现的课程授课视频、多媒体课件、拓展阅读和学习资料、例题解析、学习测验等电子资源，搭建本书的数字化辅助学习平台，以二维码、网址等方式链接，便于学生自主在线学习。

4）注入思政元素。从我国经济建设和社会发展实践中总结出的适合我国国情的经济理论、科学而民主的投资评估与决策程序及相应若干大型工程的成功案例，为本书注入了鲜活的思政教育元素，可启发学习者在面对复杂工程问题时能从社会、环境和经济等综合视角进行思考和分析，并提出更为科学合理的解决方案。

希望本书能帮助读者掌握工程经济学的基本原理，有助于未来的工程师们了解工程活动中各类经济问题与现象，培养经济性思维与创新意识，训练工程经济分析的基本技能。

本书被列为东南大学校级规划教材。东南大学黄有亮、杜静分别担任本书的主编和副主编。全书由国内9所高校的13名教师共同编写，按章节顺序分工如下：绪论由黄有亮编写，第1章由刘冬梅编写，第2章由王波编写，第3章由刘艳编写，第4章由丁华军编写，第5章由霍正刚编写，第6章由章蓓蓓编写，第7章由杜静编写，第8章由李圆编写，第9章由温茵茵编写，第10章由黄有亮、蒋霞编写，第11章由蒋霞、于凤光编写，第12章由高辉编写，附录由黄有亮、于凤光、蒋霞编写。本书由黄有亮、杜静统稿。

本书在线课程（MOOC）视频学习资料：计算机端登录中国大学MOOC网（https://www.icourse163.org/），移动端安装“中国大学MOOC”App，搜索“工程经济学原理”，单击“立即参加”即可。

微信关注“SEU工程经济”课程公众号，可获得大型工程经济评价与决策过程的分析、工程建设中经济问题和现象的讨论和解释、经济学的有趣话题和故事、工程经济学课程学习的难点与解决等方面的资讯，并可向该公众号投稿，发表自己的观点和见解。

本书更多辅助教学资料可在机械工业出版社“天工讲堂”云平台和机械工业出版社教育服务网获取。

限于编者水平，书中难免会有不足之处，恳请广大读者予以批评指正。本书专用电子邮箱：engineering_eco@163.com。

编　者

目 录

中篇 工程投资经济分析

下篇 工程建设与运营经济分析

绪　论

导言

1. 什么是工程经济学

工程经济学是一门应用经济学，从它诞生起就被称为“为工程师的经济学”。那么，工程经济学究竟是什么？为什么被称为“为工程师的经济学”？让我们穿越百年，去了解工程经济学鼻祖（惠灵顿）是怎么说的。

一百多年前，当惠灵顿还是一个从事铁路选线勘测的年轻土木工程师时，他在工作中发现，过去许多选线工程师几乎完全忽视了他们所做的决策对铁路未来的运营费用和收益的影响。于是，他在 1877 年写了《铁路选线的经济理论》这本著作，开创了工程经济学这门科学。在这本书的前言里，他批评道：“因选线错误，少数月薪 150 美元的‘低能’之辈可以使为数众多的镐、铲和车头干着徒劳无益的活”。月薪 150 美元现在来看好像很低，但在那个时候，却是当时普通工人工资的 5 倍左右。惠灵顿的这部著作影响深远，我们至今还能看到这本书的再版。2017 年，英国图书出版商 Forgotten Books 在其历史重要著作的“经典再现”系列出版物中，采用最先进的技术，以原版图书摹本方式重印了此书。

惠灵顿之后，历经了 50 多年的发展，到 1930 年，格兰特教授出版了《工程经济原理》一书，至此，工程经济学的理论架构基本形成。该书被公认为是里程碑式著作，其所创立的工程经济学的经典学说几乎一直沿用至今。为此，格兰特被誉为“工程经济学之父”。

从惠灵顿到格兰特，一直秉承“（工程）是一门如何花最少的钱把事情办好的艺术”的观点，这一观点揭示了工程与经济之间密不可分的关系。格兰特指出，工程经济学是“用于指导基于经济视角的工程决策”的理论。工程决策是一个广泛的议题，涉及工程、产品或服务等设计方案比较与选择、工程投资的经济决策分析，以及生产、经营及管理领域的方案决策等。可见，工程经济学是一门对工程方案在经济上进行分析、计算、比较和选择的科学。

2. 为什么要学习工程经济学

作为未来的工程师，土建类所有专业甚至很多工科专业的大学生都应该学习工程经济学，目的是能够在工程技术知识结构中植入经济学思维。那么，工程师们为什么要具备经济学思维？学习工程的学生为什么要学经济学？下面来看几个例子。

先以生活中常用的椅子为例。大多数人家里的椅子一般是实木的，它们的靠背款式几乎都是由几根实木棍或板拼成的中间留有较大空隙的样式。如果你有兴趣，你可以在互联网搜索一下，找到一些古代名画的图片，如我国五代时期南唐的顾闳中所画的《韩熙载夜宴图》和 19 世纪荷兰后印象派画家梵高所创作的《梵高在阿尔勒的卧室》，会发现中外古代名画中人们日常用的椅子，也大致是这个形状。那为什么古今中外的工匠或设计师都选择这种样式的靠背呢？原因是这种样式省料，也可以充分利用木料。但是，在教室、会议室等一些公共场所所用胶合板的椅子却是采用一整块板作为靠背。这时人们为什么又不考虑省料呢？也许有人说是因为采用了胶合板。但是，只要你愿意以足够高的价钱购买，肯定有人能够用胶合板做出实木椅子状的椅子卖给你。更可能的原因是，如果那样做，省下的料钱远远不够抵销多花的人工制作费。所以，从经济性出发，有经验的设计师或工匠总是用整块胶合板作为靠背。

对于椅子这样的工程，设计师或工匠们凭借经验也能进行设计经济优化和方案选择。但是，当面临复杂的工程技术方案或者大规模的建设项目时，仅凭经验积累形成的业余经济学可能就无法胜任，这时就需要一套科学的理论体系来指导。

以京沪高铁工程为例。这条连接我国政治文化中心和经济中心的铁路，全长 1 318km，设计最高时速为 380km，总投资 2 209 亿元，2011 年 6 月全线通车，是目前世界上建成的线路最长、标准最高的高速铁路线。然而，从 1990 年 12 月提出线路方案构想开始到 2008 年 4 月开工建设，经历了近 18 年的决策历程。

1）1990 年 12 月，线路方案构想报告。

2）1994 年，重大技术经济问题前期研究报告。

3）1996 年 4 月，预可行性研究报告（送审稿）。

4）1997 年 4 月，预可行性研究报告补充研究报告，项目建议书。

5）1998 年 10 月—2000 年 4 月，预可行性研究报告的评估，“京沪高速铁路预可行性研究报告”（评估补充稿）。

6）2004 年初，确定采用轮轨技术，期间历经了 5 年的是否采用磁悬浮的技术之争。

7）2006 年 3 月，国务院通过了《京沪高速铁路项目建议书》。

8）2007 年 9 月，国务院批准了《京沪高速铁路项目可行性研究报告》。

9）2008 年 4 月，京沪高铁工程开工建设。

该项目经历了近 8 年的预可行性研究，不同技术比较、试验、权衡和选择，不同意见和观点的争论，以及复杂的商业利益、宏观效益和社会效果考量（对详细决策过程感兴趣的读者，可阅读张雪永的文章《由京沪高铁再回顾看重大项目如何决策》。正是经历这样科学、民主和审慎的决策程序，京沪高铁运行 3 年后，就扭亏为盈，是我国第一条实现盈利的高铁线路，并成为全球高铁盈利速度的标杆。2020 年 1 月 16 日，京沪高铁在上海证券交易所主板挂牌上市。

从几十元的椅子，到投资上千亿元的高铁线，工程实践无不体现出其背后的经济逻辑。工程是以经济为目标，同时其发展也离不开经济的支持。再先进的工程技术必须是经济合理的，才有生命力。工程经济学试图告诉人们，在工程的技术先进性与经济合理性之间进行权衡的思维和方法，是其作为一门应用经济学存在的意义，也是工程人要学习工程经济学的缘由。

3. 学习工程经济学有什么么用

工程经济学作为“为工程师的经济学”，试图让人们认识到惠灵顿和格兰特所创立的经济学对工程的价值，并产生浓厚的兴趣，逐渐理解真正的工程师的工作，以及他们在工程实践中思考经济问题的思路。为了在工程实践中能够正确处理工程技术与经济的关系，工程经济学构建了一套成熟的理论体系，为工程方案的经济性选择与决策提供了一套有效的方法与工具。虽然工程经济学并不解决技术层面问题，但从经济角度为工程师运用技术改进、创造和创新工程方案指明了方向。虽然它也不直接创造经济价值，但它为工程技术能否更多地创造价值提供了思考和分析工具。

工程经济学所涉及的主要领域有以下几个：工程项目投资决策；工程设计方案选择与比较；工程施工工艺方案与组织方案的选择与比较；工程物资采购计划；工程施工生产作业方法、生产技术和施工生产管理；工程新产品开发与更新换代；企业设备更新与技术改造；企业劳动力雇用计划。

未来无论你是一个工程技术专家，还是一个项目投资咨询专业人士、项目管理者，或者是在政府机构从事工程行政管理事务的公务人员，工程经济学将在你的工程实践中起到重要的作用。学习工程经济学能让我们成为一个真正懂经济的工程师，是我们走向杰出和卓越之路的重要台阶。

最后，以中国工程院左铁镛院士的语录来结束本书的绪论：“21 世纪的工程师所遇到的最大挑战是‘非工程’方面的。现代工程学已进入‘社会工程’的阶段。一个工程师所要关注的已经远远不仅是某项工程能否修建完成，还必须关注它是否经济，它会引起什么社会后果，它与人类的福祉之间是什么关系”。

上篇

工程经济学原理

第 1 章 资金的时间价值理论

■ 引语

张小三大学毕业后，找到了一份专业对口、收入不错且稳定的工作。他努力好学、勤奋认真，很快适应了工作岗位并取得良好的业绩，经常获得同事和领导的赞扬，职业前景光明。一次闲聊中，部门经理提醒他，除工作外，个人未来的生活也应该有一个很好的规划。于是，他想到了自己在大学期间学过的“工程经济学”，他想用学过的经济学知识为自己制订一份未来 10 年的财务计划，计划的项目如下：

1）还清大学 4 年的助学贷款。

2）在 5 年内可能会与相爱的女友结婚，需要一笔结婚费用。

3）希望能有足够的首付款，在 10 年后买个小套学区房。

工程投资和企业财务计划远比个人财务计划复杂得多，常会出现若干工程经济现象和问题，即使一个投资项目的财务分析也可能涉及几十张报表的编制与计算。然而，这一切的背后其实只是依据一个简单的理论，即本书在第 1 章介绍的资金时间价值理论。资金时间价值按字面意思是资金随着时间而增值，但本质上是指资金随着资金的运动（如投资、生产、经营、贸易等）而创造出更多的价值。运动是需要时间的，因此人们就简单称之为“资金的时间价值”。

资金时间价值理论是工程经济学的基本理论和分析工具。学完本章后，你不妨为张小三制订一份未来 10 年的财务计划，有关背景（如城市、职业、住房位置等）可根据自己所在城市情况拟定，所需要的数据可通过网络或实地调查获得。

■ 1.1 资金的时间价值

资金的时间价值

1.1.1 资金时间价值的概念

货币如果采用储藏手段保存起来，不论经过多长时间仍为同名数量的货币，而不会发生数值的变化。货币的作用体现在流通中，货币作为社会生产资金参与再生产的过程即会得到增值、带来利润，这种现象一般称为资金的时间价值。简单来说，“时间就是金钱”，是指资金在生产经营及其循环、周转过程中，随着时间的变化而产生的增值。

资金具有时间价值并不意味着货币本身能够增值，而是因为资金代表一定量的物化产物，它一定要在生产与流通过程中与劳动相结合才会产生增值。资金的增值过程示意图如图 1-1 所示。

下面用一个简单的例子说明资金的时间价值。

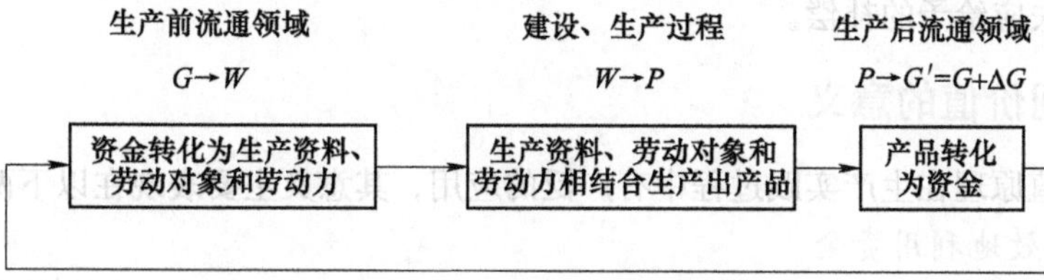

图 1-1 资金的增值过程示意图

【例 1-1】 某大学生持有 20 000 元现金，目前不想消费，按表 1-1 所列两种方案存入银行，假设银行年利率为 5%，第 2 年年末可从银行取出。如果其他条件均相同，哪种方案更优？

表 1-1 【例 1-1】不同存入方案的数据 （单位：元）

方案	第 1 年年初存入金额	第 2 年年初存入金额	收益总额
A	12 000	8 000	21 630
B	8 000	12 000	21 420

【解】 在考虑资金时间价值的情况下，两种方案的收益总额计算如下：

A 方案的收益总额 $12\ 000$ 元$\times(1+5\%)^2+8\ 000$ 元$\times(1+5\%)=21\ 630$ 元

B 方案的收益总额 $8\ 000$ 元$\times(1+5\%)^2+12\ 000$ 元$\times(1+5\%)=21\ 420$ 元

从而可得 A 方案优于 B 方案。

对于资金的时间价值，可以从以下两个方面理解：

一方面，资金随着时间的推移，其价值会增加，这种现象叫作资金增值。资金是属于商品经济范畴的概念，在商品经济条件下，资金是不断运动的。资金的运动伴随着生产与交换的进行，生产与交换活动会给投资者带来利润，表现为资金增值。资金增值的实质是劳动者在生产过程中创造了剩余价值。从投资者的角度来看，资金的增值特性使资金具有时间价值。

另一方面，资金一旦用于投资，就不能用于现期消费。牺牲现期消费是为了能在将来得到更多的消费，个人储蓄的动机和国家积累的目的都是如此。从消费者的角度来看，资金的时间价值体现为对放弃现期消费的损失所应做的必要补偿。

因此，资金的时间价值来源于资金的运动，来源于生产与交换活动，并非来源于时间本身。但资金的时间价值与时间的关系十分紧密。

资金时间价值的大小取决于多方面的因素，主要因素如下：

（1）资金的使用时间 在单位时间的资金增值率一定的条件下，资金的使用时间越长，资金的时间价值就越大；反之，就越小。

（2）资金参与一次流通过程所能取得的利润率 资金的利润率是资金时间价值的基本体现，决定资金时间价值的高低。

（3）资金投入和回收的特点 在总投资一定的情况下，前期投入的资金越多，资金的负效益（对资金的各种有害因素的影响）越大；反之，资金的负效益越小。在资金回收额一定的情况下，距投入期较近时回收的资金越多，则资金的时间价值越大；反之，距投入期较远时回收的资金越多，则资金的时间价值就越小。

（4）资金的周转速度 资金的周转速度越快，在一定时间内等量资金的时间价值越大；反之，就越小。

从投资者角度来看主要有三个方面的影响因素：一是投资收益率，即单位投资能够获得的收益率；二是通货膨胀率，即对因货币贬值带来的损失所应给予的补偿；三是风险因素，即对因风险的存在可能造成的损失应给予的补偿。

1.1.2 资金时间价值的意义

资金的时间价值原理在生产实践过程中有广泛的应用，其意义主要表现在以下两个方面。

1. 促进合理有效地利用资金

当决策者认识到资金具有时间价值时，就会努力使资金流向更加合理和易于控制，从而达到合理有效地利用资金的目的。在工程项目建设过程中，企业必须充分考虑资金的时间价值，尽量缩短建设周期，加速资金周转，提高资金的使用效率。一项工程若能早一天建成投产，就能多创造一天的价值，延迟一天竣工就会延迟一天生产，造成一笔损失。当企业积累了一笔资金时，若把它投入生产或存入银行，就会带来一定的利润或利息收入，不及时利用就会失去一笔相应的收入。

2. 促进形成科学的投资决策

任何一个工程建设项目从规划、建设到投入使用均需要经过一段时间，尤其是大型建设项目，投资数额大、建设周期长，在进行科学的投资决策时必须考虑资金的时间价值。

资金的时间价值与因通货膨胀而产生的货币贬值是性质不同的概念。通货膨胀是指由于货币发行量超过商品流通实际需要量而引起的货币贬值和物价上涨现象。货币的时间价值是客观存在的，是商品生产条件下的普遍规律，是资金与劳动相结合的产物。只要商品生产存在，资金就具有时间价值。但在现实经济活动中，资金的时间价值与通货膨胀因素往往是同时存在的。另外，投资具有风险，投资风险值（又称风险价值）是指在一定概率水平（置信度）下，某一金融资产价值在未来特定时期内可能的损失。因此，科学的投资决策既要重视资金的时间价值，又要充分考虑通货膨胀和风险价值的影响。

1.2 资金时间价值的度量

衡量资金时间价值的尺度有以下两种：其一为绝对尺度，即利息、盈利或收益；其二为相对尺度，即利率、盈利率或收益率。

1.2.1 利率

利率是指在一定时间内所得利息额与原投入资金的比例，也称之为使用资金的报酬率。它反映了资金随时间变化的增值率，是衡量资金时间价值的相对尺度，一般用百分数表示，即

$$i = \frac{I}{P} \times 100\% \tag{1-1}$$

式中 i——利率；

I——单位时间内所得利息；

P——原借贷资金。

用于表示计算利息的时间单位，称为计息期，有年、季、月或日等不同的计息长度。因为计息期不同，表示利率时应注明时间单位，只说利率为多少是没有意义的。通常年利率以“%”表示，月利率以“‰”表示。例如，现借得一笔资金 10 000 元，一年后利息为 800 元，则年利率为 800 元÷10 000 元×100% = 8%。

工程经济分析时，利息、盈利、收益、利率、盈利率或收益率是不同的概念。在分析资金信贷时，常使用利息或利率的概念；在研究某项投资的经济效果时，则常使用收益（或盈利）或收益率（盈利率）的概念。项目投资通常要求其收益大于应支付的利息，即收益率大于利率。收益与收益率是研究项目经济可行性必要的指标。

1.2.2　利息

利息是货币资金借贷关系中借方支付给贷方的报酬，一般以符号 I 来表示。

$$I = F - P \tag{1-2}$$

式中　I——利息；

F——借款期结束时债务人应付总金额（或债权人应收总金额）；

P——借款期初的借款金额，称为本金。

工程经济分析时，利息被看作是资金的机会成本，相当于债权人放弃了资金的使用权利，因放弃了利用资金获取收益的机会而获得的补偿。同时从投资者的角度来看，利息也体现在对放弃现期消费的损失所做的必要补偿。

1.2.3　单利法

计算资金的时间价值即是计算利息或收益。利息有单利法与复利法两种计息方式。

单利法以本金为基数计算资金的时间价值（即利息），不将利息计入本金，利息本身不生息，所获得利息与时间成正比，在第 n 期期末累计利息 $I_n = Pni$。因此，单利法的第 n 期期末本利和公式为

$$F_n = P + I_n = P(1 + ni) \tag{1-3}$$

式中　i——利率；

n——计息期数；

P——本金；

I_n——利息；

F_n——本利和，即本金与利息之和。

注：本章后文中 i、n、P、I、F 符号的意义，如无另外说明，均同此处。

例如，某人借入一笔资金 10 000 元，双方约定以单利法计息，计息期数为 3 年，年利率为 5%，则未来 3 年的利息本利和与最终偿还额见表 1-2。

表 1-2　单利法计算本利和　（单位：元）

年份 n	借款本金 P	当年利息 I	年末本利和 $F=P+I$	最终偿还额 F_n
1	10 000	10 000×5% = 500.00	10 500.00	0.00
2	10 500	10 000×5% = 500.00	11 000.00	0.00
3	11 000	10 000×5% = 500.00	11 500.00	11 500.00

1.2.4　复利法

复利法是以本金和累计利息之和为基数计算利息的方法，也就是通常所说的“利滚利”的方法。

假设在某一时间点上，有一笔资金 P，计息期利率为 i，以复利法计息，则在第 1 期期末该笔资金的本利和 $F_1 = P(1+i)$，第 2 期期末本利和 $F_2 = P(1+i) + iP(1+i) = P(1+i)^2$，依此类推，第 t 期期末本利和 $F_t = P(1+i)^t$。因此，复利法的第 n 期期末本利和计算公式为

$$F_n = P(1 + i)^n \tag{1-4}$$

例如，若上例按复利法计息，则未来3年的利息、本利和与最终偿还额见表1-3。由表1-3计算可知，复利法不仅本金逐期计息，而且以前累计的利息也逐期加利进行“利滚利”计算。

表1-3　复利法计算本利和　（单位：元）

年份 n	借款本金 P	当年利息 I	年末本利和 $F=P+I$	最终偿还额 F_n
1	10 000	10 000×5% = 500.00	10 500.00	0.00
2	10 500	10 500×5% = 525.00	11 025.00	0.00
3	11 025	11 025×5% = 551.25	11 576.25	11 576.25

同一笔借款，在利率和计息期均相同的情况下，用复利法计算出的利息金额比用单利法计算出的利息金额大（11 576.25元−11 500.00元=76.25元）。当本金越大、利率越高、年数越多时，两者差距也就越大。由于利息是资金时间价值的体现，而时间是连续不断的，所以利息也是不断地发生的。从这个意义上来说，复利法能够较充分地反映资金的时间价值，比较符合资金在社会再生产过程中运动的实际状况。因此，在经济研究中通常采用复利计息的计算方法，而单利法一般只用于短期借贷款中双方约定单利情况下的计算。

1.3　资金等值与现金流量图

资金等值与现金流量图

1.3.1　资金等值

资金等值是指在时间因素的作用下，在不同的时间点绝对值不等的资金而具有相同的价值。例如，现在的100元与一年后的106元，虽然绝对数量不等，但如果在年利率为6%的情况下，则这两个时间点上从数量上看两笔绝对值不等的资金在价值上看是“等值”的，即等值是指价值量相等，而不是数量值相等。

资金等值的特点是，在利率大于零的条件下，资金的数额相等，发生的时间不同，其价值肯定不等；资金的数额不等，发生的时间也不同，其价值却可能相等。

影响资金等值的因素有三个：金额、金额发生的时间、利率。其中，利率是关键因素，在处理资金等值问题时必须以相同利率作为比较计算的依据。

由于资金在生产流通的循环中一定会经历一个相当长的时间，建设工程领域尤其如此。所以，一个项目的资金投入和资金回收在时间点上形成一个序列，考虑到资金时间价值的作用，各时间点单位资金的价值存在差异，也就不能直接进行比较和运算，并进而评估项目的经济性。在多方案比较过程中也是如此，由于资金的时间价值作用，使得各方案在不同时间点上发生的现金流量无法直接比较。因此有必要把在不同时间点上的现金按照某一利率折算至某一相同的时间点上再进行比较，这种计算过程称为资金的等值计算。资金的等值计算通常要用到现金流量图。

理解等值概念时应注意以下四方面的内容：

1）等值仅是一种尺度，即为在同一利率下评价不同现金流量方案的一种度量。等值本身并不具有购置、筹款投资和再投资等手段的含义。

2）等值并不意味着具有相等的用途。

3）进行等值计算时，换算期数的时间单位一定要与利率的时间单位一致。如果期数按月计算，那么换算利率就是月利率。

4）不同方案有相同的时间价值（等值），并不意味着方案本身是相等的。

1.3.2　现金流量与现金流量图

1. 现金流量

方案的经济分析中，为计算方案的经济效益，往往把该方案的收入与耗费表示为现金流入与现金流出。方案带来的现金收入称为现金流入，方案带来的货币支出称为现金流出。研究周期内资金的实际收入与支出称为现金流量，现金流入表示为“+”，现金流出表示为“−”。

现金流入与现金流出的代数和称作净现金流量。现金流入、现金流出及净现金流量统称为现金流量。

2. 现金流量图

将现金流量表示在二维坐标图上，则此图称为现金流量图。现金流量图是一种反映经济系统中资金运动状态的图式，即把经济系统的现金流量绘入同一时间坐标图中，表示出各现金流入、流出与相应时间的对应关系。运用现金流量图，就可全面、形象、直观地表达经济系统的资金运动状态。现金流量图是描述现金流量作为时间函数的图形，它能表示资金在不同时间点流入与流出的情况，是经济分析的有效工具。

一个完整的现金流量图包含三个要素：时间轴、流入或流出的现金流和利率。图 1-2 所示为某方案的现金流量图。

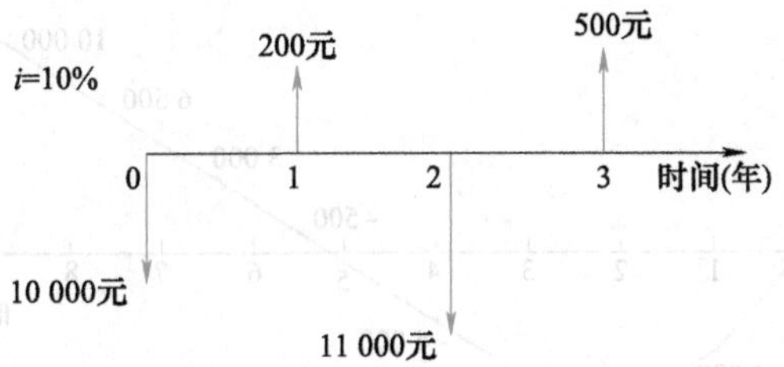

图 1-2　某方案的现金流量图

图 1-2 表示在该方案开始时，即第 1 年年初支出现金 10 000 元，在第 2 年年初（第 1 年年末）收入现金 200 元，在第 2 年年末支出现金 11 000 元，第 3 年年末收入现金 500 元。

现金流量图具有以下特点：

1）它是一个二维坐标矢量图。横轴表示时间；纵轴表示现金，箭线向上为正，表示收入；向下为负，表示支出。各线段长度与收入和支出数额基本成正比。

2）每个计息期的终点为下一计息期的起点，而下一计息期起点为上一计息期的终点，各个时间点称为节点。第一个计息期的起点为零点，表示投资起始点或评价时刻点。

3）现金流量图因借贷双方“立脚点”不同，理解不同。贷方的收入即是借方的支出，贷方的支出即是借方的收入。从借款人角度出发和从贷款人角度出发所绘现金流量图不同。

4）在绘制现金流量图时，为简便起见，若没有明确规定，一般投资放在期初，经营过程中的收入和支出放在期末。

3. 累计净现金流量图

累计净现金流量图反映工程项目从开始建设至寿命终结全过程累计资金的活动情况。绘制累计净现金流量图时，首先计算各时间点处的净现金流量的累计值，然后将其在各点上表示出来。累计净现金流量图能够反映整个研究周期上的累计净现金收支情况。

例如，某投资项目现金流量表见表 1-4，计算其各年份各期净现金流量和累计净现金流量，据此绘制出累计净现金流量图，如图 1-3 所示。

表 1-4　某投资项目现金流量表　（单位：万元）

指标	年份 n										
	0	1	2	3	4	5	6	7	8	9	10
现金流入				5 000	7 000	7 000	7 000	7 000	7 000	7 000	8 000
现金流出		6 000	3 000	3 500	3 500	3 500	3 500	3 500	3 500	3 500	3 500
净现金流量		−6 000	−3 000	1 500	3 500	3 500	3 500	3 500	3 500	3 500	4 500
累计净现金流量	0	−6 000	−9 000	−7 500	−4 000	−500	3 000	6 500	10 000	13 500	18 000

从图 1-3 可看出，前两年为项目建设期，第 2 年年末累计净现金流量为−9 000 万元，项目累计投资支出达到最大值，即项目总投资为 9 000 万元；第 3~10 年为项目运营期（生产期），项目开始生产产品并获得收入，各年净现金流量（净收益）为正，累计净现金流量曲线转而上升，以净收益逐步回收投资，在曲线与时间轴的交点（第 5~6 年）正好收回投资，其后曲线进一步上升，项目获得超出投资的累计净收益。

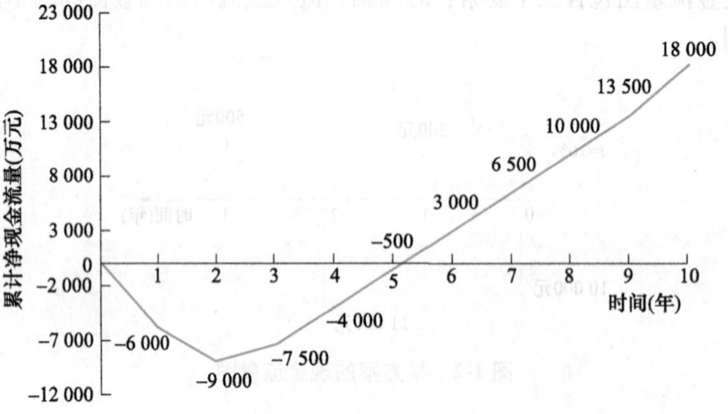

图 1-3　某投资项目累计净现金流量图

1.3.3　资金的时值与时点、现值、折现、年金、终值

（1）时值与时点　现金流量图上，时间轴上的某一点称为时点。某个时间节点上对应资金的值称为资金的时值。

（2）现值（P——present value）　将任一时点上的资金折算到时间序列起点处的资金值称为资金的现值。时间序列的起点通常是评价时刻的点，也称“现在时刻”点，即现金流量图的零点处。

（3）折现（D——discount）　将未来某时点处资金的时值折算为现值即对应零时值的过程称为折现。折现时使用的利率称为折现率或贴现率，用 i 表示。

（4）年金（A——annuity）　年金是指一定时期内每期有相等金额的收付款项，又称为年值或等额支付序列。折旧、租金、利息、保险金、养老金等通常都采取年金形式。年金有普通年金、预付年金和延期年金之分。

相对于第 1 期期初，年金的收款、付款方式有多种：

1）每期期末收款、付款的年金称为后付年金，即普通年金。

2）每期期初收款、付款的年金称为预付年金或先付年金。

3）距今若干期以后发生的每期期末收款、付款的年金称为延期年金。

普通年金、预付年金和延期年金之间的关系如下：

1）普通年金是每期期末收付的年金，是最常用的年金形式。资金时间价值计算公式的推导都是以普通年金为基础的。

2）预付年金是每期期初等额收付的款项，所以预付年金计算要以普通年金为基础，并考虑款项提前收付的时间差异。

3）延期年金是距今若干期以后等额收付的款项，所以计算时要考虑款项延期收付时间对货币资金价值的影响。

（5）终值（F——future/final value）　终值，又称为未来值，指资金发生在（或折算为）某一特定时间序列终点时的价值。

1.4　资金等值换算公式

资金等值计算均考虑复利计息，按不同的支付方式分为一次支付、等额支付序列、预付年金序列、变额支付序列等形式的等值换算公式。

1.4.1　一次支付等值换算公式

1. 一次支付终值公式（已知 P，求 F）

一次支付终值是指在某一时点上的一笔资金 P，按计息期利率为 i，复利计息时，这笔资金在第 n 期期末的值。可见，一次支付的终值即为复利计算的本利和，所以一次支付终值公式为

$$F = P(1+i)^n \tag{1-5}$$

一次支付终值公式，又称为一次支付复利公式，常简称为复利公式。式中 $(1+i)^n$ 称为一次支付复利系数。为简便起见，常用符号 $(F/P,i,n)$ 表示该系数。下文中，各类等值换算公式中的系数常用这种类似的符号表示。

【例 1-2】　某公司为资金周转，向另一家企业借款 100 万元。借款协议约定，年利率为 10%，按年计息，借款期为 5 年，5 年后一次性还本付息。那么，第 5 年年末一次偿还的本利和是多少？

【解】

解法一：

已知 $P=100$ 万元，$i=10\%$，$n=5$，求 F，其现金流量图如图 1-4 所示。

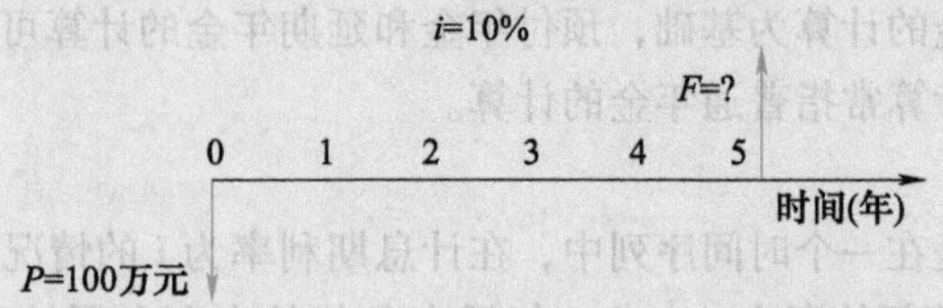

图 1-4　【例 1-2】现金流量图

$$F = P(1+i)^n = 100\text{万元} \times (1+10\%)^5$$
$$\approx 161.05\text{万元}$$

解法二：

可查复利系数表（见附录 A），得（F/P，10%，5）= 1.610 5，则

$F=P(F/P,i,n)=100$ 万元 $\times(F/P,10\%,5)=100$ 万元 $\times1.610\,5=161.05$ 万元

即 100 万元资金在年利率为 10%时，经过 5 年后变为 161.05 万元，增值 61.05 万元。

2. 一次支付现值公式（已知 F，求 P）

一次支付现值是指将某一时点（非零点）的资金 F 换算成现值（零点处的值）P。若 F 为已知，则由式（1-5）得出一次支付现值公式，即

$$P = F\frac{1}{(1+i)^n} \tag{1-6}$$

式（1-6）也可表示为 $P=F(P/F,i,n)$，其中$\frac{1}{(1+i)^n}$与$(P/F,i,n)$称作一次支付现值系数。

【例 1-3】 某一对年轻夫妇刚生完一个孩子，拟考虑投入一笔基金用于其大学教育，设银行年利率为 5%，那么现在银行存入多少元才能满足孩子 18 岁上大学时所需的各种费用共 50 万元？

【解】

解法一：

已知 F=50 万元，i=5%，n=18，求 P，其现金流量图如图 1-5 所示。

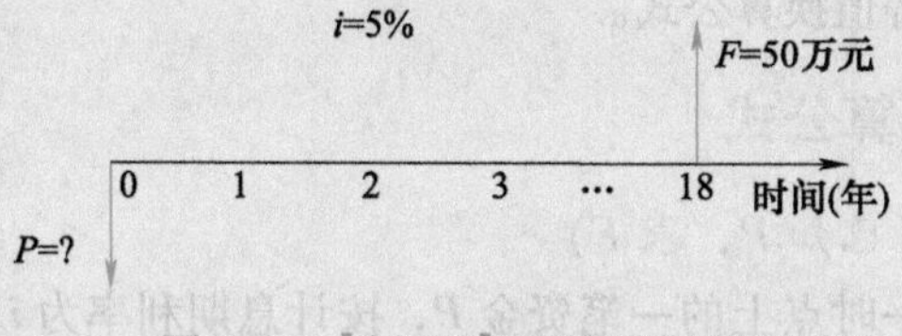

图 1-5 【例 1-3】现金流量图

$$P = F\frac{1}{(1+i)^n} = 50\text{ 万元} \times \frac{1}{(1+5\%)^{18}}$$
$$\approx 50\text{ 万元} \times 0.4155 = 20.775\text{ 万元}$$

解法二：可查复利系数表（见附录 A），得$(P/F,5\%,18)=0.4155$，则

$$P = F(P/F,i,n) = 50\text{ 万元} \times (P/F,5\%,18) = 50\text{ 万元} \times 0.4155 = 20.775\text{ 万元}$$

即若想第 18 年年末得到 50 万元，现在必须存入 20.775 万元。

1.4.2 等额支付序列等值换算公式

年金的计算以普通年金的计算为基础，预付年金和延期年金的计算可依据普通年金的计算公式进行推导。等额支付序列计算常指普通年金的计算。

1. 年金终值公式

年金终值公式的含义是在一个时间序列中，在计息期利率为 i 的情况下，连续在每个计息期的期末收入（或支出）一笔等额的资金 A，求 n 年后由各年的本利和累计而成的总额 F。即已知 A、i、n，求 F。类似于银行的“零存整取”储蓄方式，其现金流量图如图 1-6 所示。

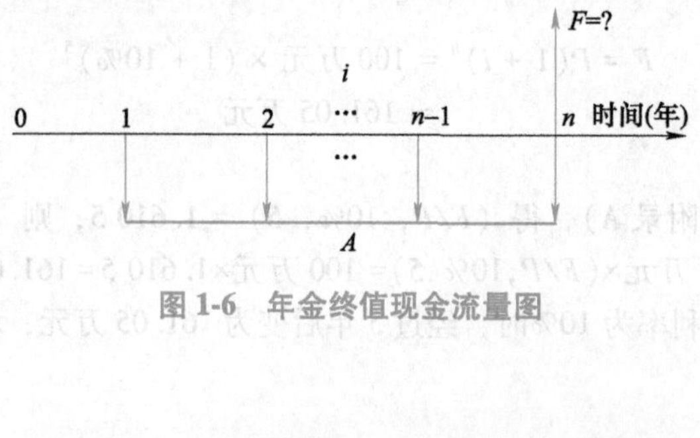

图 1-6 年金终值现金流量图

各期期末年金 A 相对于第 n 期期末年金复利终值可用表 1-5 表示。

表 1-5 普通年金复利终值计算

项目	期数					
	1	2	3	…	$n-1$	n
每期期末年金	A	A	A	…	A	A
第 n 期期末年金复利终值	$A(1+i)^{n-1}$	$A(1+i)^{n-2}$	$A(1+i)^{n-3}$	…	$A(1+i)$	A

$$F = A(1+i)^{n-1} + A(1+i)^{n-2} + A(1+i)^{n-3} + \cdots + A(1+i) + A$$

则

$$F = A\frac{(1+i)^n - 1}{i} \tag{1-7}$$

式（1-7）即为年金复利终值（未来值）公式，也可表示为 $F=A(F/A,i,n)$。其中 $\frac{(1+i)^n-1}{i}$ 或 $(F/A,i,n)$ 称作年金复利终值系数，简称年金终值系数或年金未来值系数。

【例 1-4】 某家长从儿子 8 岁时起，每年春节将 100 000 元存入银行，供儿子 18 岁出国留学用。假设年利率始终为 7%，复利计息，那么第 10 年年末可从银行连本带利取出多少钱？

【解】

此题现金流量图如图 1-7 所示，已知 $A=100\ 000$ 元，$i=7\%$，$n=10$，求 F。

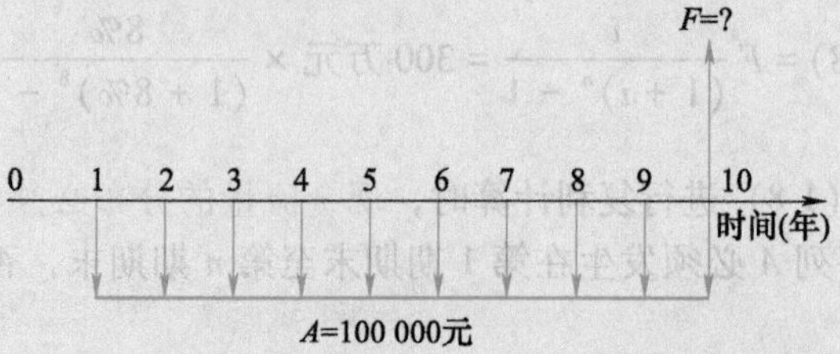

图 1-7 【例 1-4】现金流量图

由式（1-7）可得

$$F = A\frac{(1+i)^n - 1}{i}$$

$$= 100\ 000\text{元} \times \frac{(1+7\%)^{10} - 1}{7\%} \approx 1\ 381\ 644.79\text{元}$$

2. 偿债基金公式

偿债基金是指为了在约定的未来某一时点清偿某笔债务或积聚一定数额资金而必须分次等额提取的存款准备金。每次提取的等额存款金额类似年金存款，它同样可以获得按复利计算的利息，因而应清偿的债务（或应积聚的资金）即为年金终值，每年提取的偿债基金即为年金。

零存整取与偿债基金

偿债基金公式的含义是为筹集未来 n 年后所需要的一笔资金，在年利率为 i 的情况下，求每个计息期末应等额存入的资金额，即已知 F、i、n 求 A，其现金流量图如图 1-8 所示。

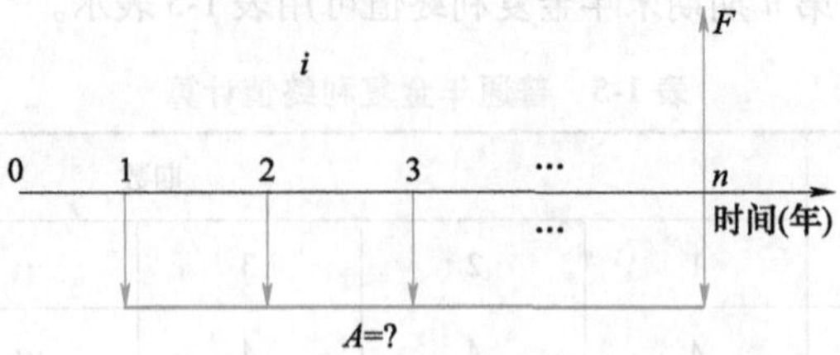

图 1-8　偿债基金现金流量图

由式（1-7）变换可得

$$A = F\frac{i}{(1+i)^n - 1} \tag{1-8}$$

式（1-8）即为偿债基金公式，可以表示为 $A=F(A/F,i,n)$。式中系数 $\frac{i}{(1+i)^n-1}$ 或 $(A/F,i,n)$ 称作偿债基金系数，它与年金终值系数互为倒数。

【例 1-5】　某家庭打算在 8 年后攒下 300 万元资金购买一套住房，假设银行存款年利率为 8%，那么每年年末应将多少金额的家庭收入存入银行？

【解】

已知 $F=300$ 万元，$i=8\%$，$n=8$，求 A。

由式（1-8）可知

$$A = F(A/F,8\%,8) = F\frac{i}{(1+i)^n - 1} = 300\text{ 万元} \times \frac{8\%}{(1+8\%)^8 - 1} \approx 28.20\text{ 万元}$$

采用式（1-7）和式（1-8）进行复利计算时，现金流量的分布必须符合图 1-6 和图 1-8 的形式，即连续的等额支付序列 A 必须发生在第 1 期期末至第 n 期期末，否则应进行一定的变换和换算。

3. 年金现值公式

年金现值公式的含义是指在 n 年内每年等额收支一笔资金 A，在年利率为 i 的情况下，求此等额年金收支的现值总额，即已知 A、i、n，求 P，类似于银行的“整存零取”储蓄方式，其现金流量图如图 1-9 所示。

类似于年金终值的计算推导，年金现值的计算可以利用数列求和得出，也可利用年金终值公式与折现的概念，直接由年金终值公式推导得出。

由式（1-5）代入式（1-7），变换后可得

$$P = A\frac{(1+i)^n - 1}{i(1+i)^n} \tag{1-9}$$

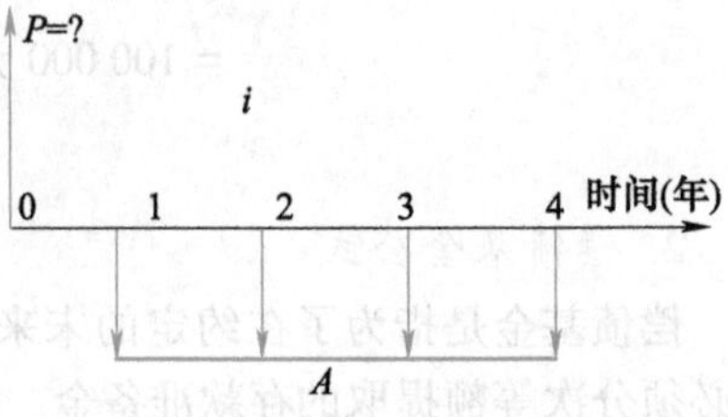

图 1-9　年金现值现金流量图

式（1-9）为年金现值公式，也可表示为 $P=A(P/A,i,n)$，其中系数 $\frac{(1+i)^n-1}{i(1+i)^n}$ 或 $(P/A,i,n)$ 称为年金现值系数。

【例 1-6】 某人打算今后 5 年内每年年末能从银行取出 10 000 元，以支付下一年的房租，假设年利率为 10%，复利计息，那么他现在应在银行存入多少钱？

【解】

已知 $A=10\,000$ 元，$i=10\%$，$n=5$，求 P。现金流量图如图 1-10 所示。

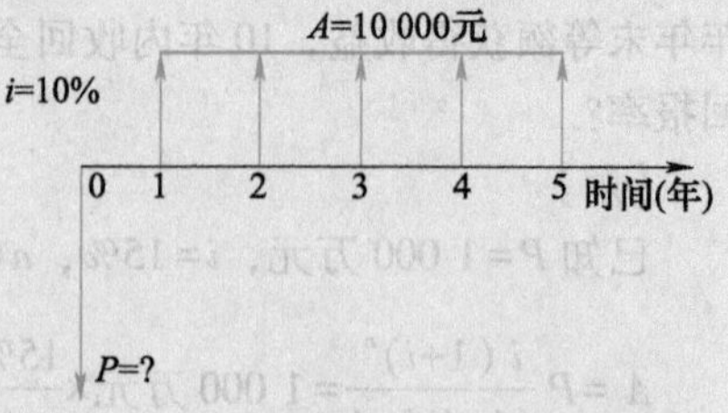

图 1-10 【例 1-6】现金流量图

由式（1-9）可得

$$P = A\frac{(1+i)^n - 1}{i(1+i)^n} = 10\,000\text{ 元} \times \frac{(1+10\%)^5 - 1}{10\% \times (1+10\%)^5} \approx 37\,907.87\text{ 元}$$

即现在他应存入 37 907.87 元。

【例 1-7】 某建筑公司打算贷款购买 10 台价格为 100 万元的建筑机械，年利率为 10%。据预测，此批机械使用年限为 10 年，每年可获净收益 200 万元。在使用期内，该批机械所获净收益是否足以偿还银行贷款？

【解】

已知 $A=200$ 万元，$i=10\%$，$n=10$，确定 P 是否大于或等于 1 000 万元。

$$P = A\frac{(1+i)^n - 1}{i(1+i)^n} = 200\text{ 万元} \times \frac{(1+10\%)^{10} - 1}{10\% \times (1+10\%)^{10}} \approx 1\,228.91\text{ 万元} > 1\,000\text{ 万元}$$

因此，所获净收益足以补偿银行贷款。

4. 资金（资本）回收公式

资金（资本）回收公式的含义是指在期初一次投入资金数额为 P，欲在 n 年内全部收回，则在年利率为 i 的情况下，求每年年末应等额回收的资金，即已知 P、i、n，求 A，现金流量图如图 1-11 所示。

整存零取与资金回收

由式（1-9）变换，可得

$$A = P\frac{i(1+i)^n}{(1+i)^n - 1} \tag{1-10}$$

式（1-10）称作资金（资本）回收公式，也可表示为 $A=P(A/P,i,n)$，式中系数 $\frac{i(1+i)^n}{(1+i)^n-1}$ 或 $(A/P,i,n)$ 称作资金（资本）回收系数。

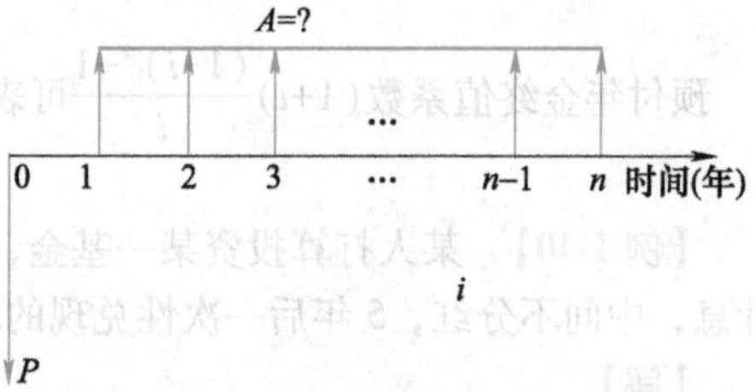

图 1-11 资金（资本）回收现金流量图

可知资金回收系数是年金现值系数的倒数。资金回收系数是一个重要的系数，其含义是对应于工程方案的初始投资，在方案寿命期内每年至少要回收的金额。在工程方案经济分析中，如果对应于单位投资的每年实际回收金额小于相应的预计资金回收金额，就表示在给定年利率 i 的情况下，在方案的寿命期内不可能将全部投资收回。

【例 1-8】 某家庭向银行申请购房贷款 500 万元，分 30 年每年还本付息，年利率为 5%，那么该家庭每年的还款额是多少？

【解】

已知 $P=500$ 万元，$i=5\%$，$n=30$，求 A。

$$A = P\frac{i(1+i)^n}{(1+i)^n - 1} = 500\text{ 万元} \times \frac{5\% \times (1+5\%)^{30}}{(1+5\%)^{30} - 1} \approx 500\text{ 万元} \times 0.065\,1 = 32.55\text{ 万元}$$

则该家庭每年的还款额为32.55万元。

【例1-9】 某企业拟花费1 000万元投资一高新技术产业项目，期望年回报率为15%。若每年年末等额获得收益，10年内收回全部本利，那么年均净收益至少为多少金额才能达到期望的回报率？

【解】

已知 $P=1\ 000$ 万元，$i=15\%$，$n=10$，求 A。

$$A=P\frac{i(1+i)^{n}}{(1+i)^{n}-1}=1\ 000\text{万元}\times\frac{15\%\times(1+15\%)^{10}}{(1+15\%)^{10}-1}$$

$$\approx 1\ 000\text{万元}\times 0.199\ 3=199.30\text{万元}$$

所以，该项目年均净收益至少为199.30万元时才能达到期望的回报率。

1.4.3 预付年金序列等值换算公式

1. 预付年金终值

预付年金是指一定时期内每期期初等额发生的系列收付款项，如图1-12所示。预付年金终值是指一定时期内每期期初等额收付款项的复利终值之和。

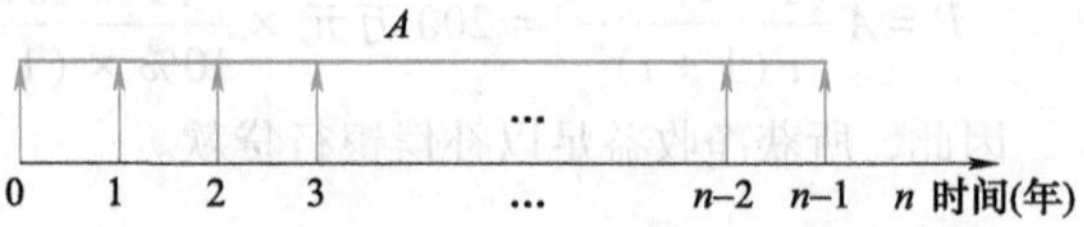

图1-12 预付年金现金流量图

预付年金终值与现值的计算公式可以利用普通年金终值与现值公式来计算，先将每一个 A 乘以 $(1+i)$，将其延后一期，这样就转换成了以 $A(1+i)$ 为金额的普通年金形式，套用普通年金终值与现值公式可得出预付年金终值与现值。预付年金终值公式为

$$F=A(1+i)\frac{(1+i)^{n}-1}{i} \tag{1-11}$$

预付年金终值系数 $(1+i)\frac{(1+i)^{n}-1}{i}$ 可表示为 $(F/A,i,n)(1+i)$。

【例1-10】 某人打算投资某一基金，该基金每年年初购买100 000元，年收益率10%，复利计息，中间不分红，5年后一次性兑现的本利和是多少？

【解】

可查复利系数表（见附录A），得 $(F/A,\ 10\%,\ 5)=6.105\ 1$，则

$$F=100\ 000\text{元}\times(1+10\%)\times(F/A,10\%,5)=100\ 000\text{元}\times(1+10\%)\times 6.105\ 1=671\ 561\text{元}$$

2. 预付年金现值

预付年金现值公式为

$$P=A(1+i)\frac{(1+i)^{n}-1}{i(1+i)^{n}} \tag{1-12}$$

预付年金现值系数 $(1+i)\frac{1-(1+i)^{-n}}{i}$ 或 $(1+i)\frac{(1+i)^{n}-1}{i(1+i)^{n}}$ 可表示为 $(P/A,i,n)(1+i)$

【例 1-11】　某建筑企业租入某一施工设备，每年年初支付设备租金 100 000 元，年利率为 10%。则 5 年租金的现值为多少？

【解】

可查复利系数表（见附表 A），得（P/A，10%，5）= 3.790 8，则

$$P = 100\ 000\text{元} \times (1+10\%) \times (P/A, 10\%, 5) = 100\ 000\text{元} \times (1+10\%) \times 3.790\ 8 = 416\ 988\text{元}$$

3. 延期年金序列等值换算

延期年金是指不是从第 1 期发生的年金，如图 1-13 所示，m 表示延期，在递延期没有现金流量。

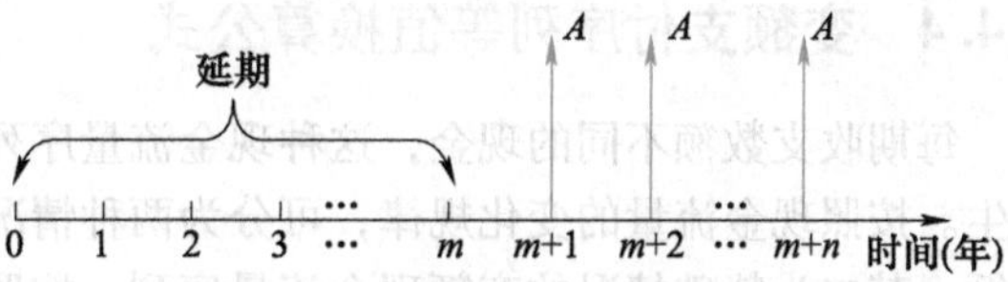

图 1-13　延期年金现金流量图

延期年金的现值 P 的计算方法有三种：一是把延期年金视为 n 期普通年金，求出延期期末 m 点的现值，然后将此现值再折现到第 1 期期初 0 点现值；二是假设延期中也有等额支付，先求出（$m+n$）期的年金现值，然后扣除实际并未延期 m 期的年金现值；三是把延期年金视为 n 期普通年金，求出在期末（$m+n$）点的终值，再将该终值折现为 0 点现值。

【例 1-12】　某项目 2014 年年初动工，预计两年建成并投产，投产后运营 10 年，每年得到收益 100 万元。按每年收益率 10% 折现，则运营期 10 年收益换算到 2014 年年初等值金额是多少？

【解】

解法一：

现金流量图如图 1-14 和图 1-15 所示。

$$P = 100\text{万元} \times (P/A, 10\%, 10) \times (P/F, 10\%, 2)$$

$$= 100\text{万元} \times \frac{(1+10\%)^{10}-1}{10\% \times (1+10\%)^{10}} \times \frac{1}{(1+10\%)^{2}}$$

$$\approx 100\text{万元} \times 6.144\ 6 \times 0.826\ 4 \approx 508\text{万元}$$

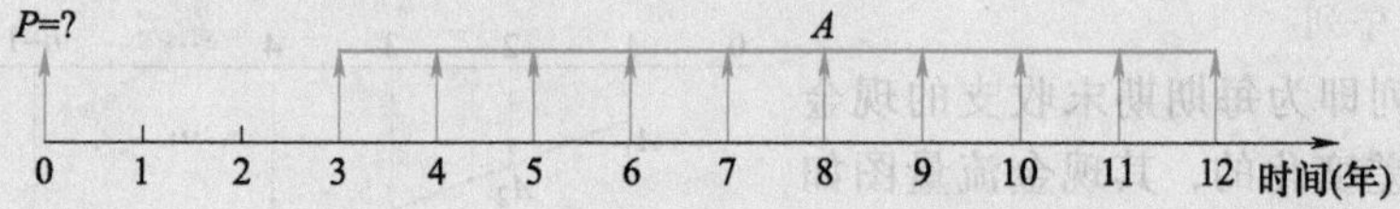

图 1-14　【例 1-12】现金流量图一

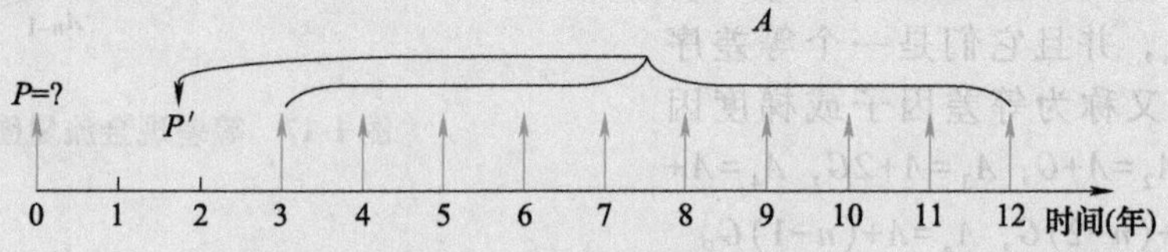

图 1-15　【例 1-12】现金流量图二

解法二：

可查复利系数表（见附录 A），得（P/A，10%，12）= 6.813 7，（P/A，10%，2）= 1.735 5，则

$$P = 100\text{万元} \times (P/A, 10\%, 12) - 100\text{万元} \times (P/A, 10\%, 2)$$

$$= 100\text{万元} \times 6.813\ 7 - 100\text{万元} \times 1.735\ 5 \approx 508\text{万元}$$

解法三：

可查复利系数表（见附录A），得$(F/A,10\%,10)=15.9374$，$(P/F,10\%,12)=0.3186$，则

$$P=100\text{万元}\times(F/A,10\%,10)\times(P/F,10\%,12)$$
$$=100\text{万元}\times15.9374\times0.3186\approx508\text{万元}$$

1.4.4 变额支付序列等值换算公式

每期收支数额不同的现金，这种现金流量序列称为变额现金流量序列。变额现金流量序列经常发生。按照现金流量的变化规律，可分为两种情况。其一为一般情况，即变额现金流量序列无规律可循；其二为特殊情况的变额现金流量序列，按照变额现金流量序列的规律不同，它又可分为等差和等比（或等百分比）两种情况。

1. 一般变额支付序列

若每期期末的现金收支不等，且无一定的规律可循，可利用复利公式$F=P(1+i)^n$或$P=F(1+i)^{-n}$分项计算后求和。

例如，有一变额现金流量序列，各期期末现金流量分别为K_1，K_2，K_3，…，K_{n-1}，K_n，分别求其现值资金总额和终值资金总额，如图1-16所示。

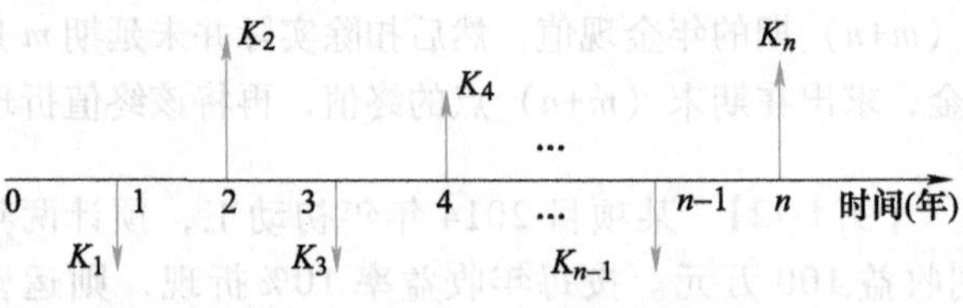

图1-16　一般变额现金流量图

现值资金总额以K_p表示，终值资金总额以K_f表示，则

$$K_p=\frac{K_1}{(1+i)}+\frac{K_2}{(1+i)^2}+\cdots+\frac{K_{n-1}}{(1+i)^{n-1}}+\frac{K_n}{(1+i)^n}=\sum_{i=1}^{n}\frac{K_i}{(1+i)^i} \tag{1-13}$$

$$K_f=K_1(1+i)^{n-1}+K_2(1+i)^{n-2}+\cdots+K_{n-1}(1+i)+K_n=\sum_{i=1}^{n}K_i(1+i)^{n-i} \tag{1-14}$$

式中，K_i有正负之分，为表示方便而未标出。

2. 等差支付序列

等差支付序列即为每期期末收支的现金流量序列是成等差变化的，其现金流量图如图1-17所示。

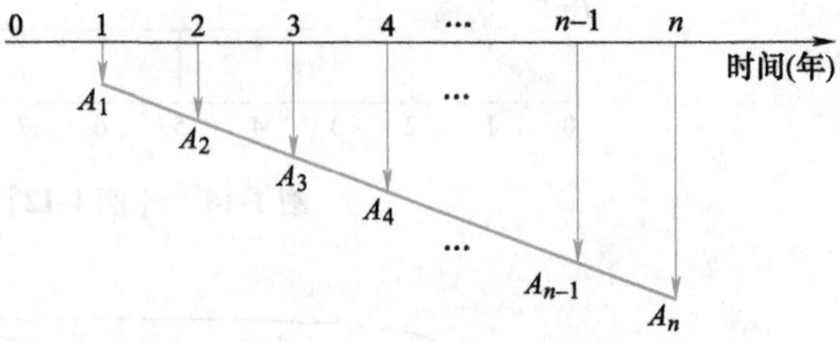

图1-17　等差现金流量图

每期期末现金支出分别为A_1，A_2，A_3，A_4，…，A_{n-1}，A_n，并且它们是一个等差序列，公差为G（又称为等差因子或梯度因子），令$A_1=A$，$A_2=A+G$，$A_3=A+2G$，$A_4=A+3G$，…，$A_{n-1}=A+(n-2)G$，$A_n=A+(n-1)G$。

显而易见，图1-17所示的现金流量可分解为两个部分：第一部分是由第1期期末现金流量A_1构成的等额支付序列现金流量图，如图1-18所示；第二部分是由等差变额G构成的递增等差序列现金流量图，如图1-19所示。

根据前述收支总额的复利终值概念，若以F表示总额复利终值，则

$$F=A(1+i)^{n-1}+(A+G)(1+i)^{n-2}+\cdots+[A+(n-2)G](1+i)+[A+(n-1)G]$$
$$=[A(1+i)^{n-1}+A(1+i)^{n-2}+A(1+i)^{n-3}+\cdots+A(1+i)+A]+$$
$$[G(1+i)^{n-2}+2G(1+i)^{n-3}+\cdots+(n-2)G(1+i)+(n-1)G]$$

$$= A\frac{(1+i)^n-1}{i} + G\sum_{k=1}^{n}(k-1)(1+i)^{n-k}$$

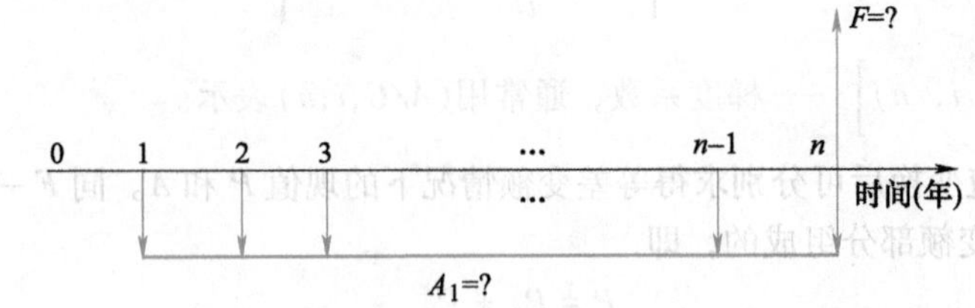

图 1-18 等额值为 A_1 的等额支付序列现金流量图

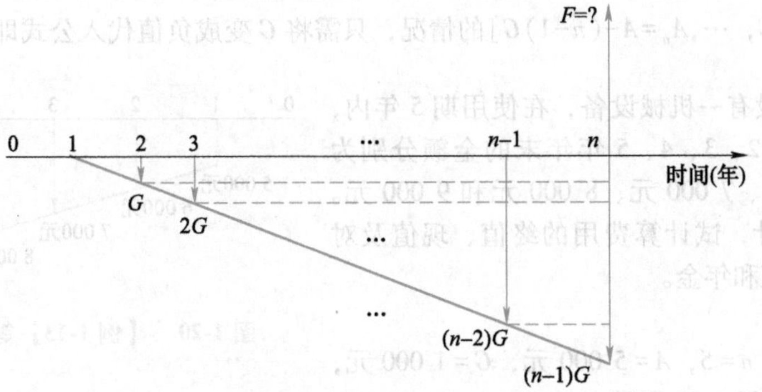

图 1-19 等差变额为 G 的递增等差序列现金流量图

式中，$G\sum_{k=1}^{n}(k-1)(1+i)^{n-k} = F_G$，表示变额资金部分复利终值；$A\frac{(1+i)^n-1}{i} = F_A$，表示等额年金复利终值部分。推导 F_G 的表达式为

$$F_G = G\sum_{k=1}^{n}(k-1)(1+i)^{n-k}$$

$$= G\left[\frac{(1+i)^{n-1}-1}{i} + \frac{(1+i)^{n-2}-1}{i} + \cdots + \frac{(1+i)^2-1}{i} + \frac{(1+i)^1-1}{i} + \frac{(1+i)^0-1}{i}\right]$$

$$= G[(1+i)^{n-1} + (1+i)^{n-2} + (1+i)^{n-3} + \cdots + (1+i)^2 + (1+i)^1 + 1] - \frac{nG}{i}$$

$$= \frac{G}{i}\cdot\frac{(1+i)^n-1}{i} - \frac{nG}{i}$$

也即

$$F_G = G\left[\frac{1}{i}\cdot\frac{(1+i)^n-1}{i} - \frac{n}{i}\right] \tag{1-15}$$

式（1-15）可表示为 $F_G = G(F/G,i,n)$，式中系数 $\frac{1}{i}\cdot\frac{(1+i)^n-1}{i}-\frac{n}{i}$ 或（F/G, i, n）称作等差支付序列终值系数。

因此，有

$$F = F_A + F_G = A(F/A,i,n) + G(F/G,i,n)$$

由式（1-15）进一步可得

$$A_G = F_G(A/F,i,n) = G\left[\frac{1}{i}\cdot\frac{(1+i)^n-1}{i} - \frac{n}{i}\right]\cdot\frac{i}{(1+i)^n-1} = G\left[\frac{1}{i} - \frac{n}{i}\cdot\frac{i}{(1+i)^n-1}\right]$$

也即

$$A_G = G\left[\frac{1}{i} - \frac{n}{i}\cdot(A/F,i,n)\right] \tag{1-16}$$

式中 $\left[\frac{1}{i}-\frac{n}{i}\ (A/F,\ i,\ n)\right]$——梯度系数，通常用$(A/G,i,n)$表示。

式（1-15）经相应变换后可分别求得等差变额情况下的现值 P 和 A。同 F 一样，P 和 A 都是由等额部分（年金）和变额部分组成的，即

$$P = P_A + P_G \tag{1-17}$$

$$A = A_A + A_G \tag{1-18}$$

式（1-17）和式（1-18）是等额递增序列的等值换算公式，对于等额递减序列［即 $A_1=A$，$A_2=A-G$，$A_3=A-2G$，$\cdots$，$A_n=A-(n-1)G$］的情况，只需将 G 变成负值代入公式即可。

【例 1-13】 设有一机械设备，在使用期 5 年内，其维修费在第 1、2、3、4、5 年年末的金额分别为 5 000元、6 000 元、7 000 元、8 000 元和 9 000 元。若年利率以 10%计，试计算费用的终值、现值及对应增额部分的现值和年金。

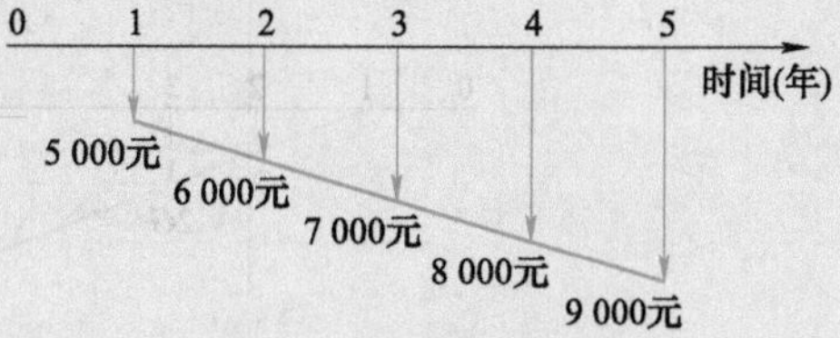

图 1-20 【例 1-13】等差现金流量图

【解】

已知 $i=10\%$，$n=5$，$A=5\ 000$ 元，$G=1\ 000$ 元，等差现金流量图如图 1-20 所示。

由式（1-18）可得

$$F = \left(A + \frac{G}{i}\right)\cdot\frac{(1+i)^n - 1}{i} - \frac{nG}{i}$$

$$= \left(5\ 000\text{元} + \frac{1\ 000\text{元}}{10\%}\right)\times\frac{(1+10\%)^5 - 1}{10\%} - \frac{5\times 1\ 000\text{元}}{10\%}$$

$$= 41\ 576.50\text{元}$$

其对应的现值为

$$P = F(1+i)^{-n} = 41\ 576.50\text{元}\times(1+10\%)^{-5} \approx 25\ 815.74\text{元}$$

对应每个期末发生的增额 G 这部分的现值 P_G 和对应增额的年金 A_G 计算如下：

$$P_G = F_G(1+i)^{-n}$$

$$= \left[\frac{G}{i}\cdot\frac{(1+i)^n - 1}{i} - \frac{nG}{i}\right]\cdot(1+i)^{-n}$$

$$= \frac{G}{i}\cdot(F/A,\ i,\ n)(P/F,\ i,\ n) - \frac{nG}{i}\cdot(P/F,\ i,\ n)$$

$$= \frac{1\ 000\text{元}}{10\%}\times(F/A,\ 10\%,\ 5)\times(P/F,\ 10\%,\ 5) - \frac{5\ 000\text{元}}{10\%}\times(P/F,\ 10\%,\ 5)$$

$$\approx 6\ 861.57\text{元}$$

可查复利系数表（见附录 A），得$(A/P,10\%,5)=0.263\ 8$，则

$$A_G = P_G(A/P,i,n) = 6\ 861.57\text{元}\times(A/P,10\%,5) = 6\ 861.57\text{元}\times 0.263\ 8 \approx 1\ 810.08\text{元}$$

3. 等比支付序列

等比支付序列即为每期期末发生的现金流量序列成等比变化的数列，假设等比因子为 q，其现金流量图如图 1-21 所示。

则此现金流量序列的现值为

$$P=\frac{A}{1+i}+\frac{Aq}{(1+i)^2}+\frac{Aq^2}{(1+i)^3}+\cdots+\frac{Aq^{n-2}}{(1+i)^{n-1}}+\frac{Aq^{n-1}}{(1+i)^n}$$

$$=\frac{A}{1+i}\cdot\sum_{t=1}^{n}\left(\frac{q}{1+i}\right)^{t-1}$$

$$=\frac{A}{1+i}\cdot\frac{1-\left(\frac{q}{1+i}\right)^n}{1-\frac{q}{1+i}}=A\frac{1-\left(\frac{q}{1+i}\right)^n}{1+i-q}$$

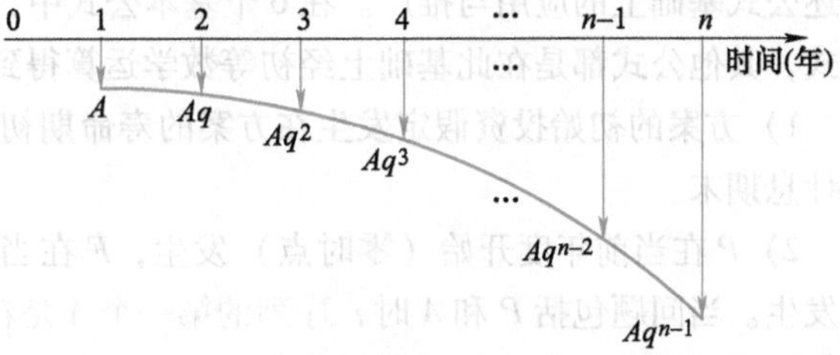

图 1-21　等比现金流量图

令 $q=1+s$，则有

$$P=A\frac{1}{i-s}\left[1-\left(\frac{1+s}{1+i}\right)^n\right] \tag{1-19}$$

式（1-19）即为等比支付序列现值公式，同理可以求得终值和年金。

【例 1-14】　某项目第 1 年年初投资 700 万元，第 2 年年初又投资 100 万元，第 2 年获净收益 500 万元，至第 6 年净收益逐年递增 6%，第 7~9 年每年获净收益 800 万元，若年利率为 10%，求与该项目现金流量等值的现值和终值。

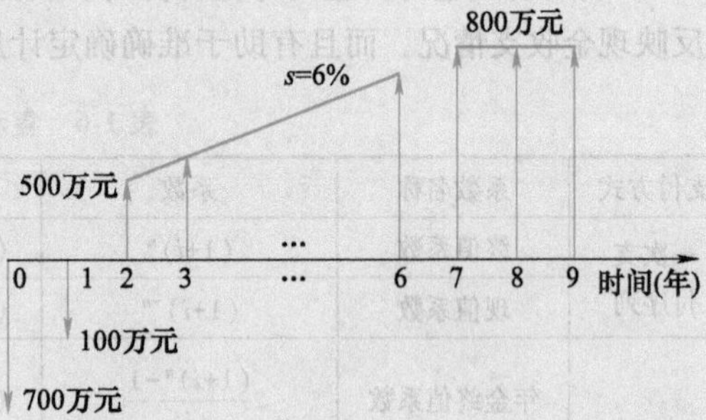

图 1-22　【例 1-14】现金流量图

【解】

按题意，在 1~9 年内现金流量图如图 1-22 所示。

可查复利系数表（见附录 A），得 $(P/F,10\%,1)=0.9091$，$(P/A,10\%,3)=2.4869$，$(P/F,10\%,6)=0.5645$

则该现金流量序列的现值为

$$P=-700\text{万元}-100\text{万元}\times(P/F,\ 10\%,\ 1)+500\text{万元}\times\frac{1}{10\%-6\%}\times\left[1-\left(\frac{1+6\%}{1+10\%}\right)^5\right]\times(P/F,\ 10\%,\ 1)+800\text{万元}\times(P/A,\ 10\%,\ 3)\times(P/F,\ 10\%,\ 6)$$

$$=-700\text{万元}-100\text{万元}\times0.9091+500\text{万元}\times4.2267\times0.9091+800\text{万元}\times2.4869\times0.5645$$

$$\approx 2253.42\text{万元}$$

则该现金流量序列的终值为

$$F=P(F/P,i,n)=P(1+i)^n=2253.42\text{万元}\times(1+10\%)^9$$

$$\approx 2253.42\text{万元}\times2.3579\approx5313.34\text{万元}$$

1.4.5　公式应用应注意的问题

本小节主要介绍资金时间价值计算的有关公式（见表 1-6）。其中要熟练掌握一次支付终值公式、一次支付现值公式、年金终值公式、年金现值公式、偿债基金公式、资金回收公式 6 个基本公式。变额现金流量序列复利公式是在

资金等值换算公式

上述公式基础上的应用与推广。在6个基本公式中，又以一次支付终值（或现值）公式为最基本的公式，其他公式都是在此基础上经初等数学运算得到的。在具体运用公式时应注意下列问题：

1）方案的初始投资假定发生在方案的寿命期初，即“零点”处；方案的经常性支出假定发生在计息期末。

2）P 在当前年度开始（零时点）发生，F 在当前以后第 n 年年末发生，A 在考察期间各年年末发生。当问题包括 P 和 A 时，序列的第一个 A 是在 P 发生一年后的年末发生；当问题包括 F 和 A 时，序列的最后一个 A 和 F 同时发生。

3）等差序列公式中，第一个 G 发生在序列的第2年年末。

4）梳理清楚公式的来龙去脉，灵活运用。复利计算公式是以复利终值公式 $F=P(1+i)^n$ 作为基本公式，根据相应的定义，并运用数学方法推导所得，各公式之间存在内在联系。即 $(F/P,i,n)=\dfrac{1}{(P/F,i,n)}$；$(F/A,i,n)=\dfrac{1}{(A/F,i,n)}$；$(P/A,i,n)=\dfrac{1}{(A/P,i,n)}$。

5）掌握各系数之间的关系，便于进行等值换算。但应注意，只有在 i、n 等条件相同的情况下，4）中的关系才成立。

6）利用公式进行资金的等值计算时，要充分利用现金流量图。现金流量图不仅可以清晰准确地反映现金收支情况，而且有助于准确确定计息期数，不致发生计算错误。

表1-6 复利计算公式一览表

支付方式	系数名称	系数	系数符号	已知	所求	计算公式
一次支付序列	终值系数	$(1+i)^n$	$(F/P,\ i,\ n)$	P	F	$F=P\ (1+i)^n$
	现值系数	$(1+i)^{-n}$	$(P/F,\ i,\ n)$	F	P	$P=F\ (1+i)^{-n}$
等额支付序列	年金终值系数	$\dfrac{(1+i)^n-1}{i}$	$(F/A,\ i,\ n)$	A	F	$F=A\dfrac{(1+i)^n-1}{i}$
	年金现值系数	$\dfrac{(1+i)^n-1}{i\ (1+i)^n}$	$(P/A,\ i,\ n)$	A	P	$P=A\dfrac{(1+i)^n-1}{i\ (1+i)^n}$
	偿债基金系数	$\dfrac{i}{(1+i)^n-1}$	$(A/F,\ i,\ n)$	F	A	$A=F\dfrac{i}{(1+i)^n-1}$
	资金回收系数	$\dfrac{i\ (1+i)^n}{(1+i)^n-1}$	$(A/P,\ i,\ n)$	P	A	$A=P\dfrac{i\ (1+i)^n}{(1+i)^n-1}$
变额支付序列 等差支付	梯度系数	$\dfrac{1}{i}-\dfrac{n}{i}\ (A/F,\ i,\ n)$	$(A/G,\ i,\ n)$	G	A	$A=G\left[\dfrac{1}{i}-\dfrac{n}{i}\ (A/F,\ i,\ n)\right]$
变额支付序列 等比支付	等比支付序列现值系数	$\dfrac{1}{i-s}\left[1-\left(\dfrac{1+s}{1+i}\right)^n\right]$		A	P	$P=A\dfrac{1}{i-s}\left[1-\left(\dfrac{1+s}{1+i}\right)^n\right]$

1.5 名义利率与有效利率

1.5.1 名义利率与有效利率的概念

名义利率与有效利率

在实际应用中，计息期并不一定以1年为一个计息期，可以按半年计息1次，或每季1次，或每月1次。在伦敦、纽约、巴黎等金融市场上，短期利率通常以日计算。因此，同样的年利率，由于计息期数不同，本金所产生的利息也不同，因此有名义利率和有效利率之分。通常所说的年利率是名义利率。名义利率是指按年计息的利率，即计息期为 1 年；有效利率是指在计息期小于 1 年时，每个计息期的利率。

假设名义利率用 r 表示，计息期有效利率用 i 表示，一年中计息期数为 m，则 i 和 r 的关系为

$$i=\frac{r}{m}$$

例如，设年名义利率为 8%，计息期为半年，则半年的有效利率为 4%。

名义利率不能直接进行比较，除非它们在一年中的计息次数相同；否则，必须转化为以相同计息期数为基准的利率水平，然后进行比较。通常以 1 年为比较基准年限，即比较年有效利率。例如，两家银行提供贷款，一家报价利率为 6%，按半年计息；另一家报价利率为 5. 85%，按月计息，请问你选择哪家银行？此时 6%和 5. 85%都是名义利率，显然不能简单地把它们直接进行比较，需将其转化为年有效利率。

1. 5. 2　年有效利率的计算公式

当计息期小于 1 年时，假设年初本金为 P，年名义利率为 r，一年计息 m 次，一年后的本利和为

$$F=P\left(1+\frac{r}{m}\right)^{m}$$

则年有效利率为

$$i=\frac{F-P}{P}=\frac{P\left(1+\dfrac{r}{m}\right)^{m}-P}{P}$$

那么，年有效利率计算公式为

$$i=\left(1+\frac{r}{m}\right)^{m}-1 \tag{1-20}$$

从式（1-20）可看出，当计息期为 1 年时，年有效利率等于名义利率；当计息期小于 1 年时，年有效利率高于名义利率。

【例 1-15】　某人花费 10 万元购买某理财产品，该理财产品回赎期 10 年，年利率 8%，按季计息，那么 10 年后一次性回赎本息为多少？

【解】

解法一：

由题意可知，每年计息 4 次，10 年则计息 40 次，计息期的有效利率为 8%÷4＝2%。

可查复利系数表（见附录 A），得（F/P，2%，40）＝2. 2080。

根据复利公式可求得 10 年年末的终值为

$$F=P(F/P,i,n)=100\,000\text{元}\times(F/P,2\%,40)=100\,000\text{元}\times 2.208\,0=220\,800\text{元}$$

解法二：

名义利率为 8%，年计息 4 次，年有效利率为

$$i=\left(1+\frac{8\%}{4}\right)^{4}-1=8.243\,2\%$$

$F=P$（F/P，i，n）＝100 000 元×（F/P，8. 243 2%，10）＝100 000 元×（1+8. 243 2%）^{10}≈100 000 元×2. 208 0＝220 800 元

若一年中无限多次计息，这就是连续计息的概念，可对式（1-20）求 $m\to\infty$ 时的极限，得出连续计息下的年有效利率计算公式为

$$i=\lim_{m\to\infty}\left[\left(1+\frac{r}{m}\right)^{m}-1\right]=\lim_{m\to\infty}\left(1+\frac{r}{m}\right)^{m}-1=\mathrm{e}^{r}-1 \tag{1-21}$$

式中　e——常数，e≈2.718 28。

1.5.3　有效利率的应用

6个复利计算公式可以按一定的利率在不同时刻做等值变换。可以将一笔资金等值变换到任何时刻，也可以等值变换为任何一种支付形式。现金流量分析、折现是资金等值变换的常见形式。实际进行资金等值计算时，有可能遇到以下三种情况：

1. 计息期为1年

计算期为1年时，年有效利率与名义利率相同，可直接利用6个复利计算公式进行计算。

【例1-16】　当年利率为多少时，现在的300元等值于第9年年末的525元？

【解】

由 $F=P(F/P,i,n)$，得

525元=300元×$(F/P,i,9)$

则$(F/P,i,9)$=525元÷300元=1.750

查复利系数表（见附录A）可知：当 $n=9$，1.750落在 $i=6\%$ 和 $i=7\%$ 之间。$i=6\%$ 时，（F/P，6%，9）=1.689 5；$i=7\%$时，（F/P，7%，9）=1.838 5。用直线内插法可得

$$i=6\%+\left(\frac{1.6895-1.750}{1.6895-1.8385}\right)\times1\%\approx6.41\%$$

计算表明，当年利率为6.41%时，现在的300元等值于第9年年末的525元。

【例1-17】　当年利率为10%时，从现在起连续6年的年末等额支付 A 为多少时才与第6年年末的1 000元等值？

【解】

已知 $F=1\,000$ 元，$i=10\%$，$n=6$，求 A。

$$A=F\frac{i}{(1+i)^{n}-1}=1\,000\text{元}\times\frac{10\%}{(1+10\%)^{6}-1}\approx129.61\text{元}$$

即从现在起连续6年的年末等额支付129.61元时才与第6年年末的1 000元等值。

2. 计息期短于1年

计息期短于1年时，可分为以下三种情况。

（1）计息期与支付期相同

【例1-18】　年利率为12%，每半年计息1次，从现在起连续3年每半年等额年末存款为200元，问与其等值的第0年的现值是多少？

【解】

计息期为半年的有效利率为 $i=12\%\div2=6\%$，计息期数为 $n=2\times3=6$

$$P=A\frac{(1+i)^{n}-1}{i(1+i)^{n}}=200\text{元}\times\frac{(1+6\%)^{6}-1}{6\%\times(1+6\%)^{6}}\approx983.46\text{元}$$

计算表明，按年利率为 12%，每半年计息 1 次计算利息，从现在起连续 3 年每半年等额年末存款为 200 元，与其等值的第 0 年的现值是 983.46 元。

【例 1-19】　求等值情况下的利率，假如某企业年初从银行借入 1 200 万元，在此后的 1 年内，每个月月末偿还 110 万元，按月计息，试求月有效利率、名义利率和年有效利率。

【解】

由 $A=P(A/P,i,n)$，得

110 万元=1 200 万元×$(A/P,i,12)$

则$(A/P,\mathrm{i},12)=\dfrac{110\text{元}}{1\,200\text{元}}\approx 0.091\,7$

查复利系数表(见附录 A)，可知

$$(A/P,1\%,12)=0.088\,8$$
$$(A/P,2\%,12)=0.094\,6$$

则 i 介于 1%~2%，按线性插入法近似计算为

$$i\approx 1\%+\frac{0.091\,7-0.088\,8}{0.094\,6-0.088\,8}\times(2\%-1\%)=1.5\%$$

相当于 $i=1.5\%$，因为计息期是一个月，所以月有效利率为 1.5%。

名义利率为

$$r=im=1.5\%\times 12=18\%$$

年有效利率为

$$i=\left(1+\frac{r}{m}\right)^{m}-1=\left(1+\frac{18\%}{12}\right)^{12}-1\approx 19.56\%$$

（2）计息期短于支付期

【例 1-20】　年利率为 10%，每半年计息 1 次，从现在起连续 3 年的等额年末存款为 500 元，与其等值的第 0 年的现值是多少？

【解】

解法一：

先求出支付期的有效利率，支付期为 1 年，则年有效利率为

$$i=\left(1+\frac{r}{m}\right)^{m}-1=\left(1+\frac{10\%}{2}\right)^{2}-1=10.25\%$$

则

$$P=A\frac{(1+i)^{n}-1}{i(1+i)^{n}}=500\text{元}\times\frac{(1+10.25\%)^{3}-1}{10.25\%\times(1+10.25\%)^{3}}\approx 1\,238\text{元}$$

解法二：

可把等额支付的每一个支付看作一次支付，利用一次支付现值公式计算，如图 1-23 所示。

$$P=500\text{元}\div\left(1+\frac{10\%}{2}\right)^{2}+500\text{元}\div\left(1+\frac{10\%}{2}\right)^{4}+500\text{元}\div\left(1+\frac{10\%}{2}\right)^{6}\approx 1\,238\text{元}$$

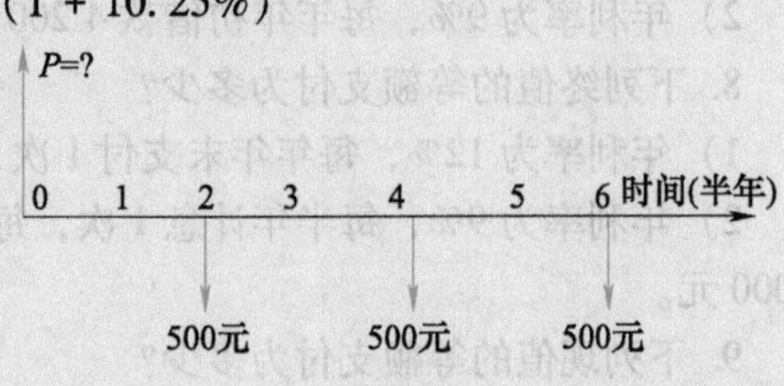

图 1-23　【例 1-20】解法二现金流量图

解法三：

取一个循环周期，使这个周期的年末支付变成等值的计息期末的等额支付系列，从而使计息期和支付期完全相同，则可将有效利率直接代入公式计算，如图 1-24 所示。

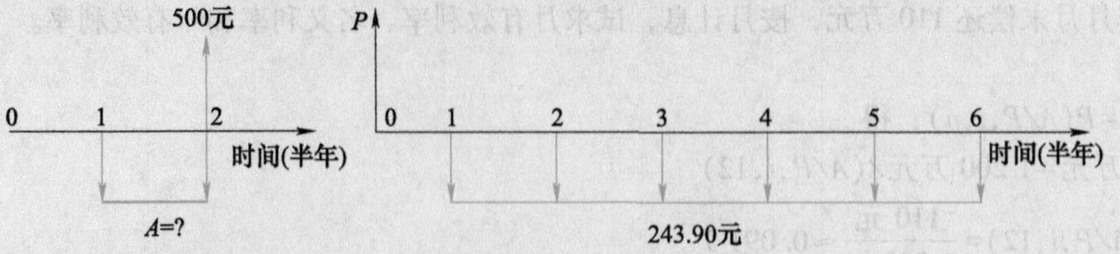

图 1-24 【例 1-20】解法三现金流量图

可查复利系数表（见附录 A），得$(A/F,5\%,2)=0.4878$，$(P/A,5\%,6)=5.0757$。

在年末存款 500 元的等效方式是在每半年末存入金额为

$$A=500\text{元}\times(A/F,10\%\div2,2)=500\text{元}\times0.4878=243.90\text{元}$$

则 $P=243.90\times(P/A,10\%\div2,6)=243.90\text{元}\times5.0757\approx1238\text{元}$

（3）计息期长于支付期　当计息期长于支付期时，由于计息期内有不同时刻的支付，通常规定存款必须存满一计息期时才计利息，即在计息期内存入的款项在该期不计算利息，要在下一期才计算利息。因此，原财务活动的现金流量图应按以下原则进行整理：相对于投资方来说，计息期存款放在期末，计息期的提款放在期初，计息期分界点处的支付保持不变。投资项目经济评价实践中，一般对此更为简化，即处于计息期中间的现金流量，无论是流入还是流出，均可假设发生在计息期期末。

习　题

1. 什么是资金的时间价值？有什么意义？
2. 什么是现金流量及现金流量图？如何计算现金流量？
3. 什么是资金等值？常用资金等值换算公式有哪些？
4. 资金的时间价值和通货膨胀有哪些区别？
5. 什么是利息、利率？单利分析与复利分析有哪些区别？
6. 什么是名义利率和有效利率？两者有什么关系？
7. 下列等值支付的年金终值和年金现值各为多少？

1）年利率为 6%，每年年末借款 500 元，连续借款 12 年。

2）年利率为 9%，每年年初借款 4 200 元，连续借款 43 年。

8. 下列终值的等额支付为多少？

1）年利率为 12%，每年年末支付 1 次，连续支付 8 年，8 年年末积累金额 15 000 元。

2）年利率为 9%，每半年计息 1 次，每年年末支付 1 次。连续支付 11 年，11 年年末积累金额 4 000 元。

9. 下列现值的等额支付为多少？

1）借款 5 000 元，得到借款后的第 1 年年末开始归还，连续 5 年，分 5 次还清，年利率为 4%。

2）借款 37 000 元，得到借款后的第 1 个月月末开始归还，连续 5 年，分 60 次还清，年利率为 9%，每月计息 1 次。

10. 下列现金流量序列的年末等额支付为多少？

1）第 1 年年末借款 5 000 元，以后 9 年每年年末递减借款 200 元，按年利率为 12%计息。

2）第 1 年年末借款 2 000 元，以后 3 年每年年末递增 2%，按年利率为 5%计息。

11. 某公司欲租用另一家企业闲置的厂房 15 年，双方协议的租金及支付时间如下：首付 600 万元；此后，第一个 5 年每半年末支付 40 万元，第二个 5 年每半年末支付 60 万元，第三个 5 年每半年末支付 80 万元。按年利率为 4%、半年计息方式计算，那么该厂房租金折算为现值是多少？

12. 一笔 10 000 元借款，得到借款后第 5 年年末需要还清，年利率为 10%，按年计息。分别计算以下四种还款方式下的各年还款额、各年还款额中的本金和利息、5 年总还款额的现值和终值。

1）第 5 年年末一次性还清本息。

2）每年年末等额还本，利息当年结清。

3）每年年末等额还款（含本息）。

4）每年年末结清利息，本金在第 5 年年末一次性偿还。

13. 某人现拟以 1 000 万元的价格购入某预售写字楼楼盘的一层用于出租经营。已知楼盘价款在 2 年内分 3 次支付（1 年年初、1 年年末、2 年年末），比例分别为 20%、20%和 60%。第 3 年年初投入 200 万元装修后即可出租，预计当年的租金收入为 120 万元、经营成本为 20 万元（均设为年末发生），并在此后的 17 年内租金平均每年的上涨率为 8%、经营成本每年比前一年增加 2 万元。他准备在 20 年年末转售，转售价格为 800 万元，另要发生 50 万元的转售费用。不考虑税收因素，设其投资收益率为 10%，分别计算其所有收入现值和所有支出的现值。

14. 某人购买一套住房总价为 200 万元，其中 80%申请期限为 20 年、年利率为 5%的商业抵押贷款，约定按月等额还款，则每月要还多少？这种贷款的年有效利率为多少？

15. 求与每半年向银行借 1 400 元、连续借 10 年的等额支付系列等值的将来值，分别在以下两种情况下计算：

1）年利率为 12%，每半年计息 1 次。

2）年利率为 12%，每季度计息 1 次。

16. 证明下列等式：

1）$(P/A,i,n)=(P/A,i,n-1)+(P/F,i,n)$。

2）$(A/P,i,n)-i=(A/F,i,n)$。

3）$(F/A,i,n)+(F/P,i,n)=(F/A,i,n+1)$。

第2章 工程经济要素

引语

假如你计划在一所大学新校区旁边开一家富有特色的小饭店，你是一个聪明人，你在投资开店前一定会做些市场调查和简单的财务分析。首先，你可能会了解周边饭店的经营情况、菜肴价格，还可能会了解当地的各类鱼、肉等食材的价格。其次，你可能还要找合适的店面，了解租金金额，还要测算店面营业前的装修费用和添置桌椅、炉灶的费用。如果你觉得店里一个人忙不过来，你可能还要雇几个人，你还要了解雇工的工资。另外，还要弄清楚小饭店运营要交哪些税，税率是多少。只有弄清楚这些因素，你才有可能进一步测算这项投资能不能赚钱。我们把这些因素称为工程经济要素。

工程经济要素是根据工程投资和运营过程中各个经济因素相似的特征，经科学归类所形成的基本经济要素，它们决定并影响着工程投资效益。实践中遇到的工程经济分析问题和投资项目大多要比投资一个小饭店要复杂得多。从初始的投资、资产的形成，到运营中的费用、销售收入和纳税等，各要素构成复杂，不同的情况下要素的处理和计算方法也有差异，且各要素之间存在着多重的联系。当面对一个需要分析的工程经济现象和问题时，厘清其经济要素的具体构成并正确地进行测算直接关系到计算的结果和经济分析结论。

因此，确定工程经济要素是工程经济分析基础性的工作，准确测算这些数据是进行项目经济分析的前提。理解和掌握工程经济要素的构成和测算方法是工程经济分析技能的基本功，也是本章的主要内容。学完本章后，请你或者你组织一个同学小组去调查一个小型投资项目的工程经济要素，如小饭店、打印社、小型超市、美发店等。这样的调查，不仅能帮助学习课程知识和训练技能，而且能体验应用场景。

2.1 投资与资产

投资与资产

2.1.1 投资

1. 投资的概念

投资是指有目的的经济行为，即以一定的资源投入某项计划，以获得所期望的报酬的过程。投资是人们在社会经济活动中为实现某种预定的目标而预先垫付的资金。在工程经济学中，投资作为一种工程经济要素，主要是指完成设备、设施或建设项目等工程方案实施，并达到使用要求或生产条件的投资性费用，不包括工程运营所花费的费用。

2. 建设项目投资构成

生产性建设项目总投资一般由建设投资和流动资金投资两部分组成，非生产性建设项目通常不需要流动资金投资。根据中华人民共和国住房和城乡建设部 2017 年颁布的《建设项目总投资费用项目组成（征求意见稿）》（建办标函〔2017〕621 号），建设项目总投资构成见表 2-1。工程造价是指工程项目在建设期预计或实际支出的建设费用，为税前造价，即工程费用要素均按不含增值税（可抵扣进项税额）价格计算的工程造价。增值税是指应计入建设项目总投资内的增值税进项税额，包括工程费用、工程建设其他费用和预备费的增值税（参见 2. 3. 2 小节）。资金筹措费是指在建设期内应计的利息和在建设期内为筹集项目资金发生的费用，包括各类借款利息、债券利息、贷款评估费、国外借款手续费及承诺费、汇兑损益、债券发行费用及其他债务利息支出或融资费用。流动资金是指运营期内长期占用并周转使用的营运资金，不包括运营中需要的临时性营运资金。基本预备费是指投资估算预留的，由于工程实施中不可预见的工程变更及洽商、一般自然灾害处理、地下障碍物处理、超规超限设备运输等可能增加的费用，也可称为不可预见费。价差预备费是指投资估算预测预留的，建设项目在建设期间由于利率、汇率或价格等因素变化而可能增加的费用，也可称为价格变动不可预见费，包括人工、设备、材料、施工机械的价差费，以及建筑安装工程费及工程建设其他费用调整，利率、汇率调整等增加的费用。

表 2-1 建设项目总投资构成

<table>
<tr><td rowspan="22">建设项目总投资</td><td rowspan="21">建设投资</td><td rowspan="19">工程造价</td><td rowspan="2">工程费用</td><td>建筑安装工程费</td></tr>
<tr><td>设备工器具购置费</td></tr>
<tr><td rowspan="15">工程建设其他费用</td><td>1. 土地使用费和其他补偿费</td></tr>
<tr><td>2. 建设管理费</td></tr>
<tr><td>3. 可行性研究费</td></tr>
<tr><td>4. 专项评价费</td></tr>
<tr><td>5. 研究试验费</td></tr>
<tr><td>6. 勘察设计费</td></tr>
<tr><td>7. 场地准备费和临时设施费</td></tr>
<tr><td>8. 引进技术和进口设备材料其他费</td></tr>
<tr><td>9. 特殊设备安全监督检验费</td></tr>
<tr><td>10. 市政公用配套设施费</td></tr>
<tr><td>11. 联合试运转费</td></tr>
<tr><td>12. 工程保险费</td></tr>
<tr><td>13. 专利及专有技术使用费</td></tr>
<tr><td>14. 生产准备费</td></tr>
<tr><td>15. 其他</td></tr>
<tr><td rowspan="2">预备费</td><td>基本预备费</td></tr>
<tr><td>价差预备费</td></tr>
<tr><td>增值税</td><td colspan="2"></td></tr>
<tr><td>资金筹措费</td><td colspan="2"></td></tr>
<tr><td>流动资金投资</td><td colspan="3"></td></tr>
</table>

特别要强调的是，在工程经济分析时，如无特别说明，凡涉及“建设投资”之处均指不含增值税和建设期利息的建设投资。

2.1.2 投资形成的资产

工程投资完成后就形成企业的资产，依据资产的特性，可分为固定资产、无形资产、流动资产和其他资产。图 2-1 所示是生产性建设项目投资所形成的资产，可结合表 2-1 来理解。特别要注意的是，对于一般纳税人（绝大多数企业均是这一类纳税人），投资构成中的增值税（购置固定资产进项税）不形成固定资产原值（参见 2.3.2 小节）。

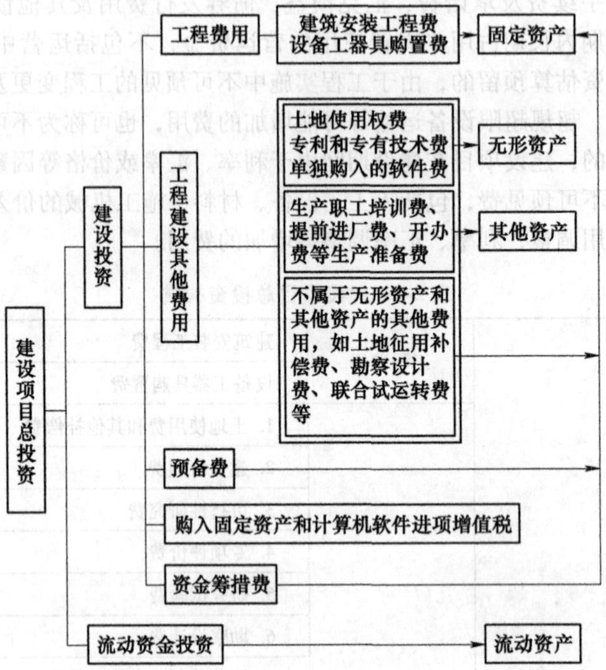

图 2-1 生产性建设项目投资所形成的资产

1. 固定资产

固定资产是企业生产和经营过程中不可缺少的物质条件（劳动资料）。在企业中，劳动资料的单项价值高低悬殊，使用时间也不相同，为便于管理和核算，通常按照劳动资料的单项价值、经济用途、使用时间等标准进行划分。凡达到规定标准的，作为固定资产进行管理和核算；不够规定标准的，作为低值易耗品进行管理和核算。固定资产是指单位价值较高、使用期限较长，并在使用过程中保持原有实物形态的资产。一般来说，企业使用期限超过 1 年（不含 1 年）的房屋、建筑物、机器、运输工具及其他与生产、经营有关的设备、器具、工具等资产，均应作为固定资产；不属于生产、经营主要设备的物品，使用期限超过 2 年的，也作为固定资产管理。

固定资产具有以下基本特征：

1）使用期限超过 1 年且在使用过程中保持原来的物质形态不变。

2）使用寿命是有限的，其价值随着其磨损，以折旧形式逐渐转移到产品中去，并随产品价值的实现分次得到补偿。

3）用于生产经营活动而不是为了出售，这一特征是区别固定资产与商品等流动资产的重要标志。

2. 无形资产

无形资产是指企业为生产商品或者提供劳务、出租给他人，或为管理目的而持有，没有实物形态的非货币性长期资产。无形资产包括专利权、非专利技术、商标权、著作权、土地使用权等。

无形资产一般具有以下特征：

1）没有实物形态。无形资产体现的是一种权利或获得超额利润的能力，它不具有实物形态，却具有价值，或者具有能使企业获得高于同行业一般水平的盈利能力。不具有实物形态是无形资产区别于其他资产的显著标志。

2）能在较长的时期内使企业获得经济利益。无形资产能在多个生产经营期内使用，使企业长期获益。

3）持有的目的是使用而不是出售。企业持有无形资产的目的是用于生产商品，或提供劳务、出租给他人，或为了管理目的，而不是为了对外销售。脱离了生产经营活动，无形资产就失去其经济价值。

4）无形资产能够给企业提供未来经济效益，其产生效益的大小具有较大不确定性，其经济价值在很大程度上受企业外部因素的影响，预期的获利能力不能准确地加以确定。

3. 流动资产

流动资产是指可以在1年内或者超过1年的营业周期内变现或者耗用的资产，主要包括现金、银行存款、短期投资、存货、应收及应付款项。在流动资产中，现金和各种存款是企业在生产经营过程中停留于货币形态的那部分资产，它具有流动性强的特点。企业要进行生产经营活动，首先必须拥有一定数量的现金和各种存款，以支付劳动对象、劳动手段和活劳动方面的费用。通过生产经营过程，将劳动产品销售出去，又获得了这部分资金。流动资产中存货的价值占有较大的比重，它包括企业为销售或制造产品所耗用而储备的一切物资。一般情况下，其价值一次性转移到产品成本中去，并随着产品价值的实现而得到补偿。

4. 其他资产

其他资产是指不能被包括在固定资产、无形资产、流动资产等项目以外的资产，主要包括长期待摊费用和其他长期资产。长期待摊费用是指企业已经支出，但摊销期限在1年以上（不含1年）的各项费用，包括开办费、租入固定资产的改良支出、固定资产大修理支出、股票发行费用等。其他长期资产是指具有特定用途的、不参加正常生产经营过程的资产，一般包括经国家特批的特准储备物资、银行冻结存款和冻结物资、涉及诉讼中的财产等。

2.1.3 投资估算方法

国内外建设投资估算的编制方法很多，因各有其适用范围和条件，且精确度也各不相同，因此有的编制方法适用于整个项目的投资估算，有的仅适用于一个单项工程的投资估算。为提高投资估算的科学性和精确度，在实际工作中应根据项目的性质、占有的技术经济资料及数据的具体情况，依据行业规定，有针对性地选用适宜的投资估算方法。

1. 固定资产投资的估算方法

（1）静态投资部分的估算方法

1）单位生产能力估算法：依据调查的统计资料，利用相近规模同类项目单位生产能力所耗费的固定资产投资额来估算拟建项目固定资产投资额。其计算公式为

$$C_2 = \frac{C_1}{Q_1} Q_2 f \tag{2-1}$$

式中 C_1——已建类似项目的投资额；

C_2——拟建项目的投资额；

Q_1——已建类似项目的生产能力；

Q_2——拟建项目的生产能力；

f——不同时期、不同地点的定额、单价、费用变更等的综合调整系数。

这种方法把项目的建设投资与其生产能力的关系视为简单的线性关系，估算结果精确度较差。

【例 2-1】 假定某小学拟建一座 60 间教室的教学楼，另一座教学楼在该校竣工，且掌握以下资料：已竣工的教学楼有 80 间教室，且每个教室都配有多媒体等设备，总造价为 1 000 万元。设综合调整系数为 1.0，请估算新建项目的总投资额。

【解】

$$C_2 = \frac{C_1}{Q_1}Q_2 f = \frac{1\,000\text{ 万元}}{80\text{ 间}} \times 60\text{ 间} \times 1.0 = 750\text{ 万元}$$

2）生产能力指数法：生产能力指数法又称指数估算法。它是根据已建成的类似项目生产能力和投资额来粗略估算拟建项目投资额的方法。其计算公式为

$$C_2 = C_1\left(\frac{Q_2}{Q_1}\right)^x f \tag{2-2}$$

式中 x——生产能力指数；

其余符号含义同前。

式（2-2）表明，造价与规模（或容量）呈非线性关系，且单位造价随工程规模（或容量）的增大而减少，在正常情况下，$0 \leqslant x \leqslant 1$。不同生产率水平的国家和不同性质的项目中，$x$ 的取值不同，如化工项目，美国取 $x=0.6$，英国取 $x=0.66$，日本取 $x=0.7$。

若已建类似项目的生产规模与拟建项目的生产规模相差不大，Q_1 与 Q_2 的比值为 0.5~2.0，则 x 的取值近似为 1。

若已建类似项目的生产规模与拟建项目的生产规模相差不大于 50 倍，且拟建项目的生产规模的扩大仅靠增大设备规模来达到时，则 x 的取值为 0.6~0.7；若是靠增加相同规格设备的数量达到时，则 x 的取值为 0.8~0.9。

生产能力指数法与单位生产能力估算法相比，估算结果精确度略高。尽管估价误差仍较大，但生产能力指数法有独特的好处：首先，这种估价方法不需要详细的工程设计资料，只知道工艺流程及规模就可以；其次，对于总承包工程而言，可作为估价的旁证，在总承包工程报价时，承包商大都采用这种方法估价。

【例 2-2】 已知年产 25 万 t 乙烯装置的投资额为 45 000 万元，估算拟建年产 60 万 t 乙烯装置的投资额。若将拟建项目的生产能力提高 2 倍，投资额将增加多少？设生产能力指数为 0.7，综合调整系数为 1.1。

【解】

1）拟建年产 60 万 t 乙烯装置的投资额为

$$C_2 = C_1\left(\frac{Q_2}{Q_1}\right)^x f = 45\,000\text{ 万元} \times \left(\frac{60\text{ 万 t}}{25\text{ 万 t}}\right)^{0.7} \times 1.1 = 91\,359.36\text{ 万元}$$

2）将拟建项目的生产能力提高 2 倍，投资额将增加的金额为

$$45\,000\text{ 万元} \times \left(\frac{3 \times 60\text{ 万 t}}{25\text{ 万 t}}\right)^{0.7} \times 1.1 - 45\,000\text{ 万元} \times \left(\frac{60\text{ 万 t}}{25\text{ 万 t}}\right)^{0.7} \times 1.1 = 105\,763.93\text{ 万元}$$

3）系数估算法：系数估算法又称因子估算法。它是以拟建项目的主体工程费用或主要设备购置费为基数，以工程建设其他费用占主体工程费用的百分比为系数估算项目总投资的方法。这种方法简单易行，但是精确度低，一般用于项目建议书阶段。系数估算法的种类很多，下面介绍五种主要类型。

① 设备系数法：设备系数法以拟建项目的设备购置费为基数，根据已建成的同类项目的建筑安装工程费和工程建设其他费用等占设备购置费的百分比，求出拟建项目建筑安装工程费和工程建设其他费用，进而求出建设项目总投资。其计算公式为

$$C = E(1 + f_1 P_1 + f_2 P_2 + f_3 P_3 + \cdots) + I \tag{2-3}$$

式中 C——拟建项目的静态投资；

E——拟建项目根据当时当地价格计算的设备购置费；

P_1，P_2，P_3，…——已建项目中建筑安装工程费及工程建设其他费用等占设备购置费的百分比；

f_1，f_2，f_3，…——由于时间因素引起的定额、价格、费用标准等变化的综合调整系数；

I——拟建项目的工程建设其他费用。

【例 2-3】 A 地于 2017 年 8 月拟兴建一座年产 40 万 t 甲产品的工厂，现获得 B 地 2014 年 10 月投产的年产 30 万 t 甲产品类似厂的建设投资资料。B 地类似厂的设备购置费为 12 400 万元，建筑工程费为 6 000 万元，安装工程费为 4 000 万元。若拟建项目的设备购置费为 14 000 万元，工程建设其他费用为 2 500 万元。考虑 2014—2017 年时间因素导致建筑工程费、安装工程费的变化综合调整系数，分别为 1.25、1.05，生产能力指数为 0.6，估算拟建项目的静态投资。

【解】

1）建筑工程费和安装工程费占设备购置费百分比分别为

建筑工程费：6 000 万元÷12 400 万元=0.483 9

安装工程费：4 000 万元÷12 400 万元=0.322 6

2）估算拟建项目的静态投资为

$C = E(1 + f_1P_1 + f_2P_2 + f_3P_3 + \cdots) + I$

= 14 000 万元 × (1 + 1.25 × 0.483 9 + 1.05 × 0.322 6) + 2 500 万元 = 29 710.47 万元

② 主体专业系数法：以拟建项目中投资比重较大，并与生产能力直接相关的工艺设备投资为基数，根据已建同类项目的有关统计资料，计算出拟建项目各专业工程（如总图、土建、采暖、给水排水、管道、电气、自控等）费用占工艺设备投资的百分比，据以求出拟建项目各专业投资，然后加总即为项目总投资。其计算公式为

$$C = E(1 + f_1P'_1 + f_2P'_2 + f_3P'_3 + \cdots) + I \tag{2-4}$$

式中 P'_1，P'_2，P'_3，…——已建项目中各专业工程费用占设备购置费的百分比；

其余符号含义同前。

③ 朗格系数法：以设备购置费为基数，乘以适当系数来推算项目的建设费用。其计算公式为

$$C = E(1 + \sum K_{\mathrm{I}})K_{\mathrm{C}} \tag{2-5}$$

式中 K_{I}——管线、仪表、建筑物等项费用的估算系数；

K_{C}——管理费、合同费、应急费等项费用的总估算系数；

其余符号含义同前。

总建设费用与设备购置费之比为朗格系数 K_{L}，即

$$K_{\mathrm{L}} = (1 + \sum K_{\mathrm{I}})K_{\mathrm{C}} \tag{2-6}$$

应用朗格系数法进行工程项目或装置估价的精确度仍不是很高，其主要影响因素如下：装置规模大小发生变化的影响；不同地区自然地理条件的影响；不同地区经济地理条件的影响；不同地区气候条件的影响；主要设备材质发生变化的影响，设备购置费变化较大而安装工程费变化不大所产生的影响。朗格系数法是以设备购置费为计算基础，估算误差为 10%~15%。

④ 比例估算法：根据统计资料，先求出已有同类企业主要设备投资占全厂建设投资的比例。

然后估算出拟建项目的主要设备投资，即可按比例求出拟建项目的建设投资。其表达式为

$$I = \frac{1}{K}\sum_{i=1}^{n} Q_i P_i \tag{2-7}$$

式中 I——拟建项目的建设投资；

K——主要设备投资占拟建项目投资的比例；

n——设备种类数；

Q_i——第 i 种设备的数量；

P_i——第 i 种设备的单价（到厂价格）。

⑤ 指标估算法：是把建设项目划分为建筑工程、设备安装工程、设备购置费及其他基本建设费等费用项目或单位工程，再根据各种具体的投资估算指标，进行各项费用项目或单位工程投资的估算，在此基础上，可汇总成每一单项工程的投资。另外，再估算工程建设其他费用及预备费，即可求得建设项目总投资。

估算指标是一种比概算指标更为扩大的单位工程指标或单项工程指标。编制方法是采用有代表性的单位或单项工程的实际资料，采用现行的概预算定额编制概预算，或收集有关工程的施工图预算或结算资料，经过修正、调整，反复综合平衡，以单项工程（装置、车间）或工段（区域、单位工程）为扩大单位，以“量”和“价”相结合的形式，用货币来反映活劳动与物化劳动。估算指标应以定“量”为主，故在估算指标中应有人工数、主要设备规格表、主要材料量、主要实物工程量、各专业工程的投资等。对单项工程，应做简洁的介绍，必要时还要附工艺流程图、物料平衡表及消耗指标。这样，就为动态计算和经济分析创造了条件。

（2）动态投资部分的估算方法　建设投资动态部分主要包括价格、税率变动可能增加的投资额，即价差预备费、增值税和建设期利息的估算，如果是涉外项目，还应该计算汇率的影响部分。动态投资部分应以基准年静态投资的资金使用计划为基础来估算，而不是以编制的年静态投资为基础估算。汇率应依据实际汇率的变化情况进行估算。

1）价差预备费的估算。价差预备费的内容包括：在建设期间内人工、设备、材料、施工机械的价差费，建筑安装工程费及工程建设其他费用调整，利率、汇率调整等增加的费用。计算公式为

$$\mathrm{PF} = \sum_{t=1}^{n} I_t[(1+f)^m(1+f)^{0.5}(1+f)^{t-1} - 1] \tag{2-8}$$

式中 PF——价差预备费；

t——建设期年份数；

I_t——建设期第 t 年的投资计划额，包括工程费用、工程建设其他费用及基本预备费，即第 t 年的静态投资；

f——年均投资价格上涨率；

m——建设前期年限（从编制估算到开工建设的年数）。

2）汇率变化对涉外建设项目动态投资的影响及计算方法。

① 外币对人民币升值。项目从国外市场购买设备材料所支付的外币换算成人民币的金额增加。

② 外币对人民币贬值。项目从国外市场购买设备材料所支付的外币换算成人民币的金额减少。

3）建设期利息的估算。建设期利息是指项目借款在建设期内发生并计入固定资产投资的利息。计算建设期利息时，为简化计算，通常假定当年借款按半年计息，以上年度借款按全年计息，计算公式为

$$q_j = (P_{j-1} + 0.5A_j)i \tag{2-9}$$

式中 q_j——建设期第 j 年应计利息；

P_{j-1}——建设期第（$j-1$）年年末贷款累计金额与利息金额之和；

A_j——建设期第 j 年货款金额；

i——年利率。

建设期利息的估算参见 7.4.2 小节。

2. 流动资金的估算方法

流动资金是指生产经营性项目投产后，为进行正常生产运营，用于购买原材料、燃料，支付工资及其他经营费用等所需的周转资金。它是伴随着建设投资而发生的长期占用的流动资产投资。

流动资金等于流动资产减去流动负债。其中，流动资产主要考虑现金、应收账款、预付账款和存货；流动负债主要考虑应付账款和预收账款。因此，流动资产实际上是指财务中的营运资金。

流动资金估算一般采用分项详细估算法，个别情况或者小型项目可采用扩大指标估算法。

（1）分项详细估算法　流动资金的显著特点是在生产过程中不断周转，其周转额的大小与生产规模及周转速度直接相关。分项详细估算法是根据周转额与周转速度之间的关系，对构成流动资金的各项流动资产和流动负债分别进行估算。在可行性研究中，为简化计算，仅对存货、现金、应收账款和应付账款四项内容进行估算。分项详细估算法的计算公式为

$$\text{流动资金} = \text{流动资产} - \text{流动负债} \tag{2-10}$$

$$\text{流动资产} = \text{应收账款} + \text{预付账款} + \text{存货} + \text{现金} \tag{2-11}$$

$$\text{流动负债} = \text{应付账款} + \text{预收账款} \tag{2-12}$$

$$\text{流动资金本年增加额} = \text{本年流动资金} - \text{上年流动资金} \tag{2-13}$$

估算的具体步骤是首先计算各类流动资产和流动负债的年周转次数，然后分项估算占用资金额。

1）周转次数计算。周转次数是指流动资金的各个构成项目在一年内完成生产过程的个数。

$$\text{周转次数} = \frac{360\text{天}}{\text{流动资金最低周转天数}} \tag{2-14}$$

存货、现金、应收账款和应付账款的最低周转天数，可参照同类企业的平均周转天数并结合项目特点确定，或按部门（行业）规定，在确定最低周转天数时应考虑储存天数、在途天数，并考虑适当的保险系数。又因为

$$\text{周转次数} = \frac{\text{周转额}}{\text{各项流动资金平均占用额}} \tag{2-15}$$

如果周转次数已知，则

$$\text{各项流动资金平均占用额} = \frac{\text{周转额}}{\text{周转次数}} \tag{2-16}$$

2）应收账款估算。应收账款是指企业对外赊销商品、劳务而占用的资金。计算公式为

$$\text{应收账款} = \frac{\text{年经营成本}}{\text{应收账款周转次数}} \tag{2-17}$$

3）预付账款估算。预付账款是指企事业为购买各类材料、半成品或服务所预先支付的款项。计算公式为

$$\text{预付账款} = \frac{\text{外购商品或服务年费用金额}}{\text{预付账款周转次数}} \tag{2-18}$$

4）存货估算。存货是指企业为销售或者生产耗用而储备的各种物资，主要有原材料、辅助材料、燃料、低值易耗品、维修备件、包装物、在产品、自制半成品和产成品等。为简化计算，仅考虑外购原材料、外购燃料、在产品和产成品，并分项进行计算。计算公式为

$$\text{存货} = \text{外购原材料} + \text{外购燃料} + \text{在产品} + \text{产成品} \tag{2-19}$$

$$\text{外购原材料} = \frac{\text{年外购原材料费用}}{\text{原材料周转次数}} \tag{2-20}$$

$$外购燃料=\frac{年外购燃料费用}{按种类分项周转次数} \tag{2-21}$$

$$在产品=\frac{年外购原材料、燃料及动力费+年工资及福利费+年修理费+年其他制造费}{在产品周转次数} \tag{2-22}$$

$$产成品=\frac{年经营成本}{产成品周转次数} \tag{2-23}$$

5）现金需要量估算。项目流动资金中的现金是指货币资金，即企业生产运营活动中停留于货币形态的那部分资金，包括企业库存现金和银行存款。计算公式为

$$现金需要量=\frac{年工资及福利费+年其他费用}{现金周转次数} \tag{2-24}$$

年其他费用=制造费用+管理费用+销售费用−（以上三项费用中所含的工资及福利费、折旧费、维简费、摊销费、修理费） (2-25)

6）流动负债估算。流动负债是指在一年或者超过一年的一个销售周期内，需要偿还的各种债务。在可行性研究中，流动负债的估算只考虑应付账款。计算公式为

$$应付账款=\frac{年外购原材料、燃料及动力费及其他材料年费用}{应付账款周转次数} \tag{2-26}$$

$$预收账款=\frac{预收的销售收入年金额}{预收账款周转次数} \tag{2-27}$$

根据流动资金各项估算结果，编制流动资金估算表。

（2）扩大指标估算法　扩大指标估算法是根据现有同类企业的实际资料，求得各类流动资金率指标，也可依据行业或部门给定的参考值或经验确定比率。将各类流动资金率乘以相应的费用基数来估算流动资金。一般常用的基数有销售收入、经营成本、总成本费用和固定资产投资等。扩大指标估算法简便易行，但精确度不高，适用于项目建议书阶段的估算。扩大指标估算法计算公式为

$$年流动资金额=年费用基数\times各类流动资金率 \tag{2-28}$$

$$年流动资金额=年产量\times单位产品产量占用流动资金额 \tag{2-29}$$

（3）流动资金估算时应注意的问题

1）在采用分项详细估算法时，应根据项目实际情况分别确定现金、应收账款、存货和应付账款的最低周转天数，并考虑一定的保险系数。因为最低周转天数减少，将增加周转次数，从而减少流动资金需要量，因此，必须切合实际地选用最低周转天数。对于存货中的外购原材料和燃料，要分品种和来源，考虑运输方式和运输距离，以及占用流动资金的比重大小等因素确定。

2）在不同生产负荷下的流动资金，应按不同生产负荷所需的各项费用金额，分别按照上述的计算公式进行估算，而不能直接按照100%生产负荷下的流动资金乘以生产负荷百分比求得。

3）流动资金属于长期性（永久性）流动资产，流动资金的筹措可通过长期负债和资本金（一般要求占30%）的方式解决。流动资金一般要求在投产前一年开始筹措，为简化计算，可规定在投产的第一年开始按生产负荷安排流动资金需要量。其借款部分按全年计算利息，流动资金利息应计入生产期间财务费用，项目计算期末收回全部流动资金（不含利息）。

4）用分项详细估算法计算流动资金，需以经营成本及其中的某些科目为基数，因此实际上流动资金估算应能够在经营成本估算之后进行。

【例 2-4】 某拟建项目第 4 年开始投产，投产后的年生产成本和费用估算见表 2-2，流动资产和应付账款的最低周转天数见表 2-3。试估算投产阶段需要投入的流动资金。

表 2-2 年生产成本和费用估算 （单位：万元）

序号	项目	计算期				
		4	5	6	7	…
1	外购原材料	2 055	3 475	4 125	4 125	
2	进口零部件	1 087	1 208	725	725	
3	外购燃料	13	25	27	27	
4	外购动力	29	48	58	58	
5	工资及福利费	213	228	228	228	
6	修理费	15	15	69	69	
7	折旧费	224	224	224	224	
8	摊销费	70	70	70	70	
9	利息支出	234	196	151	130	
10	其他费用	324	441	507	507	
11	总成本费用	4 264	5 930	6 184	6 163	
12	经营成本（11-7-8-9）	3 736	5 440	5 739	5 739	

注：1. 经营成本是指总成本费用中不包括折旧费、摊销费和利息支出的部分。

2. 表 2-2 中的项目是按成本要素编制的，其中各项要素费用包括了制造费用、管理费用、财务费用和销售费用中的该要素费用。表中第 10 项“其他费用”是指制造费用、管理费用、财务费用和销售费用中扣除了工资及福利费、折旧费、摊销费、修理费和利息支出后的其他费用。

表 2-3 流动资产和应付账款的最低周转天数 （单位：天）

序号	项目	最低周转天数
1	应收账款	40
2	存货	—
2. 1	原材料	50
2. 2	进口零部件	90
2. 3	燃料	60
2. 4	在产品	20
2. 5	产成品	10
3	现金	15
4	应付账款	40

【解】

按例题中的资料，列表 2-4 算出流动资金的需要量和逐年的投入量，备注栏给出对应表 2-2 的赖以周转的成本费用项目序号。

表 2-4 【例 2-4】流动资金估算 （单位：天）

序号	项目	最低周转天数	周转次数	计算期					备注
				4	5	6	7	…	
（一）	流动资产	—	—						—
1	应收账款	40	9	415	604	638	638		12
2	存货	—	—						—
2.1	原材料	50	7.2	285	483	573	573		1
2.2	进口零部件	90	4	272	302	181	181		2
2.3	燃料	60	6	2	4	5	5		3
2.4	在产品	20	18	190	278	290	290		1+2+3+4+5+6
2.5	产成品	10	36	104	151	159	159		12
3	现金	15	24	22	28	31	31		5+10
	小计	—	—	1 290	1 850	1 877	1 877		—
（二）	流动负债	—	—						—
4	应付账款	40	9	354	528	548	548		1+2+3+4
（三）	流动资金[（一）-（二）]			936	1 322	1 329	1 329		
（四）	流动资金本年增加额			936	386	7	0		

流动资金投入后是长期占用的。因此，由表 2-4 可知，本例题中投产年初（第 4 年年初）需投入流动资金 936 万元，第 5 年年初再投入 386 万元；第 6 年年初再投入 7 万元。第 6 年后，假定生产已达正常，流动资金已不再需要投入，始终保持在 1 329 万元。

2.2 费用与成本

工程建成后投入使用，即进入运营期。运营期发生的非投资性费用称为年总成本费用，它是工程经济分析中的一个基本经济要素。

费用与成本

2.2.1 产品成本费用的构成

根据现行企业会计准则，按经济用途分类，产品成本费用由计入产品成本的生产费用和直接计入当期损益的期间费用构成。

1. 计入产品成本的生产费用

计入产品成本的生产费用是指为生产产品（或提供劳务）而发生的，与产品生产（或提供劳务）直接相关的费用，包括直接人工费、直接材料费、直接燃料动力费和间接生产费用。间接生产费用，又称为制造费用，是指几类产品耗用的费用，需要归集后分摊计入各类产品成本，如房屋和设备的折旧费和车间管理费等。

2. 直接计入当期损益的期间费用

期间费用为生产产品（或提供劳务）提供正常的条件和进行管理的需要，而与产品的生产本身并不直接相关的费用，包括销售费用（营业费用）、管理费用（企业管理费）和财务费用等。

计入产品成本的生产费用和直接计入当期损益的期间费用的区别如图 2-2 所示。

需要明确的是，上述划分的依据是根据费用的经济用途而不是费用的性质。例如，生产车间生产工人的薪酬属于生产费用中的直接人工，生产车间管理人员的薪酬属于生产费用中的制造费用，而企业管理人员的薪酬属于期间费用。又如，生产车间的办公费用属于生产费用中的制造费用，而企业总部的办公费用属于期间费用中的管理费用。

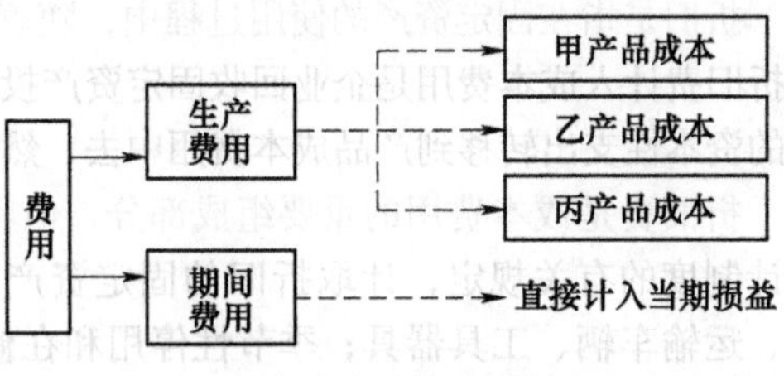

图 2-2 生产费用和期间费用的区别

2.2.2 年总成本费用计算

不同于企业会计核算，在工程经济分析中，通常按生产要素来计算年总成本费用，将生产费用和期间费用按工资及福利费、折旧费、修理费、维简费、摊销费、利息支出进行归并后分别列出。另设一项“其他费用”归集除上述各项之外的其他费用，即制造费用、管理费用和销售费用中除工资及福利费、折旧费、修理费、维简费、摊销费等之外的其余部分费用，以及财务费用中除利息支出之外的金融机构手续费、汇总损益等其他财务费用。这样，年总成本费用的计算公式为

$$\text{年总成本费用} = \begin{matrix}\text{外购原材料成本} + \text{外购燃料动力成本} + \text{工资及福利费} + \\ \text{修理费} + \text{折旧费} + \text{维简费} + \text{摊销费} + \text{利息支出} + \text{其他费用}\end{matrix} \tag{2-30}$$

外购原材料成本、外购燃料动力成本、修理费及其他费用均按不含进项增值税的价格计算，维简费也只是在矿山类项目经济分析中才涉及。

1. 外购原材料成本计算

原材料成本是成本的重要组成部分，其计算公式为

$$\text{原材料成本} = \text{年产量} \times \text{单位产品原材料成本} \tag{2-31}$$

年产量可根据测定的设计生产能力和投产期各年的生产负荷加以确定；单位产品原材料成本依据原材料消耗定额和单价确定的。企业生产经营过程中所需要的原材料种类繁多，在计算时，可根据具体情况，选取耗用量较大的、主要的原材料为对象，依据有关规定、原则和经验数据进行估算。

2. 外购燃料动力成本计算

燃料动力成本计算公式为

$$\text{燃料动力成本} = \text{年产量} \times \text{单位产品燃料和动力成本} \tag{2-32}$$

3. 工资及福利费计算

工资及福利费包括在制造费用、管理费用、营业费用中，为便于计算和进行经济分析，可将各项费用中的工资及福利费单独计算。

（1）工资　工资的计算可以采取以下两种方法：

1）按照整个企业的职工定员数和人均年工资额计算年工资总额，其计算公式为

$$\text{年工资总额} = \text{企业职工定员数} \times \text{人均年工资额} \tag{2-33}$$

2）按照不同的工资级别对职工进行划分，分别估算同一级别职工的工资，然后加以汇总。一般可分为五个级别，即高级管理人员、中级管理人员、一般管理人员、技术工人和一般工人。若有国外的技术人员和管理人员，应单独列出。

（2）福利费　福利费主要包括职工的保险费、医药经费、职工生活困难补助，以及按国家规定开支的其他职工福利支出，不包括职工福利设施的支出。一般可按职工工资总额的一定比例提取。

4. 折旧费计算

折旧费包括在制造费用、管理费用、营业费用中。为便于计算和进行经济分析，可将各项费用中的折旧费单独计算。

折旧是指在固定资产的使用过程中，随着资产损耗而逐渐转移到产品成本费用中的那部分价值。将折旧费计入成本费用是企业回收固定资产投资的一种手段。按照国家规定的折旧制度，企业把已发生的资本性支出转移到产品成本费用中去，然后通过产品的销售，逐步回收初始的投资费用。

折旧费是成本费用的重要组成部分，但不是投资项目在生产经营期的现金流出。根据我国财务会计制度的有关规定，计取折旧的固定资产范围包括：房屋、建筑物；在用的机器设备、仪器仪表、运输车辆、工具器具；季节性停用和在修理停用的设备；以经营性租赁方式租出的固定资产；以融资性租赁方式租入的固定资产。结合我国的企业管理水平，将固定资产分为三大部分、二十二类，按大类实行分类折旧。在进行工程项目的经济分析时，可分类计算折旧，也可综合计算折旧，要视项目的具体情况而定。我国现行的固定资产折旧方法，一般采用平均年限法、工作量法或加速折旧法。

（1）平均年限法 平均年限法又称直线法，即根据固定资产的原值、估计的净残值率和折旧年限计算折旧费。其计算公式为

$$年折旧费 = \frac{固定资产原值 \times (1 - 预计净残值率)}{折旧年限} \tag{2-34}$$

式中，各项参数的确定方法如下：

1）固定资产原值是根据工程费用、预备费和建设期利息计算求得。对于一般纳税人，固定资产购置进项增值税不纳入固定资产原值。

2）预计净残值率是预计的固定资产净残值与固定资产原值的比率，根据行业会计制度规定，固定资产净残值率按照固定资产原值的3%~5%确定。特殊情况，如净残值率低于3%或高于5%的，由企业自主确定，并报主管财政机关备案。在工程项目的经济分析中，由于折旧年限是根据项目的固定资产经济寿命期决定的，因此固定资产的残余价值较大，净残值率一般可选择10%，个别行业如港口等可选择高于10%的净残值率。

3）折旧年限。国家有关部门对各类固定资产折旧的最短年限做出如下规定：房屋、建筑物为20年；火车、轮船、机械设备和其他生产设备为10年；电子设备和火车、轮船以外的运输工具，以及与生产、经营业务有关的器具、工具、家具等为5年。若采用综合折旧方法，项目的生产期即为折旧年限。在工程项目的经济分析中，对轻工、机械、电子等行业的折旧年限，一般可确定为8~15年，有些项目的折旧年限可确定为20年，对港口、矿山等项目的折旧年限可选择30年或30年以上。

【例 2-5】 某企业一台专项设备账面原值为160 000元，预计折旧年限为5年，预计净残值5 000元。按平均年限法计算折旧费。

【解】

$$该项设备年折旧率 = \frac{1-5\,000 \div 160\,000}{5} \times 100\% = 19.375\%$$

其各年折旧费见表2-5。

表 2-5 【例 2-5】固定资产折旧计算

年限	期初账面净值（元）	年折旧率（%）	年折旧费（元）	累计折旧费（元）	期末账面净值（元）
1	160 000	19.375	31 000	31 000	129 000
2	129 000	19.375	31 000	62 000	98 000
3	98 000	19.375	31 000	93 000	67 000
4	67 000	19.375	31 000	124 000	36 000
5	36 000	19.375	31 000	155 000	5 000

(2) 工作量法　对于下列专用设备可采用工作量法计提折旧：

1) 交通运输企业和其他企业专用车队的客货运汽车，按照行驶里程计算折旧费。其计算公式为

$$单位里程折旧费=\frac{原值\times(1-预计净残值率)}{规定的总行驶里程} \tag{2-35}$$

$$年折旧费=单位里程折旧费\times年实际行驶里程 \tag{2-36}$$

2) 大型专用设备，可根据工作小时计算折旧费。其计算公式为

$$每工作小时折旧费=\frac{原值\times(1-预计净残值率)}{规定的总工作小时} \tag{2-37}$$

$$年折旧费=每工作小时折旧费\times年实际工作小时 \tag{2-38}$$

【例 2-6】　某企业的一辆运货卡车的原值为 60 000 元，预计总行驶里程为 50 万 km，其报废时的净残值率为 5%，本月行驶 4 000km，该辆卡车的本月折旧费是多少？

【解】
$$单位里程折旧费=\frac{60\,000\,元\times(1-5\%)}{500\,000\text{km}}=0.114\,元/\text{km}$$

$$本月折旧费=4\,000\text{km}\times0.114\,元/\text{km}=456\,元$$

(3) 加速折旧法　加速折旧法又称递减折旧法，是指在固定资产使用初期提取折旧较多，在后期提取较少，使固定资产价值在使用年限内尽早得到补偿的折旧计算方法。它是一种鼓励投资的措施，即国家先让利给企业，加速回收投资，增强还贷能力，促进技术。因此只对某些确有特殊原因的工程项目，才准许采用加速折旧法计提折旧。加速折旧的方法很多，主要有双倍余额递减法和年数总和法。

1) 双倍余额递减法：是以平均年限法确定的折旧率的双倍乘以固定资产在每一会计期间的期初账面净值，从而确定当期应提折旧的方法。其计算公式为

$$年折旧率=\frac{2}{折旧年限}\times100\% \tag{2-39}$$

$$年折旧费=年初固定资产账面原值\times年折旧率 \tag{2-40}$$

实行双倍余额递减法的固定资产，应当在其固定资产折旧年限到期前两年内，将固定资产净扣除预计净残值后的净额平均摊销，即最后两年改用直线折旧法计算折旧。

【例 2-7】　沿用【例 2-5】，按双倍余额递减法计算折旧费。

【解】
$$该项设备年折旧率=\frac{2}{5}\times100\%=40\%$$

其各年折旧费见表 2-6。

表 2-6　【例 2-7】固定资产折旧计算

年限	期初账面净值（元）	年折旧率（%）	年折旧费（元）	累计折旧费（元）	期末账面净值（元）
1	160 000	40	64 000	64 000	96 000
2	96 000	40	38 400	102 400	57 600
3	57 600	40	23 040	125 440	34 560
4	34 560	—	14 780	140 220	19 780
5	19 780	—	14 780	155 000	5 000

2）年数总和法：是以固定资产原值扣除预计净残值后的余额作为计提折旧的基础，按照逐渐递减的折旧率计提折旧的一种方法。采用年数总和法的关键是每年都要确定一个不同的折旧率。其计算公式为

$$年折旧率 = \frac{折旧年限 - 已使用年数}{折旧年限 \times (折旧年限 + 1) \div 2} \times 100\% \tag{2-41}$$

$$年折旧费 = (固定资产原值 - 预计净残值) \times 年折旧率 \tag{2-42}$$

【例 2-8】 仍沿用【例 2-5】，采用年数总和法计算的各年折旧费见表 2-7。

表 2-7 【例 2-8】固定资产折旧计算

年限	尚可使用年数	原值-净残值（元）	变动折旧率	年折旧费（元）	累计折旧费（元）
1	5	155 000	5/15	51 667	51 667
2	4	155 000	4/15	41 333	93 000
3	3	155 000	3/15	31 000	124 000
4	2	155 000	2/15	20 667	144 667
5	1	155 000	1/15	10 333	155 000

在工程项目经济分析中，一般采用平均年限法，通过固定资产折旧费估算表计算折旧费（参见本书第 7 章 7.4.2 小节中的表 7-6）。

5. 修理费计算

与折旧费相似，修理费也包括在制造费用、管理费用、营业费用之中，为便于计算和进行经济分析，可将各项费用中的修理费单独估算。修理费包括大修理费用和中小修理费用。

在估算修理费时，一般无法确定修理费具体发生的时间和余额，可按照折旧费的一定百分比计算。该百分比可参照同行业的经验数据加以确定。

6. 维简费计算

维简费是指采掘、采伐工业按生产产品数量（采矿按每吨原矿产量，林区按每立方米原木产量）提取的固定资产更新和技术改造资金，即维持简单再生产的资金，简称“维简费”。企业发生的维简费直接计入成本，其计算方法和折旧费相同。这类采掘、采伐企业不计提固定资产折旧。

7. 摊销费计算

摊销费是无形资产等一次性投入费用在摊销期内的平均分摊额。摊销与无形资产的关系相当于折旧与固定资产的关系，摊销费也是成本费用的组成部分。无形资产的摊销期按下列原则确定：法律、合同或者企业申请书中规定了法定有效期限和受益年限的，取两者较短者；法律没有规定有效期限的，按照合同或者企业申请书规定的受益年限确定摊销期；法律、合同或者企业申请书中未规定有效期限或者受益年限的，按照不少于 10 年确定摊销期。递延资产从开始生产经营起，按照不少于 5 年的期限平均摊销；以经营性租赁方式租入的固定资产改良支出，在租赁有效期内分期平均摊销。

8. 利息支出计算

运营期间发生的利息净支出为在运营期所发生的建设投资借款利息和流动资金借款利息之和。在运营期，每年利息是当年结清的，因而每年计算的利息不再参与以后各年利息的计算，即不再需要进行复利计算。

建设投资借款在生产期发生利息的计算公式为

$$每年建设投资借款利息 = 年初借款本金余额 \times 年有效利率 \tag{2-43}$$

银行流动资金贷款按贷款期限分为临时贷款（期限≤3 个月）、短期贷款（3 个月<期限≤1 年）和中期贷款（1 年<期限≤3 年）。这里的流动资金主要是用于项目投入运营后正常生产经营中经常性的周转占用和铺底流动资金贷款，因此一般采用中期贷款。在工程经济分析中，如果工程计算寿命期较长，则为简化计算，一般不再考虑中间的流动资金归还和再借，而假定运营初期借入并长期占用，直至工程计算寿命末流动资金退出时归还本金。

流动资金借款利息计算公式为

$$\text{每年流动资金借款利息} = \text{流动资金借款累计金额} \times \text{年有效利率} \tag{2-44}$$

9. 其他费用计算

在工程项目经济分析中，其他费用一般可根据成本中的原材料费、燃料和动力费、工资及福利费、折旧费、修理费、维简费及摊销费之和的一定百分比计算，并按照同类企业的经验数据加以确定。

2.2.3 其他的成本概念

其他的成本概念

1. 经营成本

经营成本是指从总成本费用中扣除折旧费、维简费、摊销费和利息支出以后的成本，即

$$\text{经营成本} = \text{总成本费用} - \text{折旧费} - \text{维简费} - \text{摊销费} - \text{利息支出} \tag{2-45}$$

或者

$$\text{经营成本} = \text{外购原材料、燃料及动力费} + \text{工资及福利费} + \text{修理费} + \text{其他费用} \tag{2-46}$$

经营成本是工程经济学的特有概念。它涉及产品生产及销售、企业管理过程中的物料、人力和能源的投入费用，反映企业的生产和管理水平。在工程项目的经济分析中，经营成本被应用于现金流量的分析。

计算经营成本之所以要从总成本费用中扣除折旧费、维简费、摊销费和利息支出，主要原因有以下两个方面：

1）投资现金流量表反映项目在期内逐年发生的现金流入和流出。与常规会计方法不同，现金收支何时发生，就在何时，不作分摊。由于投资已按其发生的时间作为一次性支出被计入现金流出，所以不能再以折旧费、维简费和摊销费的方式计为现金流出，否则会发生重复计算。因此，作为经常性支出的经营成本中不包括折旧费和摊销费，同理也不包括维简费。

2）因为投资现金流量表以全部投资作为计算基础，不分投资资金来源，利息支出不作为现金流出，而资本金现金流量表将利息支出单列，因此经营成本中也不包括利息支出。

2. 固定成本与可变成本

在工程经济分析中，为便于计算和分析，根据成本费用与产量的关系，可将总成本费用分为固定成本和可变成本，如图 2-3 所示。固定成本是指在一定的产量范围内不受产品产量影响的成本，即不随产品产量的增减而发生变化的各项成本费用，如工资及福利费（计件工资除外）、折旧费、修理费、无形资产及其他资产摊销费、其他费用等。可变成本是指随着产品产量增减而成正比例变化的各项成本，也称为变动成本，如原材料、燃料、动力费和计件工资等。

3. 沉没成本

经济决策过程常涉及“沉没成本”的概念，是指已经付出且不可收回的成本。从数量上看，沉没成本可以是整体成本，也可以是部分成本。如果旧资产能变卖出售获得部分价值，那么其账面价值不会全部沉没，只有变现价值低于账面价值的部分才是沉没成本。计算公式为

$$\text{沉没成本} = \text{旧资产账面价值} - \text{当前市场价值} \tag{2-47}$$

例如，某设备 4 年前购置时资产价值为 80 000 元，目前的账面价值（原值扣除历年提取折旧后

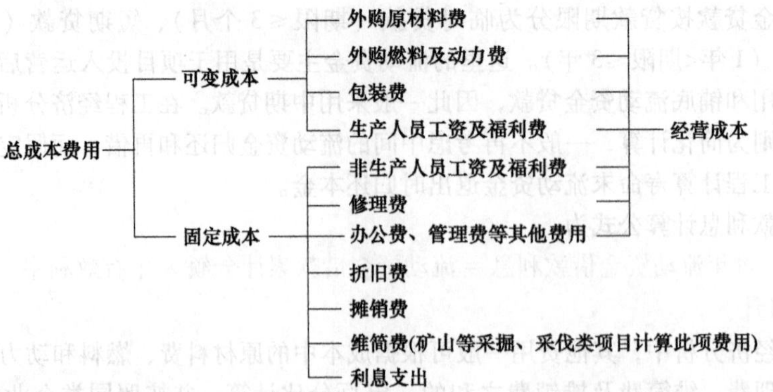

图 2-3 固定成本和可变成本的构成

的资产价值）为 30 000 元，现在的市场价值仅为 18 000 元。在进行设备更新分析时，旧设备产生一笔沉没成本为 12 000 元(= 30 000 元 - 18 000 元)，是过去投资决策发生的而与现在更新决策无关，目前该设备的价值等于市场价值 18 000 元。

沉没成本是过去已经发生的成本，对目前的决策不构成影响。在进行工程经济方案分析和比选时，不计入沉没成本。

4. 机会成本

机会成本是经济学中一个重要的概念，是指当把一定的经济资源用于生产某种产品时放弃在其他产品生产使用所获得的最大收益。例如，企业在一个新产品生产线投资决策中，如果使用原有的厂房、设备等资产，那么就放弃了这些资产用于生产其他产品或用于出租所获得的收益，其中最大的收益就是机会成本。在新产品投资分析中，旧的厂房、设备不能以它们的原值或账面价值等沉没成本计入，而应该以机会成本计入。在工程经济学中更常见到的机会成本概念应用是关于投资资金的机会成本，参见 3.1.2 小节。

机会成本是在工程方案外部形成的，不能从该工程方案财务上直接表现出来，必须通过经济分析人员的分析工作，才能确定工程方案的机会成本。机会成本虽不是实际支出，但在工程经济分析时应作为一个因素加以认真考虑，才能保证经济决策的正确性。

5. 边际成本

边际成本是指增加一个单位产品产量时所增加的成本，也就是增加最后一个产品生产的成本。边际成本可用成本增量与产量增量之比来计算，计算公式为

$$边际成本 = \frac{成本增量}{产量增量} \tag{2-48}$$

边际成本的经济学意义在于，当边际收益即增加最后一个单位产品时所增加的收益大于边际成本时，增加产量扩大生产规模的决策有助于投资者增加利润总额，因而，此投资方案是可取的；当边际收益小于边际成本时，增加产量扩大生产规模的决策会使投资者的利润减少，因而此投资方案是不可取的；当边际收益与边际成本相等时，当前的生产规模是投资者获利最大的生产规模，因而也是最佳的。

【例 2-9】 企业某种设备生产某一标准化的零件，设备 2 年前购置，原始购置安装费用为 50 万元，年折旧费为 40 000 元，年产量为 20 000 件，生产零件的可变成本为 10 元/件，企业需要的零件数量为 12 000 件/年，企业财务会计部门考虑折旧等固定费用，提供的该零件生产成本为 15 元。另一家企业因设备故障，急需此零件，愿意出价 13 元/件订购 5 000 件。不考虑企业间竞争因素及税收，那么企业是否应该接受这份订单？

【解】

这是一个扩大生产规模的决策问题，应采用边际成本（增量成本）进行分析。这份订单不影响企业自身的零件需求，且设备富余的生产能力能够满足订单生产。订单的边际成本即为可变成本 10 元/件，边际收益为 13 元/件，边际收益大于边际成本，所以应接受订单。

2.3 销售收入、税金与利润

销售收入、税金与利润

2.3.1 销售收入

销售收入是指企业销售产品或提供劳务等取得的货币收入，包括产品销售收入和其他销售收入。产品销售收入包括销售产成品、半成品，提供工业性劳务等获得的收入；其他销售收入包括材料销售、资产出租、无形资产转让、提供非工业性劳务等获得的收入等。工程经济分析中，通常只考虑产品销售收入，计算公式为

$$销售收入 = 产品销售量 \times 产品价格 \tag{2-49}$$

式中，产品价格为不含增值税销项税额的价格。

2.3.2 税金

税金是指企业投资活动和经营活动过程中向国家交纳的税收，是国家为满足社会公众需要，依据其社会职能，按照法律规定，强制地、无偿地参与社会产品分配的一种方式。

1. 工程经济分析涉及的主要税种

（1）增值税　增值税是对销售货物或者提供加工、修理修配劳务，以及进口货物的单位和个人就其实现的增值额征收的一个税种。从计税原理上说，增值税是对商品生产、流通、劳务服务中多个环节的新增价值或商品的附加值征收的一种流转税。

增值税计算公式为

$$当期增值税税额 = 当期销项税额 - 当期进项税额 \tag{2-50}$$

式中，当期销项税额为不含税的销售额和适用的增值税税率计算的增值税税额；当期进项税额为购进货物或者接受加工、修理修配劳务和应税服务，支付或者负担的增值税税额，是可以抵扣的增值税税额。

（2）增值税附加税　增值税附加税是以增值税的存在和征收为前提和依据的、按照增值税税额的一定比例征收的一种附加的特定目的税，包括城市维护建设税、教育费附加和地方教育附加。

增值税附加税计算公式为

$$当期增值税附加税 = 当期增值税税额 \times 相应税率 \tag{2-51}$$

（3）企业所得税　企业所得税是对我国境内的企业和其他取得收入的组织的生产经营所得和其他所得征收的一种收益税。

企业所得税计算公式为

$$企业所得税税额 = 应纳税所得额 \times 所得税税率 \tag{2-52}$$

式中，应纳税所得额为企业的收入总额减去成本、费用、损失及准予扣除项目（如利息、捐赠、福利费等）的金额。

（4）其他税金　工程经济分析还可能涉及的其他税金主要有以下四种：

1）属于流转税类的消费税。它是以特定消费品（如烟、酒、小汽车、珠宝、高档化妆品、成

品油等）为对象所征收的一种税。

2）属于资源税类的自然资源税与城镇土地使用税。前者简称为资源税，它是对在我国境内开采应税矿产品和生产盐的单位和个人，就其应税资源数量征收的一种税。后者简称为土地使用税，它是对在城市、县城、建制镇、工矿区范围内使用土地的单位和个人，以其实际占用的土地面积为计税依据，按照规定的税额计算征收的一种税。

3）属于财产税类的房产税和车船使用税。房产税是以房屋为征税对象，按照房屋的计税余值或租金收入为计税依据，向产权所有人征收的一种税。车船使用税又称为车船税，是以车船为特征对象，向车辆、船舶的所有人或者管理人征收的一种税。

4）属于行为税类的印花税。印花税是对经济活动和经济交往中订立、领受具有法律效力的凭证（如合同、产权转移书据、营业账簿等）的行为所征收的一种税。

2. 工程经济分析中税金的处理

企业会计处理设有专门的增值税会计科目和企业所得税费用会计科目。另外，根据财政部《增值税会计处理规定》（财会〔2016〕22 号）规定，设置“税金及附加”会计科目，核算企业经营活动发生的消费税、城市维护建设税、资源税、教育费附加及房产税、土地使用税、车船使用税、印花税等相关税费。

工程经济分析中，房产税、土地使用税、车船使用税和印花税等实践中常称的“四小税”与工程投入运营后的生产规模基本无关，可认为是固定税费。为便于工程经济分析计算，可按传统做法，将它们计入运营生产总成本费用中其他费用项的管理费用。“税金及附加”中保留消费税、资源税及三项附加税。其中，消费税只在特定消费品生产投资项目中才会产生，但要注意消费税也是三项附加税的计税基数，资源税也只出现在矿产品（含盐）的投资项目中。

工程经济分析通常不考虑企业经营活动中可能出现的营业外收入（盘盈利得、政府补助等）、营业外支出（罚款、捐赠等）、投资损失等，且一般是以年为计息期进行经济分析。因此，投资项目及工程方案经济分析相关的每年税费计算方法如下：

$$\begin{aligned}\text{增值税} &= \text{销售量} \times \text{不含税销售价格} \times \text{适用的增值税税率} - \text{进项税额} \\ &= \text{不含税销售收入} \times \text{适用的增值税税率} - \text{进项增值税额}\end{aligned} \tag{2-53}$$

$$\begin{aligned}\text{税金及附加} = {} & \text{资源税} + \text{消费税} + (\text{增值税} + \text{消费税}) \times (\text{城市维护建设税税率} + \text{教育费附加税率} + \\ & \text{地方教育附加税率})\end{aligned} \tag{2-54}$$

$$\text{所得税} = (\text{不含税销售收入} - \text{总成本费用} - \text{税金及附加} - \text{弥补以前年度亏损}) \times \text{所得税税率} \tag{2-55}$$

式中，总成本费用为不含进项增值税价格计算的费用；弥补以前年度亏损是指根据企业所得税法，若纳税年度发生亏损，以后年度（最长不超过 5 年）计算所得税时可先弥补年度的亏损。

3. 购置固定资产进项增值税的处理

投资项目及工程方案经济分析涉及的固定资产购置包括向工程施工企业发包建筑安装工程、向制造企业购买生产设备等。按现行税法规定，企业购置固定资产发生的进项增值税处理区分不同类型的纳税人。如果是一般纳税人，购置固定资产的进项增值税可进行抵扣，但固定资产计提折旧基数（固定资产原值）不得包含进项增值税。如果是小规模纳税人，则购置固定资产进项增值税不得抵扣，但可以进入固定资产原值计提折旧。据此，在工程经济分析中购置固定资产进项增值税可按以下三种方法处理：

1）购置固定资产进项增值税计入投资额，并且在工程投入运营后逐年按最大可能抵扣额计入进项增值税额进行抵扣，直至全部抵扣完毕。在计算固定资产折旧时，购置固定资产进项增值税不计入固定资产原值。

2）购置固定资产进项增值税不计入投资额，在工程投入运营后也不作为进项增值税进行抵扣。

在计算固定资产折旧时，购置固定资产进项增值税不计入固定资产原值。

3）购置固定资产进项增值税计入投资额，在工程投入运营后不作为进项增值税进行抵扣。但是，在计算固定资产折旧时，购置固定资产进项税计入固定资产原值。

上述三种方法中，前两种适用于作为一般纳税人企业情况，工程经济分析实践所涉及的投资项目或工程方案绝大多数属于此种类型。第一种是精确的处理方法，与第一种方法相比，虽然第二种方法的分析计算结果会有误差，但是工程经济分析只是一种事前的预测性分析，它并不可能、也不需要像企业会计或工程计算那样要求绝对的精确，工程未来实施的实际情况与工程经济性预测分析结果肯定有一定的出入，所以这样的误差并不会影响分析结论。

第三种方法适用作为小规模纳税人投资项目或工程方案的情况，因其不能进行进项税抵扣，而购置固定资产时通常只要开具税率较低的普通发票，所以在工程其他条件完全相同的情况下，按小规模纳税人增值税计征方法和税率的经济分析结果与第一种和第二种方法的结果差异也并不显著，一般不会影响评价的结论。

此外，根据目前税收政策，工程涉及计算机软件这种无形资产投资的，其购置进项税也可抵扣，可参照购置固定资产进项税进行处理。

2.3.3 利润

利润是企业在一定时期内全部生产经营活动的最终成果。利润是反映企业经营绩效的核心指标。企业会计涉及三种利润概念，即营业利润、利润总额和净利润。工程经济分析通常不考虑工程投入运营后的营业外收支、投资损益、公允价值变动等。因此，在工程经济分析中，可认为营业利润和利润总额是相等的，涉及的利润主要是利润总额和净利润。

1. 利润总额

利润总额又称为所得税前利润，常简称为“税前利润”。

$$\text{利润总额} = \text{不含税销售收入} - \text{总成本费用} - \text{税金及附加} \tag{2-56}$$

2. 净利润

净利润又称为所得税后利润，常简称为“税后利润”。

$$\text{净利润} = \text{利润总额} - \text{所得税} \tag{2-57}$$

缴纳所得税后的净利润，一般按照以下顺序分配：①弥补企业以前年度亏损；②提取法定公积金（法定公积金用于弥补亏损、扩大公司生产经营、增加公司注册资本）；③经股东会或者股东大会决议确定提取的任意公积金；④向投资者分配利润或股利；⑤未分配利润。

2.4 要素之间的关系与工程投资现金流的构成

经济要素
之间的关系

2.4.1 投资、资产和成本的关系

项目建设必须筹集一定数量的资金，以满足其投资的需求。在市场经济条件下，投资资金来源主要由两部分组成：一部分是资本金，它是投资者以自有资金投入的权益性资金；另一部分是债务资金，它是从金融市场借入的资金。

投资、资产和成本的关系如图 2-4 所示。

2.4.2 销售收入、总成本费用、税金和利润的关系

工程方案运营期的销售收入、总成本费用、税金及附加、利润之间的关系如图 2-5 所示。

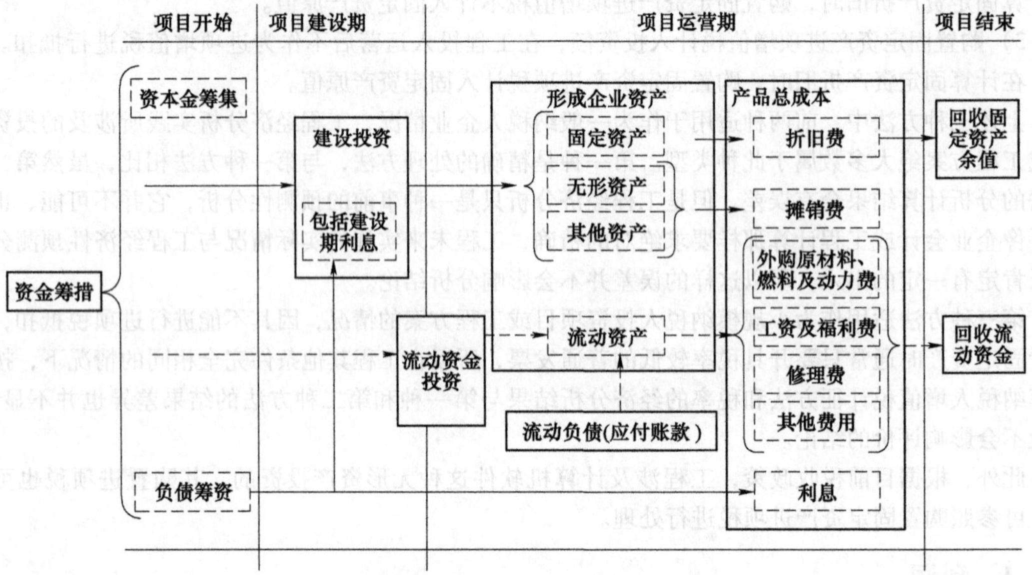

图 2-4　投资、资产和成本的关系

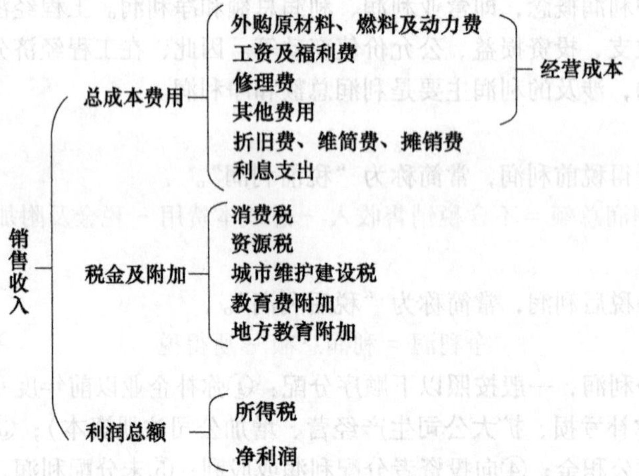

图 2-5　销售收入、总成本费用、税金及附加、利润之间的关系

2.4.3　工程投资方案现金流的构成

现金流是工程方案经济分析的基础。现金流量构成按“收付实现制”为原则，按实施该方案而实际发生的当期现金流为准，即由实施该方案而引起的增加的现金收入作为现金流入，引起的增加的现金支出作为现金流出。

如果不区分工程方案投资资金来源，从全部投资（包括资本金投资和负债投资）收益角度来考察，则方案的现金流构成如图 2-6 所示。运营期的净现金流量是全部投资的净收益，是对全部投资的回报。

从投资者的资本金投资收益角度来考察，方案的资本金投资现金流和资本金投资收益关系如图 2-7 所示。建设期的全部投资资金与借入资金的差额就是投资者的权益投资资金（资本金投入），运营期每年的净现金流量就是资本金投资的净收益，是对权益投资的回报。

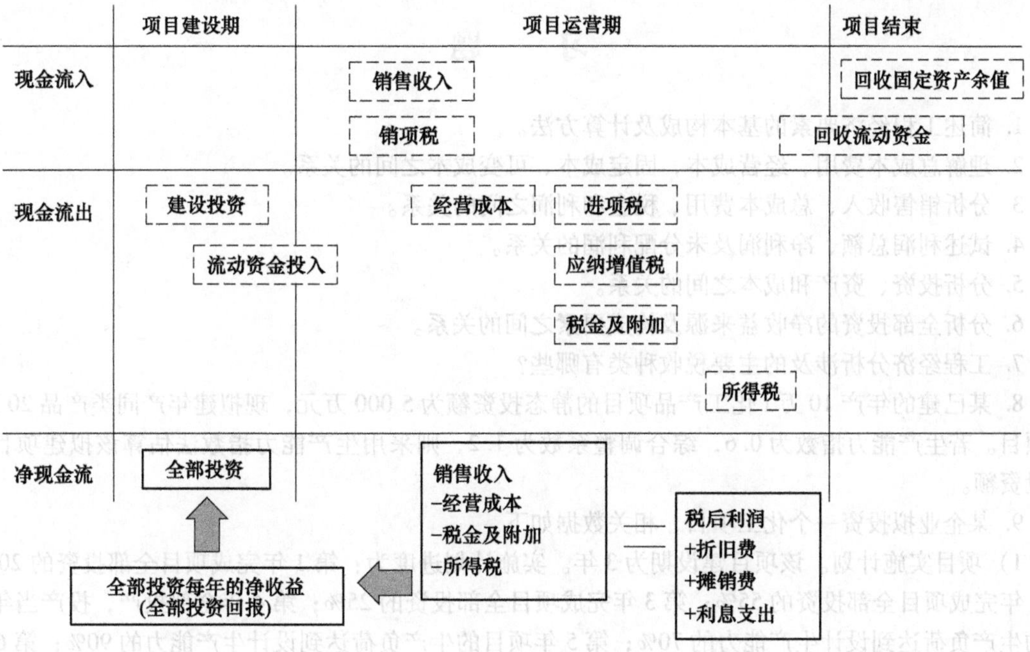

图 2-6 全部投资现金流和全部投资收益的关系

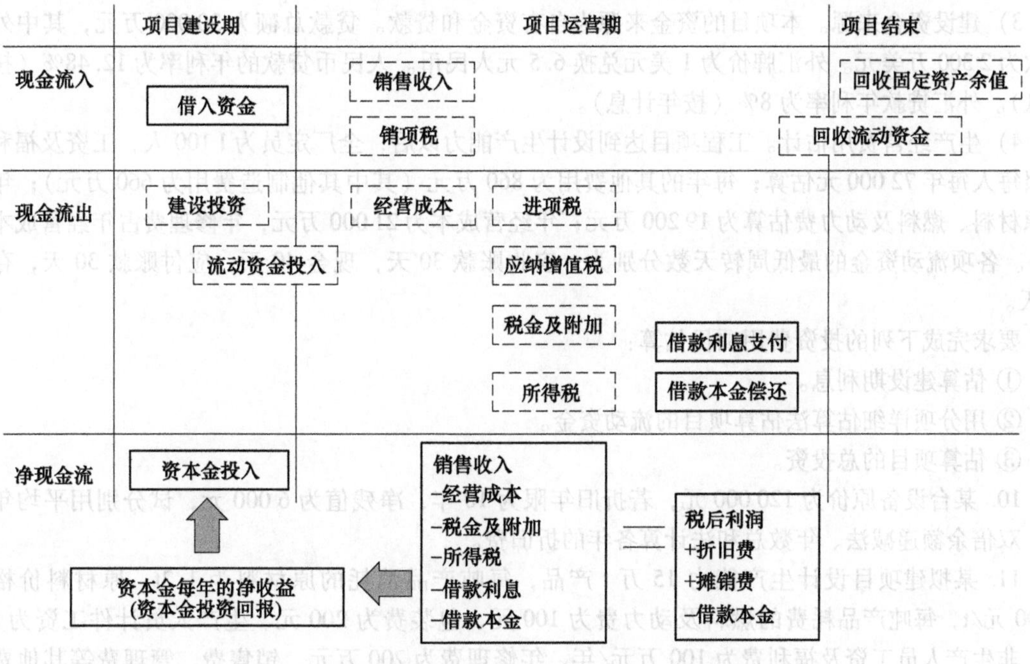

图 2-7 资本金投资现金流和资本金投资收益的关系

从图 2-6 和图 2-7 可看出，由于增值税等于销项税减去进项税，所以在项目投资财务分析实践中，编制投资现金流量表和资本金现金流量表时也可不列入这三项现金流量。

习　题

1. 简述工程经济要素的基本构成及计算方法。
2. 理解总成本费用、经营成本，固定成本、可变成本之间的关系。
3. 分析销售收入、总成本费用、税金和利润之间的关系。
4. 试述利润总额、净利润及未分配利润的关系。
5. 分析投资、资产和成本之间的关系。
6. 分析全部投资的净收益来源及构成要素之间的关系。
7. 工程经济分析涉及的主要税收种类有哪些？

8. 某已建的年产 10 万 t 化工产品项目的静态投资额为 5 000 万元，现拟建年产同类产品 20 万 t 的项目。若生产能力指数为 0.6，综合调整系数为 1.2，则采用生产能力指数法估算该拟建项目静态投资额。

9. 某企业拟投资一个化工项目，相关数据如下。

1）项目实施计划。该项目建设期为 3 年。实施计划进度为：第 1 年完成项目全部投资的 20%；第 2 年完成项目全部投资的 55%；第 3 年完成项目全部投资的 25%；第 4 年全部投产，投产当年项目的生产负荷达到设计生产能力的 70%；第 5 年项目的生产负荷达到设计生产能力的 90%；第 6 年项目的生产负荷达到设计生产能力的 100%。项目的运营期总计为 15 年。

2）建设投资估算。工程费与工程建设其他费用的估算额为 52 180 万元，预备费为 5 000 万元。

3）建设资金来源。本项目的资金来源为自有资金和贷款。贷款总额为 30 000 万元，其中外汇贷款为 2 300 万美元。外汇牌价为 1 美元兑换 6.5 元人民币。人民币贷款的年利率为 12.48%（按季计息）。外汇贷款年利率为 8%（按年计息）。

4）生产经营费用估计。工程项目达到设计生产能力以后，全厂定员为 1 100 人，工资及福利费按照每人每年 72 000 元估算；每年的其他费用为 860 万元（其中其他制造费用为 660 万元）；年外购原材料、燃料及动力费估算为 19 200 万元；年经营成本为 21 000 万元，年修理费占年经营成本的 10%。各项流动资金的最低周转天数分别为：应收账款 30 天，现金 40 天，应付账款 30 天，存货 40 天。

要求完成下列的投资费用项目估算：

① 估算建设期利息。

② 用分项详细估算法估算项目的流动资金。

③ 估算项目的总投资。

10. 某台设备原价为 120 000 元，若折旧年限为 10 年，净残值为 6 000 元，试分别用平均年限法、双倍余额递减法、年数总和法计算各年的折旧费。

11. 某拟建项目设计生产能力 15 万 t 产品，每吨产品消耗的原材料为 1.2t，原材料价格为 1 000 元/t，每吨产品耗费的燃料及动力费为 100 元、包装费为 200 元、生产人员计件工资为 500 元，非生产人员工资及福利费为 100 万元/年，年修理费为 200 万元，销售费、管理费等其他费用为 300 万元/年，年折旧费、摊销费分别为 1 000 万元、100 万元，年利息为 400 万元。

1）预计其投入运营后产品年产量（销量）为 10 万 t，则该项目投入运营后，每年的总成本费用、经营成本、固定成本、可变成本分别为多少？

2）若投入运营后，其中某一年正常订单仍为 10 万 t，但在下半年额外获得了一笔 2 万 t 的新订单，试计算这笔订单的产品边际成本。

3）在 2）中，若该笔新订单的不含税总价为 4 300 万元，是否接受这笔订单？

12. 某项目建设投资 2 000 万元（不含建设期利息和增值税），其中土地使用权费为 500 万元，建设期为 1 年，流动资金投资为 500 万元。建成后，除土地使用权费用外，其余建设投资全部形成固定资产。固定资产折旧期为 15 年，净残值为 100 万元；无形资产摊销期为 5 年。建设投资中有 1 100 万元来自于建设单位投入的资本金（其中 100 万元用于支付建设期利息），其余银行贷款（建设期年初借入），年有效利率为 10%，银行还款按 5 年后一次性还本、利息当年结清方式。流动资金投入资金全部为资本金。项目建成后，生产期第 1 年销售收入为 2 100 万元，外购原材料、燃料及动力费 500 万元，工资及福利费为 300 万元，修理费为 100 万元，其他费用为 200 万元，年税金及附加为 180 万元，所得税税率为 25%。计算生产期第 1 年利润总额、所得税及税后利润、全部投资净收益（回报）和资本金投资净收益（权益投资回报）。

第3章

工程经济性判断的基本指标

■ 引语

接着第2章引语，假如你对投资的特色小饭店的工程经济要素情况已经了解得差不多了，如小饭店的运营周期在5年左右、初期投资大约20万元（装修、餐饮设备和家具等费用）、店面年租金约为10万元、年经营成本约为12万元、年均营业收入约为32万元，当地餐饮行业的平均投资收益率约为30%。作为投资者，下一步你关心的是什么？是不是想着投资该餐厅何时能收回投资成本？能不能获取利润？投资收益率高不高？

你关心的问题涉及了工程经济学的一个基本内容，即判断工程在经济上的优劣。对于一个工程方案而言，仅仅靠技术上可行是不够的，还必须判断经济上是否合理。工程经济研究的目的就是预测和判断工程投资可能会产生的投资回报，从而为决策者提供可靠的依据。因此，根据所识别和估计的经济要素，如何去判断预期行动方案的可行性成为工程经济研究的关键议题。

在工程经济分析中，一般是通过经济性指标去衡量技术方案的盈利性和可行性。工程经济性判断的基本指标一般可分为三大类：一是时间型指标，即以时间长短来衡量工程对其投资回收能力的指标，常用的有投资回收期、借款偿还期等；二是价值型指标，即反映工程投资的净收益绝对量大小的指标，常用的有净现值、净年值等；三是比率型指标，即反映单位投资获利能力的指标，常用的有投资收益率、内部收益率、净现值率等。从是否考虑资金的时间价值角度，工程经济性判断指标又分为静态评价指标和动态评价指标两大类。

你对投资特色餐厅项目所关心的若干问题，在本章都能找到解决的方法。学完本章后，就能够正确地理解各个评价指标的含义和评判准则，能够应用它们对投资项目进行经济分析，为投资决策提供可靠的依据。

■ 3.1 判断准则：基准收益率

基准收益率

3.1.1 基准收益率的含义

在工程经济学中，“利率”一词不完全等同于日常生活中的“利率”概念，其更广泛的含义是指投资收益率，在折现计算时又常被称为折现率。通常，在选择投资机会或决定工程方案取舍之前，投资者首先要确定一个最低盈利目标，即选择特定的投资机会或投资方案必须达到的预期收益率，称为基准投资收益率，简称基准收益率或基准折现率。它反映了投资者对相应项目占用资金的时间价值的判断，也是投资者在相应项目上最低可接受的财务收益率。

在国外的一些文献中，基准收益率被称为“最小诱人投资收益率（minimum attractive rate of return，MARR）”，这一名称更明确地表达了基准收益率的概念，即企业或投资者以动态的观点所确定的，可以接受的投资方案最低标准的收益水平。由于基准收益率是计算净现值等经济评价指标的重要参数，因此又常被称为基准折现率或基准贴现率。

基准收益率是评价工程经济效益的合理性尺度，是计算经济评价指标和评价方案优劣的基础，是一个重要的经济参数，它的高低会直接影响经济评价的结果，改变方案比较的优劣顺序。如果定得太高，可能会使许多经济效益好的方案不被采纳；如果定得太低，则可能接受一些经济效益并不好的方案。因此，基准收益率在工程经济分析评价中有着极其重要的作用。通常，对于国家投资项目，进行经济评价时使用的基准收益率是由国家计划委员会按照企业和行业投资收益率，并考虑了产业政策、资源劣化程度、技术进步和价格变动等因素，分行业确定颁布基准收益率；对于非国家投资项目，基准收益率由投资者自行确定。

3.1.2 基准收益率的影响因素

根据现代投资理论，确定基准收益率时应综合考虑以下四个因素：

1. 资金成本

资金成本，又称为融资成本，是指企业为取得资金的使用权而向资金提供者所支付的费用，主要由资金筹集成本和资金使用成本组成。资金筹集成本是指在资金筹措过程中支付的各项费用，包括各种融资方式下所产生的手续费、股票和债券的发行费、印刷费、担保费等。资金使用成本又称为资金占用费，包括支付给股东的股利、向债权人支付的贷款利息及支付给其他债权人的各种利息费用等。

资金筹集成本属于一次性费用，使用资金过程中不再发生，而资金使用成本却在资金使用过程中多次发生。投资所获盈利必须能够补偿资金成本，然后才会有利可图，因此投资盈利率最低限度不应小于资金成本率，即资金成本是确定基准收益率的基本因素。

2. 资金机会成本

资金机会成本是指投资者将有限的资金用于拟建项目而放弃的其他投资机会所能获得的最好收益。有文献认为资金的机会成本就是基准收益率。

如果项目所有的资金均来自权益投资，则可按所有资本金投资者对权益资金收益的要求综合加权计算总资金机会成本，或者通过下文中的资本定价模型确定；如果项目的资金来源包括了权益资金和债务资金，资金机会成本则可以根据行业平均投资收益率确定，即最低收益不能低于银行贷款利率和行业平均收益水平（或新筹集权益投资的资金成本）的加权平均值。

例如，某投资项目所需资金的40%从银行贷款，年利率为10%；60%为自有资金，行业平均收益率为15%。则资金机会成本为40%×10%+60%×15%=13%。

3. 投资风险

投资风险是指实际收益对投资者预期收益的背离（投资收益的不确定性），风险可能给投资者带来超出预期的收益，也可能给投资者带来超出预期的损失。在一个完备的市场中，收益与风险成正相关，要获得较高的投资收益就意味着要承担较大的风险。从客观上看，资金密集型项目的风险高于劳动密集型项目，资产专用性强的项目风险高于资产通用性强的项目，以扩大产量、增加市场份额为目的的项目风险高于以降低生产成本为目的的项目。从主观上看，资金拮据者的风险高于资金雄厚的投资主体的风险。

由于投资项目大多带有一定的风险和不确定性，为补偿可能发生的风险损失，在确定基准收益率时要考虑一个适当的风险报酬。通常，对于存在风险的投资方案，投资者自然要求获得高于一般利润率的报酬，所以要确定更高的基准收益率。

4. 通货膨胀

通货膨胀是指由于货币（纸币）的发行量超过商品流通所需的货币量而引起的货币贬值和物

价上涨的现象，通常用通货膨胀率指标来表示通货膨胀的程度。通货膨胀使货币贬值，投资者的实际报酬下降。因此，投资者在通货膨胀情况下，必然要求提高收益率水平以补偿其因通货膨胀造成的购买力的损失。因此，在确定基准收益率时，必须考虑通货膨胀对基准收益率的影响。

3.1.3 基准收益率的确定方法

尽管基准收益率是一个极其重要的评价参数，但其确定是比较困难的。不同的行业有不同的基准收益率，同一行业内的不同企业的收益率也有很大差别，甚至在一个企业内部不同的部门和不同的经营活动所确定的收益率也不相同。关于基准收益率的确定方法，有很多文献进行了广泛深入的讨论，但观点并不统一。尽管如此，一般都承认，基准收益率的下限应是资金（资本）成本或是资金的机会成本，也有文献将其下限定义为资金成本或资金的机会成本中的最大值。

西方国家普遍采用加权平均资金成本（weighted average cost of capital，WACC）作为财务基准收益率。这种方法是通过测定行业加权平均资金成本，得出全部投资的行业最低可接受财务折现率，作为全部投资行业财务基准收益率的下限，再综合考虑其他方法得出的行业财务基准收益率并进行协调后，确定全部投资行业财务基准收益率的取值。计算公式为

$$\mathrm{WACC}=K_{\mathrm{e}}\frac{E}{E+D}+K_{\mathrm{d}}\frac{D}{E+D} \tag{3-1}$$

式中 WACC——加权平均资金成本；

K_{e}——权益资金成本；

K_{d}——债务资金成本；

E——股东权益资金；

D——企业负债资金。

股东权益资金与企业负债资金的比例可采用行业统计平均值，或者由投资者进行合理设定。

债务资金成本为公司所得税后债务资金成本，是借款和发行债券的成本，包括借款或债券的利息和筹资费用。

权益资金成本可采用资本资产定价模型（the capital asset pricing model，CAPM）计算，计算公式为

$$K_{\mathrm{e}}=R_{\mathrm{f}}+\beta(R_{\mathrm{m}}-R_{\mathrm{f}}) \tag{3-2}$$

式中 R_{f}——无风险投资收益率；

R_{m}——市场平均投资收益率；

β——包括行业风险、企业风险在内的特定投资方案资本投资风险系数。

长期政府债券的利率可视为无风险投资收益率。市场平均投资收益率是指市场全部风险资产组合的预期收益率，可以根据国家有关部门发布的相关数据确定，（$R_{\mathrm{m}}-R_{\mathrm{f}}$）是市场平均风险报酬率。$\beta$系数是指特定投资方案（项目）所在行业风险报酬率、企业风险（包括经营风险和财务风险）报酬率和投资方案特殊风险报酬率总的调整系数，它是被评估投资方案的风险报酬率与市场平均风险报酬率的比率。在国外，有专门的机构根据上市公司的经营状况编制行业和公司的β系数，而我国尚无类似的机构编制此系数，使得β系数法目前应用尚有困难。

目前来说，可以采用一些替代的方法计算基准收益率：

1）用根据国家公布的有关数据易于计算出的行业平均投资收益率作为市场平均投资收益率，β系数则仅考虑企业或项目相对于行业的风险调整系数。

2）用所有投资者对股权投资资金所期望的最低收益率的加权平均作为资本金资金成本。

3）用累加法计算基准收益率，即基准收益率为无风险投资收益率、行业风险报酬率、企业特有风险报酬率和投资方案（项目）特殊风险报酬率等四者之和。

【例 3-1】 某公司市值为 9 000 万元，长期债务为 4 000 万元，公司权益投资要求的收益率为 25%，债务资金税后平均成本为 8%。社会无风险投资收益率为 6%。

1）计算公司的资金机会成本。

2）如果公司拟投资一个新的计划，预计投入资本金 2 000 万元，债务资金 2 500 万元，该新的投资计划所在行业的平均投资收益率为 18%，新计划为公司新涉足的行业，确定的 β 系数为 1.3，试确定该投资计划的基准收益率。

【解】

1）公司的资金机会成本为

$$\frac{9\,000\text{ 万元}}{9\,000\text{ 万元}+4\,000\text{ 万元}}\times 25\%+\frac{4\,000\text{ 万元}}{9\,000\text{ 万元}+4\,000\text{ 万元}}\times 8\%\approx 19.8\%$$

2）权益资金成本为

$$K_e = 6\% + 1.3\times(18\% - 6\%) = 21.6\%$$

债务资金成本 K_d 为 8%。

新投资计划的加权平均资金成本为

$$\text{WACC} = 21.6\%\times\frac{2\,000\text{ 万元}}{2\,000\text{ 万元}+2\,500\text{ 万元}}+8\%\times\frac{2\,500\text{ 万元}}{2\,000\text{ 万元}+2\,500\text{ 万元}}\approx 14\%$$

基准收益率应取新投资计划的加权平均资金成本和资金机会成本的最大值，即

$$i_c = \max\{19.8\%, 14\%\} = 19.8\%$$

3.2 静态评价指标

在工程经济分析中，不考虑资金时间因素的经济效果指标，称为静态评价指标。它主要包括总投资收益率、资本金净利润率和静态投资回收期。

3.2.1 总投资收益率

1. 总投资收益率的含义与计算

总投资收益率（ROI）表示总投资的盈利水平，是指项目达到设计生产能力后的正常年份的年息税前利润或运营期内年平均息税前利润（EBIT）与项目总投资（TI）的比率。其计算公式为

$$\text{ROI} = \frac{\text{EBIT}}{\text{TI}}\times 100\% \tag{3-3}$$

式中 ROI——总投资收益率；

EBIT——项目正常年份的年息税前利润或运营期内年平均息税前利润；

TI——项目总投资（为不含增值税的建设投资和流动资金投资之和）。

该指标没有考虑资金的时间价值，一般适用于项目初期考察阶段或者项目投资不大、生产比较稳定的财务盈利性分析。

2. 评价准则

用总投资收益率指标评价投资方案的经济效果，需要与根据同类项目的历史数据及投资者意愿等确定的基准总投资收益率做比较。设基准总投资收益率为 R_b，判别准则如下：

1）若 $\text{ROI}\geqslant R_b$，则项目可以考虑接受。

2）若 $\text{ROI}<R_b$，则项目应予以拒绝。

3.2.2 资本金净利润率

资本金净利润率（ROE）表示项目资本金的盈利水平，是指项目达到设计能力后正常年份的年净利润或运营期内年平均净利润（NP）与项目资本金（EC）的比率。其计算公式为

$$ROE = \frac{NP}{EC} \times 100\% \tag{3-4}$$

式中 ROE——资本金净利润率；

NP——项目正常年份的年净利润或运营期内年平均净利润；

EC——项目资本金投资。

若资本金净利润率高于同行业净利润率参考值，表明用资本金净利润率表示的盈利能力满足要求。

【例 3-2】 某拟建生产项目总投资为 80 亿元，其中资本金为 30 亿元，其余为银行贷款。建成投入使用后，预计在未来 20 年内，每年的税前平均利润为 9.6 亿元，利息支出为 0.8 亿元，所得税为 2.1 亿元。假设基准总投资收益率 R_b 为 12%，投资者期望的资本金净利润率为 20%。请分别计算总投资收益率和资本金净利润率，并判断该项目是否满足要求。

【解】

1）根据项目给出的信息可知，项目总投资为 80 亿元，在 20 年的运营期内每年可获得的息税前利润为 9.6 亿元+0.8 亿元=10.4 亿元。因此，该项目的总投资收益率为

$$ROI = \frac{\text{息税前利润}}{\text{总投资}} \times 100\% = \frac{10.4\text{ 亿元}}{80\text{ 亿元}} \times 100\% = 13\%$$

由于 $ROI > R_b$，表明用总投资收益率表示的盈利能力满足要求。

2）根据题意，项目资本金为 30 亿元，在 20 年的运营期内每年可获得的净利润为 9.6 亿元−2.1 亿元=7.5 亿元。因此，该项目的资本金净利润率为

$$ROE = \frac{NP}{EC} \times 100\% = \frac{7.5\text{ 亿元}}{30\text{ 亿元}} \times 100\% = 25\%$$

由于计算出的项目资本金净利润率为 25%，高于期望的资本金净利润率 20%，故该项目的盈利能力满足投资者的要求。

3.2.3 静态投资回收期

投资回收期

投资回收期（payback time of investment）也称为投资返本期或投资偿还期，是指以项目的净收益（包括利润和折旧）抵偿全部投资（包括建设投资和流动资金投资）所需的时间，一般以年为计算单位，从项目建设开始年算起，如果从投产年或达产年算起时，应予以注明。根据是否考虑资金的时间价值，投资回收期可分为静态投资回收期和动态投资回收期。这里主要介绍静态投资回收期，动态投资回收期将在 3.3.3 小节中介绍。

1. 静态投资回收期的含义

静态投资回收期是指在不考虑资金时间价值的情况下，用方案的年净收益回收其全部投资所需的时间（可参见图 1-3 理解）。其计算公式为

$$\sum_{t=0}^{P_t} (CI - CO)_t = 0 \tag{3-5}$$

式中 P_t——静态投资回收期；

CI——现金流入量；

CO——现金流出量；

$(CI-CO)_t$——第 t 年现金流量。

2. 静态投资回收期的计算

（1）直接法 若项目建成后各年的净收益（也即现金流量）均相同或大致相同，则静态投资回收期的计算公式为

$$P_t = \frac{K}{R} \tag{3-6}$$

式中 K——全部投资；

R——每年的净收益或平均净收益。

【例 3-3】 某投资方案一次性投资 500 万元，估计投产后各年的平均净收益为 80 万元，求该方案的静态投资回收期。

【解】

根据式（3-6），得

$$P_t = \frac{K}{R} = \frac{500\text{万元}}{80\text{万元}/\text{年}} = 6.25\text{年}$$

（2）累积法 在一般情况下，投资方案各年的净收益不同，有时变化比较大，这时不宜采用直接法计算静态投资回收期，需采用累积法。累积法是根据方案的净现金流量，从投资开始时刻（即零时点）依次求出以后各年的净现金流量之和（也称累计净现金流量），直至累计净现金流量等于零的年份为止，对应于累计净现金流量等于零的年份数，即为该方案从投资开始年算起的静态投资回收期。其表达式为

$$P_t = \begin{matrix}\text{累计净现金流量} \\ \text{出现正值年份数}\end{matrix} - 1 + \frac{|\text{上一年累计净现金流量}|}{\text{当年的净现金流量}} \tag{3-7}$$

【例 3-4】 某投资方案的净现金流量图如图 3-1 所示，试计算静态投资回收期。

【解】

列出该投资方案的累计净现金流量，见表 3-1。

表 3-1 累计净现金流量

（单位：万元）

项目	年份						
	0	1	2	3	4	5	6
净现金流量	-100	-80	40	60	60	60	90
累计净现金流量	-100	-180	-140	-80	-20	40	130

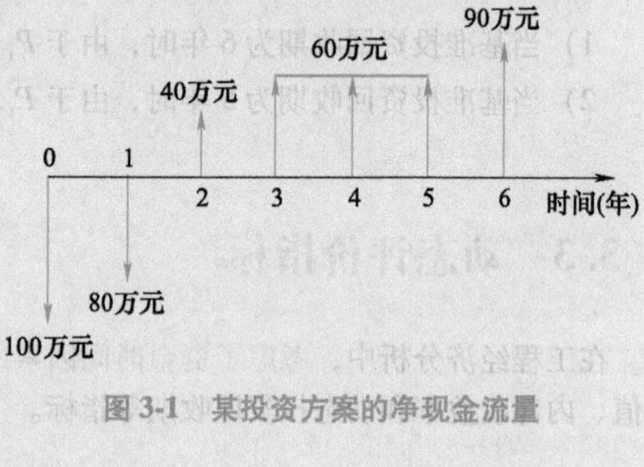

图 3-1 某投资方案的净现金流量

根据式（3-7），得

$$P_t = \left(5 - 1 + \frac{|-20|}{60}\right)\text{年} = 4.33\text{年}$$

3. 静态投资回收期的经济含义

静态投资回收期是一个传统的并广泛使用的评价指标，在经济效果评价中具有独特的地位和作用。静态投资回收期体现了投资方案三个方面的经济含义：一是反映投资回收速度的快慢；二是反映投资风险的大小；三是反映投资收益的高低。第一层含义是很明显的。第二层含义体现在：由于越是远期的现金流的预测越具有不确定性，所以在投资决策者看来，回收期越短，风险就越小。第三层含义体现在：在初始投资不变的情况下，回收期长短取决于方案各年净收益的大小，所以它能考察方案的投资盈利能力。但由于其只考察了投资回收期之前的方案盈利能力，而不能反映投资方案整个计算寿命期内的盈利情况，也没有考虑资金的时间价值，所以，一般认为该指标只能作为一个重要的辅助性经济分析指标，而不能直接作为方案唯一的取舍标准。

投资方案的静态投资回收期的计算结果可以与行业或同类投资项目的静态投资回收期的平均先进水平相比较，或与投资者所要求的投资回收期相比较，即与基准投资回收期进行比较。设基准投资回收期为 P_c，判别准则如下：

1）若 $P_t \leqslant P_c$，则项目投资回收期满足要求。

2）若 $P_t > P_c$，则项目可以考虑拒绝。

【例 3-5】 某工程预计的现金流量见表 3-2，试在基准投资回收期分别为 5 年和 6 年时，用投资回收期评价该方案。

表 3-2 某工程预计的现金流量表 （单位：万元）

项目	建设期年份		生产期年份					
	1	2	3	4	5	6	7	8
投资额	1 800	1 000						
年净收益			500	800	1 400	1 500	1 800	2 000
累计净收益	−1 800	−2 800	−2 300	−1 500	−100	1 400	3 200	5 200

【解】

根据静态投资回收期公式，可计算出该工程静态投资回收期为

$$P_t = \left(6 - 1 + \frac{|-100|}{1\,500}\right) 年 = 5.07 年$$

1）当基准投资回收期为 6 年时，由于 $P_t \leqslant P_c$，所以可认为该工程投资回收期满足要求。

2）当基准投资回收期为 5 年时，由于 $P_t > P_c$，所以可考虑拒绝该工程投资。

3.3 动态评价指标

在工程经济分析中，考虑了资金时间因素的经济效果指标，称为动态评价指标。它主要包括净现值、内部收益率和动态投资回收期等指标。

3.3.1 净现值

1. 净现值的含义与计算

净现值（net present value，NPV）是将投资方案各期所发生的净现金流量按某个给定的折现率（基准收益率）统一折算为现值（计算期起点的值）的代数和，是考察方案在计算期内盈利能力的主要动态指标。其计算公式为

$$\mathrm{NPV}=\sum_{t=0}^{n}(\mathrm{CI}-\mathrm{CO})_t(1+i_c)^{-t} \tag{3-8}$$

式中　NPV——净现值；

n——方案计算寿命期；

i_c——折现率；

其余符号意义同前。

2. 净现值的经济含义

净现值是评价投资方案盈利能力的重要指标，从资金时间价值的理论和折现率的概念可以看出：

1）若 NPV=0，方案经济上可以接受。表明该方案的实施可以收回投资资金，而且收益率水平恰好达到了折现率水平。

2）若 NPV>0，方案经济上可接受。表明该方案不仅收回投资资金，而且取得了比既定收益率更高的超值收益（即尚有比通常的投资机会更多的收益），其超额部分的现值就是 NPV。

3）若 NPV<0，方案不可行。表明该方案的实际收益率未达到折现率或小于通常资金运用机会的收益率，也即其盈利能力水平比较低，甚至不能收回投资资金。

因此，净现值是考察方案盈利能力的重要指标，只有方案的 NPV≥0 时，方案在经济上才可以接受；若方案的 NPV<0，则可认为方案在经济上是不可行的。

【例 3-6】　某工程项目设计方案总投资为 900 万元，当年建成即投入使用。投产后年经营成本为 400 万元，年营业收入额为 800 万元，暂不考虑税收因素。若计算期为 6 年，期末残值为 300 万元，折现率为 10%。试计算该方案的净现值，并评价其可行性。

【解】

该投资方案的现金流量图如图 3-2a 所示，并得出其净现金流量图，如图 3-2b 所示。

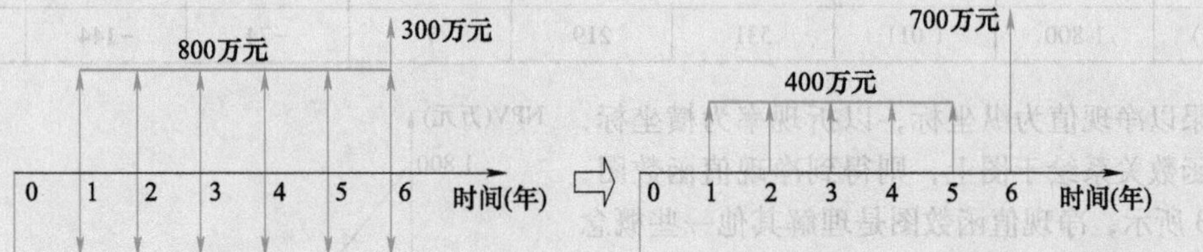

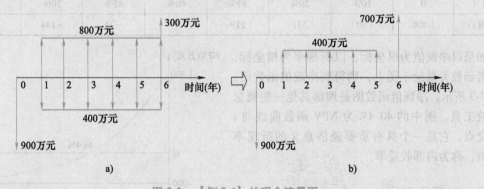

图 3-2　【例 3-6】的现金流量图

可查复利系数表（见附录 A），得 $(P/A,10\%,5)=3.7908$，$(P/F,10\%,6)=0.5645$。

则该投资方案的净现值为

$$\mathrm{NPV}=-900\text{万元}+\frac{400\text{万元}}{(1+10\%)}+\frac{400\text{万元}}{(1+10\%)^2}+\frac{400\text{万元}}{(1+10\%)^3}+\frac{400\text{万元}}{(1+10\%)^4}+\frac{400\text{万元}}{(1+10\%)^5}+\frac{700\text{万元}}{(1+10\%)^6}$$

$$=-900\text{万元}+400\text{万元}\times(P/A,10\%,5)+700\text{万元}\times(P/F,10\%,6)\approx1\,011\text{万元}$$

净现值也可采用现金流量表来计算，见表 3-3。

表 3-3 【例 3-6】现金流量表及 NPV 计算 （单位：万元）

年份①	现金流出		现金流入		净现金流量⑥=⑤+④-③-②	现值系数 $(P/F,10\%,t)$ ⑦	净现金流量现值⑧=⑦×⑥	累计净现金流量现值⑨
	投资②	经营成本③	营业收入④	残值收入⑤				
0	900	0	0		-900	1.000 0	-900	-900
1		400	800		400	0.909 1	364	-536
2		400	800		400	0.826 4	331	-206
3		400	800		400	0.751 3	301	95
4		400	800		400	0.683 0	272	367
5		400	800		400	0.620 9	248	615
6		400	800	300	700	0.564 5	395	1 011

因为解得的 NPV>0，说明该项目实施后的经济效益除达到 10%的收益率外，还有 1 011 万元的净现值，所以该方案可行。

3. 净现值函数

先引用【例 3-6】的数据资料，根据不同的折现率 i，计算出工程方案的净现值，其结果列于表 3-4。从计算结果来看，在方案的净现金流量确定的情况下，折现率 i 变化时，净现值 NPV 将随 i 的增大而减小。若 i 连续变化时，可得出 NPV 随 i 变化的函数，这就是净现值函数，即净现值 NPV 随折现率 i 变化的函数关系。

表 3-4 不同折现率下的净现值 （单位：万元）

i	0	10%	20%	30%	40%	45%	50%	∞
NPV(i)	1 800	1 011	531	219	7	-74	-144	-900

如果以净现值为纵坐标，以折现率为横坐标，将两者函数关系绘于图上，则得到净现值函数图，如图 3-3 所示，净现值函数图是理解其他一些概念的有效工具。图中的 40.4%为 NPV 函数曲线与 i 轴的交点。它是一个具有重要经济意义的折现率临界值，称为内部收益率。

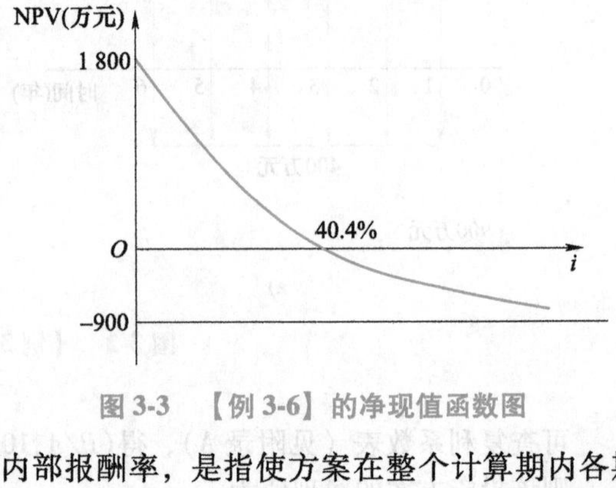

图 3-3 【例 3-6】的净现值函数图

内部收益率

3.3.2 内部收益率

1. 内部收益率的含义

内部收益率（internal rate of return，IRR）又称内部报酬率，是指使方案在整个计算期内各期净现金流量现值累计之和为零时的折现率，或者是指使得方案净现值为零时的折现率。它是除净现值外的另一个重要的动态评价指标。其表达式为

$$\mathrm{NPV}(\mathrm{IRR}) = \sum_{t=0}^{n} (\mathrm{CI} - \mathrm{CO})_t (1 + \mathrm{IRR})^{-t} = 0 \tag{3-9}$$

式中 IRR——内部收益率；

其余符号意义同前。

2. 内部收益率的计算

由式（3-9）可知，通过求解以折现率为未知数的多项高次方程得出 IRR 的值是非常烦琐的，特别是当方案各年的净现金流量不等，且计算期较长时。在实际工作中，对于计算期不太长，生产期年净收益变化不大的方案，常采用线性内插法近似计算。线性内插法求解 IRR 的原理如图 3-4 所示，其求解步骤如下：

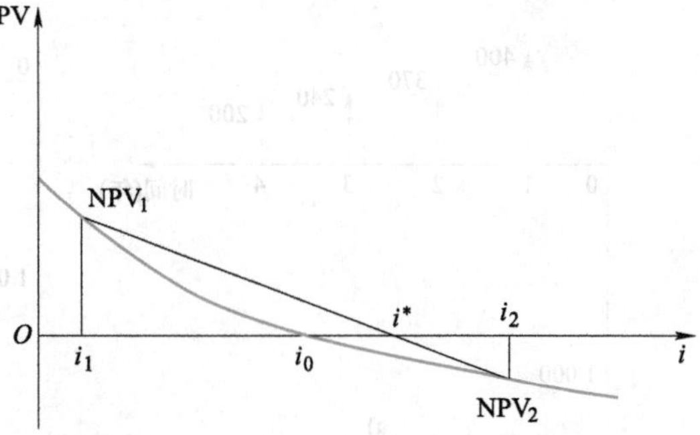

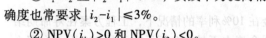

图 3-4　线性内插法求解 IRR 原理图

1）计算各年的净现金流量。

2）在满足下列两个条件的基础上预先估计两个适当的折现率 i_1 和 i_2。

① $i_1<i_2$ 且 $|i_2-i_1|\leqslant 5\%$，实践中为提高精确度也常要求 $|i_2-i_1|\leqslant 3\%$。

② $NPV(i_1)>0$ 和 $NPV(i_2)<0$。

如果预估的 i_1 和 i_2 不满足这两个条件，要重新预估，直至满足条件。

3）用线性内插法近似求得内部收益率 IRR。如图 3-4 所示，利用三角形相似原理推得公式为

$$IRR=i_0\approx i^*=i_1+\frac{NPV_1}{NPV_1+|NPV_2|} \tag{3-10}$$

【例 3-7】　用线性内插法求解【例 3-6】中项目的内部收益率。

【解】

根据线性内插法的公式，欲求解 IRR，先分别取 $i_1=40\%$，$i_2=45\%$，计算得 NPV（40%）= 7，NPV（45%）= -74；由式（3-10）求得 IRR 的近似解为

$$IRR=i_1+\frac{NPV_1}{NPV_1+|NPV_2|}(i_2-i_1)$$

$$=40\%+\frac{7}{7+|-74|}\times(45\%-40\%)\approx 40.4\%$$

3. 内部收益率的经济含义

内部收益率是考察方案盈利能力最主要的效率型指标，它反映方案所占用资金的盈利率（即总是假定在方案计算期的各年内未被收回的投资按 i=IRR 增值），同时它也反映了方案对投资资金成本的最大承受能力。

【例 3-8】　假定一个工厂用 1 000 万元购买一套设备，设备使用寿命为 4 年，各年的现金流量图如图 3-5a 所示。按式（3-10）求得内部收益率 IRR 为 10%。用图 3-5a 中项目每年的净收益去不断地回收项目总投资 1 000 万元，尚未回收的投资按照 IRR = 10%的增值率进行增值，则项目全部投资回收的过程如图 3-5b 所示。

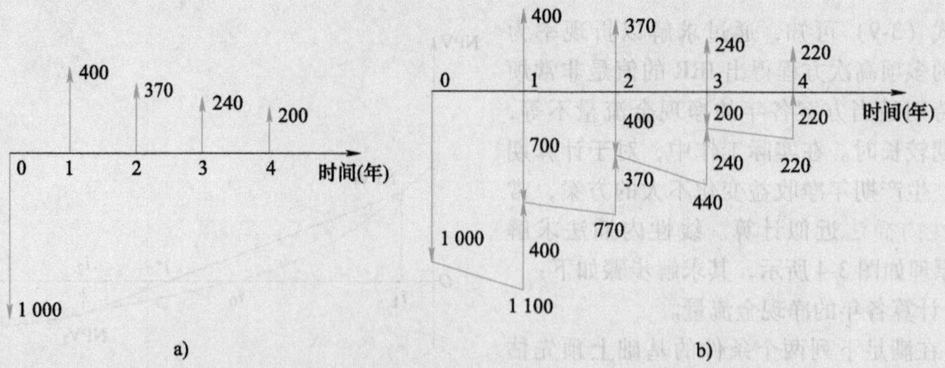

图 3-5 【例 3-8】现金流量图及全部投资回收的过程（单位：万元）

图 3-5 表明，尚未恢复的（即仍在占用的）资金在 10%利率的情况下，工程方案在寿命期结束时可以使占用资金全部恢复。如果第 4 年年末的现金流入不是 220 万元，而是 280 万元，那么按 10%的利率，到期末除全部恢复占用的资金外，还有 60 万元。为使期末刚好使资金全部恢复，利率还可高于 10%，即内部收益率也会随之升高。

从【例 3-8】可以看出，对于任意一个项目，当把资金投入项目以后，将不断通过项目的净收益加以回收，其中尚未回收的资金将以 IRR 为利率增值，到项目计算期结束时正好回收全部投资。因此，内部收益率是未回收投资的增值率。

同时，还可以理解为一个项目的投资用项目各年净收益来回收，并在项目寿命期结束时正好将投资全部收回，这一回收过程与项目之外的因素无关，只与项目的投资额、各年的净收益及被占用资金的增值率等内部因素有关，因而称作内部收益率。由于内部收益率反映的是投资方案所能达到的收益率水平，因此它可以直接与基准收益率进行比较，分析方案的经济性。

1）如果 $IRR=i_c$，表明方案的投资收益率恰好达到既定的收益率（基准收益率）。

2）如果 $IRR>i_c$，表明方案的投资收益率超过既定的收益率。

3）如果 $IRR<i_c$，表明方案的投资收益率未能达到既定的收益率。

所以，根据内部收益率指标可对投资方案进行如下的评价：

1）当方案的 $IRR\geqslant i_c$ 时，认为方案在经济上是可以接受的。

2）当方案的 $IRR<i_c$ 时，认为方案在经济上是不可行的。

【例 3-7】中，该方案的内部收益率为 40.4%，大于基准收益率 10%，因此该方案在经济上是可行的。

4. 关于内部收益率唯一性的讨论

通常情况下，大多数投资方案都具有图 3-6 所示的现金流量图（C_t 为第 t 年的净现金流量），且具备以下几个条件：①当 $t=0, 1, 2, \cdots, m$ 时，$C_t\leqslant 0$；②当 $t=m+1, m+2, \cdots, n$ 时，$C_t\geqslant 0$；③$m\leqslant n-1$；④$\sum_{t=0}^{n} C_t \geqslant 0$。

这种通常的现金流量可称为常规现金流量，它们的净现金流序列的符号只变一次且由负变正，而且在项目寿命期初（投资建设期和投产初期），净现金流量一般为负值（现金流出大于现金流入），项目进入正常生产期后，净现金流量就会变为正值（现金流入大于现金流出），其累积净现金流量大于零。对于符合上述正常情况的方案，有且仅有一个内部收益率。

尽管一般方案都属于上述的正常情况，但在实际工作中会遇到净现金流序列符号变化多次的项

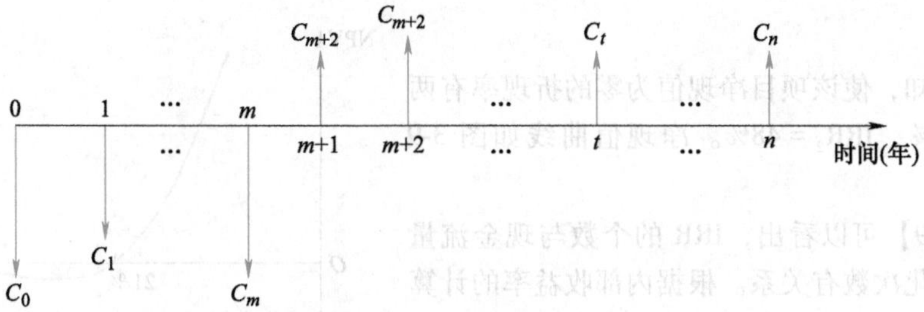

图 3-6　常规型现金流量图

目，即非常规投资项目，如下面的几种特殊情况。

（1）不存在 IRR 的情况　如图 3-7 所示的三种特殊的现金流量图，它们相应的净现值函数曲线与 i 轴在 $i\geqslant0$（有实际经济意义）区间没有交点，显然都不存在有实际经济意义的 IRR。

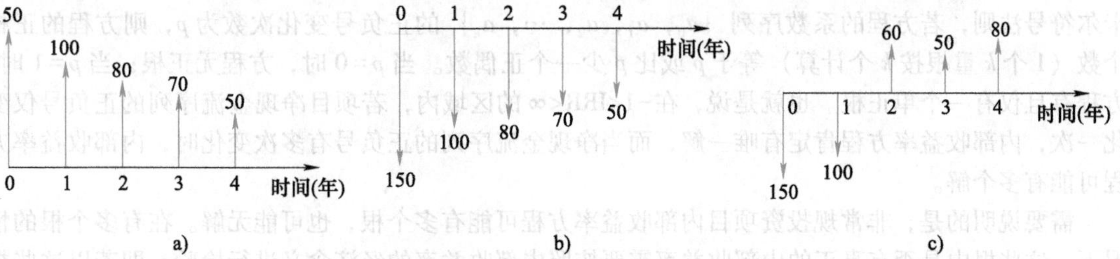

图 3-7　不存在 IRR 的三种特殊现金流量图示例（单位：万元）

（2）非投资的情况　图 3-8a 所示的现金流量图即为非投资性的方案，如以补偿贸易方式建设的项目。补偿贸易是一种易货贸易，以设备技术和相关产品相交换。项目建设单位和跨国公司签订补偿贸易合同，由其供应项目所需的设备技术，并以投产后若干年的生产产品返还给跨国公司抵偿设备技术费用。可见，这类现金流量项目的 NPV 函数与常规现金流量项目的 NPV 函数正好相反，只有当其 IRR$\leqslant i_c$，时，项目投资才可采纳，如图 3-8b 所示。

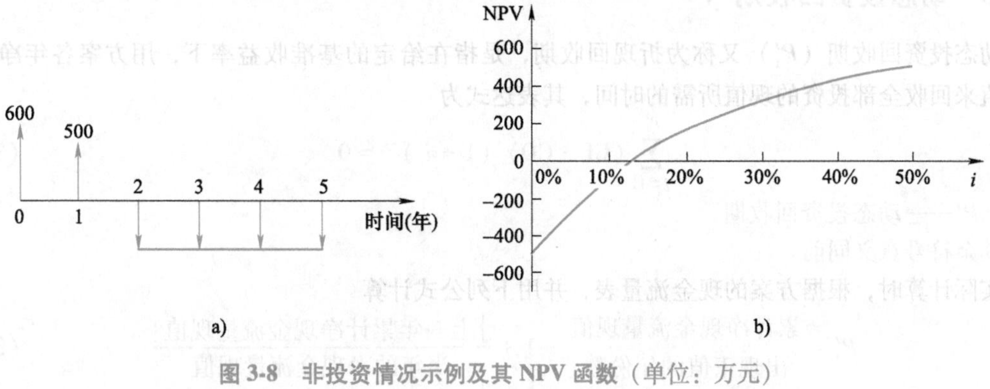

图 3-8　非投资情况示例及其 NPV 函数（单位：万元）

（3）多重内部收益率的情况　下面先看一个多重 IRR 的例子。

【例 3-9】　某厂租用生产设备一台，租期为 20 年，预计设备提供的净收入（已扣除租赁费）每年为 10 000 元。租约规定承租人在使用 4 年后自行负责更换部分零件，预计所需用费用为 100 000元。试求该方案的内部收益率。

【解】

经计算可知，使该项目净现值为零的折现率有两个：$IRR_1=21\%$，$IRR_2=48\%$。净现值曲线如图 3-9 所示。

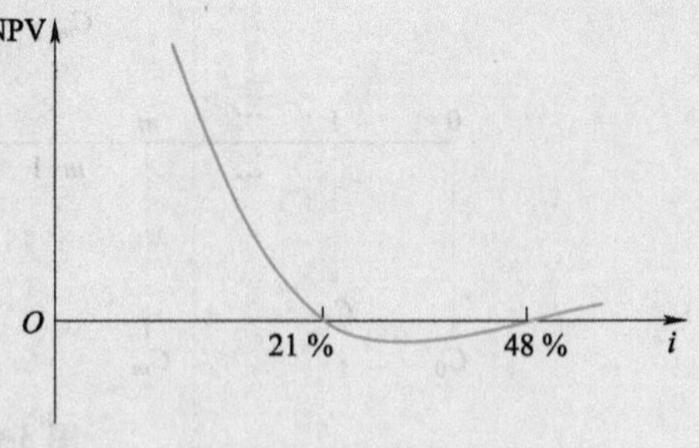

图 3-9 净现值曲线

从【例 3-9】可以看出，IRR 的个数与现金流量正负符号的变化次数有关系。根据内部收益率的计算公式，求解内部收益率的方程式是一个高次方程。不失一般性，令$(1+IRR)^{-1}=x, (CI-CO)_t=a_t(t=1,2,3,\cdots,n)$，则方程可写为

$$a_0+a_1x+a_2x^2+\cdots+a_nx^n=0$$

这是一个 n 次方程，必有 n 个根（包括复数根和重根），故其正实数根可能不止一个。根据笛卡尔符号法则，若方程的系数序列 $\{a_0, a_1, a_2, \cdots, a_n\}$ 的正负号变化次数为 p，则方程的正根个数（1 个 k 重根按 k 个计算）等于 p 或比 p 少一个正偶数。当 $p=0$ 时，方程无正根；当 $p=1$ 时，方程有且仅有一个单正根。也就是说，在$-1<IRR<\infty$ 的区域内，若项目净现金流序列的正负号仅变化一次，内部收益率方程肯定有唯一解，而当净现金流序列的正负号有多次变化时，内部收益率方程可能有多个解。

需要说明的是，非常规投资项目内部收益率方程可能有多个根，也可能无解。在有多个根的情况下，这些根中是否有真正的内部收益率需要按照内部收益率的经济含义进行检验：即若以这些根作为盈利率，在项目寿命期内是否始终存在未被回收的投资。可以证明，对于非常规投资项目，只要内部收益率方程存在多个正根，则所有的根都不是真正的内部收益率。但若非常规投资项目的内部收益率方程只有一个正根，则这个根就是项目的内部收益率。

所幸的是，实际工作中有多个内部收益率的方案并不常见，绝大多数情况下的方案仅只有一个内部收益率。当然，对于多个内部收益率情况下的真实收益率的求取还可通过调整现金流量模式的方法来解决，即计算外部收益率或修正内部收益率等，感兴趣的读者可参考其他有关文献。

3.3.3 动态投资回收期

动态投资回收期（P_t'）又称为折现回收期，是指在给定的基准收益率下，用方案各年净收益的现值来回收全部投资的现值所需的时间，其表达式为

$$\sum_{t=0}^{P_t'}(CI-CO)_t(1+i_c)^{-t}=0 \tag{3-11}$$

式中 P_t'——动态投资回收期；

其余符号意义同前。

实际计算时，根据方案的现金流量表，并用下列公式计算

$$P_t'=\text{累计净现金流量现值出现正值的年份数}-1+\frac{|\text{上一年累计净现金流量现值}|}{\text{当年的净现金流量现值}} \tag{3-12}$$

用动态投资回收期评价投资项目的可行性需要与基准动态投资回收期相比较。设基准动态投资回收期为 P_b，判别准则如下：若 $P_t'\leqslant P_b$，则项目可以被接受，否则应予以拒绝。

【例 3-10】 方案有关数据同【例 3-5】，计算动态投资回收期。

【解】

计算结果见表 3-5。

表 3-5 动态投资回收期计算 （单位：万元）

项目	第 n 年年末						
	0	1	2	3	4	5	6
净现金流量	-100.00	-80.00	40.00	60.00	60.00	60.00	90.00
净现金流量现值	-100.00	-72.70	33.10	45.10	41.00	37.30	50.80
累计净现金流量现值	-100.00	-172.70	-139.60	-94.50	-53.50	-16.20	34.60

则根据式（3-12）有

$$P_t' = \left(6 - 1 + \frac{|-16.20|}{50.80}\right) 年 \approx 5.32 年$$

动态投资回收期考虑了资金的时间价值，它可以理解为：当方案寿命延续到 P_t' 时，方案能收回投资并恰好已取得既定的收益率。所以，动态投资回收期是以现值现金流量计算的投资回收速度，具有与静态投资回收期一样的经济含义，同时也具有除了没有考虑资金时间价值外静态投资回收期的一切缺陷，不能全面地反映项目在寿命期内的真实效益，通常只宜用于辅助性评价。

3.4 评价指标的比较分析

3.4.1 与净现值等价的其他指标

净现值、净将来值与净年值

净现值是将所有的净现金流量折算到计算期的第一年初，实际上可以将现金流量折算到任何一个时间点上进行工程经济分析。

1. 净将来值

将方案各期的净现金流量按基准折现率统一折算为终值（方案计算期末）后的代数和，称为净将来值（net future value，NFV）。其表达式为

$$\mathrm{NFV} = \sum_{t=0}^{n} (\mathrm{CI} - \mathrm{CO})_t (1 + i_c)^{n-t} \tag{3-13}$$

引用【例 3-6】的数据，该方案的净将来值为

查复利系数表（见附录 A），得$(F/P,10\%,6)=1.7716$，$(F/A,10\%,6)=7.7156$。

$$\mathrm{NFV} = -900 万元 \times (F/P,10\%,6) + 400 万元 \times (F/A,10\%,6) + 300 万元 \approx 1792 万元$$

2. 净年值

净年值又称为年度等值，简称年值或年金。净年值（net annual value，NAV）是指以一定的基准收益率将方案计算期内各年的净现金流量等值换算而成的等额年值。其表达式为

$$\mathrm{NAV} = \sum_{t=0}^{n} (\mathrm{CI} - \mathrm{CO})_t (1 + i_c)^{-t} \cdot \frac{i_c (1 + i_c)^n}{(1 + i_c)^n - 1} \tag{3-14}$$

引用【例 3-6】的数据，该方案的净年值为

查复利系数表（见附录 A），得$(A/P,10\%,6)=0.22\%$，$(A/F,10\%,6)=0.1296$。

$$\mathrm{NAV} = -900 万元 \times (A/P,10\%,6) + 400 万元 + 300 万元 \times (A/F,10\%,6) \approx 232 万元$$

从上述两个公式可以看出，净将来值、净年值和净现值三者之间的关系如下：

1）$\mathrm{NFV}=\mathrm{NPV}(F/P,i_c,n)$。

2）$\mathrm{NAV}=\mathrm{NPV}(A/P,i_c,n)$。

3）$NAV = NFV(A/F, i_c, n)$。

由此可以看出，净将来值、净年值与净现值具有相同的经济含义，即当方案的 NFV≥0 或 NAV≥0 时，方案在经济上才可以接受；若方案的 NFV<0 或 NAV<0 时，则认为方案在经济上是不可行的。

NAV、NFV 及 NPV 都是价值型评价指标，对于特定的方案而言，三者是等效的，无论采用哪种指标，对方案的经济评估结论都是一致的。但在实践中，一般设定方案寿命期起点作为考察方案经济状况的时点，所以更多地采用净现值指标来评价方案，净将来值用得不多，但如果设定考察方案的经济状况时点为方案寿命期末，则需要计算净将来值指标。另外，在一些特殊情况下，有时会设定方案寿命期中的某一时点为考察点，这时需要把该时点以前的各期净现金流量折算到该点的将来值，把该时点以后的净现金流量折算到该点的现值，再求代数值之和，并以其来评价方案。而净年值指标则在对寿命不等的多方案进行经济比较时特别有用。

3. 净现值率

净现值率（net present value rate，NPVR）是指项目的净现值与投资现值的比值。其表达式为

$$NPVR = \frac{NPV}{K_P} = \frac{\sum_{t=0}^{n} (CI - CO)_t (1 + i_c)^{-t}}{\sum_{t=0}^{n} K_t (1 + i_c)^{-t}} \tag{3-15}$$

式中 K_P——全部投资的现值；

K_t——第 t 年的投资。

净现值率的经济含义是该方案单位投资现值所能获得的净现值，也就是单位投资现值所取得的超额净收益。净现值率的最大化，将有利于实现有限投资取得净贡献的最大化。用净现值率评价方案时，当 NPVR≥0 时，方案可行；当 NPVR<0 时，方案不可行。净现值率一般作为净现值的辅助指标来使用，主要适用于多方案的优劣排序。

【例 3-11】 某企业拟购买一台设备，其购置费用为 35 000 元，使用寿命为 4 年，第 4 年年末的残值为 3 000 元。在使用期内，每年的收入为 19 000 元，经营成本为 6 500 元，若基准折现率为 10%。试计算该设备购置方案的净现值率。

【解】

可查复利系数表（见附表 A），得$(P/A, 10\%, 3) = 2.486\ 9$，$(P/F, 10\%, 4) = 0.683\ 0$，则

$NPV = -35\ 000$ 元 + （19 000 元 − 6 500 元）× $(P/A, 10\%, 3)$ + （19 000 元 + 3 000 元 − 6 500 元）× $(P/F, 10\%, 4)$

= −35 000 元 + 12 500 元 × 2.486 9 + 15 500 元 × 0.683 0

= 6 672.75 元

根据式（3-15）可求出其净现值率为

$$NPVR = \frac{NPV}{K_P} = \frac{6\ 672.75\text{ 元}}{35\ 000\text{ 元}} = 0.190\ 7$$

3.4.2 动态评价指标之间的关系

1. 净现值与内部收益率的关系

动态评价指标之间的关系

净现值函数图中 NPV 函数曲线与横轴 i 的交点即为 IRR，因此借助 NPV 函数图来进一步分析，如图 3-10 所示。

图 3-10 所示为具有常规现金流量的投资方案的 NPV 函数图，若基准收益率

分别取 r_0、r_1 和 r_2，则

1）当 $i_c=r_0=\text{IRR}$ 时，则必有 NPV=0。

2）当 $i_c=r_1<\text{IRR}$ 时，即 $\text{IRR}>i_c$，则必有 NPV >0。

3）当 $i_c=r_2>\text{IRR}$ 时，即 $\text{IRR}<i_c$，则必有 NPV <0。

因此，用 NPV 和 IRR 来评价单个方案在经济上是否可以接受，必定会得出相同的结论。

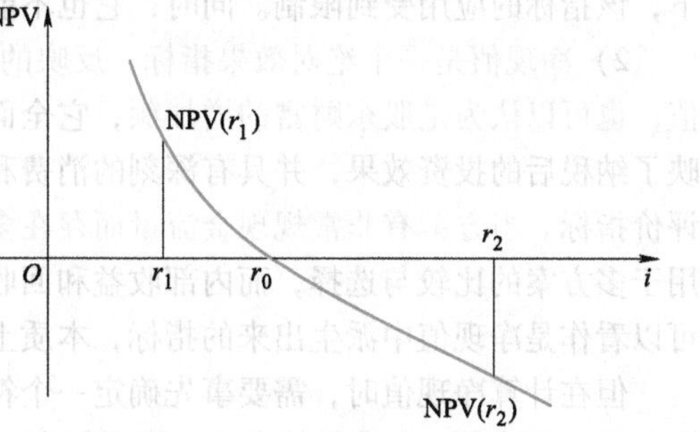

图 3-10　NPV 与 IRR 的关系

2. 净现值与动态投资回收期的关系

设以 T 为自变量，表达式为

$$\text{NPV}(T)=\sum_{t=0}^{T}(\text{CI}-\text{CO})_t(1+i_c)^{-t} \tag{3-16}$$

根据动态投资回收期计算公式与净现值计算公式，则

1）当 $T=P'_t$（动态投资回收期）时，$\text{NPV}(T)=0$。

2）当 $T=n$（方案计算寿命期）时，$\text{NPV}(T)=\text{NPV}(n)=\text{NPV}$。

对于具有常规现金流量的投资方案，式（3-16）具有图 3-11 所示的 a、b、c 三种情况。

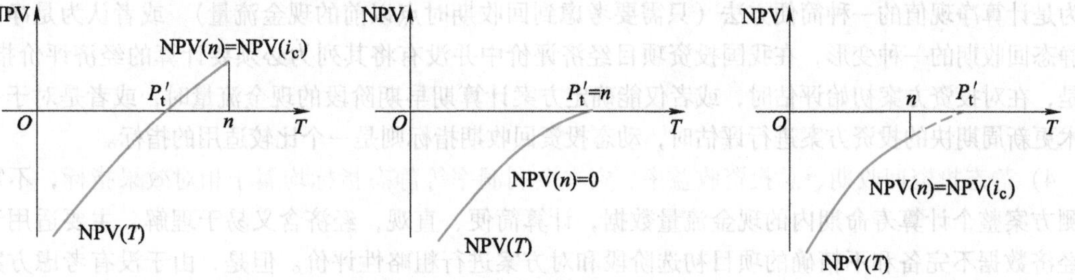

a)　　b)　　c)

图 3-11　NPV 与 P'_t 的关系

从图 3-11 得出如下结论：

1）当 $P'_t=n$ 时，则必有 NPV=0，反之亦然。

2）当 $P'_t<n$ 时，则必有 NPV>0，反之亦然。

3）当 $P'_t>n$ 时，则必有 NPV<0，反之亦然。

因此，根据净现值和动态投资回收期来评价单个方案在经济上是否可以接受，会得出相同的结论。上述净现值与内部收益率和动态投资回收期的关系可以在数学上予以证明。

3.4.3　各类指标特点及对比分析

上述各类指标均用于对工程方案的经济性进行判断，虽然对于同一个方案的评价结论基本一致，但是各类指标有各自的特点及所具备的经济含义，在不同情形下有各自的优势，且不能完全相互替代。

1）内部收益率是一个相对效果指标，实际上反映的是方案未收回投资的收益率，它全面考虑了方案在整个寿命期的现金流量。由于其反映的是方案的单位投资盈利水平，符合习惯，易于为投资决策者理解和接受。特别是在难以确定基准收益率时，只要投资决策者能确定投资方案所呈现出的内部收益率远远高于可能的资金成本和投资机会成本，仍然可以做出投资决策。同时，该指标也反映出方案所能承担的筹集资金的资金成本的最大限额。但是，当方案存在非常规现金流量的情况

下，该指标的应用受到限制。同时，它也不能直接用于对投资规模不等的方案进行优劣比较。

2）净现值是一个绝对效果指标，反映的是方案所取得的超过既定收益率的超额部分收益的现值，也可以认为是股东财富的增加额，它全面考虑了方案在整个寿命期的现金流量和资金成本，反映了纳税后的投资效果，并具有深刻的消费和投资理论的思想内涵，是一个非常可靠和适用的经济评价指标。当方案有非常规现金流量而存在多个内部收益率时，它特别有用。另外，该指标可直接用于多方案的比较与选择，而内部收益和回收期是不能直接用于方案比较的。净将来值、年度等值可以看作是净现值中派生出来的指标，本质上与净现值指标相同，实践中可视情况择其一采用。

但在计算净现值时，需要事先确定一个符合经济现实的基准折现率 i_c，而在有些情况下 i_c 的确定是比较困难的。i_c 定得越高，NPV 就比较小，使方案不易通过；反之，i_c 越低，方案比较容易通过。而且，净现值也不能直接反映方案单位投资的盈利水平。例如，现有 A、B 两个方案，A 方案投资总额为 2 000 万元，净现值为 80 万元；B 方案投资总额为 200 万元，净现值为 40 万元。如果按净现值比选方案，NPVA>NPVB，所以 A 方案优于 B 方案。虽然 A 方案的投资总额是 B 方案的 10 倍，但净现值只有 B 方案的 2 倍，显然 B 方案的资金利用率高于 A 方案。为了考虑资金的利用效率，通常用净现值率作为净现值的辅助指标。

3）从上述动态投资回收期与净现值的关系以及动态投资回收期的经济含义可以看出，其所表现的投资方案经济特征基本上可以由净现值和静态投资回收期所替代。因此，动态投资回收期法通常被认为是计算净现值的一种简便方法（只需要考虑到回收期时点以前的现金流量），或者认为是净现值和静态回收期的一种变形，在我国投资项目经济评价中并没有将其列为必须要计算的经济评价指标。但是，在对投资方案初始评估时，或者仅能确定方案计算期早期阶段的现金流量时，或者是对于一些技术更新周期快的投资方案进行评估时，动态投资回收期指标则是一个比较适用的指标。

4）静态投资回收期、总投资收益率、资本金利润率等静态指标均属于相对效果指标，不需要预测方案整个计算寿命期内的现金流量数据，计算简便、直观，经济含义易于理解，主要适用于工程经济数据不完备和不精确的项目初选阶段和对方案进行粗略性评价。但是，由于没有考虑方案在经济寿命期内费用、收益的变化情况，没有考虑各方案经济寿命的差异对经济效果的影响，没有考虑资金的时间因素，当方案运营期较长时，不宜用这类指标进行评价。

习 题

1. 基准收益率的影响因素有哪些？如何确定基准收益率？

2. 净现值的经济含义是什么？其判别标准是什么？

3. 内部收益率的经济含义是什么？其判别标准是什么？

4. 净现值函数的特点是什么？

5. 在对同一个项目进行经济评价时，净现值、内部收益率的项目合理性的评价结果是否一致，为什么？

6. 一个技术方案的内部收益率正好等于基准收益率，则其净现值和动态投资回收期的值分别是什么特殊值？为什么？

7. 某公司市值为 7 500 万元，长期债务为 2 500 万元，公司权益投资要求的收益率为 20%，债务资金税后平均成本为 6%。社会无风险投资收益率为 5%。

1）计算公司的资金机会成本。

2）如果公司拟投资一个新的计划，预计投入资本金为 1 000 万元，该新的投资计划所在行业的平均投资收益率为 15%，新计划为公司新涉足的行业，确定的 β 系数为 1.2。试确定该投资计划的基准收益率。

8. 第 2 章习题第 12 题中，假设生产期前 5 年的各项经济要素数据均同第 1 年，期望的总投资收益率和资本金净利润率分别为 20% 和 30%，试计算其总投资收益率和资本金净利润率并评价该项目。

9. 某方案建设期为 1 年，建设投资为 1 000 万元（计在第 1 年年初），第 2 年年初投产运营，投产时需要流动资金投资为 200 万元。运营期每年需经营费用为 400 万元，每年可获销售收入为 650 万元，项目运营期为 10 年，期末残值为 200 万元。设基准折现率 10%，计算该方案的净现值、净将来值、净年值、净现值率、静态投资回收期、内部收益率和动态投资回收期等，并评价该方案。

10. 某工厂自行设计制造特种机床一台，价格为 75 万元，估计可使用 20 年，每年可节省成本为 105 万元。若该机床使用 20 年后，无残值，其内部收益率是多少？若该机床在使用 6 年后以 20 万元出让给了其他单位，其内部收益率又如何？

11. 某工程项目方案的净现金流量如图 3-12 所示，已知 A、K、m、n 和 i_c，并且均大于 0，要求：

1）请计算该项目的动态投资回收期。

2）当 $A=K$，$n=2m$ 时，计算内部收益率 IRR。

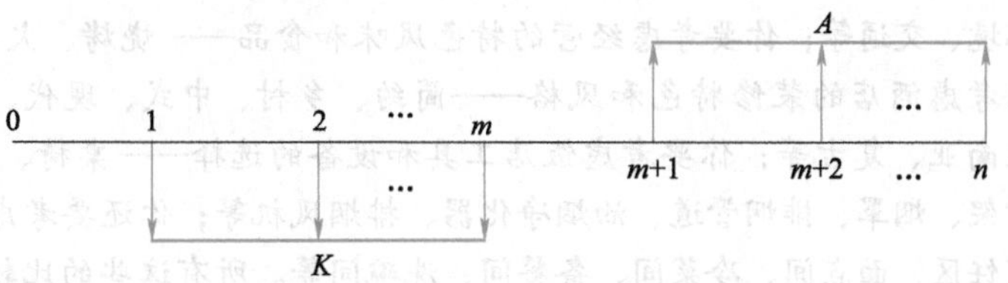

图 3-12　某工程方案的净现金流量

12. 某新建工厂地点位于城郊地带，工厂生产中有一些噪声污染。为补偿邻近一村庄居民因噪声带来的环境受损，厂方允诺由其投资 115 万元，按四级公路标准为该村修建一条村道连接到工厂通往高速公路的二级公路，在工厂 20 年的运营期内每年的 3 万元村道维护费用也由工厂承担。该村道的修建将大大提高村民出行的便利性和增加对外经济往来，村民的此项收益估算为 12 万元/年，但村民因忍受噪声污染环境受损折算费用为 25 万元/年。

1）试从村民的角度画出该项目的现金流量图或编制现金流量表（道路建设期很短，假设投资在第 1 年年初完成）。

2）已知从村民角度分析该项目的内部收益率为 6%。试从村民角度画出该项目的净现值函数示意图。

3）据以上数据，在什么条件下，村民才愿意接受厂方的此项补偿计划？从村民角度分析，阐述理由。

13. 天工建材集团拟引进先进的码垛机器人，替代其下属的某建材产品生产厂的传统码垛机。前者与后者相比，具有构造简略、故障率低、占用空间少、适用性强、能耗低等优势。目前采用的码垛机作业系统，每年的人工费用为 56 万元、电费为 10 万元、机械维修维护费为 18 万元；若更新改造为码垛机器人作业系统，每年的人工费用为 8 万元、电费为 2 万元、机械维修维护费用为 4 万元。若实施更新改造，传统码垛机可以 28 万元的市场价格处理掉。改造工程可在第 1 年年初完成，改造后企业的销售收入并没有改变。体积很小的码垛机器人占用操作空间较少，腾出的厂房作为产品仓库，可减少仓库租赁费用和产品二次搬运费用共计 80 万元/年。假设天工建材集团的基准收益率为 10%，不考虑所得税，系统使用期尚需 10 年，无论是否改造，系统在使用期末都没有残值。

1）当改造投资不超过多少万元时，该改造项目才是合算的？

2）当投资为 600 万元时，计算该改造项目的静态投资回收期。

第 4 章

工程方案经济性比较与选择

引语

在小饭店投资过程中，你需要决定很多的事情。例如，你必须从几个可选的店面中选址——市口、面积、租金、环境、交通等；你要考虑经营的特色风味和食品——烧烤、火锅或是中餐、西餐、快餐、早餐等；你要考虑酒店的装修特色和风格——简约、乡村、中式、现代、新古典、混搭、欧式、美式、北欧、东南亚、复古等；你要考虑饭店工具和设备的选择——桌椅、餐具、厨具、冰箱、打荷台、工作台、货架、烟罩、排烟管道、油烟净化器、排烟风机等；你还要考虑功能区的安排——粗加工、切配区、烹饪区、面点间、冷菜间、备餐间、洗碗间等。所有这些的比较和选择，真的够让人头疼的。你甚至都想放弃了，或者直接加盟一家连锁特色饭店品牌，这样会省很多心，菜色、店面布置、厨师和菜品都能得到总部支持。但是，这样做有违你自创特色餐厅的初衷。

规模大的工程所遇到的情况远比小饭店的要多得多、也复杂得多，从一只电灯泡、一个螺钉到工程全局规划、整体结构等都面临着在多个行动方案之间进行选择的难题，如项目建设规模与产品方案、场址方案、生产工艺方案、生产设备方案、工厂建筑物和构筑物的建造方案、原材料供应方案、总图布置方案、运输方案、公用工程方案、环境保护方案、项目实施方案和融资方案等。当你成为一个工程师时，你经历这些工作中任何一项或多项，总是离不开工程方案的选择。正如日常生活有时为一顿饭吃什么而犯愁一样，你在工程活动中可能常常面对多个方案而无法取舍。选择之所以难，并不是因为对方案不了解，而是难在不知道如何比较和选择，本章将告诉我们工程多方案的比较和选择方法。

工程方案经济性比较与选择是工程经济学的核心问题，也是其致力解决的问题。在本章学习中，能体会到我国传统的决策智慧——两利相权取其重，两害相权取其轻——在工程活动中得到了新的演绎。

4.1 工程方案的关系类型

工程方案的关系类型

对工程方案进行经济评价，仅凭对单方案评价指标的计算及判别准则是不够的，还必须要了解方案之间的相互关系类型，从而按照方案之间的相互关系确定合适的评价方法和指标，为最终做出正确的投资决策提供科学依据。

方案关系类型是指一组备选方案之间具有的相互关系。这种关系类型主要可以分为两种情况：一种是单方案评价，即投资项目的方案只有一种，或虽有多个方案但彼此之间相互独立；另一种是多方案评价，即投资项目有多种方案可供选择。按多方案之间是否存在资源约束，多方案可分为有资源限制结构类型和无资源限制结构类型。有资源限制结构类型是指多方案之间存在资金、劳动力、材料、设备或其他资源量的限制，在工程经济分析中最常见的就是投资资金的约束；无资源限制结构类型是指多方案之间不存在上述的资源限制问题。按多方案之间的经济关系类型，一组多方案又可划分为互斥型多方案、独立型多方案、混合型多方案。

1. 互斥型多方案

在没有资源约束的条件下，在一组方案中，选择其中的一个方案则必须放弃其余方案，方案之间的关系具有相互排斥的性质，则这一组方案称为互斥型多方案，简称互斥多方案或互斥方案。这类多方案，在实际工作中是最常见的。例如，一个建设项目的工厂规模、生产工艺流程、主要设备、厂址的选择，一座建筑物或构筑物的结构类型选择，一个工程主体结构的施工工艺确定等，这类问题决策通常都是互斥型多方案的选择。

2. 独立型多方案

在没有资源约束的条件下，在一组方案中，作为评价对象的各个方案现金流量是相互独立的，不具有相关性，选择其中的任何一个方案并不排斥接受其他的方案，即一个方案是否采用与其他方案是否采用无关，则称这一组方案为独立型多方案，简称独立多方案或独立方案。例如，某施工企业投资购置一批固定资产，列出的一组方案包括一架吊车、一辆运输汽车、一台搅拌机，在没有资金约束的条件下，这三个方案之间不存在任何的制约和排斥关系，它们就是一组独立型多方案。再如，个人投资者在资金没有限制的条件下，可以购买股票，也可以购买债券，或者投资房地产。如果评价对象是单一方案，也可以认为是独立型多方案的特例。

3. 混合型多方案

在一组方案中，方案之间有些具有互斥关系，有些具有独立关系，则称这一组方案为混合型多方案。混合型多方案在结构上有两种形式：一是独立-互斥型，即在一组独立型多方案中，每个独立方案下又有若干个互斥方案的形式。例如，某大型零售业公司现欲投资在两个相距较远的 A 城和 B 城各建一座大型仓储式超市，显然是 A、B 是独立的。目前在 A 城有三个可行地点 A1、A2、A3 供选择，在 B 城有两个可行地点 B1、B2 供选择，则 A1、A2、A3 是互斥关系，B1、B2 也是互斥关系。二是互斥-独立型，即在一组互斥型多方案中，每个互斥方案下又有若干个独立方案的类型。独立-互斥型是更常见的形式，常说的混合型多方案多指这种形式。

4. 其他类型方案

除上述的三种结构类型外，实际工作中还会遇到下面几种类型的多方案。

（1）条件型多方案　条件型多方案是指在一组方案中，接受某一方案的同时，就要求接受另一个或多个方案，接受后者的一个或多个方案，则首先要接受前者的一个方案。例如，修建一座新机场必须修建一条城市与机场之间的高速公路，确定机场高速公路方案时，则必须先确定机场的方案。

（2）现金流量相关型多方案　现金流量相关型多方案是在一组方案中，方案之间不完全是排斥关系，也不完全是独立关系，但一方案的取舍会导致其他方案现金流量的变化。例如，某房地产开发商在相距较近的两个地块，开发两个居住小区，显然这两个方案既非完全排斥也非完全独立，一个方案的实施必会影响另一个方案的实施。

（3）互补型多方案　互补型多方案是指在一组方案中，某一方案的接受有助于其他方案的接受，方案之间存在着相互补充的关系。例如，电视塔方案可以利用其优势增加餐饮、旅馆和观光服务等方案，可以充分发挥电视塔的功能，创造更大的经济效益，接受后者有助于前者的接受。

对于条件型和互补型的多方案，可以合并为一个方案进行处理；互补型的原方案与互补型方案之间形成两个互斥的方案。现金流量相关型多方案可以对方案实施的前后时间安排或对方案本身进行一些改变，使之变成独立方案或者互斥方案，也可以合成一个方案。例如，上述（2）现金流量相关型多方案中的例子，可以将两个地块上分别开发不同类型的适应不同层次需要的住宅类型，或者在时间安排上分先后顺序，则两个方案成为独立方案；如果两个地块尚未购买土地使用权，或者虽然都已购得土地使用权，但可以转让使用权，这时也可把它们作为互斥方案；在潜在需要较大的情况下，则两个方案可以合并作为一个方案看待。

从上面的论述中可以看出，一组方案之间的结构类型并不是一成不变的。这是因为方案之间的关系是由内部条件（方案自身特点）和外部条件（环境因素制约）两个方面决定的，尽管内部条件一般难以改变，但外部条件的不同，方案之间的关系也会发生变化。当外部条件发生变化时，互斥关系可以转变为独立关系或者独立关系转变为互斥关系。例如，某个投资者投资完全不相干的两个行业的项目，如果有足够的资金，这两个方案是独立关系；如果资金至多只能满足一个项目的需要，则完全可以把它们当为互斥型多方案处理，因为此时只能选择其中一个项目进行投资。

4.2 方案经济性比较的基本方法

在工程经济分析过程中会涉及各种多方案比较的问题，如产品方案、工艺设计方案、工程设计方案、场址方案和融资方案等，多方案经济性分析比较的基本方法主要有单指标评价法和多指标综合评价法两种。

4.2.1 单指标评价法

单指标评价法是用单一指标作为选择方案的标准。单一指标可以是价值指标、效率型指标或时间指标等。在进行方案比较时，如果不同方案之间的其他指标比较接近，或者其中某个指标特别重要，或者其他方面指标可以不用考虑，这时利用单一指标来评价选择方案是比较方便和直接的。

单指标评价法的优点是评价指标比较单一，能够反映方案某个方面的真实情况，便于决策者很快做出决策。例如，设备选型，当生产的零部件的质量和生产速度相同时，则可以直接根据各种型号设备的购置费用和运营费用进行比较选择。在实际工作中，首先通过方案的预选，确定一些其他方面的指标符合基本要求的方案，再根据某个重要的指标来确定优选的方案。

单指标评价法的具体应用参见【例10-1】和11.3.2小节。在4.2.3小节中介绍的优劣平衡分析法实际上也是基于单指标的一种比较方法。

4.2.2 多指标综合评价法

1. 多指标综合评价法的特点

有些比较复杂的方案比较，如果采用单一指标，只能反映某个局部的优劣，不能全面地反映方案的总体状况，人为割断了方案之间的关系，对它们的比较需要用一系列指标来衡量。如果一个方案的全部指标优于其他方案，这个方案无疑是最优的方案。但实际上这种全部指标全优的方案是极少的，往往各个方案有部分指标相对较优，而有部分指标相对较差，这时需要对方案进行综合的评价。

多指标综合评价法

工程方案的综合评价是在工程方案的各个部分、各个阶段、各层次评价的基础上对工程方案的整体优化，而不是一项指标或几项指标的最优值。综合评价有两重意义：一是在各部分、各阶段、各层次评价的基础上，谋求整体功能的优化；二是将不同观察角度、各种不同的指标得出的结论进行综合，选择总体目标最优的方案。

2. 多指标综合评价法的过程

多指标综合评价法主要有以下六个步骤。

（1）确定目标　方案评价的具体目标要根据方案的性质、范围、类型和条件等确定。

（2）确定评价范围　在目标确定后，就要调查影响目标的各种因素，各因素间的相互制约关系及主要因素，进而了解这些因素所涉及的范围。

（3）确定评价的指标 评价指标是目标的具体化，根据目标设立相应的评价指标。评价指标的设置原则有：①指标的系统性；②指标的可测性；③定量指标与定性指标相结合；④绝对指标与相对指标相结合；⑤避免指标的重叠与相互包容；⑥指标的设置要有轻重程度和层次性，便于确定指标的权重。

（4）确定评价指标的评价标准 具体方案的评价指标值的优劣和满意度，不能依靠主观直觉判断，应有共同的尺度。每一个评价指标都应制定具体的标准和统一的计算方法。定量的指标可用金额、时间、人数、质量、体积等确定具体量的标准；定性的指标可对标准进行定性描述，并给予相应的等级划分，也可以对相应的等级分数进行量化处理。

（5）确定指标的权重 按各项指标的评价结果，对综合指标的影响程度是不同的，为了能正确地反映各分项指标对目标影响的重要程度，通常通过加权予以修正，重要的指标予以较大的权重，相对次要的指标予以较小的权重。

（6）确定综合评价的依据和方法 一般有两种方法。一种方法是对每个方案的各个定量的指标确定指标值，并列出非定量的指标的优缺点，但并不确定一个综合的指标值，而直接交决策者决策。另一种方法是确定各方案的各项技术经济指标值，并对非定量的指标进行量化处理，然后综合成单一评价值，再提交给决策者决策。在实践中，如果一些主要指标的指标值差异较大，可采用混合的方法，即计算出各个方案一个综合的单一指标值，同时列出各方案主要指标的指标值或优缺点的对比表，一起提交决策者参考。

3. 综合评价值的计算

综合评价值的计算有下面几种方法，具体选用何种方法，则需要根据评价过程、评价要求、评价指标的设定、评价标准和指标值等的确定来定。

（1）加分评分法 是指将各方案的各指标值得分累加为总分，即为各方案的综合评价值。计算公式为

$$S_i = \sum_{j=1}^{m} s_{ij} \tag{4-1}$$

式中 S_i——第 i 个方案的综合评价值，$i=1, 2, \cdots, n$；

s_{ij}——第 i 个方案的第 j 个指标的指标值，$j=1, 2, \cdots, m$。

（2）连乘评分法 将各方案的各指标值得分连乘，作为总分，即为各方案的综合评价值。计算公式为

$$S_i = \prod_{j=1}^{m} s_{ij} \tag{4-2}$$

（3）加权评分法 按各个指标的重要程度确定各指标的权重，再计算各方案的各指标值与权重相乘，再累加，得到的加权总分即为各方案的综合评价值。计算公式为

$$S_i = \sum_{j=1}^{m} s_{ij} w_j \tag{4-3}$$

式中 w_j——第 j 个指标的权重，$\sum_{j=1}^{m} w_j = 1$；

其余符号意义同前。

上述的过程只是多指标综合评价的基本方法，多指标综合评价已形成一门专门的理论与技术，如层次分析法、模糊综合评判法等。感兴趣的读者可参考相关文献。多指标综合评价法的具体应用参见 10. 3. 4 小节中的【例 10-2】。

4.2.3 优劣平衡分析法

优劣平衡分析，又称为损益平衡分析，是方案比较分析中应用较广的一种方法。它是根据某个评价指标（包括多指标的综合评价值）在某个因素变动情况下，对方案优劣变化的比较。

【例 4-1】 某厂欲租入某设备一台，生产一种急需的零件。现有两种型号供选择，两种型号的生产零件的速度和质量均相同，两种型号的月租费和零件加工费见表 4-1。设该厂的基准收益率为 10%，应如何选择设备？

表 4-1 两种型号的月租费和零件加工费

方案	月租费（元）	零件加工费（元/件）
A 型号	40 000	50
B 型号	50 000	45

【解】

1）以月生产总成本为评价指标，零件需求量是变动因素，确定评价指标随变动因素变化的函数。

设该厂零件的月需量为 x，若租用 A 型号，则零件月生产总成本为

$$C_A = 40\,000\text{ 元} + 50x\text{ 元}$$

若租用 B 型号，则零件月生产总成本为

$$C_B = 50\,000\text{ 元} + 45x\text{ 元}$$

2）以评价指标为纵轴，以变动因素为横轴，绘制优劣平衡分析图，如图 4-1 所示。

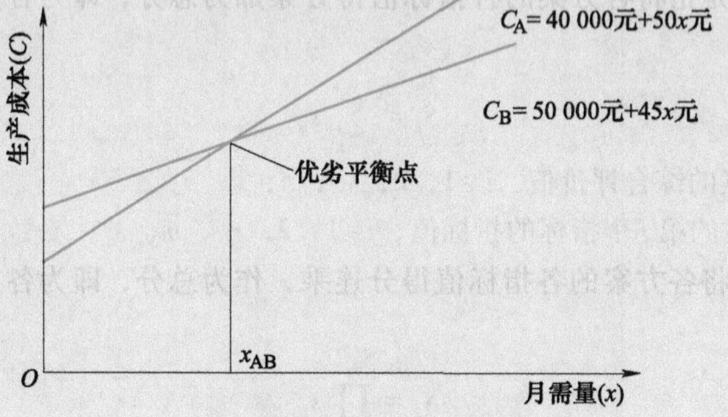

图 4-1 A、B 型号优劣平衡分析图

3）各个方案评价指标随因素变动的函数曲线的交点即为优劣平衡点，计算出优劣平衡点，即可根据指标值最大化（如收入、利润等）或最小化（如费用等）的目标，确定出变动因素各变化区域的最优方案选择。

如图 4-1 所示，在优劣平衡点上，$C_A = C_B$，则

$$x_{AB} = \frac{50\,000\text{ 元} - 40\,000\text{ 元}}{50\text{ 元/件} - 45\text{ 元/件}} = 2\,000\text{ 件}$$

从图中可以看出：当零件月需量少于 2 000 件时，选择 A 型号是经济的；当零件月需量多于 2 000 件时，选择 B 型号是经济的；当零件月需量正好为 2 000 件时，两型号在经济上是等价的。当然，正好为 2 000 件的可能性是极小的。

4.3　互斥方案的比较选择

互斥方案的比较选择

在对互斥方案进行评价比较时，通常包含两部分的内容：一是考察各个方案自身的经济效果，即要进行"绝对经济效果检验"，凡通过绝对经济效果检验的方案，就认为它在经济上是可行的，否则就应给予拒绝；二是要对这些可行方案进行优劣排序，即要进行"相对经济效果检验"。两种检验的目的和作用不同，缺一不可。一般先以绝对经济效果评价筛选出可行方案，然后以相对经济效果评价优选方案。

在进行互斥方案进行比选时，必须要注意参加比选的方案是否满足可比性，包括考察阶段及计算期的可比性；收益与费用的性质及计算口径的可比性；方案风险水平的可比性等。如果以上条件不能满足，多个方案之间就不能直接进行比较，必须要在一定的转化后才能进行比较。

4.3.1　寿命期相等的互斥方案比较选择

对于寿命期相等的互斥方案，计算期通常设定为寿命期，这样就能满足时间上的可比性。常用的比较选择方法有净现值法、年值法、差额净现值法、差额内部收益率法和最小费用法等。

1. 净现值法

净现值法是对互斥方案的净现值进行比较，以净现值最大的方案为经济上最优方案。用净现值法比较方案，要求每个方案的净现值必须大于或等于零，以保证方案的绝对经济效果。净现值小于零的方案在经济上是不行的，让它们参与经济比较是没有意义的。所以，用净现值比较互斥方案，首先可将 NPV<0 的方案排除后再比较其余的方案。

【例 4-2】　某企业拟购入一专利生产某新产品，专利购置费为 500 万元，使用年限为 10 年。有 A、B、C 三个建厂规模方案，建厂初始投资额（不含专利费）和年净收益见表 4-2，寿命期均为 10 年，期末均无残值。设 $i_c=10\%$，试确定最优建厂规模方案。

表 4-2　A、B、C 方案初始投资额和年净收益　（单位：万元）

方案	专利购置费	初始投资	年净收益
A	500	4 400	1 000
B	500	5 500	1 200
C	500	6 500	1 300

【解】

查复利系数表（见附录 A），得 $(P/A, 10\%, 10)=6.144\,6$，则各个方案的净现值为

$NPV_A=-4\,900$ 万元$+1\,000$ 万元$\times(P/A,10\%,10)\approx1\,245$ 万元

$NPV_B=-6\,000$ 万元$+1\,200$ 万元$\times(P/A,10\%,10)\approx1\,373$ 万元

$NPV_C=-7\,000$ 万元$+1\,300$ 万元$\times(P/A,10\%,10)\approx988$ 万元

三个方案的净现值均大于 0，且 B 方案的净现值最大，因此 B 方案为经济最优方案，则应选择 B 方案进行投资。

2. 年值法

年值法是计算各个互斥方案的年值进行比较，以年值最大的方案为最优方案。用年值法比较方案，同样要求每个方案的年值必须大于或等于零，或者说最后的最优方案的年值必须是大于或者等于零的。

【例 4-3】 对【例 4-2】中的一组互斥方案用年值法比较。

【解】

查复利系数表（见附录 A），得$(A/P,10\%,10)=0.1627$，则各个方案的净现值为

$NAV_A=-4\,900$ 万元$\times(A/P,10\%,10)+1\,000$ 万元≈ 203 万元

$NAV_B=-6\,000$ 万元$\times(A/P,10\%,10)+1\,200$ 万元≈ 224 万元

$NAV_C=-7\,000$ 万元$\times(A/P,10\%,10)+1\,300$ 万元≈ 161 万元

由于方案的年值与净现值之间的关系为 $NAV=NPV\times(A/P,i,n)$，对于寿命期相同的互斥方案$(A/P,i,n)$为常数，则 NPV 最大的方案必然 NAV 最大，因此用净现值法和用年值法比较互斥方案结论应是相同的，可根据具体情况选择使用。

3. 差额净现值法

差额净现值（ΔNPV），也称增量净现值，是指在给定的基准收益率下，两个方案之间在寿命期内各年净现金流量差额折现的累计值，用符号 ΔNPV 表示。计算表达式为

$$\Delta NPV=\sum_{t=0}^{n}\Delta(CI-CO)_t\times(1+i_c)^{-t} \tag{4-4}$$

式中 $\Delta(CI-CO)_t$——两个互斥方案的第 t 年差额现金流量；

i_c——基准收益率。

假设有 A、B 为投资额不等的两个互斥方案，A 方案投资额大于 B 方案，寿命期相同，根据式（4-4）两个方案的差额净现值为

$$\begin{aligned}\Delta NPV_{A-B}&=\sum_{t=0}^{n}\left[(CI-CO)_t^A-(CI-CO)_t^B\right](1+i_c)^{-t}\\&=\sum_{t=0}^{n}(CI-CO)_t^A(1+i_c)^{-t}-\sum_{t=0}^{n}(CI-CO)_t^B(1+i_c)^{-t}\\&=NPV_A-NPV_B\end{aligned}$$

可见，差额净现值为两个方案的净现值之差。

计算差额净现值时，通常用投资额较大的方案减去投资额较小的方案。用差额净现值法比较方案时，比较准则如下：

1）如果 ΔNPV>0，表明增量投资可以接受，投资额较大的方案优于投资额较小的方案。

2）如果△NPV<0，则投资额较大的方案劣于投资额较小的方案。

如果是用投资额较小的方案减去投资额较大的方案，用差额净现值法判断方案优劣准则则相反。

用差额净现值法比较一组互斥方案时，分析过程如下：

1）将互斥方案按投资额从小到大的顺序排序。

2）增设 0 方案。0 方案又称为不投资方案或基准方案，其投资额为 0，净收益也为 0。

3）将顺序第一的方案与 0 方案以 ΔNPV 法进行比较，确定两者中较优的方案作为当前最优方案。

4）将排列第二的方案再与当前最优方案以 ΔNPV 法进行比较，以两者中较优的方案替代为当前最优方案。

5）以此类推，分别将排列于第三、第四……的方案分别与各步的当前最优方案比较，直至所有的方案比较完毕。

6）最后保留的当前最优方案即为一组互斥方案中在经济上最优的方案。

必须注意的是，差额净现值指标只能用来检验两个方案之间差额投资额的效果，并不能证明方

案自身的绝对经济效果是可以接受的。因此，在采用这种方法对方案进行比选时，必须预先确认所比选方案中至少有一个是经济上可以接受的，即净现值大于或等于0。上述过程增设了0方案，由于其净现值为0，这样就能保证选出的最优方案在经济上是可以接受的。

【例4-4】　用差额净现值法对【例4-2】中的A、B、C互斥方案进行比较选择。

【解】

增设0方案，投资方案按投资额从小到大的排列顺序为0、A、B、C。

查复利系数表（见附录A），得 $(P/A, 10\%, 10) = 6.1446$。

1）将A方案与0方案进行比较，计算差额净现值为

$$\Delta NPV_{A-0} = -(4\,900 - 0)\text{万元} + (1\,000 - 0)\text{万元} \times (P/A, 10\%, 10) \approx 1\,245\text{万元}$$

由于 $\Delta NPV_{A-0}>0$，说明A方案为当前最优方案。

2）将B方案与当前最优方案A进行比较，计算差额净现值为

$$\Delta NPV_{B-A} = -(6\,000 - 4\,900)\text{万元} + (1\,200 - 1\,000)\text{万元}(P/A, 10\%, 10) \approx 129\text{万元}$$

由于 $\Delta NPV_{B-A}>0$，说明B方案优于A方案，B为当前最优方案。

3）将C方案与当前最优方案B进行比较，计算差额净现值为

$$\Delta NPV_{C-B} = -(7\,000 - 6\,000)\text{万元} + (1\,300 - 1\,200)\text{万元} \times (P/A, 10\%, 10) \approx -386\text{万元}$$

由于 $\Delta NPV_{C-B}<0$，说明B方案优于C方案，B为当前最优方案。

所有方案比较完毕，B方案为最优方案。

从该例中可看出，净现值法与差额净现值法的比较结果是一致的，实际工作中可以根据具体情况选择比较方法。当有多个互斥方案时，直接用净现值最大准则选择最优方案比两两比选的差额分析更为简便。此外，实践中通常会遇到无法或者难以厘清各方案现金流量却可以比较容易获得方案之间的差额现金流量的情况，这时差额净现值法就特别有用。

4. 差额内部收益率法

差额内部收益率是指相比较的两个互斥方案各年净现金流量的差额净现值等于零时的折现率，又称为增额投资收益率，用符号ΔIRR表示。其计算表达式为

$$\sum_{t=0}^{n} \Delta(CI - CO)_t \times (1 + \Delta IRR)^{-t} = 0 \tag{4-5}$$

式中　$\Delta(CI-CO)_t$——两个互斥方案的第 t 年差额现金流量；

ΔIRR——两个互斥方案的差额内部收益率。

假设有A、B为投资额不等的两个互斥方案，A方案投资额大于B方案，寿命期相同，根据式（4-5），两个方案的差额内部收益率 ΔIRR_{A-B} 满足

$$\sum_{t=0}^{n} [(CI - CO)_t^A - (CI - CO)_t^B] \times (1 + \Delta IRR_{A-B})^{-t} = 0$$

则

$$\sum_{t=0}^{n} (CI - CO)_t^A \times (1 + \Delta IRR_{A-B})^{-t} = \sum_{t=0}^{n} (CI - CO)_t^B \times (1 + \Delta IRR_{A-B})^{-t}$$

即

$$NPV_A(\Delta IRR_{A-B}) = NPV_B(\Delta IRR_{A-B})$$

可见，差额内部收益率也可以看成是使得两个互斥方案净现值相等时的折现率。

与差额净现值方法一样，一般用投资较大的方案与投资较小的方案形成差额现金流量，差额内部收益率比选方案的判别准则为

1）如果 $\Delta IRR>i_c$，则投资较大的方案优于投资较小的方案。

2）如果 $\Delta IRR<i_c$，则投资较大的方案劣于投资较小的方案。

与差额净现值法类似，差额内部收益率法只能说明增加投资部分的相对经济效果，不能反映全部投资的绝对经济效果。因此，在采用这种方法对方案进行比选时，必须保证各比选方案的可行性。一组互斥方案比较分析过程同差额净现值法。

【例 4-5】 用差额内部收益率法对【例 4-2】中的 A、B、C 互斥方案进行比较选择。

【解】

增设 0 方案，投资方案按投资额从小到大的排列顺序为 0、A、B、C。

1）将 A 方案与 0 方案进行比较，计算差额内部收益率为

$$-(4\,900-0)\text{万元}+(1\,000-0)\text{万元}\times(P/A,\Delta IRR_{A-0},10)=0$$

查复利系数表（见附录 A），可知

$$\Delta IRR_{A-0}\approx 16\%>i_c=10\%$$

说明 A 方案优于 0 方案，A 为当前最优方案。

2）将 B 方案与当前最优方案 A 进行比较，计算差额内部收益率为

$$-(6\,000-4\,900)\text{万元}+(1\,200-1\,000)\text{万元}\times(P/A,\Delta IRR_{B-A},10)=0$$

查复利系数表（见附录 A），可知

$$\Delta IRR_{B-A}\approx 13\%>i_c=10\%$$

说明 B 方案优于 A 方案，B 为当前最优方案。

3）将 C 方案与当前最优方案 B 进行比较，计算差额内部收益率为

$$-(7\,000-6\,000)\text{万元}+(1\,300-1\,200)\text{万元}\times(P/A,\Delta IRR_{C-B},10)=0$$

查复利系数表（见附录 A），可知

$$\Delta IRR_{C-B}\approx 0\%<i_c=10\%$$

说明 B 方案优于 C 方案，B 为当前最优方案。

所有方案比较完毕，B 方案为最优方案。

5. 最小费用法

在实际工作中，通常会需要比较一些特殊的方案，方案之间的效益相同或基本相同而其具体的数值是难以估算或者无法以货币衡量的。例如，一座人行天桥无论采用钢结构还是采用钢筋混凝土结构，其通行能力是相同的但又是无法用货币衡量大小的。如果只是从经济性角度来分析时，只需要以费用的大小作为比较方案的标准，以费用最小的方案为最优方案，这一方法称为最小费用法。最小费用法包括费用现值法、年费用法，具体方法过程通过下面的例子说明。

最小费用法

【例 4-6】 某工厂拟采用某种设备一台，市场上有 A、B 两种型号供选择，两种型号的年产品数量和质量相同（即年收益相同），但购置费和年运营成本不同（见表 4-3）。两种型号的计算寿命期皆为 5 年，$i_c=8\%$。试比较并选择最经济的型号。

表 4-3 【例 4-6】方案的经济数据 （单位：元）

型号	购置费	年运营成本	残值
A	16 000	5 000	1 500
B	12 000	6 500	2 000

【解】

（1）费用现值法　费用现值（present cost，PC）是指将方案各年发生的费用折算为现值再求和。费用现值法通过计算各方案的费用现值，以费用现值最小的方案为最优方案。

查复利系数表（见附录 A），得$(P/A,8\%,5)=3.9927$，$(P/F,8\%,5)=0.6806$。

A、B 方案的现金流量图如图 4-2 所示，分别计算两方案的费用现值为

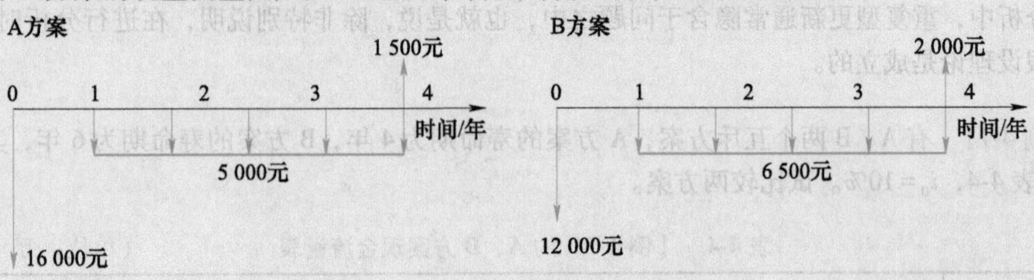

图 4-2　A、B 方案的现金流量图

$$PC_A = 16\,000\text{元} + 5\,000\text{元} \times (P/A,\ 8\%,\ 5) - 1\,500\text{元} \times (P/F,\ 8\%,\ 5) \approx 34\,943\text{元}$$

$$PC_B = 12\,000\text{元} + 6\,500\text{元} \times (P/A,\ 8\%,\ 5) - 2\,000\text{元} \times (P/F,\ 8\%,\ 5) \approx 36\,591\text{元}$$

由于$PC_A < PC_B$，所以 A 型号最经济。

（2）年费用法　年费用（annual cost，AC）是指年等值费用，即将方案各年发生的费用及初期投资折算为等值的年费用。年费用也可理解为年平均费用，但这里的平均不是算术平均，而是考虑资金时间价值的动态平均。年费用法就是比较各互斥方案的年费用，以年费用最小的方案为最优方案。

查复利系数表（见附录 A），得$(A/P,8\%,5)=0.2505$，$(A/F,8\%,5)=0.1705$，则

$$AC_A = 16\,000\text{元} \times (A/P,8\%,5) + 5\,000\text{元} - 1\,500\text{元} \times (A/F,8\%,5) \approx 8\,752\text{元}$$

$$AC_B = 12\,000\text{元} \times (A/P,8\%,5) + 6\,500\text{元} - 2\,000\text{元} \times (A/F,8\%,5) = 9\,165\text{元}$$

由于 $AC_A < AC_B$，所以 A 型号最经济。

费用现值法是常用的方法，年费用法适用于寿命不等的方案比较（见本章 4.3.2 小节）。如【例 4-6】的收益未知且相同的互斥方案，还可以采用差额净现值法或差额内部收益率法进行比较。应该说明的是，用最小费用法只能比较互斥方案的相对优劣，并不能表明各方案在经济上是否合理。这一方法尤其适用于已被证明必须实施的技术方案，如公用事业工程中的方案比较、一条生产线中某配套设备的选型等。

4.3.2　寿命期不等的互斥方案比较选择

寿命期不等的互斥方案比较选择

上面所讨论的互斥方案的比较选择，都是在各方案寿命期相等的情况下进行的，满足时间上的可比性的原则。但是，在实际工作中常遇到寿命期不等的互斥方案比较问题，这时必须对方案的服务期限做出某种假设，使得备选方案在相等寿命期的基础上进行比较，使之具有时间上的可比性。

1. 最小公倍数法

最小公倍数法是一种比选寿命期不等的互斥方案经济效果时通常采用的方法，将一组互斥方案按重复型更新假设理论将它们延长至最小公倍数寿命期作为计算期，然后按互斥方案的比选方法进

行比较。它基于重复型更新假设理论。重复型更新假设理论包括下面两个方面：

1）在较长时期内，方案可以连续地以同种方案进行重复更新，直到多方案的最小数寿命期或无限寿命期。

2）替代更新方案与原方案现金流量完全相同，延长寿命后方案的现金流量均以原方案寿命为周期重复变化。

在分析中，重复型更新通常隐含于问题之中，也就是说，除非特别说明，在进行分析时一律认为这项假设理论是成立的。

【例 4-7】 有 A、B 两个互斥方案，A 方案的寿命期为 4 年，B 方案的寿命期为 6 年，其现金流量见表 4-4，$i_0=10\%$。试比较两方案。

表 4-4 【例 4-7】的 A、B 方案现金流量表 （单位：万元）

方案	年末						
	0	1	2	3	4	5	6
A	−5 000	3 000	3 000	3 000	3 000	—	—
B	−4 000	2 000	2 000	2 000	2 000	2 000	2 000

【解】

由于 A、B 两个方案的寿命期不等，须先求出两个方案寿命期的最小公倍数，其值为 12 年。故将 A、B 方案的寿命期延长到最小公倍数寿命期 12 年，现金流量也周期重复变化。A 方案重复更新两次，延长三个寿命期；B 方案重复更新一次，寿命期延长两个寿命周期（见表 4-5）。

表 4-5 A、B 方案寿命期为 12 年的现金流量表 （单位：万元）

方案	年末												
	0	1	2	3	4	5	6	7	8	9	10	11	12
A	−5 000	3 000	3 000	3 000	3 000 −5 000	3 000	3 000	3 000	3 000 −5 000	3 000	3 000	3 000	3 000
B	−4 000	2 000	2 000	2 000	2 000	2 000	2 000 −4 000	2 000	2 000	2 000	2 000	2 000	2 000

查复利系数表（见附录 A），得 $(P/F,10\%,4)=0.6830$，$(P/F,10\%,8)=0.4665$，$(P/A,10\%,12)=6.8137$，$(P/F,10\%,6)=0.5645$，则

$$NPV_A^{(12)}=-5\,000\text{万元}-5\,000\text{万元}\times(P/F,\ 10\%,\ 4)-5\,000\text{万元}\times(P/F,\ 10\%,\ 8)+3\,000\text{万元}\times(P/A,\ 10\%,\ 12)\approx 9\,694\text{万元}$$

$$NPV_B^{(12)}=-4\,000\text{万元}-4\,000\text{万元}\times(P/F,\ 10\%,\ 6)+2\,000\text{万元}\times(P/A,\ 10\%,\ 12)\approx 7\,369\text{万元}$$

由于 $NPV_A^{(12)}>NPV_B^{(12)}$，所以 A 方案为最优方案。

2. 年值法

年值法是将投资方案在计算期的收入及支出按一定的折现率换算成年值，用各方案的年值进行比较。理论上，年值法也属于最小公倍数法。对【例 4-7】的 A、B 方案，分别计算出各方案一个寿命期和延长到最小公倍数寿命期的年值（见表 4-6），可见它们是相等的。从表 4-5 中两个方案最小公倍数寿命期的现金流量来看，各自的现金流量是周期重复的。因此，采用最小公倍数法，可直

接计算各方案一个周期的年值进行方案比较。在对寿命期不同的互斥方案进行比选时，年值法是最为简便的方法。

表 4-6 【例 4-7】方案的年值

方案	一个寿命期年值	最小公倍数寿命期年值
A	$NAV_A^{(4)}=1\,422$ 万元	$NAV_A^{(12)}=1\,422$ 万元
B	$NAV_B^{(6)}=1\,082$ 万元	$NAV_B^{(12)}=1\,082$ 万元

【例 4-8】 现有互斥的 A、B、C 三个方案，各方案的初始投资额和年净收益见表 4-7，试用年值法比选最优方案，其中基准折现率为 12%。

表 4-7 【例 4-8】的 A、B、C 三个方案初始投资额和年净收益

方案	初始投资额（万元）	年净收益（万元）	寿命期（年）
A	1 600	520	5
B	2 000	630	6
C	2 400	700	8

【解】

查复利系数表（见附录 A），得 $(A/P,12\%,5)=0.277\,4$，$(A/P,12\%,6)=0.243\,2$，$(A/P,12\%,8)=0.201\,3$。

各方案寿命期不等，计算各方案的年值为

$NAV_A=-1\,600$ 万元 $\times(A/P,12\%,5)+520$ 万元 ≈ 76 万元

$NAV_B=-2\,000$ 万元 $\times(A/P,12\%,6)+630$ 万元 ≈ 144 万元

$NAV_C=-2\,400$ 万元 $\times(A/P,12\%,8)+700$ 万元 ≈ 217 万元

$NAV_C>NAV_B>NAV_A$，故方案 C 为最优。

3. 研究期分析法

上述年值法、最小公倍数法都是常用的比较寿命期不等的多方案经济效果的方法，其实质上都是延长寿命期以达到时间上可比性的要求，通常被认为是合理的。但是在一些情况下重复型更新假设理论并不符合实际情况，因为技术进步往往使完全重复是不经济的，甚至在实践中是完全不可能的。例如，对于产品和设备更新较快的方案，由于旧技术迅速地为新技术所替代，若仍然以原方案重复更新显然是不合理的，在这种情况下，以寿命期较短的方案的寿命期作为比较基础可能更为合适。又如，当人们对方案提供的产品服务所能满足社会需求的期限有比较明确的估计时，则可能不必进行重复更新。在这些情况下，原方案的重复更新可能是不经济的，甚至有时是不可能实现的，用年值法、最小公倍数法则显然不能保证的最优方案选择。

处理这一问题可行的办法是采用研究期分析法。研究期的选择视具体情况而定，主要有下面三类：

1）以寿命期最短方案的寿命为各方案共同的服务年限。寿命期较长方案在共同服务年限末可能尚存有一定的未使用价值。

2）以寿命期最长方案的寿命为各方案共同的服务年限。令寿命期较短方案在寿命终止时，以同种固定资产或其他新型固定资产进行更替，直至达到共同服务年限为止，期末可能尚存有一定的未使用价值。

3）统一规定方案的计划服务年限。计划服务年限不一定等同于各方案的寿命。在达到计划服务

年限前，有的方案或许需要进行固定资产更替；服务期满时，有的方案可能存有一定的未使用价值。

【例 4-9】 确定【例 4-7】中 A、B 两个方案在不同研究期下的现金流量。

【解】

1）以寿命期较短的 A 方案的寿命期（4 年）为研究期，现金流量见表 4-8。

表 4-8 研究期 4 年 A、B 方案现金流量表 （单位：万元）

方案	年末				
	0	1	2	3	4
A	−5 000	3 000	3 000	3 000	3 000
B	−4 000	2 000	2 000	2 000	2 000 +1 500（残值）

2）以寿命期较长的 B 方案的寿命期（6 年）为研究期，现金流量见表 4-9。

表 4-9 研究期 6 年 A、B 方案现金流量表 （单位：万元）

方案	年末						
	0	1	2	3	4	5	6
A	−5 000	3 000	3 000	3 000	3 000 −5 000	3 000	3 000 +3 500（残值）
B	−4 000	2 000	2 000	2 000	2 000	2 000	2 000

3）以计划服务年限（10 年）为研究期，现金流量见表 4-10。

表 4-10 研究期 10 年 A、B 方案现金流量表 （单位：万元）

方案	年末										
	0	1	2	3	4	5	6	7	8	9	10
A	−5 000	3 000	3 000	3 000	3 000 −5 000	3 000	3 000	3 000	3 000 −5 000	3 000	3 000 +3 500(残值)
B	−4 000	2 000	2 000	2 000	2 000	2 000	2 000 −4 000	2 000	2 000	2 000	2 000 +1 500(残值)

通过上述方法解决了寿命期不等问题后，就可采用前述各种互斥型多方案比较方法进行方案经济比较。

采用研究期分析法涉及研究期末的方案未使用价值（残值）的处理问题。处理的方法有三种：①完全承认未使用的价值，即将方案的未使用价值全部折算到研究期末；②完全不承认未使用价值，即研究期后的方案未使用价值均忽略不计；③对研究期末的方案未使用价值进行客观地估计，以估计值计在研究期末（如【例 4-9】中的 1 500 万元和 3 500 万元就是估计的残值）。下面通过【例 4-7】来进一步说明三种情况下的处理。

假设【例 4-7】中 A、B 分别为两台设备，期初的购置费分别为 5 000 元和 4 000 元，以后每年的净收益分别为 3 000 元和 2 000 元。选定研究期为 4 年。

查复利系数表（见附录 A），得$(P/A,10\%,4)=3.169\,9$，$(A/P,10\%,6)=0.229\,6$，$(P/F,10\%,4)=0.683\,0$。

（1）完全承认研究期末设备未使用价值

$NPV_A^{(4)}$ =－5 000元＋3 000元×$(P/A,10\%,4)$≈4 510元

$NPV_B^{(4)}$ =－4 000元×$(A/P,10\%,6)$×$(P/A,10\%,4)$＋2 000元×$(P/A,10\%,4)$≈3 429元

由于$NPV_A^{(4)}>NPV_B^{(4)}$，所以选择A设备有利。

（2）完全不承认研究期末设备未使用价值

$NPV_A^{(4)}$ =－5 000元＋3 000元×$(P/A, 10\%, 4)$≈4 510元

$NPV_B^{(4)}$ =－4 000元＋2 000元×$(P/A, 10\%, 4)$≈2 340元

由于$NPV_A^{(4)}>NPV_B^{(4)}$，所以选择A设备有利。

（3）研究期末计入一定的未使用价值　估计B设备在研究期末的未使用价值为1 500元。

$NPV_A^{(4)}$ =－5 000元＋3 000元×$(P/A, 10\%, 4)$≈4 510元

$NPV_B^{(4)}$ =－4 000元＋2 000元×$(P/A, 10\%, 4)$＋1 500元×$(P/F, 10\%, 4)$≈3 364元

由于$NPV_A^{(4)}>NPV_B^{(4)}$，所以选择A设备为优。

4.3.3　寿命期无限的互斥方案比较选择

一些公共事业工程项目方案，如铁路、桥梁、运河、大坝等，可以通过大修或反复更新使其寿命期延长至很长的年限直至无限，这时其现金流量大致也是周期性地重复出现。根据这一特点，可以发现寿命期无限方案的现金流量的现值与年值之间的特别关系。

按资金等值原理，已知

$$P = A \cdot \frac{(1+i)^n - 1}{i(1+i)^n} = A \cdot \frac{1}{i}\left[1 - \frac{1}{(1+i)^n}\right]$$

i为具有实际经济意义的利率，即$i>0$。当$n\to\infty$时，有

$$P = \lim_{n\to\infty} A \cdot \frac{1}{i}\left[1 - \frac{1}{(1+i)^n}\right]$$

$$= \frac{A}{i}\lim_{n\to\infty}\left[1 - \frac{1}{(1+i)^n}\right]$$

$$= \frac{A}{i}$$

即当$n\to\infty$时，有

$$P = \frac{A}{i} \tag{4-6}$$

或

$$P = Ai \tag{4-7}$$

应用上面的两式可以方便地解决寿命期无限互斥方案的比较。下面通过例子来说明具体的方法。

【例4-10】　某天桥工程有A、B两个设计方案，通行能力相同，各方案的初期造价分别为400万元、500万元，年维修和维护费分别为15万元、5万元，均需每10年加固大修一次，费用分别为80万元和30万元。i_c＝10%。如果需要永久性地使用该天桥，哪个方案更经济？

【解】

查复利系数表（见附录A），得$(A/F, 10\%, 10)$＝0.062 7。

解法一：计算费用现值。

$$PC_A = 400\text{万元} + \frac{5\text{万元}}{10\%} + \frac{80\text{万元}\times(A/F,10\%,10)}{10\%} \approx 600\text{万元}$$

$$PC_B = 500\text{万元} + \frac{5\text{万元}}{10\%} + \frac{30\text{万元} \times (A/F,\ 10\%,\ 10)}{10\%} \approx 569\text{万元}$$

可见，B 方案经济。

解法二：计算年费用。

$$AC_A = 400\text{万元} \times 10\% + 15\text{万元} + 80\text{万元} \times (A/F,10\%,10) \approx 60\text{万元}$$

$$AC_B = 500\text{万元} \times 10\% + 5\text{万元} + 30\text{万元} \times (A/F,10\%,10) \approx 57\text{万元}$$

可见，B 方案经济。

4.4 独立方案和混合方案的比较选择

独立方案的比较选择

在一组独立方案比较选择过程中，可决定选择其中任意一个或任意多个方案，甚至全部方案，也可能一个方案也不选。独立方案这一特点决定了独立方案的现金流量及其效果具有可加性。一般独立方案选择可能会遇到下面两种情况：一是无资源约束条件下的独立方案的选择，如果独立方案之间共享的资源没有限制，则任何一个方案只要是可行的（经济上可接受的），就可采纳并选择。二是有资源约束条件下的独立方案的选择，如果独立方案之间共享的资源是有限的，不能满足所有方案的需要。在这种不超出资源约束条件下，独立方案的选择通常有两种方法，一是方案组合法，二是效率型指标排序法。

4.4.1 无资源约束条件下的独立方案的选择

在无资源约束条件下，独立方案的采用与否，只取决于方案本身的经济性，即只需检验它们是否能够通过基于净现值、净年值或内部收益率等评价指标的绝对经济效果的检验。凡能通过绝对经济效果检验的方案，就可以认为该方案是可以接受的，否则就予以拒绝。因此，多个独立方案的选择与单一方案的评价方法是相同的。

【例 4-11】 有 A、B、C 三个独立方案，寿命期均为 10 年，初始投资额和年净收益见表 4-11。基准收益率为 8%，假设有足够的资金投资于其中一个或多个方案，如何选择方案？

表 4-11 【例 4-11】的 A、B、C 方案初始投资额和年净收益 （单位：万元）

方案	初始投资额	年净收益
A	3 000	600
B	5 000	850
C	7 000	1 200

【解】

查复利系数表（见附录 A），得 $(P/A,8\%,10)=6.710\ 1$。

由于 A、B、C 是独立方案且无投资资金资源限制，所以只要检验各方案自身的绝对效果指标是否在经济上可以接受，可选择净现值、净年值或内部收益率等指标之一进行检验即可。这里选择净现值指标，各方案的净现值计算为

$$NPV_A = -3\ 000\text{万元} + 600\text{万元} \times (P/A,8\%,10) \approx 1\ 026\text{万元}$$

$$NPV_B = -5\ 000\text{万元} + 850\text{万元} \times (P/A,8\%,10) \approx 704\text{万元}$$

$$NPV_C = -7\ 000\text{万元} + 1\ 200\text{万元} \times (P/A,8\%,10) \approx 1\ 052\text{万元}$$

从净现值指标来看，三个方案的净现值均大于0，因此三个方案均可投资。

进一步计算出三个方案的内部收益率。由

$$-3\,000\text{万元}+600\text{万元}\times(P/A,\text{IRR}_A,10)=0$$

$$-5\,000\text{万元}+850\text{万元}\times(P/A,\text{IRR}_B,10)=0$$

$$-7\,000\text{万元}+1\,200\text{万元}\times(P/A,\text{IRR}_C,10)=0$$

查复利系数表（见附录A）或计算出$\text{IRR}_A\approx15.10\%$、$\text{IRR}_B\approx11.03\%$、$\text{IRR}_C\approx11.23\%$，均大于8%的基准收益率，所以三个方案均可投资。

4.4.2 有资源约束条件下的独立方案的选择

独立方案虽然在选择时彼此之间互不影响，但由于资源受到约束，不能同时满足所有方案的投资要求，选择其中几个方案的同时就必须要放弃其他方案，在有资源约束条件下使所有资源能发挥最大收益。

1. 方案组合法

方案组合法的基本思想是：列出独立方案所有可能的组合，每个组合代表一个相互排斥的方案，由于是所有的可能组合，则最终的选择只可能是其中一种组合方案，因此所有可能的组合方案形成互斥关系，可按互斥方案的比较方法确定最优的组合方案，最优的组合方案即为独立方案的最佳选择。基本步骤如下：

1）列出独立方案所有可能的组合，形成若干个新的组合方案（其中包括0方案，其投资额为0，净收益也为0），则所有可能的组合方案（包括0方案）形成互斥组合方案。设独立方案的个数为m，则所有可能的组合方案的个数为

$$N=2^m \tag{4-8}$$

2）每个组合方案的现金流量为被组合的各独立方案的现金流量的叠加。

3）将所有的组合方案按初始投资额从小到大的顺序排列。

4）排除总投资额超过投资资金限额的组合方案。

5）对所剩的所有组合方案按互斥方案的比较方法确定最优的组合方案。

6）最优组合方案所包含的独立方案即为该组独立方案的最佳选择。

【例4-12】 在【例4-11】中，假设投资资金限额为12 000万元，又该如何选择方案？

【解】

1）列出所有的互斥组合方案。以1代表方案被接受，以0代表方案被拒绝，则所有可能的组合方案（包括0方案）组成过程见表4-12。

表4-12 【例4-12】中A、B、C的组合方案经济要素数据

序号	方案组合			组合方案	初始投资（万元）	年净收益（万元）	寿命期（年）	净现值（万元）
	A	B	C					
1	0	0	0	0	0	0	10	0
2	1	0	0	A	3 000	600	10	1 026
3	0	1	0	B	5 000	850	10	704
4	0	0	1	C	7 000	1 200	10	1 052
5	1	1	0	A+B	8 000	1 450	10	1 730

（续）

序号	方案组合			组合方案	初始投资（万元）	年净收益（万元）	寿命期（年）	净现值（万元）
	A	B	C					
6	1	0	1	A+C	10 000	1 800	10	2 078
7	0	1	1	B+C	12 000	2 050	10	1 756
8	1	1	1	A+B+C	15 000	—	—	—

2）对每个组合方案内的各独立方案的现金流量进行叠加，作为组合方案的现金流量，并按叠加的投资额按从小到大的顺序对组合方案进行排列，排除投资额超过资金限制的组合方案（A+B+C）。

3）按组合方案的现金流量计算各组合方案的净现值，组合方案的净现值为被组合方案的净现值之和。

4）（A+C）方案净现值最大且大于0，所以（A+C）为最优组合方案，故最优的选择应是A和C方案。

2. 效率型指标排序法

效率型指标排序法的基本思想是：通过计算能反映方案投资效率的经济评价指标，把相关投资方案按照投资效率的高低顺序排序，在有资金约束条件下选择最优组合方案，从而使有限的资金能获得最大收益。

常用的效率型排序指标有净现值率与内部收益率：

1）净现值率排序法，将各方案的净现值率按大小顺序排序，在有资金约束条件下按照大小顺序选取方案，从而使总投资的净现值达到最大化。

2）内部收益率排序法，将方案内部收益率按高低顺序排序，在有资金约束条件下按照高低顺序选取方案，从而使总投资收益达到最大化。

（1）净现值率排序法　净现值率（NPVR）排序法的基本步骤：①计算各方案的净现值；②排除净现值小于零的方案；③计算各方案的净现值率（参见3.4.1小节），按净现值率从大到小的顺序；④从排列好的方案中依次选取与净现值率大值方案相组合的组合投资方案，直至所选取的方案的投资额之和达到或最大限度地接近投资限额。以【例4-12】来说明这种方法的选择过程。

先分别计算出A、B、C三种方案的净现值、净现值率并排序，结果见表4-13。

表4-13　【例4-12】中A、B、C三个方案的净现值、净现值率及排序

方案	初始投资额（万元）	年净收益（万元）	净现值（万元）	净现值率	排序
A	3 000	600	1 026	0. 342 0	1
B	5 000	850	704	0. 140 8	3
C	7 000	1 200	1 052	0. 150 2	2

从表4-13可知，方案的优先顺序为A→C→B，当投资资金限额为12 000万元时，最优组合方案为（A+C）。

（2）内部收益率排序法　内部收益率（IRR）排序法的基本步骤：①计算各方案的内部收益率；②按内部收益率从高到低的顺序排序；③排除内部收益率小于基准收益率的方案；④从排列好的方案中依次选取与内部收益率大值方案相组合的组合投资方案，直至所选取的方案的投资额之和达到或最大限度地接近投资限额。第②、③两步前后顺序可互换。以【例4-12】来说明这种方法的选择过程。

【例 4-11】中已计算出各方案的内部收益率$IRR_A = 15.10\%$、$IRR_B = 11.03\%$、$IRR_C = 11.23\%$，按内部收益率从大到小的顺序排列，即 A、C、B，将它们以直方图的形式绘制在以投资为横轴、内容收益率为纵轴的坐标图上，并标明基准收益率（i_c）和投资限额（I_{max}），如图 4-3 所示。排除基准收益率（i_c）线以下的方案，排除投资限额（I_{max}）线右侧的方案。由于方案的不可分割性，所以 B 方案不能选中，因此最后选择的最优方案应为（A+C）。

（3）效率型指标排序法的缺陷和长处　内部收益率排序法或净现值率排序法存在一个缺陷，即可能会出现投资资金没有被充分利用的情况。如【例 4-12】中，假如有个独立的 D 方案，投资额为 2 000 万元，内部收益率为 10%，显然，再入选 D 方案，并未突破投资限额，且 D 方案本身也是有利可图。而用这种方法，有可能忽视了这一方案。当然，在实际工作中，如果遇到一组方案数目很多的独立方案，用方案组合法计算是相当烦琐的（组合方案数目成几何级数递增）。这时，利用内部收益率或净现值率排序法是相当方便的。

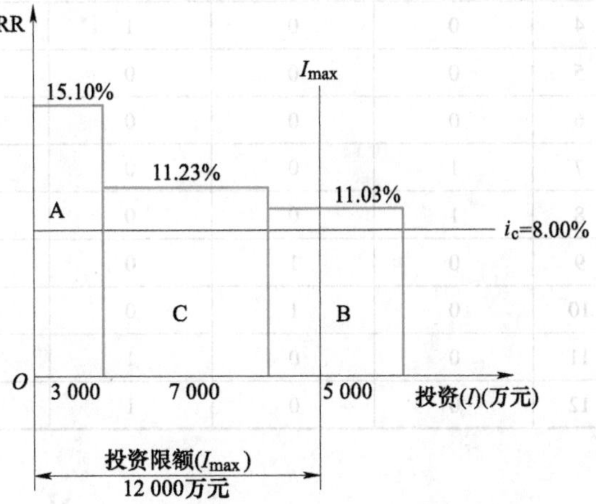

图 4-3　内部收益率排序法选择独立方案

4.4.3　混合方案的比较选择

混合方案有独立-互斥型和互斥-独立型之分。互斥-独立型混合方案处理起来比较简单。例如，假设 C、D 是互斥方案，它们下面分别有 C1、C2、C3 独立方案与 D1、D2、D3、D4 独立方案，可分别对这两组独立方案按独立方案选择方法确定最优组合方案，然后按互斥方案的方法确定选择哪一个组合方案。下面主要来看独立-互斥型混合方案。

独立-互斥型混合方案是指在一组独立方案中，每个独立方案下又有若干个互斥方案的情形。例如，A、B 方案是相互独立的，A 方案下有 A1、A2、A3 三个互斥方案，B 方案下有 B1、B2 两个互斥方案，如何选择最佳方案呢？

这种结构类型的混合方案也是采用方案组合法进行比较选择，基本方法和过程与独立方案是相同的，不同的是在方案组合构成上，其组合方案数目也比独立方案的组合方案数目少。如果 m 代表相互独立的方案数目，n_j 代表第 j 个独立方案下互斥方案的数目，则这一组混合方案可以组合成互斥的组合方案数目为

$$N = \prod_{j=1}^{m}(n_j + 1) = (n_1 + 1)(n_2 + 1)\cdots(n_m + 1) \tag{4-9}$$

【例 4-12】的一组混合方案形成所有可能组合方案见表 4-14 。表中各组合方案的现金流量为被组合方案的现金流量的叠加，所有组合方案形成互斥关系，按互斥方案的比较方法，确定最优组合方案，最优组合方案中被组合的方案即为该混合方案的最佳选择。具体方法和过程同独立方案。

表 4-14　独立-互斥型混合方案组合示例

序号	方案组合					组合方案
	A			B		
	A1	A2	A3	B1	B2	
1	0	0	0	0	0	0
2	1	0	0	0	0	A1

（续）

序号	方案组合					组合方案
	A			B		
	A1	A2	A3	B1	B2	
3	0	1	0	0	0	A2
4	0	0	1	0	0	A3
5	0	0	0	1	0	B1
6	0	0	0	0	1	B2
7	1	0	0	1	0	A1+B1
8	1	0	0	0	1	A1+B2
9	0	1	0	1	0	A2+B1
10	0	1	0	0	1	A2+B2
11	0	0	1	1	0	A3+B1
12	0	0	1	0	1	A3+B2

习　题

1. 什么是互斥方案？什么是独立方案？什么是混合方案？它们的相同与不同之处有哪些？

2. 开展一次小组讨论活动，列举各自曾经在日常生活或生产实践中遇到过的多方案选择问题和决策的过程。

3. 单指标比较方法是如何选择方案的？多指标综合比较方法是如何选择方案的？两者的主要差别是什么？

4. 简述独立方案比较与选择的方案组合法与效率型指标排序法的各自优缺点。

5. 某投资者拟投资于一处房产，现有三处房产供选择。该投资者拟购置房产后，出租经营，10年后再转手出让，各处房产的购置价、净转让价和年净租金收入见表4-15。其基准收益率为15%。分别用净现值法、差额净现值法或者差额内部收益率法，选择最佳方案。

表4-15　各处房产的购置价、净转让价和年净租金收入　　（单位：万元）

项目	购置价	净转让价（扣除相关费用）	年净租金收入
A房产	140	125	24
B房产	190	155	31
C房产	220	175	41

6. 考虑六个互斥的方案，表4-16是按初始投资额的从小到大的顺序排列的。表中给出了各方案的内部收益率和方案之间的差额内部收益率。所有方案都有同样的寿命和具备其他可比条件。

1）如果必须采纳方案中的一个，但又无足够的资本去实施最后三个方案，那么应该选择哪个方案？为什么？

2）假设对于Ⅳ方案，Ⅴ方案和Ⅵ方案投资资金仍然不足，且能吸引投资者的最小收益率是12%，如果并不强求一定要采纳一个方案（即不采纳方案也是可接受的方案），你将推荐哪个方案？为什么？

3）至少多大的基准收益率才能保证选择Ⅳ方案是正确的？

4）如果有足够的资金，基准收益率为10%，你将选择哪个方案？为什么？

5）如果有足够的资金，基准收益率为15%，你将选择哪个方案？为什么？

表4-16　各方案的内部收益率和方案之间的差额内部收益率

方案	IRR	差额内部收益率				
		Ⅰ	Ⅱ	Ⅲ	Ⅳ	Ⅴ
Ⅰ	1%					
Ⅱ	8%	21%				
Ⅲ	11%	15%	12%			
Ⅳ	15%	22%	19%	17%		
Ⅴ	13%	19%	16%	15%	9%	
Ⅵ	14%	21%	18%	16%	14%	21%

7. 要在一个新建工业区建设一条从水厂到新区的临时供水管线（数据见表4-17）。现有三种规格的管道供选择（管道与泵站的线路布局是相同的）。计划临时供水管线使用期为5年，计划期末管道与泵站均可回收，预期回收的价值为初始费用的40%。无论采用哪种规格的管道，回收费用都是20 000元。设基准收益率为9%，用多种方法比较三个方案。

表4-17 三种管道规格的初始费用和年抽水费用　　（单位：元）

项目	管道规格（管径）		
	35cm	40cm	45cm
初始费用	180 000	250 000	340 000
年抽水费用	64 000	44 000	28 000

8. 一个设计师正在为一种自动喷涂设备的电动机的选择而犯愁。有两种型号的电动机可选择，输出功率均为9kW。A电动机的购置费为10 000元，运行负荷效率为88%；B电动机的购置费为8 000元，运行负荷效率为85%（注：电动机的输入功率=输出功率/效率）。估计用户平均每年使用天数为250天，每天运行时间为4~12h，设备的使用寿命为5年。电价为0.7元/(kW·h)。请根据不同用户每天所需要的不同运行时间，为该设计师提供电动机选择的建议。

9. 某冶炼厂欲投资建造一座储水设施，有两个方案：A方案是在厂内建造一个水塔，造价为102万元，年运行费用为2万元，每隔10年大修一次的费用为10万元；B方案是在厂外不远处的小山上建造一储水池，造价为83万元，年运行费用为2万元，每隔8年大修一次的费用为10万元。另外，B方案还需购置一套附加设备，购置费为9.5万元，寿命为20年，20年末的残值为0.5万元，年运行费用为1万元。该厂基准收益率为7%。

1）储水设施计划使用40年，任何一个方案在寿命期末均无残值。哪个方案为优？

2）若永久性地使用储水设施，哪个方案为优？

10. 某造船厂为了使船坞上的装卸能力尽可能地扩大，打算购买材料装卸系统。有三种不同的系统（每种系统的装卸能力相同）可供选择。各种系统的初始投资额和年运行费用见表4-18。该船厂最多能筹集140万元，三种系统的寿命均为10年，基准收益率为15%。各种系统可组合投入运行，但每种系统最多只需一套。请确定最优的方案组合。

表 4-18 各种系统的初始投资额和年运行费用 (单位：元)

系统类型	初始投资额	年运行费用
A	650 000	91 810
B	600 000	105 000
C	720 000	74 945

11. 某公司正在研究两个地区五个投资项目建议，数据见表 4-19。公司中在每个地区至多选择一个项目进行投资，地区之间是相互独立的。基准收益率为 10%。

表 4-19 各项目方案的初始投资额、年净收益和有用寿命

地区	项目方案	初始投资额（万元）	年净收益（万元）	有用寿命（年）
C	C1	200	76	6
	C2	260	80	9
	C3	280	100	6
D	D1	100	50	6
	D2	170	60	9

1）若没有投资资金的限制，如何选择最有利？

2）若投资资金限额为 375 万元，如何选择？

3）若选择寿命期较短的方案寿命期为研究期，完全不承认方案研究期末的残值，在 1）和 2）两种情况下又分别如何选择？

第5章 价值工程原理

■ 引语

“金字招牌”是大家熟悉的一个词，常用它来表示某件物品、某种服务或某个人物等是非常有吸引力的、有影响力的或者有代表力的等。不过，这个词本意原指的是旧时一些有名有钱的大店铺为显示资金雄厚、信誉卓著而将用金粉涂的或用金箔贴的商店招牌，现在也有许多大店、大企业这样做。回到前几章引言所用的例子中，你在大学城边上投资的那家小型特色饭店，你会把门口的店名做成“金字招牌”吗？你绝对不会！你可能会费尽心思地把店里的某种食物或者某个菜品做成有特色的“金字招牌”，以吸引更多的大学生来就餐，而不会花钱用金粉涂你的店招。即使你想把店招做成金色的，也只会用金色油漆。

那么，你为什么绝对不会那样做呢？肯定不是因为你没有足够的资金，即使钱多得用不完，你也不会那样做。原因就是你觉得那样做“不合算”。“合算”“不合算”是日常简单经济决策常用的判断准则，与它们相近意思的一个现代词汇就是“性价比”，即是指物品的性能与其价格之比。许多年轻人喜欢用“性价比是否高”这个判断准则去选择购买他（她）想要的一台计算机或一部手机等商品，厂商们也常用“性价比高”去包装推销他们的产品。如果我们信任某个厂商在产品制造中真考虑了“性价比高”，我们就有可能购买他们的产品。这些词汇背后的原理就是价值工程理论，或者说它们是价值工程原理的雏形。

当然，价值工程方法并不仅仅如我们生活中那样，用性价比的高低进行方案的取舍。如果我们这样认为，那就是小瞧或者忽略了它所具有的与其他工程经济分析技术难以做到的“金字招牌”。以你投资的小型特色饭店为例，你计划的用于店面装修、餐饮设备和家具购置等费用的初始投资额为20万元，这可能是你能筹到的最多投资资金，或者这个规模的店面初始投资额不能超过20万元，否则将可能赚不到什么钱了。假如初步设计方案的估算投资达到25万元，你如何通过方案的经济优化以达到投资限额的要求呢？这正是价值工程方法能解决的问题，也是价值工程不同于其他分析技术的关键之处。

通过本章内容的学习，你可以掌握一种发现工程设计方案经济性不佳问题所在的方法和经济优化技术。

■ 5.1 价值工程概述

价值工程概述

5.1.1 价值工程的产生、发展、推广与应用

1. 价值工程的产生

价值工程（value engineering，VE），也称为价值分析（value analysis，VA）或价值管理（value management，VM)，是第二次世界大战以后发展起来的一种现代化的科学管理技术、一种新的技术经济分析方法。它通过研究产品或系统的功能与成本之间的关系，来改进产品或系统，以提高其经济效益，在建筑工程领域内也被广泛采用。

价值工程于20世纪40年代末起源于美国。1947年美国通用电气公司设计工程师迈尔斯(L. D. Miles) 主持采购部门的工作，当时缺乏敷设仓库用的石棉板，会议专家认为可以使用代用品，从而引起了对产品功能的研究。于是迈尔斯考虑，这种材料的功能是什么？能否用代用材料？能否在现有人力、物力资源条件下或通过其他途径来获得同样的功能？当时叫作价值分析，实际上是从产品投产到制造进行的分析活动，是一种事后分析。而价值工程是从科研、设计、生产、准备、试制新产品的生产过程之前进行的分析，是事前分析。随着迈尔斯的《价值分析》一文在《美国机械工程师》杂志上发表，标志着一门新的理论——“价值工程”正式诞生。

2. 价值工程的发展

由于推行价值分析经济效果显著，引起美国各部门的注意，1955年空军在物资器材供应和制造技术方面采用价值分析；1956年扩大到民间的造船业。据统计，1964—1972年，美国国防部由于推行价值分析所节约的金额在10亿美元以上。

世界各工业国也迅速地推广价值工程方法。1955年日本引进了价值工程，1960年大量推行。开始时，以重型电动机、汽车等行业为中心，到20世纪70年代，价值工程的应用已扩展到钢铁、设备制造等产业部门。1968年价值工程也被引进到日本建设业，并在造船、车辆和机械等行业中应用。

从材料代用开始，逐渐发展到改进产品设计、工艺、生产等领域，价值工程正被大量推广应用。近年来，世界各先进国家住宅功能项目的开发和成本信息现代体系的建立，都有利于价值工程方法在建设业中的应用。

价值工程与一般的投资决策理论不同，一般的投资决策理论研究的是项目的投资效果，强调项目的可行性，而价值工程是以研究获得产品必要功能所采用的省时、省钱、省力的技术经济分析法，以功能分析和功能改进为研究目标。

3. 价值工程在我国的推广与应用

价值工程于1981年首先在我国的机械工业部门得到应用。1982年10月，我国创办了唯一的价值工程专业性刊物《价值工程通讯》，后更名为《价值工程》杂志。1984年，国家经济委员会将价值工程作为18种现代化管理方法之一向全国推广。1987年，国家标准局颁布了第一个价值工程标准《价值工程基本术语和一般工作程序》(GB 8223—87)。1988年5月，我国成立了价值工程的全国学术团体—中国企业管理协会价值工程研究会，并把《价值工程》杂志作为会刊。

随着价值工程的应用取得越来越多的经济效益，价值工程的应用和研究从工业领域逐步推广到农业、商业、金融、国防、教育等各个领域，从产品、工艺、配方扩展到经营、管理、服务等对象。价值管理的理念给建筑业提供了一个全新的视角，在建筑项目的全过程中应用价值管理，可以在使各利益相关者得到最大满足的同时，达到节约成本的目的。

5.1.2 价值工程的概念

价值工程是以提高产品（或作业）价值和有效利用资源为目的，通过分析产品（或作业）的功能与成本的关系，力求以最低的寿命期成本实现产品（或作业）必要功能的一种有组织的技术经济活动。价值工程中“工程”的含义是指为实现提高价值的目标所进行的一系列分析研究活动。价值工程中的“价值”也是一个相对的概念，是指作为某种产品（或作业）所具有的功能与获得该功能的全部费用的比值。它不是对象的使用价值，也不是对象的交换价值，而是对象的比较价值，是作为一种评价事物有效程度的尺度。其定义可用公式表示为

$$价值(value)=\frac{功能(function)}{成本(cost)}$$

通常写为

$$V=\frac{F}{C} \tag{5-1}$$

1. 价值

价值工程中的“价值”一词的含义不同于政治经济学中的价值概念，它类似于生活中常说的“合算不合算”和“值不值”的意思。人们对于同一事物有不同的利益、需要和目的，对于同一事物的“价值”会有不同的认识。例如，大多数人对手机“价值”的认识是把它作为一种通信工具，而追求时尚的人则把一款新颖漂亮的手机作为一种时尚和饰物。可以说，“价值”是事物与主体之间的一种关系，属于事物的外部联系，表现为一种客体的功能与主体的需要之间的满足关系。

2. 功能

功能是指分析对象的用途、功效或作用，它是产品的某种属性，是产品对于人们某种需要的满足能力和程度。产品或零件的功能通过设计技术和生产技术得以实现，并凝聚了设计与生产技术的先进性和合理性。功能可分为以下四类：

1）按功能的重要程度可分为基本功能与辅助功能。基本功能是指产品必不可少的功能，决定了产品的主要用途。辅助功能是指除基本功能以外的附加功能，可以根据用户的需要进行增减。例如，手机的基本功能是无线通信，辅助功能则有无线数据传送（短信）、计时、来电显示、电子数据记录等。

2）按功能的用途可分为使用功能与美学功能。使用功能反映产品的物质属性，促使产品、人与外界之间发生能量和物质的交流，是动态的功能。使用功能通过产品的基本功能和辅助功能得以实现，美学功能反映产品的精神和艺术属性，是人对产品所产生的一种内在的精神感受，是静态的功能。例如，手机的使用功能有上面所述的无线通信、数据传送等，美学功能则体现手机的体型、色彩和装饰性。

3）按用户需求可分为必要功能与不必要功能。必要功能是指用户需要的功能；不必要功能是指用户不需要的功能。功能是否必要，是视产品的目标对象（消费群体）而言的。例如，手机的游戏功能，对追求娱乐的年轻人来说是必要的，而对一些年长的中老年用户来说则可能是不必要的功能。

4）按功能的强度可分为过剩功能与不足功能。过剩功能是指虽属必要功能，但功能的满足用户的需要而有富余，功能强度超过了该产品所面对的消费群体对功能的需求。例如，手机的数码摄像功能对许多年轻的消费者来说，是必要的功能，但如果配置摄像的像素很高，可能就成为过剩功能了。不足功能产品是相对于过剩功能而言的，表现为整体或部件功能水平低于用户需求的水平，不能满足用户需要。

3. 成本

（1）寿命期成本　成本是指实现分析对象功能所需要的费用，是在满足功能要求条件下的制造生产技术和维持使用技术（这里的技术是指广义的技术，包括工具、材料和技能等）的耗费支出。价值工程中所指的成本，通常是指产品寿命期成本。从社会角度来看，产品寿命期成本最小的产品方案是最经济的方案。对于消费者而言，要使其所购产品的价值最大化，就是在实现同等功能的前提下，产品寿命期成本最低。即一些品质较高的产品，尽管售价可能会高些，但在使用过程中，其维护修理次数及成本可能会较低，整个寿命期成本较小。所以，尽管消费者原则上都趋向选择价格低廉的产品，但由于信息不对称的作用，对于复杂的产品，消费者往往宁愿付出更高的购价，选择购买知名品牌或企业的产品，以使得产品的寿命期最低。对于目标是长远发展的企业来说，应该注重产品的寿命期成本。作为企业现代生产经营理念之一的“顾客价值最大化”，与“价值工程”思想殊途同归，说到底都是“价廉物美”。

（2）功能现实成本　功能现实成本是指目前实现功能的实际成本。在计算功能现实成本时，需要将产品或零部件的现实成本转换为功能的现实成本。当产品的一项功能与一个零部件之间是“一对一”的关系，即一项功能通过一个零部件得以实现，并且该零件只有一项这样的功能，则功能成本就等于零部件成本；当一个零部件具有多项功能或者与多项功能有关时，则将零部件的成本分摊到相应的各个功能上；当一项功能是由多个零部件提供时，则其功能成本是由各相关零部件分摊到本功能上的成本之和。

（3）功能目标成本　功能目标成本是指可靠地实现用户要求功能的最低成本。通常，首先根据国内外先进水平或市场竞争的价格确定实现用户功能需求的产品最低成本（企业预期的成本或理想成本等）。然后根据各功能的重要程度（重要性系数），将产品的成本分摊到各项功能，得到功能目标成本。

5.1.3　价值工程的特点

价值工程涉及价值、功能和寿命期成本三个基本要素，具有以下三个特点：

（1）提高产品价值是价值工程的目标　价值工程以提高产品的价值为目标，这是用户需要，也是企业追求的目标。价值工程的特点之一，就是价值分析并不单纯追求降低成本，也不片面追求较高功能，而是追求 F/C 比值的提高，追求产品功能与成本之间的最佳匹配关系，即以最低的寿命期成本，使产品具备它所必须具备的功能。

一般来说，产品的寿命期成本由生产成本和使用及维护成本构成。在一定范围内，产品的生产成本和使用费用存在此消彼长的关系。生产成本是随着产品功能强度（包括功能数量和功能的效果）的提高而不断增加的，产品的使用成本随着产品功能强度的提高而降低，由两类成本组成的寿命期成本存在一个最低点，这是成本与功能的均衡点，是价值工程工作的目标。图 5-1 表明了产品寿命期成本、生产成本、使用成本的相互关系，称为“成本-功能”特性曲线。价值中的成本与功能之间的关系，指出了价值分析的基本思路。

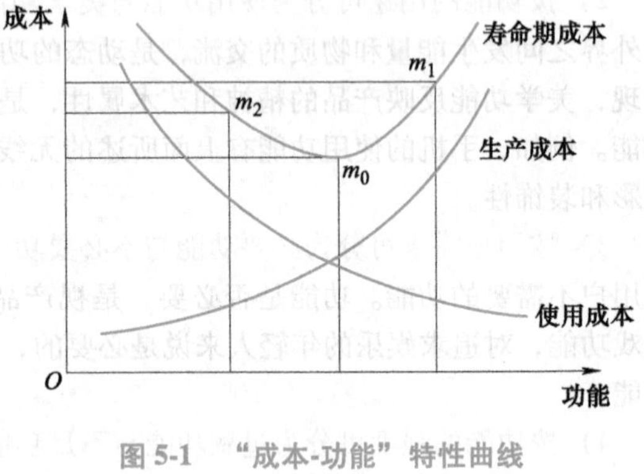

图 5-1　“成本-功能”特性曲线

从价值的定义及表达式可以看出，提高产品价值的途径有以下五种：

1）降低成本，功能保持不变。

2）成本保持不变，提高功能。

3）成本略有增加，功能提高很多。

4）功能减少一部分，成本大幅度下降。

5）成本降低的同时，功能有所提高。这可使价值大幅提高，是最理想的提高价值的途径。

从图 5-1 可看出，若采取一定的技术措施，使功能成本点从 m_2 移到 m_0，则既提高了功能又降低了成本，属于第 5 种途径；当由 m_0 移到 m_1，功能在提高，成本也在增加。

总之，在产品形成的各个阶段都可以应用价值工程提高产品的价值。但在不同的阶段进行价值工程活动，其经济效果的提高幅度却是大不相同的。对于大型复杂的产品，应用价值工程的重点是在产品的研究设计阶段，一旦图样已经设计完成并投产，产品的价值就基本决定了，这时再进行价值工程分析就变得更加复杂，不仅原来的许多工作成果要付诸东流，而且改变生产工艺、设备工具等可能会造成很大的浪费，使价值工程活动的技术经济效果大大下降。因此，价值工程活动更侧重于产品的研制与设计阶段，以寻求技术突破，取得最佳的综合效果。在建设项目中价值工程也主要应用在规划和设计阶段，因为这两个阶段是提高建设项目经济效果的关键环节。

（2）功能分析是价值工程的核心　功能分析是通过分析对象资料，正确表达分析对象的功能，明确功能特性要求，从而弄清产品与部件各功能之间的关系，以增强、弱化或去掉方式改进功能，使产品功能结构更合理。从成本-功能关系图可以看出，提高产品价值有两条思路：一是从功能出发；二是从成本出发。从成本出发，并不是成本管理中降低成本的含义，而是通过功能分析，通过方案代换，在保证功能的基础上，实现成本的降低。所以，功能分析是价值工程的核心。

功能分析的主要工作有：一是区分产品的基本功能和辅助功能、使用功能和美学功能；二是在满足产品特定用户需求的同时，保证基本功能，合理选择辅助功能，取消不必要的功能和过剩功能，从而降低产品的成本，或者是增加产品的辅助功能，弥补和改进产品不足的使用功能，尤其是主要功能，从而使产品的功能得到大幅度提高，并使产品的价值也得到提高。

（3）有组织的团队性创造活动是价值工程的基础　价值工程是贯穿产品整个寿命期的系统方法。从产品设计、材料选购、生产制造、交付使用，都涉及价值工程的内容。价值工程尤其强调创造性活动，只有创造才能突破原有设计水平，大幅度提高产品性能，降低生产成本。因此，团队的知识、经验对价值工程工作十分重要，并且只能在有组织的条件下，才能充分发挥团队的集体智慧。所以，价值工程工作通常是成立价值工程小组、以团队方式来开展。例如，在美国土木工程领域通常成立一个由各方面专家（如建筑师、结构工程师、机电工程师与机械工程师等）组成的价值工程小组进行价值工程活动，并由一个来自咨询机构的价值工程专家（称为价值工程促进员）组织和领导。

5.1.4 价值工程的工作程序

价值工程的工作程序，实质上是指针对产品的功能和成本提出问题、分析问题、解决问题的过程，可分为准备阶段、分析阶段、创新阶段、实施阶段四个阶段。各阶段的具体工作内容见表5-1。其中，准备阶段的主要工作是选择价值工程对象；分析阶段的主要工作是进行功能成本分析；创新阶段的主要工作是进行方案创新设计及方案评价。这三个阶段的主要工作构成了价值工程分析的基本框架。

表5-1　价值工程的工作程序

阶段	步　骤	说　明	解答的主要问题
准备阶段	1. 选择对象 2. 组成价值工程小组 3. 制订工作计划	1. 应明确目标、限制条件和分析范围 2. 由项目负责人、价值工程咨询专家、专业技术人员等组成 3. 确定具体执行人、执行日期、工作目标	1. 价值工程的对象是什么
分析阶段	4. 收集整理信息资料 5. 功能系统分析 6. 功能评价	4. 贯穿价值工程工作的全过程 5. 明确功能特性要求，绘制功能系统图 6. 确定目标成本，确定功能改进区域	2. 产品的作用、功能如何 3. 产品的成本是多少 4. 产品的价值如何
创新阶段	7. 方案创新 8. 方案评价 9. 提案编写	7. 提出各种不同实现功能的方案 8. 从技术、经济和社会等方面综合评价各方案达到预定目标的可行性 9. 将选出的方案及有关资料编写成册	5. 有无实现同样功能的新方案 6. 新方案的成本是多少 7. 新方案能满足要求吗？还能继续改进吗

（续）

阶段	步　骤	说　明	解答的主要问题
实施阶段	10. 审批 11. 实施与检查 12. 成果鉴定	10. 委托单位或主管部门组织进行 11. 制订实施计划，组织实施并跟踪检查 12. 对实施后取得的技术经济效果进行成果鉴定	8. 新方案实施效果如何

5.2 价值工程对象的选择

价值工程对象的选择

开展价值工程活动首先要明确研究对象。价值工程的研究对象是指在众多的产品、零部件中从总体上选择的价值分析对象，为后续深入的价值工程活动的工作对象。如果价值工程对象确定得当，其工作可事半功倍；确定不当，可能劳而无功。常用的选择方法有以下四种：

1. 因素分析法

因素分析法又称经验分析法，即由价值工程小组成员根据专家经验，对影响因素进行综合分析，确定功能与成本配置不合理的产品或零部件作为价值工程的对象。这是一种定性的方法。选择的原则如下：

1）从设计方面看，对结构复杂、性能差或技术指标低、体积和质量大的产品或零部件进行价值工程活动，可使产品结构、性能、技术水平得到优化，从而提高价值。

2）从施工生产方面看，对量大面广、工序烦琐、工艺复杂、原材料和能源消耗大且价格高并有可能替换的或废品率高的产品或零部件，进行价值工程活动，可以最低的寿命期成本可靠地实现必要功能。

3）从经营和管理方面看，选择用户意见多、销路不畅、系统配套差、利润率低、市场竞争激烈、社会需求量大、发展前景好或新开发的产品或零部件，进行价值工程活动，以赢得消费者的认同，占领更大的市场份额。

4）从成本方面看，选择成本高或成本比重大的产品或零部件，进行价值工程活动可降低成本。

【例 5-1】　对住宅小区开发初步设计方案进行价值工程分析，根据专家经验及市场调查数据，该地区的同类多层住宅土建工程造价为 1 500～1 600 元/m^2，但该设计方案的土建工程造价估算近 1 800 元/m^2，那么就可把该方案的土建工程作为价值工程分析对象。

2. ABC 分析法

ABC 分析法是一种定量分析方法，是根据客观事物中普遍存在的不均匀分布规律，将其分为“关键的少数”和“次要的多数”，此法以对象数占总数的百分比为横坐标，以对象成本占总成本的百分比为纵坐标，绘制曲线分配图，如图 5-2 所示。

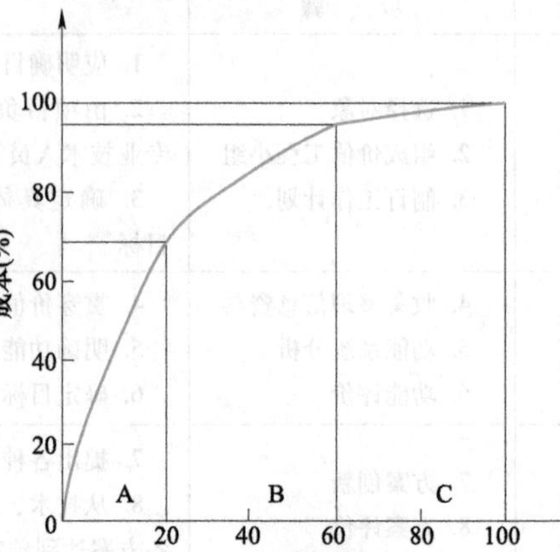

图 5-2　ABC 分析法

ABC 分析法将全体对象分为 A、B、C 三类，A 类对象的数目较少，一般只占总数的 20%左右，但成本比重占 70%左右；B 类对象一般只占 40%左右，其成本比重占 20%左右；C 类对象占 40%左右，其成本比重占 10%左右。显然 A 类对象是“关键的少数”，应作为价值工程的对象；C 类对象是“次要的多数”，可不加分析；B 类对象则视情况予以选择，可只做一般分析。

ABC 分析法的优点是抓住重点，突出主要矛盾，在对复杂产品的零部件作对象选择时常用这种方法，可以抓住“关键的少数”，能起到事半功倍的效果。

3. 百分比分析法

百分比分析法是通过计算不同产品、不同零部件的各类技术经济指标进行比较选择，确定价值工程的对象。不同产品之间可选择成本利润率或产值资源消耗率等指标，同一产品零部件之间可选择成本所占百分比等指标。

【例 5-2】 某房地产开发企业开发了四种类型的住宅产品，其成本和利润所占百分比见表 5-2。

表 5-2 【例 5-2】成本和利润百分比

产品名称	成本（亿元）	占比（%）	利润（亿元）	占比（%）	成本利润率（%）	排序
别墅	20.00	25.00	10.00	31.25	50.00	1
花园洋房	30.00	37.50	6.00	18.75	20.00	3
中端住宅	20.00	25.00	6.00	18.75	30.00	2
低端住宅	10.00	12.50	1.50	4.69	15.00	4
合计	80.00	100.00	23.50	73.44		

从表 5-2 的计算结果可知，低端住宅产品成本利润率最低，应选为价值工程对象。

百分比分析法的优点是：当企业在一定时期要提高某些经济指标且拟选对象数目不多时，具有较强的针对性和有效性。缺点是：不够系统和全面，有时为了更全面、更综合地选择对象，百分比分析法通常与因素分析法结合使用。

4. 价值指数法

该方法主要适用于从系列产品或同一产品的零部件中选择价值工程的对象，依据 $V=F/C$，计算出每个产品或零部件的价值指数进行比较选择。对于产品系列，可直接采用功能值与产品成本计算出的价值指数，以价值指数小的产品作为价值工程对象。

【例 5-3】 某新农村建设的农民集中居住区，提出了七项单体住宅的初步设计方案，各方案单体住宅的居住面积及相应概算造价见表 5-3，试选择价值工程研究对象。

表 5-3 【例 5-3】方案数据

项目	方案						
	1	2	3	4	5	6	7
功能：单体住宅居住面积/m^2	3 600.00	2 800.00	4 500.00	3 700.00	2 900.00	5 200.00	4 300.00
成本：概算造价（万元）	540.00	476.00	855.00	666.00	420.50	832.00	602.00
价值指数：$V=F/C$	6.67	5.88	5.26	5.56	6.90	6.25	7.14

根据价值计算结果，可知 2、3、4 方案价值指数明显偏低，应选为价值工程的研究对象。

价值指数法一般适用于产品功能单一、可计量，产品性能和生产特点可比的系列产品或零部件的价值工程对象选择的情况。

上述的方法在实际工作中可以综合应用，一般可先根据因素分析法进行初步的选定，再根据定量分析方法进行确定。

5.3 功能分析

功能分析

价值工程的核心是进行功能分析。功能分析是价值工程分析阶段的主要工作。

5.3.1 功能定义

任何产品都具有使用价值，即任何产品的存在是由于它们具有能满足用户所需求的特有功能，这是存在于产品中的一种本质。人们购买物品的实质是为了获得产品的功能。

进行功能分析时首先要给功能下定义。功能定义是指根据已有信息资料，透过对象产品或零部件的物理特征（或现象），找出其效用或功用的本质，并逐项加以区分和规定，用简洁、准确、抽象、全面的语言描述出来。功能定义的过程就是解剖分析的过程，如图 5-3 所示。

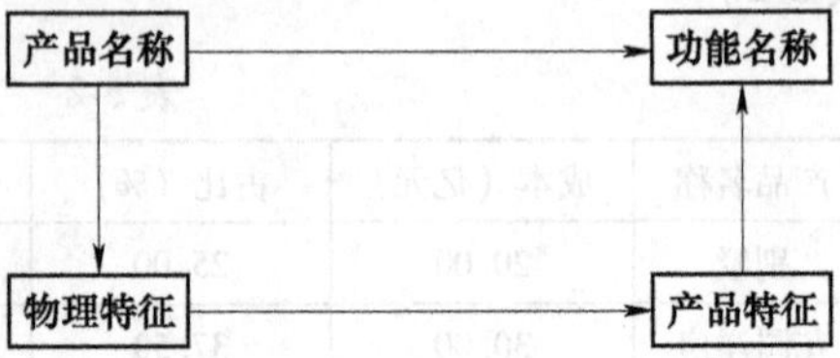

图 5-3 功能定义过程

功能定义要注意以下四点原则：

(1) 简洁 多用“动词+名词”形式，如道路功能定义为“提高通行能力”，路面功能定义为“增大摩擦系数”。

(2) 准确 使用词汇要反映功能的本质，并要求用户的需求进行定量化，以表明功能的大小，如“提高通行能力至××万辆”。

(3) 抽象 以不违反准确原则为度，如路面功能定义为“提高强度”，并未注明采用何种方法提高强度，这样有助于开阔思路。

(4) 全面 可参照产品的结构从上到下，从主到次，顺序分析定义。注意功能与零部件之间是“一对一”的关系，还是“一对多”，或者“多对多”的关系。

5.3.2 功能整理

功能整理是指用系统的观点将已经定义的功能加以系统化，找出功能之间的逻辑关系，对功能进行分析归类，画出反映功能关系的功能系统图。通过功能整理分析，明确产品的基本功能与辅助功能、必要功能与不必要功能、过剩功能与不足功能，从而为功能评价和方案构思提供依据。

功能整理的工作步骤如下。

(1) 明确产品各功能 即确定产品的基本功能与辅助功能等。

(2) 明确各功能之间的相互关系 产品中各功能之间都是相互配合、相互联系，都在为实现产品的整体功能而发挥各自的作用。因此，要明确各功能相互之间的逻辑关系。各功能之间的逻辑关系包括以下两种：

1) 上下位关系。上位功能又称为目的功能，下位功能又称为手段功能。这种关系是功能之间存在的目的与手段关系。如图 5-4 所示，平屋盖功能之一是“防水”，其下位功能包括“隔绝雨水”和“排除雨水”，“防水”是目的，通过“隔绝雨水”和“排除雨水”两个手段而实现。

2) 同位关系。同位关系又称为并列关系，指同一上位功能下，有若干个并列的下位功能。如图 5-4 所示，“隔绝雨水”和“排除雨水”即为同位功能。

(3) 绘制功能系统图 按功能之间的上下位关系和同位关系，按树状结构进行排列，即形成功能系统图。平屋盖结构的功能系统图如图 5-4 所示。

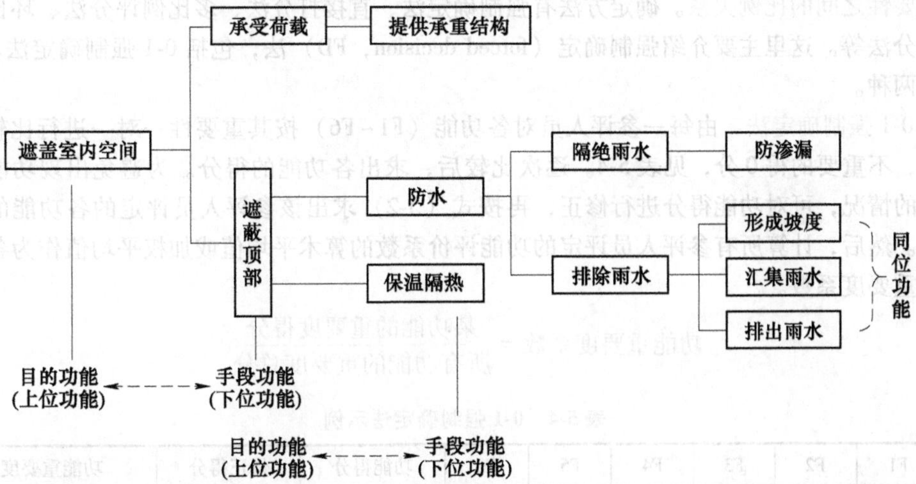

图 5-4 平屋盖结构的功能系统图

5.3.3 功能评价

功能评价是在功能定义和功能整理完成后，在已定性确定问题的基础上进一步作定量的确定，即评价功能的价值。

价值工程的成本有两种：一种是现实成本，即目前的实际成本；另一种是目标成本。功能评价就是找出实现功能的最低费用作为功能的目标成本，以功能目标成本为基准，通过与功能现实成本的比较，求出两者的比值和两者的差异值，然后选择功能价值低、改善期望值大的功能作为价值工程活动的重点对象。功能评价过程如图 5-5 所示。

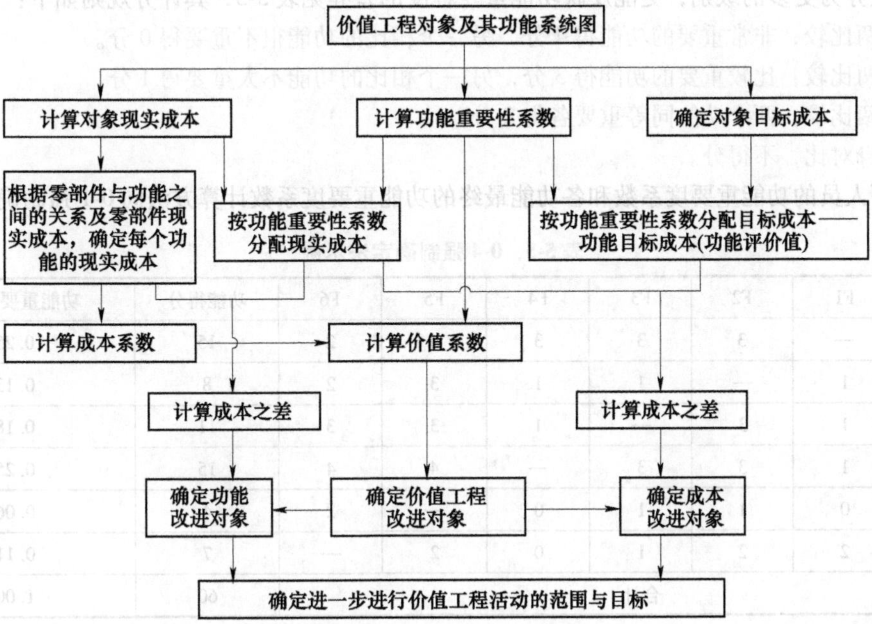

图 5-5 功能评价过程

1. 功能重要度系数确定方法

功能重要度系数，也称为功能评价系数或功能系数，是从用户的需求角度确定产品或零部件中各功能重要性之间的比例关系。确定方法有强制确定法、直接打分法、多比例评分法、环比评分法和逻辑评分法等。这里主要介绍强制确定（forced decision，FD）法，包括 0-1 强制确定法和 0-4 强制确定法两种。

（1）0-1 强制确定法　由每一参评人员对各功能（F1 ~ F6）按其重要性一对一进行比较，重要的得 1 分，不重要的得 0 分，见表 5-4。逐次比较后，求出各功能的得分。为避免出现功能重要度系数为 0 的情况，可对功能得分进行修正，再按式（5-2）求出该参评人员评定的各功能的功能重要度系数。然后，计算所有参评人员评定的功能评价系数的算术平均值或加权平均值作为各功能最终的功能重要度系数。

$$功能重要度系数 = \frac{某功能的重要度得分}{所有功能的重要度总分} \tag{5-2}$$

表 5-4　0-1 强制确定法示例

功能	F1	F2	F3	F4	F5	F6	功能得分	修正得分	功能重要度系数
F1	—	1	1	1	1	1	5	6	0.286
F2	0	—	0	0	1	1	2	3	0.143
F3	0	1	—	0	1	1	3	4	0.190
F4	0	1	1	—	1	1	4	5	0.238
F5	0	0	0	0	—	0	0	1	0.048
F6	0	0	0	0	1	—	1	2	0.095
合计							15	21	1.000

（2）0-4 强制确定法　0-4 强制确定法和 0-1 强制确定法类似，也是采用一一对比的方法进行评分，但分值分为更多的级别，更能反映功能重要程度的差异见表 5-5，其评分规则如下：

1）两两比较，非常重要的功能得 4 分，另一个相比的功能很不重要得 0 分。

2）两两比较，比较重要的功能得 3 分，另一个相比的功能不太重要得 1 分。

3）两两比较，两个功能同等重要各得 2 分。

4）自身对比，不得分。

各参评人员的功能重要度系数和各功能最终的功能重要度系数计算方法同 0-1 强制确定法。

表 5-5　0-4 强制确定法示例

功能	F1	F2	F3	F4	F5	F6	功能得分	功能重要度系数
F1	—	3	3	3	4	2	15	0.250
F2	1	—	1	1	3	2	8	0.133
F3	1	3	—	1	3	3	11	0.183
F4	1	3	3	—	4	4	15	0.250
F5	0	1	1	0	—	2	4	0.067
F6	2	2	1	0	2	—	7	0.117
合计							60	1.000

2. 确定成本系数

成本系数按功能实际成本进行计算。功能实际成本与传统成本核算的不同之处在于：功能实际成本是以功能对象为单位，而传统成本核算是以产品和零部件为单位。进行功能分析时，需要以产品或零部件的实际成本为基础，对其进行分解或汇总，从而得到某一功能的功能实际成本。

功能实际成本的计算可以按填表的方式进行。例如，计算表 5-6 中 F1~F6 六种功能的实际成本，由五种构配件 A~E 来实现。具体步骤为：首先，把与功能相对应的构配件名称及其实际成本填入表中；然后，把功能填入表中，把各构配件的实际成本逐一分摊到有关的功能上去，如 A 构件具备 F1、F3、F5 三种功能，则将 A 构件的 300 元成本根据实际情况及所起作用的重要程度分配到这三种功能上去；最后，把每项功能所分摊的成本加以汇总，便得出 F1~F6 功能的实际成本。

表 5-6　构配件功能实际成本计算

构配件		功能分配成本（元）					
名称	实际成本（元）	F1	F2	F3	F4	F5	F6
A	300	100		100		100	
B	200		50		150		
C	250	50		50			150
D	150		100		50		
E	100			40		60	
合计	1 000	150	150	190	200	160	150
成本系数		0.15	0.15	0.19	0.20	0.16	0.15

确定功能实际成本后，按式（5-3）计算各功能的成本系数。

$$成本系数=\frac{某功能的实际成本}{产品成本(或所有功能实际成本之和)} \tag{5-3}$$

3. 确定功能评价值（目标成本）

功能评价值是指为实现某一功能所要求的最低费用，即作为实现功能的目标成本。常用的功能评价值（目标成本）的估算方法有以下三种：

（1）理论计算方法　根据工程计算公式和设计规范等确定实现功能（产品）的零部件和材料组成成分，以此计算实现功能（产品）的成本，再通过几个方案的比较，以最低费用方案的成本作为功能评价值（目标成本）。

（2）统计法　广泛搜集企业内外的同一功能（产品）的实际成本资料，并根据各个成本资料的具体条件按目前的条件进行修正，以最低成本作为该功能的功能评价值（目标成本）。

（3）功能评价系数法　在实际工作中，由于条件的限制，按上述两种方法可以比较容易地确定产品的目标成本，但比较困难的是确定产品各个功能的目标成本。在这种情况下，可根据功能与成本匹配的原则，按功能评价系数把产品目标成本分配到每一功能上，作为各功能的功能评价值。

4. 确定价值系数

各功能的价值系数按下式计算

$$价值系数=\frac{功能系数}{成本系数} \tag{5-4}$$

如果某功能的价值系数等于 1 或比较接近于 1，表明功能与实现功能的现实成本匹配或比较匹配，则该功能不作为进一步价值分析的对象和范围；如某功能的价值系数偏离 1 的程度较大，则说明该功能与实现该功能的现实成本之间不匹配，则列为进一步价值分析的对象。

5. 确定价值分析对象的改进目标

（1）简单分析法　直接根据价值系数进行判断，包括以下三种情况：

1）价值系数等于 1 或接近于 1，表示功能评价值等于功能现实成本。这表明评价对象的功能现实成本与实现功能所必需的最低成本大致相当，说明评价对象的价值为最佳，一般无须改进。

2）价值系数远小于1，表示功能现实成本大于功能评价值。这表明评价对象的功能现实成本偏高，而功能要求不高。这时一种可能是存在过剩功能或者不必要功能；另一种可能是功能虽无过剩，但实现功能条件或方法不佳，以致使实现功能的成本大于功能的实际需要。前者需要进行功能改进，后者需要进行成本改进。

3）价值系数远大于1，表示该零部件功能比较重要，但分配的成本较少，即功能现实成本小于功能评价值。这时应具体分析，一种可能是实现功能的手段非常经济；另一种可能是产品生产时为重要性高的功能或零部件花费了较低的成本，以至于达不到用户的需求。前者无须改进，后者需要增加成本以提高功能。

（2）详细分析法　要确定具体的改进目标值，对价值系数偏离1程度较大的功能（或零部件），还需要计算成本差，进一步确定价值分析的改进对象，包括确定对功能的改进对象和成本的改进对象（见表5-7和【例5-4】）。

1）计算成本差。成本差包括各功能按功能评价系数分配的实际成本与功能的实际成本之差（ΔC_1）和按功能系数分配的目标成本与按功能评价系数分配的实际成本之差（ΔC_2）。

2）确定功能的改进对象。对于$\Delta C_1<0$的功能，如果其功能评价系数较低（一般ΔC_2绝对值也较小），即对于用户来说，该功能重要性比重较低，而实际成本的比重较高，则可能存在功能过剩，甚至是多余功能，应作为功能改进的对象；对于$\Delta C_1>0$的功能，如果其功能评价系数较高（一般ΔC_2绝对值也较大），即对于用户来说，该功能重要性比重较高，而实际成本的比重却较低，则评价对象的该功能可能存在不足，没有达到用户的功能要求，要适当提高其功能水平。

3）确定成本的改进对象。对于$\Delta C_1<0$的功能中，ΔC_2绝对值较大的为成本改进对象，这类功能通常功能系数较高，可能并不存在功能过剩（视具体情况分析），但实现功能的手段不佳，以至于实现功能的实际成本高于目标成本，可通过材料代换、方案替代等方法实现成本的降低。对于$\Delta C_1>0$的功能中，ΔC_2绝对值也较小的，表明其成本分配较低，但由于功能评价系数较低，所以没有必要去提高其成本，只要检查其功能是否能得到保证。实际上，往往在保证功能的条件下，成本仍然有可能降低。

4）确定价值工程改进目标。价值工程改进目标，即通过价值工程活动实现功能改进与成本改进的目标，可以统一用成本改进期望值来确定。各功能的成本改进期望值ΔC按功能评价系数分配的目标成本与功能实际成本的差值计算，或按$\Delta C_1+\Delta C_2$计算。

表5-7　功能改进和成本改进分析

ΔC_2		ΔC_1 <0：说明实际成本大于按功能重要性分配的成本	ΔC_1 >0：说明实际成本小于按功能重要性分配的成本
绝对值小	说明功能重要性较低（评价系数小，差额就小）	使用者认为不太重要的功能，生产者却花费了高成本，则一般来说可能存在功能过剩或不必要的问题，所以可作为功能改进对象	使用者认为功能重要性较低，生产者花费的成本也不高，所以只要检查是否满足用户需求即可，一般不再作为进一步改进对象
绝对值大	说明功能重要性较高（评价系数高，差额就大）	使用者认为是重要的功能，但生产者花费了太多成本，则一般是可能实现功能的手段（技术方案等）不佳的问题，所以可作为成本改进对象，通过改进设计，实现成本	使用者认为是重要的功能，但生产者花费了较低成本，则可能存在功能上未达到用户需求，所以可作为功能改进对象，增加功能生产成本（或投资），实现满足用户的需求

【例 5-4】 某产品包括 F1~F6 六个功能，产品实际成本为 500 元，目标成本为 450 元，现要对其进行功能评价。

【解】

第一步：由各方面人员 A、B、C、D、E 五人组成价值工程小组，用 0-4 强制确定法对各功能重要程度评分。表 5-5 是 A 成员对所确定的功能进行评分后得到的重要度系数，同理可得到其他人员的评分结果（见表 5-8），并计算平均功能评价系数作为最终每一个功能的评价系数。

表 5-8 功能评价系数计算

功能	成员					平均功能评价系数
	A	B	C	D	E	
	评分					
F1	0.250	0.217	0.267	0.233	0.183	0.230
F2	0.133	0.167	0.117	0.133	0.150	0.140
F3	0.183	0.200	0.217	0.183	0.200	0.197
F4	0.250	0.217	0.233	0.233	0.267	0.240
F5	0.067	0.067	0.067	0.100	0.083	0.077
F6	0.117	0.133	0.100	0.117	0.117	0.117

第二步：根据式（5-3）计算成本系数（见表 5-9）。

第三步：根据式（5-4）计算价值系数（见表 5-9）。

表 5-9 价值系数计算

功能	功能系数	实际成本（元）	成本系数	价值系数
F1	0.230	180	0.360	0.639
F2	0.140	120	0.240	0.583
F3	0.197	90	0.180	1.094
F4	0.240	55	0.110	2.182
F5	0.077	35	0.070	1.100
F6	0.117	20	0.040	2.925
合计	1.000	500	1.000	

F3 和 F5 功能的价值系数接近于 1，说明功能比重与成本比重基本相当，可以认为功能本身及目前的实际成本合理，无须改进；F1、F2、F4、F6 四个功能的价值系数偏离 1 程度较大，则把这四个功能列为价值工程进一步分析的对象。

第四步：确定价值工程对象的改进范围。根据价值分析确定了 F1、F2、F4、F6 为进一步分析的对象，根据市场资料统计确定新的目标成本为 450 元。分别计算 ΔC_1、ΔC_2 和 ΔC。分析确定功能改进对象、成本改进对象和成本改进期望值。计算结果见表 5-10。

表 5-10 价值分析

功能	功能评价系数	实际成本（元）	成本系数	价值系数	按功能评价系数分配实际成本（元）	按功能评价系数分配目标成本（元）	ΔC_1（元）	ΔC_2（元）	成本改进期望值 ΔC（元）
(1)	(2)	(3)	$(4)=\frac{(3)}{500}$	$(5)=\frac{(2)}{(4)}$	(6) = (2) × 500	(7) = (2) × 450	(8) = (6) − (3)	(9) = (7) − (6)	(10) = (7) − (3)
F1	0.230	180	0.360	0.639	115.00	103.50	−65.00	−11.50	−76.50
F2	0.140	120	0.240	0.583	70.00	63.00	−50.00	−7.00	−57.00
F3	0.197	90	0.180	1.094	98.50	88.65	8.50	−9.85	−1.35
F4	0.240	55	0.110	2.182	120.00	108.00	65.00	−12.00	53.00
F5	0.077	35	0.070	1.100	38.50	34.65	3.50	−3.85	−0.35
F6	0.117	20	0.040	2.925	58.50	52.65	38.50	−5.85	32.65

从表 5-10 中可以看出，F1 功能可以作为成本改进的主要对象，可以通过新的方案（如材料代换、新的工艺原理等）实现成本的降低；F2 功能则可能存在功能过剩的问题，可作为功能改进的对象；F4 功能则可能存在功能上的不足，可通过新的方案，实现功能的增加以满足用户的需求；F6 功能由于其功能比重较小，在保证现有成本水平的基础上，检验其功能是否满足用户的需求。

5.4 方案创造与方案评价

方案创造与方案评价

价值工程能否取得成效，关键在于针对产品存在的问题是否提出解决的方法，创造新方案，完成产品的改进。因此，制订改进和优化方案是十分重要的。

1. 方案创造

方案创造是在功能分析的基础上（有些文献中甚至直接把方案创造列为功能分析的一个阶段），根据产品存在的功能和成本上的问题，寻找使得功能与成本相匹配的新技术方案。这一过程将根据已建立的功能系统图和功能目标成本，运用创造性的思维方法，加工已获得的资料，在设计思想上产生质的飞跃，创造出实用效果好、经济效益高的新方案。这一过程要具备创新精神，要依靠价值工程小组内外的集体智慧。

方案创造的方法有很多，如头脑风暴法（BS）、哥顿（Gordon）法、专家意见（德尔菲、Delphi）法等。方案创造的目的是要充分发挥各有关人员的智慧，集思广益，多提方案，从而为评价方案创造条件。

在方案创造过程中，从以下三个方面着手，可以取得较好的效果：①优先考虑上位功能；②优先考虑价值低的功能区；③优先考虑首位功能的实现手段，因为首位功能比较抽象，受限制少，更易于提出不同的构想。

2. 方案评价

方案创造阶段所产生的大量方案需要进行评价和筛选，从中找出有实用价值的方案付诸实施。方案评价分为概略评价和详细评价两个阶段，视方案的具体情况从技术、经济和社会三个方面进行评价，其过程如图 5-6 所示。

概略评价是对创造出的方案从技术、经济和社会三个方面进行初步研究，其目的是从众多的方

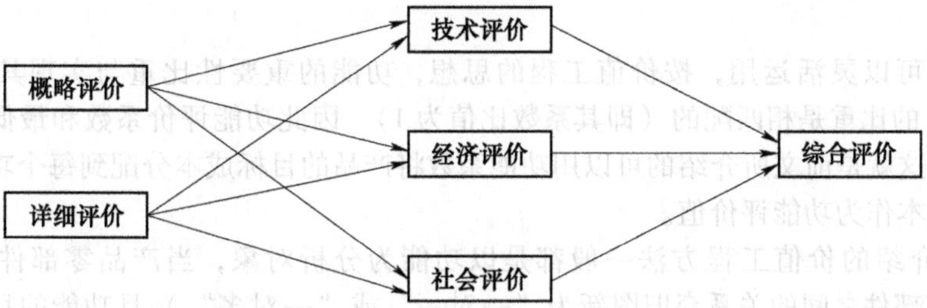

图 5-6 方案评价的过程

案中粗略地筛选出一些优秀的方案，为详细评价做准备。详细评价是在掌握大量数据资料的基础上，对概略评价获得的少数优秀的方案进行详尽的技术评价、经济评价和社会评价和综合评价，为提案的编写和审批提供依据。

（1）技术评价　技术评价围绕功能进行，考察方案能否实现所需要的功能及实现程度。它是以用户的功能需要为依据，评价内容主要包括功能的实现程度（性能、质量、寿命等）、可靠性、可维修性、易操作性、使用安全性、与整个产品系统的匹配性、与使用环境条件的协调性等。

（2）经济评价　经济评价是在技术评价的基础上考察方案的经济性，评价内容主要是确定新方案的成本是否满足目标成本的要求。另外，对于销售类的产品对象，还可以从市场销售量的增加、市场竞争力的增强等方面进行全面的经济评价。可采用本书介绍的其他经济评价方法对创新的方案与原方案进行经济比较分析。

（3）社会评价　对于涉及环境、生态、国家法规约束、国防、劳动保护、耗用稀缺资源、民风民俗等方面的新方案，还需要对新方案进行社会评价。

突破常规的框框：创造性思维

新方案创造的源泉：从提问开始

头脑风暴：方案创新与制订的方法

5.5　价值工程应用应注意的问题

价值工程是一个简单、实用且灵活的技术经济分析技术和管理方法，在实际应用中要注意以下四个方面的问题：

1）价值工程活动的开展不仅需要掌握价值分析的方法，还需要有效的组织实施方法，包括如何组织这项研究、由谁领导这项研究、由谁参加这项研究、何时开始这项研究、用多长时间从事这项研究等。

在美国、英国等国家的工程建设中，通常由业主方推动实施价值工程活动，并委托外部独立的价值工程管理咨询公司组织工程建设的价值工程活动。价值工程管理咨询公司委派有资格认证的价值工程专家作为价值管理促进员，负责组建价值工程团队，领导开展价值工程活动。团队的成员可来自业主方成员、设计小组内部、楼宇的使用者（或使用楼宇企业内的职员）等。价值工程活动一般在草图设计阶段（相当于我国的初步设计阶段）进行，采用研讨会的形式（美国为 40h 的研讨会，英国为 2 天的研讨会）。

2）价值分析方法在实际应用中有很大的灵活性，可以根据具体应用的问题选择价值分析的全部过程或采用其中某一方面的技术与思想。例如，人们应用价值系数的大小来判断技术方案的优劣。

在方法上也可以灵活运用，按价值工程的思想，功能的重要性比重与实现其功能的最低费用（目标成本）的比重是相匹配的（即其系数比值为1），因此功能评价系数和最低成本系数之间可以互相替代，这就是前文所介绍的可以用功能系数将产品的目标成本分配到每个功能上，也可以用功能的目标成本作为功能评价值。

3）前文所介绍的价值工程方法一般都是以功能为分析对象，当产品零部件的功能比较单一（即功能与零部件之间的关系弃旧图新为“一对一”或“一对多”）且功能的目前成本比较容易确定时是比较适用的。而当产品各功能的目前成本难以确定，或者功能与零部件之间的关系为“多对多”的关系（这种情况下功能成本对应关系可能并不突出，因而不易从功能成本对应关系中确定价值工程对象）时，直接以功能作为价值工程分析对象就比较困难，这时可以直接评估产品或各组成产品零部件对产品功能总体的重要程度作为其功能评价系数，或者各功能的功能评价系数按各零部件对该功能所起作用的程度分解到相关零部件上，从而得到各零部件的功能评价系数，再以这种相关的产品或零部件功能评价系数与其成本来确定价值工程对象（见【例5-5】）。

4）在价值工程活动开展过程中，一个易犯的错误就是将价值工程与成本管理、成本控制或成本减少相混淆，实际上成本的降低只是价值工程活动的一个可能的结果而不是目标（有时恰恰相反的是，其结果可能是要增加成本），价值工程的过程是一个与产品设计过程密切联系的产品优化过程。

【例5-5】 某汽车制造企业拟投资新的城市客车涂装线工程，设计概算造价为2 000万元，与投资成本比例经验数据相比，超支幅度较大，拟对此进行价值工程工作，将投资造价降至1 600万元。价值工程小组将功能评价转换为对工程部品的评价，获得了表5-11所示的数据，其中电动平板车、大转盘、空压机和冷干机等部品主要是采购的设备，性价比已经相当高，可排除在进一步价值分析范围之外。请根据以上数据与资料，对其他部品进行进一步的价值分析，确定成本改进对象、功能改进对象并说明理由。

表5-11 【例5-5】数据

涂装线工程部品构成	功能评价系数	概算造价构成（万元）
喷胶室	0.021	40
打磨室	0.111	135
喷漆室	0.181	650
烘干室	0.188	630
电动升降平台	0.021	130
电动平板车	0.207	80
大转盘	0.111	20
空压机、冷干机	0.042	25
10t锅炉	0.118	290
合计	1.000	2 000

【解】

（1）编制功能评价表（见表5-12）

表 5-12　功能评价

涂装线工程部品构成	功能评价系数	概算造价构成（万元）	成本系数	价值系数	按功能系数分配实际成本（万元）	按功能系数分配目标成本（万元）	ΔC_1（万元）	ΔC_2（万元）	改进期望值（万元）
喷胶室	0.021	40	0.020 0	1.050	42	34	2	−8	−6
打磨室	0.111	135	0.067 5	1.644	222	178	87	−44	43
喷漆室	0.181	650	0.325 0	0.557	362	290	−288	−72	−360
烘干室	0.188	630	0.315 0	0.597	376	301	−254	−75	−329
电动升降平台	0.021	130	0.065 0	0.323	42	34	−88	−8	−96
电动平板车	0.207	80	0.040 0	5.175	414	331	334	−83	251
大转盘	0.111	20	0.010 0	11.100	222	178	202	−44	158
空压机、冷干机	0.042	25	0.012 5	3.360	84	67	59	−17	42
10t 锅炉	0.118	290	0.145 0	0.814	236	189	−54	−47	−101
合计	1.000	2 000	1.000 0		2 000	1 602			−398

（2）判断价值工程改进对象　据题目，电动平板车、大转盘、空压机和冷干机等部品主要是采购的设备，性价比已经相当高，可排除在进一步价值分析范围之外。而喷漆室、烘干室、10t 锅炉、打磨室、电动升降平台、喷胶室等价值系数相比较而言，偏离 1 程度比较大，所以应作为价值工程改进对象。

（3）成本改进对象　喷漆室、烘干室、10t 锅炉的功能重要性较大和中等，但花费了很高的成本，说明实现功能的手段可能不佳，可以通过新方案在成本上加以改进。

（4）功能改进对象

1）打磨室：功能重要性中等，但花费的成本很低，可能会存在功能上的不足。

2）电动升降平台：功能重要性很低，但花费了较高的成本，可能会存在功能上的过剩。

习　题

1. 从功能与成本之间的关系，分析价值工程工作的基本思路。

2. 价值工程对象选择的目的是什么？有哪些主要方法？

3. 简述功能分析的基本过程。

4. 选择你所熟悉的生产中或生活中一件产品或物品，画出其功能系统图。

5. 一企业生产的某产品共有 14 种零部件，总成本为 15 040 元，各零部件的数量与单件零部件成本见表 5-13。企业拟对该产品进行价值工程分析工作，请用 ABC 分析法选择价值工程的工作对象。

表 5-13　各零部件的数量与单件零部件成本

零部件名称	数量（件）	单件成本（元）
a	30	40
b	10	160
c	10	400
d	50	10
e	20	60
f	80	3
g	8	300
h	20	50
i	100	3
j	60	5
k	60	10
l	20	50
m	50	6
n	80	5

6. 某产品有 A、B、C、D、E 五项功能，各功能的目前成本和功能重要性比较结果见表 5-14，目标成本为 450 元。试确定其价值工程改进目标。

表 5-14　各功能的目前成本和功能重要性比较

产品功能	功能重要性比较	目前成本（元）
A	A 与 B 比较同等重要，与 C 相比比较重要，与 D、E 相比非常重要	210
B	B 与 C 相比同等重要，与 D、E 相比非常重要	100
C	C 与 D 相比同等重要，与 E 相比比较重要	110
D	D 与 E 相比比较重要	60
E		20

7. 手机曾经是中青年人群的“专利”，后来随着生活水平的提高，老年人也出现了手机消费需求。但是当时市场上销售的手机具有功能复杂、使用操作烦琐、按键小或无按键、价格高等特征，让许多老年人望而却步。于是，一些手机生产厂商推出了老年人专用的手机。老年人手机是在中青年人群使用的手机基础上进行的改进设计，适用老年人群，特点是使用方便、操作简单、大音量、大字体、长待机、低价格等，一些产品带有一键“SOS”紧急呼叫、一键亲情号码等功能。如果由你主持老年人手机的优化设计工作，你如何根据价值工程分析技术开展设计优化？

8. 价值工程模拟实验：组成价值分析小组，选择生产中或生活中的某一产品、物品或某种服务，开展价值工程活动，并提交分析报告。

中篇

工程投资经济分析

第6章

投资项目可行性研究

■ 引语

尽管我们可能还没有进行项目投资的经验，但还是可以想象一下在大学城边上投资小型特色小饭店的决策过程。如果仅是像在第2章和第3章那样，你调查相关工程经济要素，再计算出净现值等相关指标，只要指标足够好，你会马上决定投资这个饭店吗？你可能不会这么仓促地做出决定！之前，你可能已经考察过饭店的选址，选市口好、学生们前来就餐方便的店址；你可能还考察了周边环境，看是否适合开饭店。之后，你还会了解当地的工商、卫生、环境等相关部门有关小型餐饮业的相关规定和要求。

大规模工程投资的考察调查工作则更为复杂。例如，华东某重型机器厂铸钢分厂，坐落于某滨海工业园区，年产铸件为18 000t，距市区55km。项目规划用地为200亩（1亩≈666.67m^2），新建建筑面积为18 000m^2。新建内容主要包括铸造车间、机械加工车间、金属模型车间及其他辅助工程。如果我们作为本项目的决策者，在做出是否投资这个项目的决定前需要对项目从技术和经济上做出充分可行的论证。因此，我们需要思考一下，首先应当收集获取哪些信息有助于我们进行投资决策的分析？显然，钢材市场现状、城市周边的交通及辐射范围、所需原材料的供应渠道和价格等市场因素，拟采用的生产设备、工艺等技术因素，项目所需要投资总额、融资方案、利润率等经济因素，可能产生的环境问题及保护措施等社会因素，这些都是需要掌握的信息。在获取了上述信息之后，应当从哪些方面展开对项目的分析和可行性论证？这种分析和论证应当遵循怎么样的程序和法律？这些工作内容即可行性研究。

可行性研究是对项目建设过程中各类问题的分析与论证，既是项目投资前的一项研究工作，又是项目经济分析系统化、实用化的方法；既是工程经济学思想的具体运用，又是项目设想细化和项目方案的创造过程。那么可行性研究应当从哪些方面对投资项目的可行性进行分析和论证？应当采取什么方法来保证分析的科学性？本章将从可行性研究的含义与作用等方面入手，系统学习可行性研究的工作阶段，重点介绍可行性研究的内容与报告编制的依据等。

■ 6.1 可行性研究概述

6.1.1 可行性研究的概念及作用

1. 可行性研究的概念

可行性研究（feasibility study）是指在工程项目决策之前，对拟建项目的必要性、可能性及经济、社会有利性，运用多种学科（包括工程技术科学、社会学、经济学及系统工程学等）知识进行全面、系统、综合的分析和论证，以便进行正确决策的研究活动，是一种综合的经济分析技术。具体来说，工程项目可行性研究是在工程投资决策之前，调查、研究和工程项目有关的自然、社会、经济和技术资料，分析比较可能的工程项目建设方案，预测评价项目建成后的社会和经济效益，并在此基础上综合论证项目建设的必要性、财务上的盈利性、经济上的可行性、技术上的先进性和适用性及建设条件上的可能性和可行性，从而为工程项目投资决策提供科学依据的工作。

可行性研究的任务是以市场为前提，以技术为手段，以经济效果为最终目标，对拟建的投资项目，在投资前期全面、系统地论证该项目的必要性、可能性、有效性和合理性，对项目做出可行或不可行的评价。它是工程项目前期工作的重要内容，是工程项目建设程序的重要环节，是工程项目投资决策必不可少的一个工作程序。它至少应包括以下三个方面的内容：

1）分析论证工程项目建设的必要性。主要是通过市场预测，分析工程项目所提供的产品或劳务的市场需求情况。

2）分析论证工程项目建设的可行性。主要是通过对工程项目的建设条件、技术分析等的论证分析来进行。

3）分析论证工程项目建设的合理性，包括财务上的盈利性和经济上的合理性。它主要通过工程项目的效益分析来完成，是工程项目可行性研究中最核心和最关键的内容。

2. 可行性研究的作用和意义

工程项目可行性研究主要是通过对拟建工程项目进行规划和技术论证及经济效益的预测分析，经过多方案比较和论证评价，为工程项目决策提供可靠的依据和可行的建议，并对工程项目是否应该投资和怎样投资做出明确回答。因此，工程项目可行性研究是保证工程项目以最少的投资耗费获取最好投资效果的科学手段。通过工程项目的可行性研究，可以减少、甚至避免投资决策的失误，强化投资决策的科学性和客观性，提高工程项目的综合效益。

对工程项目进行可行性研究的主要目的在于为投资决策提供科学依据，以提高工程项目投资决策的水平，提高工程项目的投资经济效益。具体来说，包括以下作用：

1）作为工程项目投资决策的依据。

2）作为向银行等金融机构或金融组织申请贷款、筹集资金的依据。

3）作为工程项目编制设计和进行建设的依据。

4）作为签订工程合同和协议的依据。

5）作为工程项目后评估的依据。

6）作为工程项目设置组织管理机构、进行劳动定员的依据。

6.1.2 可行性研究的阶段划分

根据联合国工业发展组织（UNIDO）出版的《工业可行性研究编制手册》将可行性研究工作分为三个阶段，即机会研究、初步可行性研究、详细可行性研究。

1. 机会研究

机会研究主要是为项目投资者寻求具有良好发展前景、对经济发展有较大贡献且具有较大成功可能性的投资、发展机会，并形成项目设想。机会研究的一般方法是从经济、技术、社会及自然情况等大的方面发生的变化中发掘潜在的发展机会，通过创造性的思维提出项目设想。机会研究通常可分为：一般机会研究和特定项目的机会研究两种。一般机会研究通常由国家或社会机构进行，其目的在于提出明确的方向性建议，可分以下三个方面进行：

（1）地域研究　在全国范围内或一个特定的地区内寻找或识别投资机会。这种地域可以是一个行政区划，一个省、一个地区、一个港口的后方区，也可以是一条江河的流域。

（2）部门研究　在某一限定的部门里寻找或识别投资机会，如煤炭工业、机械工业、冶金工业等，研究近期需要与可能建设的项目。

（3）资源研究　找出利用自然界、工业、农业开发的机会，如以森林、石油、煤炭开发为基础的加工工业、化工、化纤工业，煤炭加工利用、资源综合利用等后续工业的投资机会研究。

联合国工业发展组织出版的《工业可行性研究编制手册》将机会研究概括为如下内容：

1）在加工或制造方面有潜力的自然资源新发现。

2）作为工业原材料的农产品生产格局的状况与趋向。

3）由于人口或购买力增长而具有需求增长潜力的产品及类似新产品的情况。

4）有应用前景的新技术发展情况。

5）现有经济系统潜在的不平衡，如原材料工业与加工制造业的不平衡。

6）现有各工业行业前向或后向扩展与完善的可能性。

7）现有工业生产能力扩大的可能性、多种经营的可能性和生产技术改造的可能性。

8）进口情况及替代进口的可能性。

9）投资环境，包括宏观经济政策、产业政策等。

10）生产要素的成本和可得性。

11）出口的可能性等。

机会研究阶段相当于我国的项目建议书阶段，其主要任务是提供可能进行建设的投资项目。如果证明项目投资的设想可行，再进行更深入的调查研究。

2. 初步可行性研究

初步可行性研究又称为预可行性研究。机会研究所提出的项目设想是否真正可行，这需要对项目设想做进一步的分析和细化，从产品的市场需求、经济政策、法律、资源、能源、交通运输、技术、工艺及设备等方面对项目的可行性进行系统的分析。然而，一个完善的可行性研究工作量十分巨大，需消耗大量的人力、物力和财力，且时间较长。因此，在投入必要的资金、人力及时间进行详细可行性研究之前，先进行初步可行性研究。初步可行性研究主要对项目在市场、技术、环境、选址、资金等方面的可行性进行初步分析。

（1）主要目的　包括：①若投资机会希望很大，经济效益也很好，甚至在初步可行性研究中所计算的结果就可确定项目要建设。这时可以不做可行性研究而直接做设计；②转入可行性研究，确定项目是否值得进一步做详细的技术经济可行性研究；③确定在项目可行性研究中是否需要对某些关键内容进行辅助研究或专题研究（如市场考察，产品合理流向的确定，对资源条件可靠性的确认等）；④根据初步可行性研究的资料已经能够肯定这个项目既无生命力，又无吸引力，此时，就不再进行可行性研究。在当时技术经济条件下，应中止该项目的研究工作。

（2）主要任务　包括：①分析机会研究的结论，并在详尽资料的基础上做出投资决定；②根据项目设想产生的依据，确定是否进行下一步的详细可行性研究；③确定哪些关键性问题需要进行辅助性专题研究，如市场需求预测、实验室试验等；④判断项目设想是否有生命力，能否获得较大的利润；⑤编制初步可行性研究报告。

（3）主要解决的问题　包括：①产品市场需求量的估计，预测产品进入市场的竞争能力；②机器设备、建筑材料和生产所需原材料、燃料动力的供应情况及其价格变动的趋势；③工艺技术在实验室或实验工厂试验情况的分析；④厂址方案的选择，重点是估算并比较交通运输费用和重大工厂设施的费用；⑤合理经济规模的研究，对几种不同生产规模的建厂方案，估算其投资支出、生产成本、产品售价和可以获得的利润，从而选择合理的经济规模；⑥生产设备选型，着重研究决定项目生产能力的主要设备和投资费用较大的设备。

初步可行性研究在项目机会研究和详细可行性研究之间的中间阶段进行。初步可行性研究的内容与详细可行性研究相同，主要区别在于资料的详细程度。该阶段投资和生产费用中的主要部分应当详细计算，次要部分可以通过扩大指标进行粗略估算。

初步可行性研究阶段对工程项目投资的估算，一般可采用生产能力指数法、因素分析法和百分

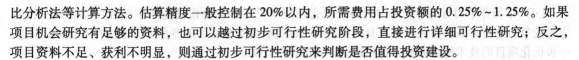

比分析法等计算方法。估算精度一般控制在20%以内，所需费用占投资额的0.25%~1.25%。如果项目机会研究有足够的资料，也可以越过初步可行性研究阶段，直接进行详细可行性研究；反之，项目资料不足、获利不明显，则通过初步可行性研究来判断是否值得投资建设。

3. 详细可行性研究

通过初步可行性研究的项目一般都不会被淘汰，但具体实施方案和计划还需通过详细可行性研究来确定。项目采用哪种方案来实现及实现后的实际效果主要取决于详细可行性研究的结果。详细可行性研究的主要任务是对项目的产品纲要、技术工艺及设备、厂址与厂区规划、投资需求、资金融通、建设计划及项目的经济效果等多方面进行全面、深入和系统的分析与论证，通过多方案比较，选择最佳方案。虽然详细可行性研究的研究范围没有超出初步可行性研究的范围，但研究深度却远远大于初步可行性研究的深度。详细可行性研究一般需要3~6个月或更长的时间，研究费用大项目占0.8%~1.0%，小项目占1.0%~3.0%。

在实际工作中，可行性研究的三个阶段未必十分清晰。有些小型和简单项目，常把机会研究与初步可行性研究合二为一。在我国，许多项目的前两个阶段与详细可行性研究工作常常交织在一起进行。本书介绍的可行性研究主要是指详细可行性研究。

6.1.3 可行性研究的内容

1. 项目新建理由与目标

根据已确定的项目建议书（或初步可行性研究报告），从总体上进一步论证项目提出的依据、背景、理由和预期目标，即进行项目建设的必要性分析。同时，还要分析论证项目建设和生产运营必备的基本条件及其获得的可能性，即进行项目建设可能性分析。

项目新建理由一般从项目本身和国民经济两个层次进行分析。项目本身层次的分析是站在投资者位置，从项目产品和投资效益的角度论证新建理由是否充分合理。国民经济层次的分析是从国民经济全局的角度分析项目对宏观经济条件的符合性。通过这两个层次的分析判别项目建设的理由是否充分、合理，以确定项目建设的必要性。

根据项目兴建的理由，对项目建议书（或初步可行性研究报告）提出的项目建设内容和建设规模、技术装备水平、产品性能和档次、成本收益目标等与预期达到的目标进行总体分析论证，判别项目预期目标与项目兴建理由是否吻合，预期目标是否具有合理性和现实性。对于确需建设且目标合理的项目，还应进一步分析论证其是否具备建设的基本条件，如市场条件、资源条件、技术条件、资金条件、环境条件、社会条件、施工条件、法律条件及外部协作配套条件等，考察项目建设和运营的可能性。

2. 市场预测

在市场调查的基础上，对项目的产品和所需要的主要投入物的市场容量、价格、竞争力及市场风险进行分析预测，为确定项目建设规模与产品方案提供依据。

市场预测的研究内容主要包括市场现状调查、产品供需预测、产品价格预测、目标市场、市场竞争力分析及市场风险分析。

（1）市场现状调查　市场现状调查是进行市场预测的基础。市场现状调查主要调查拟建项目同类产品的市场容量、价格及市场竞争力现状等。

（2）产品供需预测　产品供需预测是利用市场调查所获得的资料，对项目产品未来市场供应和需求的数量、品种、质量、服务进行定性与定量的分析。

（3）产品价格预测　项目产品价格是测算项目投产后的销售收入、生产成本和经济效益的基础，也是考察项目产品竞争能力的重要方面。预测价格时，应对影响价格形成和导致价格变化的各种因素进行分析，初步设定项目产品的销售价格和投入品的采购价格。

(4) 市场竞争力分析　竞争力分析是研究拟建项目在国内外市场竞争中获胜可能性和获胜能力的竞争力分析，既要研究项目自身的竞争力，也要研究竞争对手的竞争力，并进行对比。以此进一步优化项目的技术经济方案，扬长避短，发挥竞争优势。

(5) 市场风险分析　市场风险分析是在产品供需、价格变动趋势和竞争能力等常规分析已经达到一定深度要求的情况下，对未来国内外市场某些重大不确定因素发生的可能性，及其可能对项目造成的损失程度进行分析。市场风险分析可以定性描述，估计风险程度；也可以定量计算风险发生概率，分析对项目的影响程度。

3. 资源条件评价

金属矿、煤矿、石油天然气矿、建材矿、化学矿及水利水电和森林采伐等项目，都是以矿产资源、水利水能资源和森林资源等自然资源的采掘为主要内容的资源开发项目。

资源开发项目的建设应符合资源总体开发规划的要求，符合资源综合利用的要求，符合节约资源及可持续发展的要求，森林资源开发还应符合国家生态环境保护的有关规定。

资源条件评价主要是对拟开发项目资源开发的合理性、资源可利用量、资源自然品质、资源赋存条件和资源开发价值等进行评价。

资源开发项目的可行性研究，其资源储量和品质的勘探深度应确保资源开发项目设定的生产规模和开采年限。可行性研究报告中，矿产开采项目应附有全国矿产储量委员会批准的储量报告，水利资源开发项目应附有关部门批准的水利资源流域开发规划，森林采伐项目应附有关部门批准的采伐与迹地恢复规划。

4. 建设规模与产品方案

建设规模与产品方案研究是在市场预测和（资源开发项目）资源条件评价的基础上，论证比选拟建项目的建设规模和产品方案（包括主要产品和辅助产品及其组合），作为确定项目技术方案、设备方案、工程方案、原材料与燃料供应方案及投资估算的依据。

(1) 建设规模　建设规模是指项目设定的正常生产运营年份可能达到的生产能力或使用效益。确定建设规模，一般应研究项目的合理经济规模、市场容量对项目规模的影响、环境容量对项目规模的影响，以及资金、原材料和主要外部协作条件等对项目规模的满足程度。对于不同行业、不同类型的项目，确定建设规模时还应考虑与之相关的某些特殊因素。

(2) 产品方案　产品方案是指研究拟建项目生产的产品品种及其组合的方案。确定产品方案一般应研究市场需求、产业政策、专业化协作、资源综合利用、环境条件、原材料与燃料供应、技术设备条件、生产储运条件等因素和内容。对于生产多种产品的拟建项目，还应研究其主要产品、辅助产品、副产品的种类及其生产能力的合理组合，以便为技术、设备、原材料与燃料供应等方案的研究提供依据。

建设规模与产品方案的比选内容主要包括单位产品生产能力（或使用效益）、投资效益（即投入产出比、劳动生产率等）、多产品项目资源综合利用方案与效益等。

5. 场址选择

可行性研究阶段的场址选择，是在初步可行性研究（或项目建议书）规划选址已确定的建设地区和地点范围内，进行具体坐落位置选择，习惯上称为工程选址。不同行业项目选择场址需要研究的具体内容、方法和遵循的规程规范不同，称谓也不同。例如，工业项目称厂址选择，水利水电项目称坝（闸）址选择，交通项目称线路选择，输油气管道、输电和通信线路项目称路径选择。场址选择主要研究场址位置、占地面积、地形地貌、气象条件、地震情况、工程地质与水文地质条件、征地拆迁及移民安置条件、交通运输条件、水电供应条件、环境保护条件、法律支持条件、生活设施依托条件、施工条件等内容。

场址方案比选要进行工程条件和经济性条件两个方面的比较。

1）工程条件比较的主要内容为占用土地种类及面积、地形地貌气候条件、地质条件、地震情况、征地拆迁及移民安置条件、社会依托条件、环境条件、交通运输条件、施工条件等。

2）经济性条件比较的内容分为两类：一是建设投资比较，如土地购置费、场地平整费、基础工程费、场外运输投资等；二是运营费用比较，如原材料与燃料运输费、产品运输费、动力费、排污费等。

6. 技术方案、设备方案和工程方案

在项目的建设规模与产品方案确定后，应进行技术方案、设备方案和工程方案的具体研究论证工作。

（1）技术方案选择 技术方案主要是指生产方法、工艺流程（工艺过程）方案等。技术方案选择要体现先进性、适用性、可靠性、安全性和经济合理性的要求。技术方案选择的内容分为两个方面：一是生产方法选择，在研究、分析与项目产品相关的国内外各种生产方法的基础上，选择先进适用的生产方法，并进一步研究拟采用生产方法的原材料适应性、技术可行性等；二是工艺流程方案选择，研究工艺流程方案对产品质量的保证程度、各工序之间的合理衔接，研究选择先进合理的物料消耗定额、主要工艺参数等。技术方案比选的主要内容包括技术的先进程度、技术的可靠程度、技术对产品质量性能的保证程度、技术对原材料的适应性、工艺流程的合理性、自动化控制水平、技术获得的难易程度、对环境的影响程度及购买技术或专利费用等技术经济指标。

（2）设备方案选择 设备方案选择是在研究和初步确定技术方案的基础上，对所需主要设备的规格、型号、数量、来源、价格等进行研究比选。首先要根据建设规模、产品方案和技术方案，研究提出所需主要设备的规格、型号和数量；然后通过调查和询价，研究提出项目所需主要设备的来源、投资方案和供应方式，对于超大、超重或超高设备，还应提出相应的运输和安装的技术措施方案。设备方案主要是比选各设备方案对建设规模的满足程度，对产品质量和生产工艺要求的保证程度，设备的使用寿命和物料消耗指标，备品备件保证程度，安装试车技术服务及所需设备投资等。

（3）工程方案选择 工程方案选择是在已选定项目建设规模、技术方案和设备方案的基础上，研究论证主要建筑物、构筑物的建造方案。工程方案的选择，要满足生产使用功能要求，适应已选定的场址（线路走向），符合工程标准规范要求，并且经济合理。不同行业项目的工程方案研究内容不同。一般工业项目的厂房、工业窑炉、生产装置等建筑物、构筑物的工程方案，主要研究其建筑特征（如面积、层数、高度、跨度等）、结构形式、特殊建筑要求（如防火、防爆、防腐蚀、隔声、隔热等）、基础工程方案和抗震设防等；铁路项目主要研究路基方案及不良地质处理方案，全线桥梁、隧道的开挖或建造方案，各车站、货场的工程方案等；水利水电项目主要研究坝址、坝型、坝体建筑结构、坝基处理等，有移民的还应研究移民安置的工程方案。

7. 原材料与燃料供应

在研究确定项目建设规模、产品方案、技术方案和设备方案的同时，还应对项目所需的原材料、辅助材料和燃料的品种、规格、成分、数量、价格、来源及供应方式进行研究论证。

原材料是项目建成后生产运营所需的投入物。在建设规模、产品方案和技术方案确定后，应对所需主要材料的品种、规格、质量、数量、价格、来源、供应方式和运输方式进行研究确定。项目所需燃料包括生产工艺用燃料、公用和辅助设施用燃料、其他设施用燃料。燃料供应方式研究的内容包括燃料的品种、质量、数量、价格及来源和运输方式。

主要原材料与燃料供应方案应进行多方案比选。比选的主要内容包括满足生产要求的程度，采购来源的可靠程度，价格和运输费用的经济合理性等。

8. 总图运输与公用辅助工程

总图运输与公用辅助工程是在已选定的场址范围内，研究生产系统、公用工程、辅助工程及运输设施的平面和竖向布置及相应的工程方案。

（1）总图布置方案　总图布置应根据项目的生产工艺流程或者使用功能的需要及其相互关系，结合场地和外部环境条件，对项目各个组成部分的位置进行合成，使整个项目形成布置紧凑、流程顺畅、经济合理、使用方便的格局。通过总图布置研究，要确定各个单项工程建筑物、构筑物的平面尺寸和占地面积，合理划分功能区，确定各功能区和各单项工程的总图布置（平面布置和竖向布置），合理布置场地内外运输、消防道路、火车专用线走向及码头和堆场的位置，计算土地利用系数、建筑系数和绿化系数。

总图布置方案应从技术经济指标和功能两个方面进行比选，择优推荐方案。技术经济指标主要比选场区占地面积、建筑物和构筑物占地面积、道路和铁路占地面积、土地利用系数、建筑系数、绿化系数、土石方挖填工程量、地上和地下管线工程量、防洪治涝措施工程量、不良地质处理工程量及总图布置费用等；功能主要比选生产流程的便捷、流畅、连续程度，内部运输的便捷程度及满足安全生产程度。

（2）场地内外运输方案　根据建设规模、产品方案、技术方案确定主要投入品和产出品的品种、数量、特性、流向，据此研究提出项目内外部运输方案。运输方案研究主要是计算运输量，选择运输方式，合理布置运输路线，选择运输设备和建设运输设施等。

（3）公用工程与辅助工程方案　公用工程与辅助工程是为项目主体工程正常运转服务的配套工程。公用工程主要有给水、排水、供电、通信、供热、通风等工程；辅助工程包括维修、化验、检测、仓储等工程。

9. 节能减排措施

（1）节能措施　节能措施主要包括工艺节能、单项节能工程和建筑节能三个方面。

1）工艺节能主要包括：①工艺流程采取节能新技术、新工艺和新设备，不得选用以公布的淘汰机电产品和产业限制的产品和规模；②搞好余热、余压、可燃气体的回收利用；③对工艺装置、炉窑、热力管网系统分别采取有效的保温措施；④尽可能避免生产工艺中能量的不合理转换。

2）单项节能工程是指不能纳入主导工艺流程和分期建设的节能项目，在建设方案设计中单列节能工程，单项节能工程应计算单位节能量及投资回收期。

3）建筑节能措施主要包括：①建筑围护结构、供热管网保温隔热措施；②采暖供热、热水及空调制冷系统规模按设计负荷设置，不得加大，并设有调节控制装置及能量计量仪表；③节能性建筑设备与产品的选用，包括门窗、室内供热系统控制与计量设备及散热器、空调、燃气燃烧器具、太阳能热水器、照明电器及控制系统等。

（2）能耗指标分析　能耗指标计算：通过能耗指标的计算和分析对项目节能进行评价，包括分品种实物能耗总量、综合能耗总量；单位产品综合能耗、可比能耗；按单一品种考核的实物单耗、主要工序工艺单耗、编制单位产品能耗表。民用建筑能耗指标：含采暖、空调、照明、热水和民用燃气（人工煤气、液化石油气和天然气）能耗。分品种实物能耗总量、综合能耗总量；按单位建筑面积计算的分品种实物能耗和综合能耗；建筑围护结构保温隔热水平（外墙、屋顶、地板传热系数值和门窗密封性性能指标、级别）。单位面积能耗指数应达到现行国家或行业标准水平和国内先进水平。

10. 节水措施

（1）节水措施　节水措施包括：①根据行业用水定额标准，合理确定用水量；②按照行业用水重复利用率提高水的重复利用率，降低水的消耗量；③采取有效措施提高水资源利用率，应选用节水型生产工艺设备，降低水的耗用量；④提高工业用水回收率和重复利用率，推广一水多用、循环利用、拟流回用等措施；⑤提高再生水回收率。

（2）水耗指标分析　单位产品的耗水量，对水的指标和水的重复率分析对比，水耗指标应达到国内外同行业的先进水平，水的重复率应达到当地政府规定的指标。

11. 环境影响评价

环境影响评价是在研究确定场址方案和技术方案中，调查研究环境条件，识别和分析拟建项目影响环境的因素，研究提出治理和保护环境的措施，比选和优化环境保护方案。

项目环境影响评价应符合国家环境保护法律、法规和环境功能规划的要求，坚持污染物排放总量控制和达标排放的要求，坚持环境治理措施与项目主体工程同时设计、同时施工、同时投产使用，力求环境效益与经济效益相统一，并注重资源的综合利用。

（1）环境条件调查　环境条件调查的主要内容包括项目所在地的大气、水体、地貌、土壤等自然环境状况，森林、草地、湿地、动物栖息、水土保持等生态环境状况，居民生活、文化教育、卫生、风俗习惯等社会环境状况，以及周边地区名胜古迹、风景区、自然保护区等特殊环境状况。

（2）环境因素分析　影响环境因素分析，主要是分析项目建设过程中破坏环境，生产运营过程中污染环境，导致环境质量恶化的主要因素。一是污染环境因素分析，分析生产运营过程中产生的各种污染物源，计算排放污染物数量及其对环境的污染程度；二是破坏环境因素分析，分析项目建设施工和生产运营对环境可能造成的破坏因素，预测其破坏程度。

（3）保护措施　在分析环境影响因素及其影响程度的基础上，按照国家有关环境保护法律、法规的要求，研究提出治理方案。治理方案应根据项目的污染源和排放污染物的性质，采用不同的治理措施。对环境治理的各种方案（包括局部方案和总体方案），要从技术水平、治理效果、管理及监测方式、环境效益等方面进行技术经济比较，做出综合评价，并提出推荐方案。

12. 劳动安全卫生与消防设施

劳动安全卫生与消防设施的研究是在已确定的技术方案和工程方案的基础上，分析论证在建设和生产过程中存在的对劳动者和财产可能产生的不安全因素，并提出相应防范措施。

1）劳动安全卫生研究，主要是分析在生产或者作业过程中可能对劳动者身体健康和生产安全造成危害的物品、部位、场所及危害范围和程度，并针对不同危害性和危险性因素的场所、范围及危害程度，研究提出相应的安全措施方案。

2）消防设施研究，主要是分析项目在生产运营过程中可能存在的火灾隐患和消防部位，根据消防安全规范确定消防等级，并结合当地公安消防设施状况，提出消防监控报警系统和消防设施配置方案。

13. 组织机构与人力资源配置

拟建项目的可行性研究，应对项目的组织机构设置、资源配置、员工培训等内容进行研究，比选和优化方案。

（1）组织机构设置及其适应性分析　根据拟建项目的特点和生产运营的需要，研究提出项目组织机构的设置方案，并对其适应性进行分析。组织机构的设置，是指要根据拟建项目出资者特点，研究确定相应的组织机构模式；根据拟建项目的规模大小，研究确定项目的管理层次；根据建设和生产运营特点和需要，设置相应的管理职能部门。适应性分析，主要是分析项目法人的组建方案是否符合《公司法》和国家有关规定的要求；项目执行机构的层次和运作方式能否满足建设和生产运营管理的要求；项目法人代表及主要经营管理人员的素质能否适应项目建设和生产运营管理的要求，能否承担项目筹资建设、生产运营、偿还债务等责任。

（2）资源配置　组织机构设置方案确定后，应研究确定各类人员，包括生产人员、管理人员和其他人员的数量和配置方案。人力资源配置，主要是研究制订合理的工作制度与运转班次，提出工作时间、工作制度和工作班次方案；研究员工配置数量，提出配备各职能部门、各工作岗位所需人员数量；研究确定各类人员应具备的劳动技能和文化素质；研究测算职工工资和福利费用；研究测算劳动生产率；研究提出员工选聘方案等。

（3）员工培训　可行性研究阶段应研究提出员工培训计划，包括培训岗位、人数，以及培训的内容、目标、方法、时间、地点和培训费用。

14. 项目实施进度

工程建设方案确定后，应研究提出项目的建设工期和实施进度方案。

（1）建设工期　项目建设工期可参考有关部门或专门机构制订的建设项目工期定额和单位工程工期定额，并结合项目建设内容、工程量大小、建设难易程度和施工条件等具体情况综合研究确定。

（2）实施进度方案　项目建设工期确定后，应根据工程实施各阶段工作量和所需时间，对时序做出大体安排，并编制项目实施进度表。大型建设项目还应根据项目总工期要求，制订主体工程和辅助工程的建设起止时间及时序表。

15. 投资估算

投资估算是在对项目的建设规模、技术方案、设备方案、工程方案及项目实施进度等进行研究并基本确定的基础上，估算项目投入总资金，并测算建设期内分年资金需用量，作为制订融资方案、进行经济评价及编制初步设计概算的依据。投资估算在第2章2.1.3小节中已有较详细的阐述。

16. 融资方案

融资方案是在投资估算的基础上，研究拟建项目的资金渠道、融资形式、融资结构、融资成本、融资风险，比选推荐项目的融资方案，并以此研究资金筹措方案和进行财务评价。

17. 财务分析

财务分析，也称为财务评价，是在国家现行财税制度和市场价格体系下，从企业或项目微观角度，分析预测项目的财务效益与费用，计算财务评价指标，考察拟建项目的盈利能力和偿债能力，从而判断项目投资在财务上的可行性和合理性。财务分析的内容、方法和步骤等详见第7章。

18. 经济费用效益分析

经济费用效益分析，也常称为国民经济评价，是按合理配置资源的原则，采用影子价格、社会折现率等经济费用效益分析参数，从国民经济宏观角度，考察项目所耗费的社会资源和对社会的贡献，从而判断项目投资的经济合理性和宏观可行性。经济费用效益分析的内容和方法详见第8章。

19. 社会评价

社会评价是分析拟建项目对当地社会的影响和当地社会对项目的适应性和接受程度，从而判断项目的社会可行性。社会评价的内容与方法详见第6章6.4节。

20. 不确定性与风险分析

不确定性与风险分析是在市场预测、技术方案、工程方案、融资方案、财务分析和社会评价等论证已进行的初步分析的基础上，进一步识别拟建项目在建设和运营中潜在的主要风险因素，揭示风险来源，判别风险程度，提出风险规避对策，为决策提供依据。不确定性与风险分析方法详见第9章。

21. 研究结论与建议

在上述各项研究论证的基础上，择优提出推选方案，并对推选方案的主要内容和论证结果进行总体描述。在肯定推选方案优点的同时，还应指出可能存在的问题和可能遇到的主要风险，并做出项目及其推荐方案是否可行的明确结论。

对于未被推荐的一些重大比选方案，也要阐述方案的主要内容、优缺点和未被推荐的原因，以便决策者从多方面进行思考并做出决策。

6.2 可行性研究报告

6.2.1 可行性研究报告的编制依据

编制可行性研究报告的主要依据包括以下方面：

1）项目建议书（或初步可行性研究报告）及其批复文件和委托单位的要求。项目建议书是做各项准备工作和进行可行性研究的重要依据，只有经国家计划部门同意，并列入建设前期工作计划后，方可开展可行性研究的各项工作。建设单位在委托可行性研究任务时，应向承担可行性研究工作的单位，提出对建设项目的目标和要求，并说明有关市场、原料、资金来源及工作范围等情况。

2）国家和地方的经济和社会发展规划，国家经济建设的方针、任务和技术经济政策，行业部门发展规划。根据国民经济发展的长远规划、按照经济建设的方针和政策及地区和部门发展规划，确定项目的投资方向和规模，提出需要进行可行性研究的项目建议书。在宏观投资意向的控制下来安排微观的投资项目，并结合市场需求，有计划地统筹安排好各地区、各部门和企业的产品生产和协作配套，搞好综合平衡。

3）国家有关法律、法规、政策。

4）全国矿产储量委员会批准的矿产储量报告及矿产勘探最终报告。

5）有关工程技术经济方面的规范、标定、定额等，以及国家正式颁布的技术法规和技术标准。这些都是考察项目技术方案的基本依据。

6）中外合资、合作项目各方签订的协议书或意向书。

7）编制可行性研究报告的委托合同。

8）国家或有关主管部门颁发的有关项目评价的基本参数和指标。这些参数和指标主要包括基准收益率、社会折现率、折旧率、汇率、贸易费用率、影子工资率、重要投入物的影子价格等。它们是项目可行性研究中财务分析和经济费用效益分析的基准依据和判别标准。这些参数可由国家统一颁布发行，也可由各主管部门根据行业的特点，对有关项目的技术参数和价格调整系数，根据实际情况进行测算后，自行拟定，报国家有关部门备案。

9）有关的基础数据资料。用以进行厂址选择、工程设计、技术经济分析，以便掌握可靠的自然、地理、气象、水文、地质、社会、经济等基础数据资料，以及交通运输与环境保护等资料。

6.2.2 可行性研究报告的编制程序

1. 建设单位提出项目建议书

各部、省、市、自治区和全国性工业公司及现有的企事业单位，根据经济发展的长远规划，经济建设的方针、任务和技术经济政策，结合资源情况、建设布局等条件，在广泛调查研究、收集资料的基础上，初步分析建设条件和投资效果，提出需要进行可行性研究的项目建议书。

2. 项目筹建单位与编制单位签订委托协议

在项目建议书经过相关部门审定批准后，项目筹建单位就可委托经过资格审定的工程咨询公司（或设计单位）编制拟建项目的可行性研究报告。可行性研究报告编制单位与委托单位，就项目可行性研究报告编制工作的范围、重点、深度要求、完成时间、费用预算和质量要求交换意见，并签订委托协议，据以开展可行性研究各阶段的工作。

3. 组建工作小组

根据委托项目可行性研究的工作量、内容、范围、技术难度、时间要求等组建项目可行性研究工作小组。一般工业项目和交通运输项目可分为市场组、工艺技术组、设备组、工程组、总图运输及公用工程组、环保组、技术经济组等专业组。为使各专业组协调工作，保证可行性研究报告的总体质量，一般应由总工程师、总经济师负责统筹协调。

4. 制订工作计划

工作计划的内容包括工作的范围、重点、深度、进度安排、人员配置、费用预算及可行性研究报告的编制大纲，并与委托单位交换意见。

5. 调查研究收集资料

各专业组根据可行性研究的报告编制大纲进行实地调查，收集整理有关资料，包括向市场和社会调查，向行业主管部门调查，向项目所在地区调查，向项目涉及的有关企业、单位调查，收集项目建设、生产运营等各方面所必需的信息资料和数据。

6. 方案编制与优化

在调查研究收集资料的基础上，对项目的建设规模与产品方案、场址方案、技术方案、设备方案、工程方案、原材料供应方案、总图布置与运输方案、公用工程与辅助工程方案、环境保护方案、组织机构设置方案、实施进度方案及项目投资与资金筹措方案等，研究编制备选方案。进行方案论证比选和优化后，提出推荐方案。

7. 项目评价

对推荐方案进行环境评价、财务分析、经济费用效益分析、社会评价及风险分析，以判别项目的环境可行性、经济可行性、社会可行性和抗风险能力。当有关评价指标结论不足以支持项目方案成立时，应对原设计方案进行调整或重新设计。

8. 编写可行性研究报告

项目可行性研究各专业方案，经过技术经济论证和优化之后，由各专业组分工编写。经项目负责人衔接综合汇总，提出可行性研究报告初稿。

9. 与委托单位交换意见

可行性研究报告初稿形成后，与委托单位交换意见，修改完善，形成正式可行性研究报告。

6.2.3 可行性研究报告的编制要求

1. 编制单位必须具备承担可行性研究报告的条件

项目可行性研究报告的内容涉及面广，还有一定的深度要求。因此，编制单位必须具备一定的技术力量、技术设备、技术手段和相当实际经验，如工程咨询公司、设计院等专门单位。参加可行性研究的成员应由工程经济专家、市场分析专家、工程技术人员、机械工程师、土木工程师、企业管理人员、造价工程师、财务人员等组成。

2. 确保可行性研究报告的真实性和科学性

可行性研究工作是一项技术性、经济性、政策性很强的工作，要求编制单位必须保持独立性和公正性，在调查研究的基础上按客观实际情况实事求是地进行技术经济论证、技术方案比选，切忌主观臆断、行政干预，以保证可行性研究的严肃性、客观性、真实性、科学性和可靠性，确保可行性研究的质量。

3. 可行性研究的内容和深度要规范化和标准化

不同行业和不同项目的可行性研究内容和深度可以各有侧重和区别，但其基本内容要完整、文件要齐全，研究深度应达到国家规定的标准，并按照国家发展和改革委员会颁布的有关文件的要求进行编制，以满足投资决策的要求。

4. 可行性研究报告必须经签证和审批

可行性研究报告编制完成后，应由编制单位对研究报告的质量负责。另外，必须上报主管部门审批。

6.2.4 可行性研究报告的深度要求

1）可行性研究报告应能充分反映项目可行性研究工作的成果，内容齐全，结论明确，数据准确，论据充分，满足决策者定方案、定项目的要求。

2）可行性研究报告选用主要设备的规格、参数应能满足预订货的要求，引进技术设备的资料应能满足合同谈判的要求。

3）可行性研究报告中的重大技术、经济方案，应有两个以上方案的比选。

4）可行性研究报告中确定的主要工程技术数据，应能满足项目初步设计的要求。

5）可行性研究报告构造的融资方案，应能满足银行等金融部门信贷决策的需要。

6）可行性研究报告中应反映在可行性研究过程中出现的某些方案的重大分歧及未被采纳的理由，提供给委托单位与投资者权衡利弊进行决策。

7）可行性研究报告应附有评估、决策（审批）所必需的合同、协议、意向书、政府批件等。

6.3 区域经济与宏观经济影响分析

6.3.1 区域经济与宏观经济影响分析概述

1. 区域经济与宏观经济影响分析的概念

（1）区域经济影响分析　区域经济影响分析是指从区域经济的角度出发，分析项目对所在区域乃至更大范围的经济发展的影响，包括区域现存发展条件、经济结构、城镇建设、劳动就业、土地利用、生态环境等方面现实和长远影响的分析。

（2）宏观经济影响分析　宏观经济影响分析是指从国民经济整体的角度出发，综合分析项目对国家宏观经济各方面的影响，包括对国民经济总量增长、产业结构调整、生产力布局、自然资源开发、劳动就业结构变化、物价变化、收入分配等方面影响的分析，以及国家承担项目建设的能力即国力的分析、项目时机选择对国民经济影响的分析。

直接影响范围局限于区域的项目应进行区域经济影响分析，直接影响国家经济全局的项目应进行宏观经济影响分析。

2. 进行区域经济与宏观经济影响分析的范围

具备下列部分或全部特征的特大型建设项目应进行区域经济或宏观经济影响分析：

1）项目投资巨大、工期超长（跨五年计划或十年规划）。

2）项目实施前后对所在区域或国家经济、社会结构及群体利益格局等有较大改变。

3）项目导致技术进步和技术转变，引发关联产业或新产业群体的发展变化。

4）项目对生态和环境影响大，范围广。

5）项目对国家经济安全影响较大。

6）项目对区域或国家长期财政收支影响较大。

7）项目的投入和产出对进出口影响大。

8）其他对区域经济或宏观经济有重大影响的项目。

6.3.2 区域经济与宏观经济影响分析的内容和原则

1. 区域经济与宏观经济影响分析的内容

区域经济与宏观经济影响分析应立足于项目的实施能够促进和保障经济有序高效运行和可持续

发展，分析重点应是项目与区域发展战略和国家长远规划的关系。

分析内容应包括有利影响和不利影响，有利影响又分为直接贡献和间接贡献。

（1）直接贡献　直接贡献通常表现在促进经济增长，优化经济结构，提高居民收入，增加就业，减少贫困，扩大进出口，改善生态环境，增加地方或国家财政收入，保障国家经济安全等方面。

（2）间接贡献　间接贡献通常表现在促进人口合理分布和流动，促进城市化，带动相关产业，克服经济瓶颈，促进经济社会均衡发展，提高居民生活质量，合理开发、有效利用资源，促进技术进步，提高产业国际竞争力等方面。

（3）不利影响　不利影响包括非有效占有土地资源、污染环境、损害生态平衡、危害历史文化遗产；出现供求关系与生产格局的失衡，引发通货膨胀；冲击地方传统经济；产生新的相对贫困阶层及隐形失业；对国家经济安全可能带来的不利影响等。

2. 区域经济与宏观经济影响分析的原则

区域经济与宏观经济影响分析应遵循系统性、综合性、定量分析与定性分析相结合的原则。

（1）系统性原则　建设项目本身就是一个系统，但从国民经济的全局来看，它又是国民经济大系统中的一个子系统。为了保证项目的成功和国民经济系统稳定运行，一定要从全局的观点，用系统论的方法来分析其可能带来的各方面的影响，尤其是对区域经济和宏观经济的影响。

（2）综合性原则　项目的建设和投产将给原有经济系统的结构（包括产业结构、投资结构、供给结构、消费结构、就业结构、价格体系和区域经济等）、状态和运行带来重大变化。它不仅影响经济总量，而且影响经济结构；不仅影响资源开发，还影响资源利用，人力、物力、财力配置；不仅对局部区域有影响，而且对国民经济整体产生影响。因此，分析建设项目对区域经济和宏观经济影响要坚持综合性原则，进行综合分析，不能仅分析某一方面的影响。

（3）定量分析与定性分析相结合的原则　建设项目对区域经济和宏观经济的影响是广泛而深刻的，既包括实实在在的有形效果和经济效果（可以用价值型的指标进行量化）；也包括更大量的无形效果和非经济效果（难以用价值型的指标进行量化）。前者无疑要以定量分析为主，把握其数值大小；后者必须进行定性分析或比较性描述，或者用其他类型指标或指标体系进行描述或数量分析。

6.3.3　区域经济与宏观经济影响分析的评价指标体系

1. 经济总量指标

经济总量指标反映项目对国民经济总量的贡献，包括增加值、净产值、纯收入、财政收入等经济指标。增加值是指项目投产后对国民经济的净贡献，即每年形成的国内生产总值。净产值是指项目全部效益扣除各项费用（不包括工资和附加值）后的余额。纯收入是指净产值扣除工资及附加费后的余额。经济总量指标可使用当年值、净现值总额和折现年值。

2. 经济结构指标

经济结构指标反映项目对经济结构的影响，主要包括三次产业结构、就业结构、影响力系数等指标。影响力系数也被称为带动度系数，是指项目所在的产业，当它增加产出满足社会需求，每增加一个单位最终需求时，对国民经济各部门产生的增加产出的影响。产业结构可以按各产业增加值计算，反映各产业在国内生产总值中所占份额大小。就业结构包括就业的产业结构、就业的知识结构等，前者是指各产业就业人数的比例，后者是指不同知识水平就业人数的比例。

3. 社会与环境指标

社会与环境指标主要包括就业效果、收益分配效果、资源合理利用和环境影响效果等。就业效果一般用项目单位投资带来的新增就业人数表示。总就业效果可以分为直接投资所产生的直接就业效果和与该项目直接相关的其他项目的投资产生的间接就业效果。收益分配效果检验项目收益分配在国家、地方、企业、职工间的分配比重是否合理，包括国家收益分配比重、地方收益分配比重、企业收益分配比重、职工收益分配比重等指标。资源合理利用和环境影响效果主要有节能效果指标、节约时间效果指标、节约用地效果指标、节约用水效果指标等。

4. 国力适应性指标

国力适应性指标表示国家的人力、物力和财力承担重大项目的能力，一般用项目使用的资源占全部资源总量的百分比或财政资金投入占财政收入或支出的百分比表示。由于我国劳动力资源较为丰富，因而对国力承担能力即国力适应性的评价主要分析财力和物力。国家财力是指一定时期内国家拥有的资金实力，其构成要素包括国内生产总值（或国民收入）、国家财政收入、信贷总额、外汇储备、可利用的国外资金等，其中最主要的指标是国内生产总值（或国民收入）和国家财政收入。国家物力是指国家所拥有的物质资源，包括工农业主要产品及储备量，矿产资源储备量、森林、草场及水资源等。物力取决于国家可追加的生产资料和消费资料的数量和构成。

6.4 投资项目社会评价

社会评价是识别、监测和评估投资项目的各种社会影响，促进利益相关者对项目投资活动的有效参与，优化项目建设方案，规避社会风险，促进项目顺利实施，保持社会稳定的重要工具和手段。目前，社会评价已在国际组织援助项目及市场经济国家公共投资项目的投资决策、方案规划和项目实施中得到了广泛应用。

6.4.1 社会评价概述

1. 社会评价的概念

自20世纪60年代末起，社会评价逐渐在欧美一些国家兴起。如美国1969年颁布的《国家环境政策法》（NEPA）中规定要及时进行社会影响评价；英国及欧共体推行的环境评价（environment assessment，EA）就包括对自然环境的评价和对社会环境的评价；世界银行、亚洲开发银行等国际金融机构对发展中国家进行援助的项目也要求进行社会评价，并对社会评价的内容和做法都有原则上的要求。

投资项目社会评价是在系统调查和预测拟建项目的建设、运营产生的社会影响和社会效益，分析项目所在地区的社会环境对项目的适应性和接受程度。通过分析项目涉及的各种社会因素，评价项目的社会可行性，提出项目与当地社会协调关系，规避社会风险，促进项目顺利实施，保持社会稳定的方案。因此，社会评价的概念可以表述为：社会评价是分析拟建项目对当地社会的影响和社会条件对项目的适应性和接受程度，评价项目的社会可行性。

2. 社会评价的作用

开展投资项目社会评价，有利于国民经济发展目标与社会发展目标的协调一致，促进社会进步及经济、社会协调发展，体现“以人为本”的可持续发展理念，防止单纯追求项目的财务效益；有利于协调项目与所在地区利益的协调一致，减少社会矛盾和纠纷，防止可能产生的不利社会影响和后果，促进社会稳定；有利于避免或降低项目建设和运营的社会风险，提高投资效益。社会评价重视对人的因素的分析，重点关注文化教育、卫生健康、宗教信仰、风俗习惯、贫困、性别、环境、组织机构、参与性等问题。通过深入系统的调查研究，分析项目可能产生的社会影响，评价项目与社会的相互适应性，分析项目可能存在的社会风险，并研究提出消除项目的不利影响，规避社会风险的对策，对确保项目的顺利实施和可持续发展具有重要作用。缺乏社会评价，将会使项目的建设和实施留下很多社会隐患，激化社会矛盾，提高社会风险，并最终影响经济发展的进程。

3. 社会评价的范围

任何项目的建设和运营都与人和社会有着密切的联系。从理论上讲，投资项目的社会评价适合于各类投资项目的评价。然而，项目的社会评价难度大、要求高，并且需要一定的资金和时间投入，因此不是任何项目都有必要进行社会评价。一般而言，社会评价主要针对当地居民受益较大的社会公益性项目、对人民生活影响较大的基础性项目、容易引起社会动荡的项目、国家与地区的大中型骨干项目和扶贫项目。

就社会评价的时间跨度而言，社会评价应贯穿于项目周期的全过程。在项目周期的不同阶段，社会评价的任务和内容也有所不同。在项目建议书阶段，应进行初步社会筛选；在项目的可行性研究阶段，应进行详细社会分析；在项目实施阶段，应进行社会监测与评估。

就项目的范围而言，不一定对所有的项目都进行上述三个阶段的全部评价。对于社会因素复杂、社会影响久远（具有重大的负面社会影响或显著的社会效益）、社会矛盾突出或社会风险较大和社会问题较多的项目，应当进行全面的社会评价。这些项目一般包括以下几种：

1）引发大规模移民征地的项目，如交通、水利、采矿和油田等项目。

2）具有明确社会发展目标的项目，即扶贫项目、区域性发展项目，以及文化、教育和公共卫生等社会服务性项目。

3）对于其他项目应当首先进行初步社会筛选，然后根据社会筛选的结果，决定是否需要进行详细的社会分析。需要进一步进行详细社会分析的项目一般具有以下特征：

① 项目地区的人口无法从以往的发展项目中受益或历来处于不利地位。

② 项目地区存在比较严重的社会、经济不平等现象。

③ 项目地区存在比较严重的社会问题。

④ 项目地区面临大规模企业结构调整，可能引发大规模的失业人口。

⑤ 可以预见到项目会产生重大的负面影响，如非自愿移民、文物古迹的严重破坏。

⑥ 项目活动会改变当地人口的现行行为方式和价值观念。

⑦ 社区参与对项目效果可持续性和成功实施十分重要。

⑧ 项目设计人员对项目影响群体的需求及项目地区发展的制约因素缺乏足够的了解。

6.4.2 社会评价的内容

1. 社会效益与影响分析

项目的社会影响分析在内容上可分为三个层次四个方面，即分析在国家、地区、项目（社区）三个层次上展开，包括项目对社会环境方面、社会经济方面、自然与生态环境方面和自然资源方面的影响。社会评价侧重于分析项目对社会环境方面、社会经济方面可能产生的影响，包括正面影响（通常称为社会效益）和负面影响。

（1）对所在地区居民收入的影响　主要分析预测由于项目实施可能造成当地居民收入增加或者减少的范围、程度及其原因；收入分配是否公平，是否扩大贫富收入差距，并提出促进收入公平分配的措施建议。扶贫项目应着重分析项目实施后，能在多大程度上减轻当地居民的贫困和帮助多少贫困人口脱贫。

（2）对所在地区居民生活水平和生活质量的影响　分析预测项目实施后居民居住水平、消费水平、消费结构、人均寿命的变化及其原因。

（3）对所在地区居民就业的影响　分析预测项目的建设和运营对当地居民就业结构和就业机会的正面影响与负面影响。其中，正面影响是指可能增加就业机会和就业人数；负面影响是指可能减少原有就业机会及就业人数，以及由此引发的社会矛盾。

（4）对所在地区不同利益群体的影响　分析预测项目的建设和运营的受益或受损群体，以及

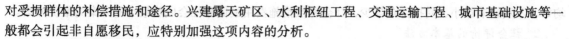

对受损群体的补偿措施和途径。兴建露天矿区、水利枢纽工程、交通运输工程、城市基础设施等一般都会引起非自愿移民，应特别加强这项内容的分析。

（5）对所在地区弱势群体利益的影响　分析预测项目的建设和运营对当地妇女、儿童、残疾人员利益的正面影响或负面影响。

（6）对所在地区文化、教育、卫生的影响　分析预测项目的建设和运营期间，是否可能引起当地文化教育水平、卫生健康程度的变化及对当地人文环境的影响，提出减少不利影响的措施建议。公益性项目要特别加强这项内容的分析。

（7）对所在地区基础设施、社会服务容量和城市化进程等的影响　分析预测项目的建设和运营期间，是否可能增加或者占用当地的基础设施，包括道路、桥梁、供电、给水排水、供气、服务网点，以及产生的影响。

（8）对所在地区少数民族风俗习惯和宗教的影响　分析预测项目的建设和运营是否符合国家的民族和宗教政策，是否充分考虑了当地民族的风俗习惯、生活方式或者当地居民的宗教信仰，是否会引发民族矛盾、宗教纠纷，影响当地的社会安定。

2. 互适性分析

互适性分析主要是分析预测项目能否为当地的社会环境、人文条件所接纳，以及当地政府、居民支持项目存在与发展的程度，考察项目与当地社会环境的相互适应关系。

1）分析预测与项目直接相关的不同利益群体对项目建设和运营的态度及参与程度，选择可以促使项目成功的各利益群体的参与方式，对可能阻碍项目存在与发展的因素提出防范措施。

2）分析预测与项目所在地区的各类组织对项目建设和运营的态度，可能在哪些方面、在多大程度上对项目予以支持和配合，即当地能否提供并保障项目建设和运营所需要交通、电力、通信、供水等基础设施条件，粮食、蔬菜、肉类等生活供应条件，医疗、教育等社会福利条件。

3）分析预测项目所在地区的现有技术、文化状况能否适应项目建设和发展。主要为发展地方经济、改善当地居民生产生活条件兴建的水利项目、公路交通项目、扶贫项目，应分析当地居民的教育水平能否适应项目要求的技术条件，能否保证实现项目既定的目标。

3. 社会风险分析

项目社会风险分析是对可能影响项目的各种社会因素进行识别和排序，选择影响面大、持续时间长，并容易导致较大矛盾的社会因素进行预测，分析可能出现这种风险的社会环境和条件。可能诱发民族矛盾、宗教矛盾的项目要注重社会风险分析，并提出防范措施。

6.4.3　社会评价的程序和基本方法

1. 社会评价的程序

（1）社会调查　调查的内容包括项目所在地区的基本情况和受影响社区的基本社会经济情况在项目影响时限内可能的变化。具体包括人口统计资料，基础设施与服务设施状况；当地的风俗习惯、人际关系；各利益群体对项目的反应、要求与接受程度；各利益群体参与项目活动的可能性，可能参与的形式、时间。社会调查可采用多种调查方法，如查阅历史文献、统计资料，问卷调查，现场访问、观察，开座谈会等。

（2）识别社会因素　分析社会调查获得的资料，对项目涉及的各种社会因素进行分类。一般可分成三类：影响人类生活和行为的因素、影响社会环境变迁的因素、影响社会稳定与发展的因素。然后从中识别和选择影响项目实施和项目成功的主要社会因素，作为社会评价的重点和论证评选方案的主要内容之一。

（3）论证比选最优方案　对各备选方案的综合分析评价结果进行比较分析，根据重要的关键指标选出最优方案，并结合项目的财务分析和经济费用效益分析结果，选择财务、经济和社会效益均好，不利影响最小，受损群众最少，社会补偿措施费用最低和社会风险最小的方案为最优方案。

2. 社会评价的基本方法

(1) 快速社会评价法　快速社会评价法是项目前期阶段进行社会评价的一种简便方法，主要着眼于负面社会因素的分析判断。它通过分析现有资料和现有状况，大致了解拟建项目所在地区社会环境的基本状况，识别主要社会影响因素，粗略预测可能出现的情况及其对项目的影响程度。快速社会评价法以定性分析为主，其步骤如下：

1）识别主要社会因素。根据与项目的相关程度和预期影响程度，将社会影响因素划分为影响一般、影响较大和影响严重三级，侧重分析评价影响严重的社会因素。

2）确定利益群体。划分项目所在地区的受益群体和受损群体，着重分析受损群体的情况。按受损程度，划分为受损一般、受损较大、受损严重三级，侧重分析受损严重群体的人数、结构及对项目的态度和可能产生的矛盾。

3）估算接受程度。分析当地现有经济条件、社会条件对项目存在与发展的接受程度，将接受程度分为高、中、低三级，侧重对接受程度低的因素进行分析，并提出项目与当地社会环境相互适应的措施建议。

(2) 详细社会评价法　详细社会评价法是在可行性研究阶段广泛应用的一种评价方法，它是在快速社会评价的基础上，进一步分析和论证与项目相关的社会因素和社会影响，预测风险度，并从社会分析角度对方案进行优化。详细社会评价采用定性分析与定量分析相结合的方法，主要步骤如下：

1）识别社会因素。对社会因素按其影响性质（正面影响或负面影响）、持续时间长短、风险度大小、风险变化趋势（减弱或增强）进行分组，着重对持续时间长、风险度大、可能激化的负面影响因素进行论证。

2）识别利益群体。对利益群体按其直接损益性质（受益或受损）、间接损益性质、减轻或者补偿受损措施的代价进行分组，详细论证各受益群体与受损群体之间，利益群体与项目之间的利害关系，以及可能出现的社会矛盾。

3）分析互适应程度。详细分析项目建设与运营过程中可以从地方获得支持与配合的程度，着重研究地方利益群体、当地政府和非政府机构的参与方式及参与意愿，并提出协调矛盾的措施。

4）比选优化方案。将上述各项分析的结果进行归纳，比选、推荐合理方案。详细社会评价一般采用参与式评价，即吸收公众参与评价项目的技术方案、工程方案等。这种方式有利于提高项目方案的透明度；有利于取得项目所在地各有关利益群体的理解、支持与合作；有利于提高项目的成功率，预防产生不良社会后果。一般来说，公众参与程度越高，项目的社会风险越小。参与式评价的具体形式可以采用以下三种：

① 咨询式参与。由社会评价人员将项目方案中涉及当地居民生产、生活的有关内容，直接交给居民讨论，征询意见。

② 邀请式参与。由社会评价人员邀请不同利益群体中有代表性的人员座谈，注意听取反对意见，并进行分析。

③ 委托式参与。由社会评价人员将项目方案中特别需要当地居民支持、配合的问题，委托给当地政府或机构，组织有关利益群体讨论，并收集反馈意见。

6.5 投资项目后评价

作为固定资产投资前期工作的重要组成部分，投资项目的可行性研究和项目评价正在我国全面推行并起到一定的作用。但是，可行性研究和项目评价是在项目建设前期进行的，其判断、预测是

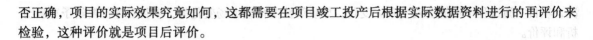

否正确，项目的实际效果究竟如何，这都需要在项目竣工投产后根据实际数据资料进行的再评价来检验，这种评价就是项目后评价。

6.5.1 后评价概述

1. 后评价的概念

投资项目后评价，是投资者委托咨询组织或专家，对建设项目从项目研究决策、到项目建成投产，并在生产经营一定时期后进行的全方位、全过程的总体评价，将项目投资决策前分析、预测、估算的指标与项目投产后实际达到的水平进行比较分析，真实、全面地总结评价项目前评价工作的质量，鉴定项目评价决策和项目投产后经济效益发挥的准确程度，并从中吸取经验教训，为正在投产营运的项目和以后建设同类项目，如何提高经济性、合理性，取得良好的经济效益，提出可行的措施与建议。

2. 后评价的作用

投资项目后评价的具体作用如下：

1）有利于总结项目管理的经验教训，提高项目管理水平。

2）项目后评价有利于决策的科学化与民主化水平。投资项目决策的依据是项目前评价，前评价所做的预测准确性程度，则需要通过后评价进行科学、客观的研究。

3）通过项目后评价，可以总结经验教训，妥善处理遗留问题，有利于提高勘察设计与施工的技术水平，有利于促进建设实施阶段合理化，效果最佳化。

4）项目后评价有利于提高引进技术和装备的成功率。

5）有利于提高企业投产运营的管理水平。通过对项目投产初期和达产时期的实际情况与预测情况的比较分析，可以找出差距原因，提出改进意见，促进企业改进经营管理。

6）有利于提高资金利用水平。

7）有利于适应市场经济的需要。

3. 后评价的种类

一般而言，从项目开工之后，即项目投资开始发生以后，由监督部门所进行的各种评价，都属于项目后评价的范畴，这种评价可以延伸至项目的寿命期末。因此，根据评价时点，项目后评价可细分为跟踪评价、完成评价、影响评价。

（1）跟踪评价　又称为中间评价或实施过程评价，是指在项目开工以后到项目竣工以前任何一个时点所进行的评价。主要目的是检查评价项目实施状况（包括进度、质量、费用等）。

（2）完成评价　又称为总结评价或终期评价，在项目投资结束，各项工程建设竣工，项目的生产效果已初步显现时进行的一次较为全面的评价。完成评价是对项目建设全过程的总结和对项目效益实现程度的评判，其主要内容包括项目选定的准确性及其经验、教训的分析。

（3）影响评价　又称为事后评价，在项目效益得到正常发挥后直到项目报废为止的整个运营阶段中任何一个时点，对项目所产生影响进行的评价。侧重于对项目长期目标的评价，衡量项目的实际投资效益，评价项目的发展趋势和对社会、经济及环境的影响。

6.5.2 后评价的内容

1. 项目目标评价评定

项目立项时所预定的目标的实现程度，是项目后评价的主要任务之一。项目后评价要对照原定目标所需完成的主要指标，根据项目实际完成的情况，评定项目目标的实现程度。如果项目的预定目标未全面实现，需分析未能实现的原因，并提出补救措施。目标评价的另一项任务，是对项目原定目标的正确性、合理性及实践性进行分析评价。有些项目原定的目标不明确，或不符合实际情况，项目实施过程中可能会发生重大变化，如政策性变化或市场变化等，项目后评价要给予重新分析和评价。

2. 项目实施过程评价

投资项目的建设实施阶段，是指项目按照投资决策和设计文件的要求，以及国家年度投资计划的安排，从建设准备工作开始，进行大量财力、物力投入，形成工程实体，直至全部验收、交付投产为止的过程。项目实施过程评价应对立项评估或可行性研究时所预计的情况与实际执行情况进行比较和分析，找出偏差程度，分析原因。

项目实施过程评价一般要分析以下几个方面：项目的立项、准备和评估；项目的内容和建设规模；项目进度和实施情况；项目投资控制情况；项目质量和安全情况；配套设施和服务条件；收益范围与收益者的反映；项目的管理和机制；财务执行情况等。

3. 项目效益评价

项目效益评价是对项目实际取得的效益进行财务分析和经济费用效益分析，其评价的主要指标应与项目前评价一致，即内部收益率、净现值及贷款偿还期等反映项目盈利能力和清偿能力的指标。但项目后评价采用的数据是实际发生的，而项目前评价则采用的是预测的。

4. 投资项目影响后评价

（1）经济影响评价　主要分析项目对所在地区、所属行业及国家所产生的经济方面的影响，包括分配、就业、国内资源成本（或换汇成本）、技术进步等。

（2）环境影响评价　根据项目所在地（或国家）对环境保护的要求，评价项目实施后对大气、水、土地、生态等方面的影响，评价内容包括项目的污染控制、地区环境质量、自然资源利用和保护、区域生态平衡和环境管理等方面。

（3）社会影响评价　分析项目对社会发展目标的影响和贡献，重点评价项目对所在地区和社会的影响，评价内容一般包括贫困、平等、参与、妇女和持续性等。

5. 项目持续性评价

项目的持续性是指在项目的建设资金投入完成之后，项目的既定目标是否能继续，项目是否可以持续地发展下去，项目业主是否愿意并可能依靠自己的力量继续去实现既定目标，项目是否具有可持续性，即能否在未来以同样的方式建设同类项目。项目可持续性评价就是从政府、管理、组织和地方参与，财务因素、技术因素、社会文化因素、环境和生态因素及其他外部因素等方面来分析项目的可持续性。

6.5.3　后评价的主要方法

1. 统计预测法

项目后评价包括对项目已经发生事实的总结和对项目未来发展的预测。后评价时点前的统计数据是评价对比的基础，后评价时点的数据是评价对比的对象，后评价时点后的数据是预测分析的依据。

（1）统计调查　统计调查是指根据研究的目的和要求，采用科学的调查方法，有策划、有组织地收集被研究对象的原始资料的工作过程。统计调查的常用方法有直接观察法、报告法、采访法和被调查者自填法等。

（2）统计资料整理　统计资料整理是指根据研究的任务，对统计调查所获得的大量原始资料进行加工汇总，使其系统化、条理化、科学化，以得出反映事物总体综合特征的工作过程。

（3）统计分析　统计分析是根据研究的目的和要求，采用各种分析方法，对研究的对象进行解剖、对比、分析和综合研究，以揭示事物内在联系和发展变化的规律性。统计分析的方法有分组法、综合指标法、动态数列法、指数法、抽样和回归分析法、投入产出法等。

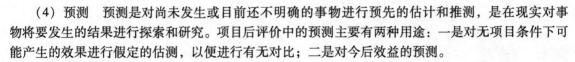

（4）预测　预测是对尚未发生或目前还不明确的事物进行预先的估计和推测，是在现实对事物将要发生的结果进行探索和研究。项目后评价中的预测主要有两种用途：一是对无项目条件下可能产生的效果进行假定的估测，以便进行有无对比；二是对今后效益的预测。

2. 对比法

（1）前后对比法　前后对比法是一种将项目实施前与实施后的情况加以对比，以确定项目效益的方法。在项目后评价中，它是一种纵向的对比，将项目前期的可行性研究和项目评估的预测结论与项目的实际运行结果相比较，以发现差异，分析原因。这种对比用于揭示计划、决策和实施的质量，是项目过程评价应遵循的原则。

（2）有无对比法　有无对比是指将项目实际发生的情况与若无项目可能发生的情况进行对比，以度量项目的真实效益、影响和作用。这种对比是一种横向对比，主要用于项目的效益评价和影响评价。有无对比的目的是要分清项目作用的影响与项目以外作用的影响。

3. 因素分析法

项目投资效果的各种指标，往往都是由多种因素决定的。只有把综合性指标分解成原始因素，才能确定指标完成好坏的具体原因。这种把综合指标分解成各个因素的方法，称为因素分析法。运用因素分析法，首先要确定分析指标的因素组成，其次是确定各个因素与指标的关系，最后确定各个因素对指标影响的份额。

4. 定量分析与定性分析相结合

定量分析是通过一系列定量计算方法和指标对所考察的对象进行的分析评价；定性分析是指对无法定量的考察对象用定性描述的方法进行的分析评价。在项目后评价中，应尽可能用定量数据来说明问题，采用定量的分析方法，以便进行前后对比或有无对比。但对于无法取得定量数据的评价对象或对项目的总体评价，则应结合使用定性分析。

习　题

1. UNIDO 将项目可行性研究分为几个阶段？各个阶段有哪些主要工作内容？
2. 投资项目可行性研究的内容有哪些？
3. 可行性研究报告的编制依据有哪些？具体的编制程序包括哪些环节？
4. 区域经济与宏观经济影响分析的主要内容有哪些？
5. 什么是投资项目的社会评价，主要包括哪些内容？
6. 投资项目社会评价的基本方法有哪些？
7. 项目后评价的含义是什么？它具有哪些作用？
8. 项目后评价的方法有哪些？
9. 根据评价时点的不同，项目后评价分为几类？各类后评价分别包括哪些方面的内容？
10. 找一份投资项目的项目建设书、可行性研究报告、社会评价报告或后评价报告，依据本章相关理论和知识，剖析其优点和缺点。

第7章

投资项目财务分析

■ 引语

想想我们前面多次提到的那个大学城边上的小型特色饭店投资的例子，我们已经知道，要论证它的投资是否有利可图，需要计算出净现值、内部收益率和投资回收期等指标。我们也知道，计算这些指标可根据小饭店每年的现金流入和现金流出。那么，现金流入和现金流出数据是多少呢？你一定会说，可以经济要素计算出来。是的，这说明你对前面几章学习的知识掌握得非常好！你可以马上行动起来去调查获得相关经济要素的数据。

你实地调查了附近的菜市场和超市，把你可能用到的各类调味品、佐料、蔬菜、肉类、水（海）产品、粮食等价格摸了个透。你还兴冲冲地去了劳务市场，问问那些寻找饭店厨师、服务员和洗碗工等工作的那些人所期望的工资薪水。你还暗访了附近的多家小饭店，了解他们的菜肴、面点、酒水等的定价。你或许还非常明智地去了当地税务部门，了解了有关小饭店纳税的税种、税率和计算方法；去了当地的劳动部门了解到雇工“五险一金”交纳比例的规定。

当你兴奋而疲惫地奔波了一个星期，在面对满是调查数据的厚厚小本子，你可能不知所措，不知道如何把它们变成你所希望的现金流入和现金流出数据。更令人沮丧的是，你忽然想到，即使你再花一个星期去整理调查数据，并得到现金流量，计算出指标，但是初期投资20万元资金中的一半是向别人借的，打算支付一定利息，你不能确定在支付了借款的本金和利息后，自己投入的资金是否赚了钱、赚了多少钱。

如此看来，一个投资项目的盈利分析似乎比想象的要复杂得多。再想想在第6章提到了占地200亩（1亩≈666.67m^2）的铸钢厂的例子，其所涉及的生产要素、融资结构应该远比一个小饭店要多得多。这还只是勉强能算得上一个中型工程，如果是大型工程或者如三峡大坝、京沪高铁这样的超大型工程，又将是一个什么样的情况呢？所以，需要一个标准化的方法体系能方便、快速、正确地把所获得的经济要素数据形成一个完整的数据链，并以一种能够让自己和他人都能读懂的方式展现出来，以便于解释分析结论或者可以重复地验证分析结论。这套标准化的方法体系就是财务分析，这也正是本章的主要内容。

■ 7.1　财务分析概述

7.1.1　财务分析的内容

财务分析是在国家现行财税制度和价格体系的前提下，从项目的角度出发，计算项目范围内的财务效益和费用，分析项目的盈利能力、偿债能力及财务生存能力，判断项目的财务可行性，明确项目对财务主体的价值及对投资者的贡献，为投资决策、融资决策及银行审贷提供依据。

投资项目财务评价的内容应根据项目性质、项目目标、项目投资者、项目财务主体，以及项目对经济与社会的影响程度等具体情况确定。对于经营性项目主要分析项目的盈利能力、偿债能力和财务生存能力；对于非经营性项目主要分析项目的财务生存能力。

1. 盈利能力

通过一系列指标计算分析项目在财务上的盈利能力，其主要分析指标包括项目投资财务内部收益率和财务净现值、项目资本金财务内部收益率、投资回收期、总投资收益率和项目资本金净利润率。

2. 偿债能力

通过一系列指标计算分析使用债务资金的项目是否具有偿还贷款的能力，其主要指标包括利息备付率、偿债备付率和资产负债率等。

3. 财务生存能力

分析项目是否有足够的净现金流量维持正常运营，以实现财务可持续性。财务可持续性首先体现在有足够大的经营活动净现金流量。其次各年累计盈余资金不应出现负值。若出现负值，应进行短期借款，同时分析该短期借款的年份长短和数额大小，进一步判断项目的财务生存能力。

7.1.2 财务分析的作用

1. 考察项目的财务盈利能力

通过财务评价，可从企业或项目的角度出发分析该项目的投资效果，评判整个项目和投资各方在全寿命周期内获得利益和该项目的市场竞争能力、抗风险能力，据此判断该项目的财务可行性。

2. 用于制订适宜的资金规划

通过财务评价，对不同的资金筹措方式、资金结构、借贷利率和偿还方式下的资金筹措方案进行比较，选择相对最优的资金筹措计划方案，使投资经济效果达到相对最优；同时，以此为基础分析项目贷款的偿还能力，为向金融机构申请贷款提供条件。

3. 为协调企业利益与国家利益提供依据

通过财务评价，权衡非盈利项目或微利项目的经济优惠措施（如财政补贴等）；也是公私合营项目谈判签约的重要依据；同时也作为编制项目经济费用效益分析的基础。

7.1.3 融资前分析和融资后分析

项目决策分为投资决策和融资决策两个层次。投资决策重在考察项目净现金流的价值是否大于其投资成本；融资决策重在考察资金筹措方案能否满足要求。严格地说，投资决策在前，融资决策在后。根据不同的决策需要，财务分析可分为融资前分析和融资后分析。一般宜先进行融资前分析，在融资前分析结论满足要求的情况下，初步设定融资方案，再进行融资后分析。在项目的初期研究阶段，例如项目建议书阶段，也可只进行融资前分析。

1. 融资前分析

融资前分析是指在考虑融资方案前就可以开始进行的财务分析，即在不考虑债务融资条件下进行的财务分析。融资前分析只进行盈利能力分析，并以投资现金流量分析为主要手段。融资前项目投资现金流量分析，是从项目投资总获利能力角度，考察项目方案设计的合理性，以动态分析（折现现金流量分析）为主，静态分析（非折现现金流量分析）为辅。

进行现金流量分析应正确识别和选用现金流量，包括现金流入和现金流出。融资前财务分析的现金流量应与融资方案无关。从该原则出发，融资前项目投资现金流量分析的现金流量主要包括建设投资、营业收入、经营成本、流动资金、税金及附加和所得税。为体现与融资方案无关的要求，各项现金流量的估算中都需要排除利息的影响，所以采用不含利息的经营成本作为现金流出；在流动资金估算、经营成本中的修理费和其他费用估算过程中应注意避免利息的影响。

根据需要，可从所得税前和（或）所得税后两个角度进行考察，选择计算所得税前和（或）所得税后指标。所得税前和所得税后分析的现金流入完全相同，但现金流出略有不同，所得税前分析不将所得税作为现金流出，所得税后分析视所得税为现金流出，这里所说的所得税为调整所得税。

2. 融资后分析

在融资前分析结果可以接受的前提下，可以开始考虑融资方案，进行融资后分析。融资后分析包括项目的盈利能力分析、偿债能力分析及财务生存能力分析，进而判断项目方案在融资条件下的合理性。融资后分析是比选融资方案，进行融资决策和投资者最终决定出资的依据。可行性研究阶段必须进行融资后分析，但只是阶段性的。实践中，在可行性研究报告完成后，还需要进一步深化融资后分析，才能完成最终融资决策。

7.1.4 新设法人财务分析和既有法人财务分析

根据项目融资主体的不同，可分为新设法人项目融资和既有法人项目融资。

1. 新设法人项目融资及财务分析

新设法人项目融资方式是以新组建的具有独立法人资格的项目公司为融资主体的融资方式。采用新设法人项目融资方式的建设项目，项目法人大多是企业法人。社会公益性项目和某些基础设施项目也可能组建新的事业法人实施。采用新设法人项目融资方式的建设项目，一般是新建项目，但也可以是将既有法人的一部分资产剥离出去后重新组建新的项目法人的改扩建项目。

新设法人项目融资方式的基本特点是：

1）由项目发起人（企业或政府）发起组建新的具有独立法人资格的项目公司，由新组建的项目公司承担融资责任和风险。

2）建设项目所需资金的来源，包括项目公司股东投入的资本金和项目公司承担的债务资金。

3）依靠项目自身的盈利能力来偿还债务。

4）一般以项目投资形成的资产、未来收益或权益作为融资担保的基础。

采用新设法人项目融资方式，项目发起人与新组建的项目公司分属不同的实体，项目的债务风险由新组建的项目公司承担。

新设项目法人项目财务分析的主要内容是在编制财务现金流量表、利润与利润分配表、资金来源与运用表、借款还本付息计划表的基础上，进行盈利能力和偿债能力分析。由于项目能否还贷取决于项目自身的盈利能力，因此必须认真分析项目自身的现金流量和盈利能力。

2. 既有法人项目融资及财务分析

既有法人项目融资方式是以既有法人为融资主体的融资方式。采用既有法人项目融资方式的建设项目，一般是指技术改造、改建、扩建项目，也可以是指非独立法人的新建项目。

既有法人项目融资方式的基本特点是：

1）由既有法人发起项目、组织融资活动并承担融资责任和风险。

2）建设项目所需的资金，来源于既有法人内部融资、新增资本金和新增债务资金。

3）新增债务资金依靠既有法人整体（包括拟建项目）的盈利能力来偿还。

4）以既有法人整体的资产和信用承担债务担保。

由于既有法人项目不组建新的独立法人，项目的运营与理财同现有企业的运营与理财融为一体，因此与新设法人项目相比，其财务分析复杂程度高、牵扯面广、需要数据多，涉及项目和企业两个层次、“有项目”与“无项目”两个方面，其特殊性主要表现在以下方面：

1）在不同程度上利用了原有资产和资源，以增量调动存量，以较小的新增投入取得较大的效益；在财务分析中，注意应将原有资产作为沉没费用处理。

2）原来已在生产，若不改扩建，原有状况也会发生变化，因此项目效益与费用的识别与计算要比新设法人项目复杂得多，着重于增量分析与评价。例如，项目的效益目标可以是新增生产线或新品种，可以是降低成本、提高产量或质量等多个方面；项目的费用不仅要考虑新增投资、新增成本费用，而且还可能要考虑因改造引起的停产损失和部分原有资产的拆除和迁移费用等。

3）建设期内建设与生产可能同步进行，出现“有项目”与“无项目”计算期是否一致的问题。这时应以“有项目”的计算期为基础，对“无项目”进行计算期调整。调整的手段一般是追加投资或加大各年修理费，以延长其寿命期，在某些特殊情况下，也可以将“无项目”适时终止，其后的现金流量作零处理。

4）项目与企业既有联系，又有区别。既要考察项目给企业带来的效益，又要考察企业整体的财务状况，这就提出了项目范围界定的问题。对于那些难以将项目（局部）与企业（整体）效益与费用严格区分的项目，增量分析将会出现一定的困难，这时应把企业作为项目范围，从总量上考察项目的建设效果。

按照费用与效益识别的有无对比原则，对既有法人项目而言，为了求得增量效益与费用的数据，必须要计算五套数据：①现状数据，反映项目实施前的效益和费用现状，是单一的状态值；②“无项目数据”，是指不实施该项目时，在现状基础上考虑计算期内效益和费用数据的变化趋势（其变化值可能大于、等于或小于零），经合理预测得出的数值序列；③“有项目数据”，是指实施该项目后计算期内的总量效益和费用数据，是数值序列；④新增数据，是“有项目”与“现状”效益和费用数据的差额；⑤增量数据，是“有项目”与“无项目”效益和费用的差额，即“有无对比”得出的数据。

以上五套数据中，“无项目”数据的预测是一个难点，也是增量分析的关键所在，应采取稳妥的原则，避免人为夸大增量效益。若将现状数据和“无项目数据”均看作零，则“有项目数据”与新增数据、增量数据相同，这时“有项目”就等同于新设项目法人项目。

7.2 财务分析报表与分析指标

财务分析的方法是根据建设项目经济要素的基础数据，编制财务分析辅助报表，估算财务效益和费用，在此基础上编制财务分析的基本报表，计算财务分析指标，并进行建设项目财务可行性的判断。

7.2.1 财务分析报表

1. 财务分析报表的构成

财务分析报表由辅助报表和基本报表共同组成。首先通过财务分析基础数据与参数的确定、估算与分析，编制出财务分析的辅助报表；然后将辅助报表中的基础数据进行汇总并编制出用于财务分析的基本报表。财务分析报表的构成见表7-1。

表7-1 财务分析报表的构成

辅助报表	基本报表
B1 建设投资估算表（概算法）	B9 项目投资现金流量表
B2 建设投资估算表（形成资产法）	B10 项目资本金现金流量表
B3 建设期利息估算表	B11 投资各方现金流量表
B4 流动资金估算表	B12 利润与利润分配表
B5 项目总投资使用计划与资金筹措表	B13 财务计划现金流量表
B6 营业收入、营业税金及附加和增值税估算表	B14 资产负债表
B7 总成本费用估算表（生产要素法）	B15 借款还本付息计划表
$B7_{基1}$外购原材料费估算表	
$B7_{基2}$外购燃料和动力费估算表	
$B7_{基3}$固定资产折旧费估算表	
$B7_{基4}$无形资产和其他资产摊销估算表	
$B7_{基5}$工资及福利费估算表	
B8 总成本费用估算表（生产成本+期间费用法）	

2. 财务分析基本报表的内容

（1）财务现金流量表　反映项目计算期内各年的现金流入与现金流出，用以计算各项动态和静态评价指标，进行项目财务盈利能力分析。具体可分为下列三种类型：

1）项目投资现金流量表：该表以项目为一个独立系统，从融资前的角度出发，不考虑投资来源，假设全部投资都是自有资金。用于计算项目投资内部收益率及净现值等财务分析指标。

2）项目资本金现金流量表：该表从项目法人（或投资者整体）的角度出发，以项目资本金作为计算基础，把借款还本付息作为现金流出。用于计算项目资本金财务内部收益率。

3）投资各方现金流量表：该表分别从各个投资者的角度出发，以投资者的出资额作为计算的基础，用于计算投资各方内部收益率。只有投资者中各方有股权之外的不对等利益分配时，投资各方的收益率才会有差异，才需要编制此表。

（2）利润与利润分配表　反映项目计算期内各年的营业收入、总成本费用、利润总额、所得税及税后利润的分配情况，用于计算总投资收益率、项目资本金净利润率等指标。

（3）财务计划现金流量表　反映项目计算期内各年的投资、融资和经营活动所产生的各项现金流入和现金流出，计算净现金流量和累计盈余资金，分析项目的财务生存能力。

（4）资产负债表　用于综合反映项目计算期内各年末资产、负债和所有者权益的增减变化及应对关系，计算资产负债率。

（5）借款还本付息计划表　反映项目计算期内各年借款本金偿还和利息支付情况，用于计算借款偿还期或者偿债备付率、利息备付率等指标。该表可以与辅助报表中的建设期利息估算表合二为一。

3. 辅助报表与基本报表的关系

图 7-1 所示为辅助报表与基本报表之间的关系与数据走向。可以看出，财务分析的数据是从辅助报表流向基本报表的，辅助报表是基本报表的基础，而基本报表则是计算财务分析各类指标的依据。

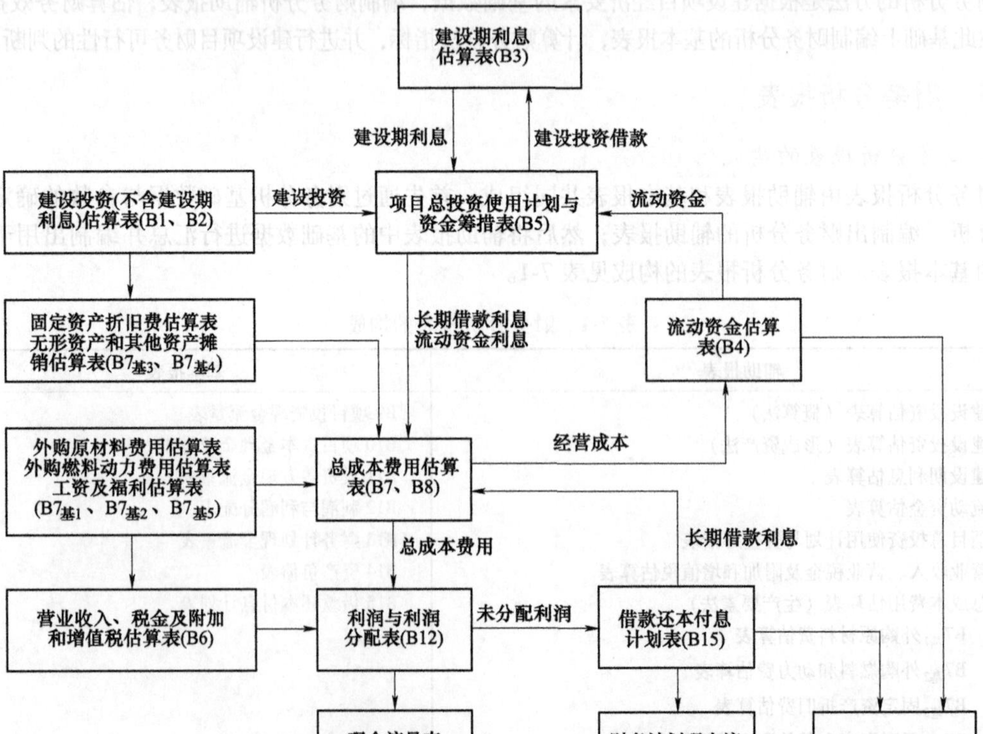

图 7-1　辅助报表与基本报表之间的关系与数据走向

7.2.2 财务分析指标体系

财务分析指标体系如图 7-2 所示。

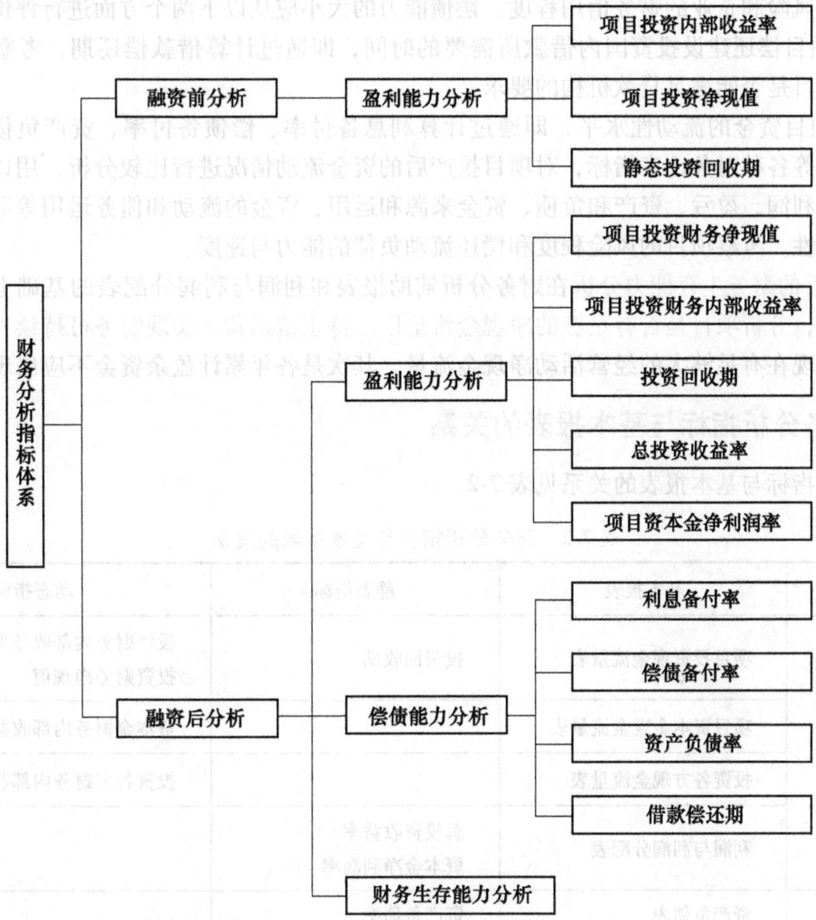

图 7-2 财务分析指标体系

（1）融资前分析 融资前分析以动态分析为主、静态分析为辅。融资前动态分析以营业收入、建设投资、经营成本和流动资金的估算为基础，考察整个计算期内现金流入和现金流出，计算项目投资内部收益率和净现值等指标。融资前静态分析可计算静态投资回收期指标，用以反映收回项目投资所需要的时间。

（2）融资后分析 融资后分析以融资前分析和初步的融资方案为基础，考察项目在拟定融资条件下的盈利能力、偿债能力和财务生存能力，判断项目方案在融资条件下的可行性。

1）融资后的盈利能力分析主要考察项目投资的盈利水平，它直接关系到项目投产后能否生存和发展，是评价项目在财务上可行性程度的基本标志。盈利能力的大小应从以下两个方面进行评价：

① 项目达到设计生产能力的正常生产年份可能获得的盈利水平，即主要通过计算总投资收益率、项目资本金净利润率等静态指标，考察项目在正常生产年份年度投资的盈利能力，以及判别项目是否达到行业的平均水平。

② 项目整个寿命期间内的盈利水平，即主要通过计算项目投资财务净现值、项目投资财务内

部收益率及投资回收期等动态和静态指标，考察项目在整个计算期内的盈利能力及投资回收能力，判别项目投资的可行性。

2）融资后的偿债能力分析主要考察项目的财务状况和按期偿还债务的能力，它直接关系到企业面临的财务风险和企业的财务信用程度。偿债能力的大小应从以下两个方面进行评价：

① 考察项目偿还建设投资国内借款所需要的时间，即通过计算借款偿还期，考察项目的还款能力，判别项目是否能满足贷款机构的要求。

② 考察项目资金的流动性水平，即通过计算利息备付率、偿债备付率、资产负债率、流动比率、速动比率等各种财务比率指标，对项目投产后的资金流动情况进行比较分析，用以反映项目寿命期内各年的利润、盈亏、资产和负债、资金来源和运用、资金的流动和债务运用等财务状况及资产结构的合理性，考察项目的风险程度和偿还流动负债的能力与速度。

3）融资后的财务生存能力分析在财务分析辅助报表和利润与利润分配表的基础上编制财务计划现金流量表，分析项目是否有足够的净现金流量以维持正常运营，实现财务可持续性。这里的可持续性首先体现在有足够大的经营活动净现金流量，其次是各年累计盈余资金不应出现负值。

7.2.3 财务分析指标与基本报表的关系

财务分析指标与基本报表的关系见表 7-2。

表 7-2 财务分析指标与基本报表的关系

评价内容	基本报表	静态指标	动态指标
盈利能力分析	项目投资现金流量表	投资回收期	投资财务内部收益率 投资财务净现值
	项目资本金现金流量表		资本金财务内部收益率
	投资各方现金流量表		投资各方财务内部收益率
	利润与利润分配表	总投资收益率 资本金净利润率	
偿债能力分析	资产负债表 建设期利息估算表 借款还本付息计划表	资产负债率 偿债备付率 利息备付率	
财务生存能力分析	财务计划现金流量表	累计盈余资金	

7.3 财务分析方法

财务分析方法

7.3.1 财务分析过程

1. 基础数据的调查与测算

在熟悉拟建项目基本情况的基础上，通过调查研究、分析、预测确定或相关专业人员提供的初级基础数据，如产出物数量、销售价格、原材料及燃料动力消耗量及其价格、人员数量和工资、折旧和摊销年限、成本计算中的各种费率、税率、汇率、利率、计算期和运营负荷等。计算、派生出来如成本费用、销售（营业）收入、销售税金与附加、增值税等数据，以供下一步财务分析之用。

2. 评价参数的选用

这里的评价参数主要是指判别用参数，即用于判别项目效益是否满足要求的基准参数，如基准收益率或最低可接受收益率、基准投资回收期、基准投资利润率等，这些基准参数往往需要通过专门分析和测算得到，或者直接采用有关部门或行业的发布值，或者由投资者自行确定。

3. 辅助报表的编制

依据上述的基础数据，估算项目的财务效益和费用，进而编制财务分析的辅助报表。

4. 基本报表的编制与指标计算

编制融资前分析的基本报表与指标的基本步骤：

1）估算建设投资、营业收入、经营成本和流动资金。

2）编制项目投资现金流量表，计算项目投资内部收益率、净现值和项目静态投资回收期等指标。

3）如果分析结果表明项目效益符合要求，再考虑融资方案，继续进行融资后分析。

4）如果分析结果不能满足要求，可以通过修改调整项目的方案设计以达到项目效益的要求，如果修改或调整后仍然不能满足要求可以据此做出放弃项目的建议。

编制融资后分析的基本报表与指标的基本步骤：

1）在融资前分析结论满足要求的情况下，初步设定融资方案。

2）在已有财务分析辅助报表的基础上，编制项目总投资使用计划与资金筹措表和建设期利息估算表。

3）编制项目资本金现金流量表，计算项目资本金财务内部收益率指标，考察项目资本金可获得的收益水平。

4）编制投资各方现金流量表，计算投资各方的财务内部收益率指标，考察投资各方可获得的收益水平。

5. 做出财务效益分析结论

利用各基本报表，可直接计算出一系列财务评价的指标，包括反映项目的盈利能力、偿债能力的静态和动态指标。将这些指标值与国家有关部门规定的基准值进行对比，就可得出项目在财务上是否可行的评价结论。

为减少项目在未来实施过程中不确定性因素对经济评价指标的影响，保证项目效益的兑现，在财务分析后，还要进行不确定性分析，包括盈亏平衡分析和敏感性分析（参见第9章）。

7.3.2　盈利能力指标计算方法

盈利能力指标用于考察项目财务上的盈利能力。第3章详细阐述了盈利能力指标及其计算，这里主要列举投资项目财务分析的常用指标及计算方法。

1. 投资回收期

投资回收期（或投资返本年限）是以项目的净收益回收项目全部投资所需的时间，或者是为补偿项目的全部投资而积累一定的净收益所需的时间。项目评价求出的投资回收期（P_t）与基准投资回收期（P_c）比较，当 $P_t \leqslant P_c$ 时，表明项目投资能在规定的时间内收回，能满足设定的要求。投资回收期一般以年为单位，并从项目建设开始年算起。若从项目投产年算起，应予注明。

项目投资回收期可采用下式计算

$$\sum_{t=0}^{P_t} (\mathrm{CI} - \mathrm{CO})_t = 0 \tag{7-1}$$

式中　P_t——静态投资回收期；

CI——现金流入量；

CO——现金流出量；

$(CI-CO)_t$——第 t 年现金流量。

投资回收期可根据现金流量表的累计净现金流量计算，公式为

$$P_t = T - 1 + \frac{\left|\sum_{t=0}^{T-1}(CI - CO)_t\right|}{(CI - CO)_T} \tag{7-2}$$

式中 T——累计净现金流量首次为正值或零的年数。

2. 总投资收益率

总投资收益率（ROI）是指项目达到设计生产能力后的正常生产年份的年息税前利润或运营期内年平均息税前利润（EBIT）与项目总投资（TI）的比率。总投资收益率可根据利润与利润分配表、总投资使用计划与资金筹措表计算。其计算公式为

$$ROI = \frac{EBIT}{TI} \times 100\% \tag{7-3}$$

式中 EBIT——项目正常年份的年息税前利润或运营期内年平均息税前利润；

TI——项目总投资。

在财务分析中，将总投资收益率与同行业的基准收益率对比，以判别项目单位投资盈利能力是否达到所要求的水平。

3. 项目资本金净利润率

项目资本金利润率（ROE）是指项目达到设计生产能力后的正常生产年份的年净利润或运营期内年平均净利润（NP）与项目资本金（EC）的比率，它反映投入项目的资本金的盈利能力。项目资本金净利润率可根据利润与利润分配表、总投资使用计划与资金筹措表计算，其计算公式为

$$ROE = \frac{NP}{EC} \times 100\% \tag{7-4}$$

式中 NP——利润与利润分配表中的税后利润。

4. 项目投资财务净现值

项目投资财务净现值（FNPV）是指项目按设定的折现率（基准投资收益率）将各年的净现金流量折现到建设起点（建设期初）的现值之和。若 FNPV≥0 时，项目财务上盈利能力可接受；若 FNPV<0 时，项目财务上不可行。根据财务现金流量表计算财务净现值，项目投资财务净现值的计算公式为

$$FNPV = \sum_{t=0}^{n} \frac{(CI - CO)_t}{(1 + i_c)^t} \tag{7-5}$$

式中 i_c——设定的折现率，取部门、行业的基准收益率或投资方最低可接受收益率；

n——项目计算期年数，包括建设期和生产运营期，一般取 10~20 年。

5. 项目投资财务内部收益率

项目投资财务内部收益率（FIRR）是指项目在计算期内各年净现金流量现值累计等于零时的折现率。若 FIRR≥i_c，项目财务上盈利能力可接受；若 FIRR<i_c，项目财务上不可行。项目投资财务内部收益率可根据财务现金流量表计算，其计算公式为

$$\sum_{t=0}^{n} \frac{(CI - CO)_t}{(1 + FIRR)^t} = 0 \tag{7-6}$$

在项目财务分析中，常需要计算三个不同的内部收益率：一是投资财务内部收益率；二是资本金内部收益率；三是投资各方内部收益率。尽管它们根据不同的现金流量表计算，且反映不同方的投资效益，但它们的表达式和计算方法是相同的。

7.3.3　偿债能力指标计算方法

偿债能力分析主要是针对使用债务性资金的项目，通过编制借款还本付息计划表，计算借款偿还期、利息备付率、偿债备付率等指标，分析项目的借款偿还能力；通过编制财务计划现金流量表和资产负债表，考察项目的财务状况。

1. 借款偿还期

借款偿还期是指在国家财政规定及项目具体财务条件下，项目投产后以可用作还款的利润、折旧、摊销及其他收益等，偿还建设投资借款本金及未支付的建设期利息所需要的时间。一般以年为单位表示，从借款开始年计算，若从投产年算起时应予以注明，其表达式为

$$I_d = \sum_{t=0}^{P_d} R_t \tag{7-7}$$

式中　I_d——建设投资借款本金和未支付的建设期利息之和；

P_d——借款偿还期；

R_t——第 t 年可用于还款的最大资金额，通常包含未分配利润、折旧和摊销等。

实际应用中，借款偿还期可由借款还本付息计划表计算，其计算式为

$$P_d = \frac{\text{借款偿还后开始出现}}{\text{盈余的年份数}} - \text{开始借款年份} + \frac{\text{当年借款额}}{\text{当年可用于还款的资金额}} \tag{7-8}$$

该指标适用于那些没有约定偿还期限，采用最大还款能力还款的项目。当借款偿还期满足贷款机构的要求期限时，即认为项目是有清偿能力的。计算出的数据越小，说明偿债能力越强。对于约定了借款偿还期限的项目，应计算利息备付率和偿债备付率指标，以考察项目偿还利息和债务的能力。

2. 利息备付率

利息备付率（ICR）是指在借款偿还期内的息税前利润（EBIT）与应付利息（PI）的比值，它从付息资金来源的充裕性角度反映项目偿付债务利息的保障程度和支付能力，其计算公式为

$$\text{ICR} = \frac{\text{EBIT}}{\text{PI}} \tag{7-9}$$

利息备付率应分年计算。利息备付率应至少大于 2；若低于 1 则表示没有足够的资金支付利息，偿债风险很大。

3. 偿债备付率

偿债备付率（DSCR）是指在借款偿还期内，用于计算还本付息的资金与应还本付息金额（PD）的比值，它从还本付息资金来源的充裕性角度反映项目偿付债务本息的保障程度和支付能力，计算公式为

$$\text{DSCR} = \frac{\text{EBITDA} - \text{TAX}}{\text{PD}} \tag{7-10}$$

式中　EBITDA——息税前利润、折旧和摊销之和；

TAX——企业所得税。

偿债备付率应分年计算。偿债备付率应至少大于 1；若低于 1 则表示没有足够的资金偿付当期债务，需通过短期借款偿付已到期债务。

4. 资产负债率

资产负债率是指各期末负债总额与资产总额的比率，表示总资产中通过负债得来的占比。它是评价项目负债水平的综合指标，反映项目利用债权人提供资金进行经营活动的能力，并反映债权人发放贷款的安全程度。资产负债率可由资产负债表求得，其计算公式为

$$资产负债率 = \frac{期末负债总额}{期末资产总额} \times 100\% \tag{7-11}$$

一般认为，资产负债率的适宜水平在40%~60%。对于经营风险较高的企业，如高科技企业，为减少财务风险应选择比较低的资产负债率；对于经营风险较低的企业，如供水、供电企业，资产负债率可以较高。我国交通、运输、电力等基础行业的资产负债率平均为50%，加工业为65%，商贸业为80%。而英国、美国资产负债率很少超过50%，亚洲和欧盟则明显高于50%，有些成功企业达70%。

5. 流动比率

流动比率是指一定时点上流动资产与流动负债的比率，反映项目偿还流动负债的能力。流动比率可由资产负债表求得，其计算公式为

$$流动比率 = \frac{流动资产}{流动负债} \times 100\% \tag{7-12}$$

一般认为，流动比率为2.0较适当，理由是变现能力差的存货通常约占流动资产总额的一半。但到20世纪90年代以后，由于采用新的经营方式，平均值已降为1.5左右。例如，美国平均为1.4左右，日本平均为1.2左右，平均值达到或超过2的企业已经是个别现象。

6. 速动比率

速动比率是指一定时点上速动资产与流动负债的比率，反映项目快速偿还流动负债的能力。速动比率可由资产负债表求得，其计算公式为

$$\begin{cases} 速动比率 = \dfrac{速动资产}{流动负债} \times 100\% \\ 速动资产 = 流动资产 - 存货 \end{cases} \tag{7-13}$$

一般认为，速动比率为1.0较适当。但20世纪90年代以来已降为0.8左右。在有些行业，如小型零售商很少有赊销业务，故很少有应收账款，因此速动比率低于一般水平，但并不意味着缺乏流动性。

7.4 财务分析报表编制示例

7.4.1 项目基础数据

某企业拟投资一个新项目，原始资料简化如下：

项目建设期为2年，生产期为8年，项目建设投资（不含建设期借款利息和购置固定资产进项增值税）为10 000万元，资本金为2 000万元（建设期第1年投入1 200万元，第2年投入800万元），银行借款8 000万元（建设期分年与资本金同比例投入）。建设投资预计90%形成固定资产，10%形成无形资产。固定资产按平均年限法计提折旧，折旧年限为10年，残值率为5%；无形资产按5年摊销。流动资金投资为1 000万元，资本金为400万元，其余全部使用贷款，并在投产年一次投入。其他数据见表7-3。

建设投资贷款年利率为9.65%，按季计息，采用最大还款能力还款方式还款，贷款银行要求项目投产后的还款期不长于5年；流动资金贷款年利率为10%，按年计息。假定增值税税率为13%，城市维护建设税、教育费附加及地方教育附加的税率合计为10%，所得税税率为25%，税前投资基准收益率为15%，税前和税后基准投资回收期分别为5年和6年，税后资本金基准收益率为18%。

表 7-3 项目财务分析基础数据 (单位：万元)

项目	年份				
	1	2	3	4	5~10
建设投资	6 000	4 000			
其中：资本金	1 200	800			
借款	4 800	3 200			
年销售收入（不含销项税）			5 000	7 000	7 000
年经营成本（不含进项税）			2 300	2 700	2 700
进项增值税税额			200	300	300
流动资产总额			1 400	1 400	1 400
其中：应收账款			400	400	400
存货			600	600	600
现金			400	400	400
流动负债总额			400	400	400
其中：应付账款			400	400	400

7.4.2 财务分析报表编制与指标计算

本小节中各表格数据可能有个位数误差，这是由于计算结果取整数而导致的。

财务分析报表编制与指标计算

1. 建设期利息估算表的编制

建设期利息估算表见表 7-4。

表 7-4 建设期利息估算表 (单位：万元)

序号	项目	合计	建设期	
			1	2
1	建设期利息	904	240	664
1.1	期初借款余额		0	5 040
1.2	当期借款		4 800	3 200
1.3	当期应计利息		240	664
1.4	期末借款余额		5 040	8 904
2	其他融资费用	0	0	0
3	合计（1+2）	904	240	664

表 7-4 中数据计算如下：

建设投资贷款年利率为 9.65%，按季计息，则年有效利率为

$$i=\left(1+\frac{9.65\%}{4}\right)^{4}-1\approx 10\%$$

当总贷款分年均衡发放时，建设期利息的计算可按当年借款在年中支用考虑，即当年贷款按半年计息，上年贷款余额按全年计息。可根据第 2 章 2.1.3 小节中的式（2-9）或下式计算

$$\text{建设期各年应计利息}=\left(\text{年初借款余额}+\frac{\text{当年借款额}}{2}\right)\times\text{年有效利率}$$

则

$$第1年利息=(0+4\ 800万元\div 2)\times 10\%=240万元$$

$$第2年利息=[(4\ 800万元+240万元)+3\ 200万元\div 2]\times 10\%=664万元$$

2. 税金及附加、增值税估算表的编制

税金及附加、增值税估算表见表7-5。

表7-5 税金及附加、增值税估算表（单位：万元）

序号	项目	计算期									
		1	2	3	4	5	6	7	8	9	10
1	营业收入			5 000	7 000	7 000	7 000	7 000	7 000	7 000	7 000
2	税金及附加			45	61	61	61	61	61	61	61
2.1	资源税										
2.2	消费税										
2.3	增值税附加			45	61	61	61	61	61	61	61
3	增值税			450	610	610	610	610	610	610	610
3.1	销项增值税税额			650	910	910	910	910	910	910	910
3.2	进项增值税税额			200	300	300	300	300	300	300	300

该示例中，购置固定资产进项增值税按第二种方法处理（参见2.3.2小节），税金及附加只有3项增值税附加（城市维护建设税、教育费附加和地方教育附加）。以第3年为例，数据计算过程如下：

第3年销项增值税额=5 000万元×13%=650万元

第3年增值税额=650万元-200万元=450万元

第3年增值税附加=450万元×10%=45万元

3. 固定资产折旧费估算表的编制

固定资产折旧费估算表见表7-6。

表7-6 固定资产折旧费估算表（单位：万元）

序号	项目	计算期									
		1	2	3	4	5	6	7	8	9	10
1	固定资产原值			9 904							
2	当期折旧费			941	941	941	941	941	941	941	941
3	年末固定资产净值			8 963	8 023	7 082	6 141	5 200	4 259	3 318	2 377

从示例所给的已知条件可知，项目建设投资（不含建设期利息）的90%形成固定资产，折旧年限10年，按平均年限法计提折旧，残值率为5%，计算得

固定资产原值=投资所形成的固定资产+建设期利息=10 000万元×90%+904万元=9 904万元

$$年折旧率=\frac{1-残值率}{折旧年限}\times 100\%=\frac{1-5\%}{10}\times 100\%=9.50\%$$

$$年折旧费=固定资产原值\times 年折旧率=9\ 904万元\times 9.50\%\approx 941万元$$

第3年固定资产净值=年初固定资产净值-当期折旧费=9 904万元-941万元=8 963万元

4. 无形资产和其他资产摊销费估算表的编制

无形资产和其他资产摊销费估算表见表7-7。

表 7-7 无形资产和其他资产摊销费估算表 （单位：万元）

序号	项目	计算期									
		1	2	3	4	5	6	7	8	9	10
1	无形资产原值			1 000							
2	当期摊销费			200	200	200	200	200			
3	无形资产净值			800	600	400	200	0			

从示例所给的已知条件可知，项目建设投资的 10%形成无形资产，按 5 年摊销，年摊销费按下式计算

$$\text{年摊销费}=\frac{\text{无形资产原值}}{\text{摊销年限}}$$

无形资产原值 = 10 000 万元×10% = 1 000 万元

年摊销费 = 1 000 万元÷5 = 200 万元

利息、成本与利润等报表编制

5. 借款还本付息计划表、总成本费用估算表及利润与利润分配表的编制

常用的银行贷款还款方式有等额还本付息方式、等额本金利息照付和利息照付本金一次偿还等多种方式，项目财务分析实践中可根据银行的项目贷款意向书的初步贷款方案而定，相关的利息支付和本金偿还额可根据第 1 章的方法计算。

当贷款方案不确定时，项目财务分析时常采用最大还款能力还款方式计算。最大还款能力还款方式是在借款时借贷双方没有规定偿还借款的期限，而是依据项目以后产生的经济效益及公司当期的财务状况，尽最大能力把可用于还款的全部资金用于偿还项目借款的本金和利息。

在贷款方案确定情况下，借款还本付息计划表、总成本费用估算表及利润与利润分配表三个表可按顺序进行编制。贷款方案不能确定的情况下采用最大还款能力还款方式，则需要进行三表联算。

本示例采用最大还款能力还款方式，下面将详细说明三表联算的编制过程。编制结果：建设投资借款还本付息计划表见表 7-8，流动资金借款还本付息表见表 7-9，总成本费用估算表见表 7-10，利润与利润分配表见表 7-11。

（1）编制借款还本付息计划表　编制借款还本付息计划表时，建设期的利息计算同建设期利息估算表。这一计算过程基于以下假设：在建设期，建设项目既不归还借款本金，也不支付借款利息，建设期利息资本化。这样，建设期利息复利计算并累加到借款本金上。当生产期开始还款时，需要归还的建设投资借款本金则为建设期借款加上建设期各年应计的利息。

建设投资借款的还本资金来源于项目运营所获得的未分配净收益，包括未分配利润、折旧费和摊销费等。流动资金借款通常采用长期负债筹资方式，在财务分析中处理方式一般是考虑在项目运营初期借入流动资金并长期占用，中间各年只付息不还本，在计算期最后一年末一次性偿还本金（可用回收的流动资金偿还）。借款利息支付可设为通过营业收入收回的利息（已被计在总成本费用中，并在计算利润时已扣除）支付。

由于本示例的建设投资借款本金偿还按最大能力还款方式计算，借款还本付息计划表的编制取决于可用于偿还本金的数额，即未分配利润、折旧费、摊销费总和，利息支出则取决于年初借款余额，而未分配利润的大小又向上追溯与总成本费用有关。因此，在具体编制报表时，必须逐年在借款还本付息计划表、总成本费用估算表及利润与利润分配表三张表间循环填写，直到长期借款还清为止。

根据该表按下式，可计算出借款偿还期。

$$借款偿还期 = 借款偿还后开始出现盈余的年份 - 1 + \frac{当年应还借款额}{当年还本资金来源金额}$$

$$= \left(6 - 1 + \frac{1\,387}{3\,315}\right)年 \approx 5.42年$$

表 7-8　建设投资借款还本付息计划表　（单位：万元）

序号	项目	计算期									
		1	2	3	4	5	6	7	8	9	10
1	借款										
1.1	年初本息余额		5 040	8 904	7 340	4 471	1 387				
1.2	本年借款	4 800	3 200								
1.3	本年应计利息	240	664	890	734	447	139				
1.4	本年还本付息			2 454	3 603	3 531	1 526				
1.4.1	其中：还本			1 564	2 869	3 084	1 387				
1.4.2	付息			890	734	447	139				
1.5	年末本息余额	5 040	8 904	7 340	4 471	1 387	0				
2	债券										
3	借款和债券合计	5 040	8 904	7 340	4 471	1 387	0				
4	还本资金来源			1 564	2 869	3 084	3 315	3 192	3 127	3 127	3 127
4.1	当年可用于还本的未分配利润			423	1 728	1 943	2 175	2 051	2 186	2 186	2 186
4.2	当年可用于还本的折旧费			941	941	941	941	941	941	941	941
4.3	当年可用于还本的摊销费			200	200	200	200	200			
4.4	以前年度结余可用于还本资金										
4.5	用于还本的短期借款										
4.6	可用于还款的其他资金										
计算指标	借款偿还期：5.42 年										

表 7-9　流动资金借款还本付息表　（单位：万元）

序号	项目	计算期									
		1	2	3	4	5	6	7	8	9	10
1	本年借款			600							
2	年初本息余额			600	600	600	600	600	600	600	600
3	本年应计利息			60	60	60	60	60	60	60	60
4	本年还本付息			60	60	60	60	60	60	60	660
4.1	其中：还本										600
4.2	付息			60	60	60	60	60	60	60	60
5	年末本息余额			600	600	600	600	600	600	600	

表 7-10 总成本费用估算表 （单位：万元）

序号	项目	计算期									
		1	2	3	4	5	6	7	8	9	10
1	经营成本			2 300	2 700	2 700	2 700	2 700	2 700	2 700	2 700
2	折旧费			941	941	941	941	941	941	941	941
3	摊销费			200	200	200	200	200			
4	财务费用			950	794	507	199	60	60	60	60
4.1	其中：建设借款利息			890	734	447	139				
4.2	流动资金借款利息			60	60	60	60	60	60	60	60
5	总成本费用（1+2+3+4）			4 391	4 635	4 348	4 040	3 901	3 701	3 701	3 701

表 7-11 利润与利润分配表 （单位：万元）

序号	项目	计算期									
		1	2	3	4	5	6	7	8	9	10
1	营业收入			5 000	7 000	7 000	7 000	7 000	7 000	7 000	7 000
2	税金及附加			45	61	61	61	61	61	61	61
3	总成本费用			4 391	4 635	4 348	4 040	3 901	3 701	3 701	3 701
3.1	其中：利息			950	794	507	199	60	60	60	60
4	利润总额（1-2-3）			564	2 304	2 591	2 899	3 038	3 238	3 238	3 238
5	息税前利润（4+3.1）			1 514	3 098	3 098	3 098	3 098	3 298	3 298	3 298
6	弥补以前年度亏损										
7	应纳税所得额（4-6）			564	2 304	2 591	2 899	3 038	3 238	3 238	3 238
8	所得税			141	576	648	725	760	810	810	810
8.1	调整所得税			379	775	775	775	775	825	825	825
9	税后利润（4-8）			423	1 728	1 943	2 175	2 279	2 429	2 429	2 429
10	提取法定盈余公积金							228	243	243	243
11	提取任意盈余公积金										
12	应付利润（股利分配）										
13	未分配利润（9-10-11-12）			423	1 728	1 943	2 175	2 051	2 186	2 186	2 186

（2）编制总成本费用估算表 根据基础数据和上述各表的数据，可以完成总成本费用估算表的编制（相关费用的含义参见第2章）。但需注意，在总成本费用估算表中，财务费用一项包括了长期借款与流动资金借款的利息支出，而利息支出则需根据各年年初借款余额来计算。其中，长期借款余额要涉及总成本费用估算表、利润与利润分配表和借款还本付息计划表的循环计算，故只能逐年进行编制。

（3）编制利润与利润分配表 在利润与利润分配表中，产品营业收入、税金及附加及总成本费用数据取自辅助报表，其中，总成本费用只能逐年填写。有利润总额后，可以计算出所得税、税后利润、盈余公积金、未分配利润等数据。要说明的是，根据现行会计准则，营业收入、总成本费用均按不含税价格计算，若两者按含税价格计算，计算利润时尚需要扣除增值税一项。

利润与利润分配表中的调整所得税是项目财务分析的专用术语，主要用于融资前分析的投资现金流量表（见表 7-12）编制时采用。调整所得税是按总成本费用中不计入利息时所计算的利润总

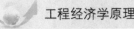

额为基数计算的所得税，调整所得税计算公式为

调整所得税 = 息税前利润 × 所得税税率

在项目财务分析采用最大还款能力还款时，一般可假定项目运营阶段的还款期不进行利润分配，所有的税后利润都可以用来归还借款，即未分配利润等于税后利润。利润与利润分配表中的未分配利润应计入借款还本付息计划表，作为偿还长期借款本金的来源之一，从而可完成总成本费用估算表、利润与利润分配表、借款还本付息计划表的循环计算。

（4）三表联算过程　以第 3、4 年计算为例，来看三表联算过程。

先编制借款还本付息计划表，先计算利息为

第 3 年建设投资借款利息 = 年初本息余额 × 建设投资借款年有效利率
= （8 000 万元 + 904 万元）× 10% ≈ 890 万元

第 3 年流动资金借款利息 = 流动资金借款额 × 流动资金借款年有效利率
= 600 万元 × 10% = 60 万元

因为第 3 年的未分配利润未知，所以无法计算出第 3 年建设借款还本额，所以无法再继续计算第 4 年的数据。这时只能先编制利润与利润分配表，但又发现要计算第 3 年的利润及未分配利润，还要先计算出第 3 年的总成本费用，则需要跳到总成本费用估算表。由于已有第 3 年的利息，可计算出第 3 年总成本费用为 4 391 万元，代入利润及利润分配表中，就可计算出第 3 年的利润总额为

第 3 年利润总额 = 5 000 万元 − 45 万元 − 4 391 万元 = 564 万元

第 3 年所得税 = 564 万元 × 25% = 141 万元

第 3 年税后利润 = 564 万元 − 141 万元 = 423 万元

由于在还款期可以不进行利润分配，所以第 3 年未分配利润等于第 3 年税后利润，即 423 万元，代入到借款还本付息计划表中的还本资金来源中，就可计算第 3 年的还本额，于是就可计算出第 3 年年末本息余额，也即第 4 年年初本息余额。

第 3 年年末建设投资借款本息余额 = 8 904 万元 − 1 564 万元 = 7 340 万元

进而，计算出的第 4 年建设投资借款利息为

第 4 年建设投资借款利息 = 7 340 万元 × 10% = 734 万元

这样，又进入第 4 年的三表联算过程。以此类推，最终完成对这三张报表的编制。

投资现金流量表与资本金现金流量表的编制

6. 投资现金流量表与资本金现金流量表的编制

编制项目投资现金流量表（见表 7-12）和项目资本金现金流量表（见表 7-13）时，现金流入、现金流出的各项数据均来自前述的辅助报表和基本报表。由此可计算出净现金流量、累计净现金流量，并计算出所得税前后的财务内部收益率、财务净现值、投资回收期及资本金内部收益率等指标。

表 7-12　项目投资现金流量表　（单位：万元）

序号	项目	计算期									
		1	2	3	4	5	6	7	8	9	10
1	现金流入			5 000	7 000	7 000	7 000	7 000	7 000	7 000	10 377
1.1	营业收入			5 000	7 000	7 000	7 000	7 000	7 000	7 000	7 000
1.2	回收固定资产余值										2 377
1.3	回收流动资金										1 000
2	现金流出	6 000	4 000	3 724	3 536	3 536	3 536	3 536	3 586	3 586	3 586

（续）

序号	项目	计算期									
		1	2	3	4	5	6	7	8	9	10
2.1	建设投资	6 000	4 000								
2.2	流动资金投资			1 000							
2.3	经营成本			2 300	2 700	2 700	2 700	2 700	2 700	2 700	2 700
2.4	税金及附加			45	61	61	61	61	61	61	61
2.5	调整所得税			379	775	775	775	775	825	825	825
3	税后净现金流量（1-2）	-6 000	-4 000	1 276	3 464	3 464	3 464	3 464	3 414	3 414	6 791
4	累计税后净现金流量	-6 000	-10 000	-8 724	-5 259	-1 795	1 670	5 134	8 549	11 963	18 755
5	税前净现金流量（3+2.5）	-6 000	-4 000	16 55	4 239	4 239	4 239	4 239	4 239	4 239	7 616
6	累计税前净现金流量	-6 000	-10 000	-8 345	-4 106	133	4 372	8 611	12 850	17 089	24 705
计算指标	税前投资财务内部收益率为 28%；税后投资财务内部收益率为 22% 税前投资财务净现值（$i_c=15\%$）为 5 277 万元；税后投资财务净现值（$i_c=15\%$）为 2 866 万元 税前投资回收期为 4.97 年；税后投资回收期为 5.52 年										

在资本金现金流量表编制中，资本金投资包括建设投资和流动资金投资中的资本金，借款本金偿还包括建设投资和流动资金借款的本金偿还，借款利息支付包括建设投资和流动资金借款的利息支付。

表 7-13 项目资本金现金流量表 （单位：万元）

序号	项目	计算期									
		1	2	3	4	5	6	7	8	9	10
1	现金流入			5 000	7 000	7 000	7 000	7 000	7 000	7 000	10 377
1.1	营业收入			5 000	7 000	7 000	7 000	7 000	7 000	7 000	7 000
1.2	回收固定资产余值										2 377
1.3	回收流动资金										1 000
2	现金流出	1 200	800	5 400	7 000	7 000	5 072	3 581	3 631	3 631	4 231
2.1	资本金投资	1 200	800	400							
2.2	借款本金偿还			1 564	2 869	3 084	1 387	0	0	0	600
2.3	借款利息支付			950	794	507	199	60	60	60	60
2.4	经营成本			2 300	2 700	2 700	2 700	2 700	2 700	2 700	2 700
2.5	税金及附加			45	61	61	61	61	61	61	61
2.6	所得税			141	576	648	725	760	810	810	810
3	净现金流量（1-2）	-1 200	-800	-400	0	0	1 928	3 419	3 369	3 369	6 146
计算指标	资本金财务内部收益率为 36%										

本示例中，项目投资现金流量表和资本金现金流量表的营业收入、经营成本均按不含税价格计算，同时销项增值税和进项增值税均没有计入现金流量。若收入和成本按含税价格计算，或者销项税计入现金流入、进项税计入现金流出，则需要在现金流出中增加增值税一项（参见 2.4.3 小节中

的图 2-6 和图 2-7）。

7. 财务计划现金流量表的编制

财务计划现金流量表与资产负债表的编制

财务计划现金流量表反映项目计算期各年的投资、融资及经营活动的现金流入和现金流出。该报表中的各项数据均来自前述的辅助报表和基本报表。由表可计算出盈余资金和累计盈余资金，为编制资产负债表提供依据。本示例项目的财务计划现金流量表见表 7-14。回收固定资产余值和回收流动资金一般是在项目结束后发生，通常在财务计划现金流量表中不再列入；或者在计算期结束后再增加一列上年余值栏，用于列入回收固定资产余值和流动资金。

表 7-14　财务计划现金流量表　（单位：万元）

序号	项目	计算期									
		1	2	3	4	5	6	7	8	9	10
1	经营活动净现金流量（1.1-1.2）			2 514	3 663	3 591	3 514	3 479	3 429	3 429	3 429
1.1	现金流入			5 650	7 910	7 910	7 910	7 910	7 910	7 910	7 910
1.1.1	营业收入			5 000	7 000	7 000	7 000	7 000	7 000	7 000	7 000
1.1.2	销项增值税税额			650	910	910	910	910	910	910	910
1.1.3	补贴收入										
1.1.4	其他流入										
1.2	现金流出			3 136	4 247	4 319	4 396	4 431	4 481	4 481	4 481
1.2.1	经营成本			2 300	2 700	2 700	2 700	2 700	2 700	2 700	2 700
1.2.2	进项增值税税额			200	300	300	300	300	300	300	300
1.2.3	税金及附加			45	61	61	61	61	61	61	61
1.2.4	增值税			450	610	610	610	610	610	610	610
1.2.5	所得税			141	576	648	725	760	810	810	810
1.2.6	其他流出										
2	投资活动净现金流量（2.1-2.2）	-6 000	-4 000	-1 000							
2.1	现金流入										
2.2	现金流出	6 000	4 000	1 000							
2.2.1	建设投资	6 000	4 000								
2.2.2	维持运营投资										
2.2.3	流动资金			1 000							
2.2.4	其他流出										
3	筹资活动净现金流量（3.1-3.2）	6 000	4 000	-1 514	-3 663	-3 591	-1 586	-60	-60	-60	-660
3.1	现金流入	6 240	4 664	1 000							
3.1.1	项目资本金投入	1 200	800	400							
3.1.2	建设投资借款(含建设期利息)	5 040	3 864								
3.1.3	流动资金借款			600							
3.1.4	债券										
3.1.5	短期借款										
3.1.6	其他流入										
3.2	现金流出	240	664	2 514	3 663	3 591	1 586	60	60	60	660

（续）

序号	项目	计算期									
		1	2	3	4	5	6	7	8	9	10
3.2.1	各种利息支出	240	664	950	794	507	199	60	60	60	60
3.2.2	偿还债务本金			1 564	2 869	3 084	1 387				600
3.2.3	应付利润（股利分配）										
3.2.4	其他流出										
4	净现金流量（1+2+3）						1 928	3 419	3 369	3 369	2 769
5	累计盈余资金						1 928	5 348	8 717	12 087	14 856

8. 资产负债表的编制

资产负债表一般是项目财务分析最后编制的报表，该表反映计算期各年年末资产、负债及所有者权益的状况，并遵循“资产=负债+所有者权益”会计等式。该表数据均来自于前面所编制的报表，若某年或某几年出现“资产≠负债+所有者权益”，则说明前面报表编制有误。因此，该表也兼具财务分析报表编制正确与否的检验功能。本示例项目的资产负债表见表7-15。资产负债表的数据为各年年末资产、负债和所有者权益的数值，所以取值均为累计值、余值或净值等，其中在建工程应为各年建设投资（含建设期利息）累计值。

表7-15　资产负债表　（单位：万元）

序号	项目	计算期									
		1	2	3	4	5	6	7	8	9	10
1	资产	6 240	10 904	11 163	10 022	8 881	9 669	11 947	14 376	16 804	18 633
1.1	流动资产总额			1 400	1 400	1 400	3 328	6 748	10 117	13 487	16 256
1.1.1	现金			400	400	400	400	400	400	400	400
1.1.2	累计盈余资金						1 928	5 348	8 717	12 087	14 856
1.1.3	应收账款			400	400	400	400	400	400	400	400
1.1.4	存货			600	600	600	600	600	600	600	600
1.2	在建工程	6 240	10 904								
1.3	固定资产净值			8 963	8 022	7 081	6 140	5 200	4 259	3 318	2 377
1.4	无形及递延资产净值			800	600	400	200				
2	负债及所有者权益（2.4+2.5）	6 240	10 904	11 163	10 022	8 881	9 669	11 947	14 376	16 804	18 633
2.1	流动负债总额			400	400	400	400	400	400	400	400
2.1.1	应付账款			400	400	400	400	400	400	400	400
2.1.2	短期借款										
2.1.3	预收账款										
2.2	建设投资借款余额	5 040	8 904	7 340	4 471	1 387					
2.3	流动资金借款余额			600	600	600	600	600	600	600	
2.4	负债小计（2.1+2.2+2.3）	5 040	8 904	8 340	5 471	2 387	1 000	1 000	1 000	1 000	400
2.5	所有者权益	1 200	2 000	2 823	4 551	6 494	8 669	10 947	13 376	15 804	18 233
2.5.1	资本金	1 200	2 000	2 400	2 400	2 400	2 400	2 400	2 400	2 400	2 400

（续）

序号	项目	计算期									
		1	2	3	4	5	6	7	8	9	10
2.5.2	资本公积										
2.5.3	累计盈余公积金							228	471	714	956
2.5.4	累计未分配利润			423	2 151	4 094	6 269	8 319	10 505	12 691	14 877
计算指标	资产负债率（%）	80.77	81.66	74.71	54.59	26.88	10.34	8.37	6.96	5.95	2.15
	流动比率	—	—	3.50	3.50	3.50	8.32	16.87	25.29	33.72	40.64
	速动比率	—	—	2.00	2.00	2.00	6.82	15.37	23.79	32.22	39.14

7.4.3 财务效益分析结论

1. 盈利能力分析

表7-16中所列的盈利能力分析指标是由投资现金流量表（见表7-12）和资本金现金流量表（见表7-13）计算出的财务内部收益率、财务净现值和投资回收期等指标，总投资收益率和资本金净利率可根据利润及利润分配表中的各年利润及投资额进行计算。

根据表7-11所列的利润与利润分配值，计算运营期年平均息税前利润与净利润为

$$年平均息税前利润=\frac{1\,514\text{万元}+3\,098\text{万元}\times 4+3\,298\text{万元}\times 3}{8}=2\,975\text{万元}$$

$$年平均净利润=\frac{423\text{万元}+1\,728\text{万元}+1\,943\text{万元}+2\,175\text{万元}+2\,279\text{万元}+2\,429\text{万元}\times 3}{8}\approx 1\,979\text{万元}$$

项目总投资取建设投资、建设期利息与流动资金投资之和（参见2.1.1小节），根据投资及资本金数据可计算以下指标：

$$总投资收益率=\frac{2\,975\text{万元}}{10\,000\text{万元}+904\text{万元}+1\,000\text{万元}}\times 100\%\approx 25\%$$

$$资本金净利率=\frac{1\,979\text{万元}}{1\,200\text{万元}+800\text{万元}+400\text{万元}}\times 100\%\approx 82\%$$

表7-16 示例项目盈利能力分析

评价指标		计算结果	评价基准
融资前财务分析	税前投资财务内部收益率	28%	≥15%
	税前投资财务净现值	5 277万元	≥0
	税前投资回收期	4.97年	≤5年
	税后投资财务内部收益率	22%	≥15%
	税后投资财务净现值	2 566万元	≥0
	税后投资回收期	5.52年	≤6年
融资后财务分析	资本金财务内部收益率	36%	≥18%
	总投资收益率	25%	≥15%
	资本金净利率	82%	—

从表7-16所列的融资前后评价指标可看出，该项目有较强的盈利能力，满足投资收益率的要求，且能保证在基准投资回收期内能收回投资。

2. 偿债能力分析

本示例项目采用的最大还款能力还款方式还款，因此计算的指标是借款偿还期。根据借款还本

付息计划表（见表 7-8）计算出的借款还款期为 5.42 年，不含建设期则为 3.42 年，满足银行要求的投产后 5 年还款期期限要求。

从表 7-15 所列的资产负债表计算的资产负债率、流动比率和速动比率来看，尽管计算期前 3 年的资产负债率高于 40%~60%的适宜水平，但总体呈下降趋势，且计算期 10 年的平均资产负债率为 35%，说明负债水平并不高，贷款安全程度较高。生产期各年的流动比率均大于 2.0、速动比率均大于 1.0，说明项目偿还流动负债及其快速偿付的能力较强、资产的流动性较好。总体上，项目在计算期内财务状况较好。

3. 财务生存能力分析

从表 7-14 所列的财务计划现金流量表来看，项目生产期各年经营活动的净现金流量较多，计算期初期的建设期和还款期累计盈余资金为 0，资金的来源和应用维持平衡，未出现个别年份为负值而需要增加短期借款的情况；计算期的其他年份累计盈余资金均大于 0，且逐年增长。可见，在计算期内项目可维持正常运营，财务可持续性较好，财务生存能力较强。

一项投资从市场调查开始：

基础数据调查与测算

习　　题

1. 财务分析的内容有哪些？在这方面，经营性项目与非经营性项目有哪些差别？
2. 融资前财务分析与融资后财务分析之间有什么区别？
3. 新设法人项目与既有法人项目的融资与财务分析有哪些不同之处？
4. 财务分析基本报表有哪些？它们分别可用于评价项目哪个方面能力？
5. 财务分析的静态指标和动态指标分别有哪些？它们分别可通过哪个报表进行计算，并可用于评价项目哪个方面的能力？
6. 某拟建项目建设期为 2 年，运营期为 8 年，第 3 年为投产年。建设投资（不含建设期借款利息和购置固定资产进项增值税）为 10 000 万元，其中资本金为 2 000 万元（第 1 年投入），银行借款为 8 000 万元（建设期分两年等额投入）。预计建设投资的 90%形成固定资产，10%形成无形资产。固定资产折旧年限 10 年，按平均年限法，残值率为 5%；无形资产按 5 年摊销。流动资金为 1 000 万元，在投产年一次性投入，其中资本金为 400 万元，银行借款为 600 万元。项目投入运营后，投产期和正常生产年份的不含税销售收入分别为 5 000 万元和 7 000 万元，按生产要素不含税价格计算的经营成本分别为 2 300 万元、2 700 万元，进项增值税税额分别为 200 万元、300 万元。建设投资贷款年利率为 10%，按年计息，以项目的最大还款能力偿还贷款；流动资金贷款年利率为 10%，按年计息；法定盈余公积金比例为 10%，项目投产后产品增值税税率为 13%，城市维护建设税、教育费附加及地方教育附加等增值税附加税税率合计为 10%，所得税税率为 25%；企业所设定的基准投资收益率为 15%，基准投资回收期为 5 年。试编制该项目财务分析的辅助报表及项目投资现金流量表、项目资本金现金流量表、利润与利润分配表、借款还本付息计划表等基本报表，并计算相关指标，判断项目经济上的可接受性。
7. 7.4 节中财务分析示例的其他条件不变，假定融资方案采用 5 年等额还本付息方式，试编制项目财务分析报表，计算相关评价指标并进行财务效益分析。

第8章

投资项目经济费用效益分析

■ 引语

你在大学城边上投资特色小饭店，只要取得营业执照、食品经营许可证、健康证、卫生许可证、税务登记证，获得消防审批和环保审批，并遵纪守法经营，只要觉得能赚钱，你就可以投资经营，没有人干涉你的投资和经营。不过，也不会有人因为你增加了就业机会而给予你奖励，也不会有人因为你丰富了大学城周边的餐饮美食而给你补贴，即使你亏损了也不会获得任何的补偿。因为餐饮行业是完全市场化的投资，应当完全根据市场情况进行项目的取舍。有些类型项目则相反，如自然垄断项目、公共产品项目、具有明显外部效果的项目、涉及国家控制的战略性资源开发及涉及国家经济安全的项目等。

例如，2018年10月24日，港珠澳大桥通车运营。这座总投资为1 269亿元，全长为55km，耗时9年建成的大桥，开通以来，每天约有3 000辆汽车通过，按照每辆车150元的收费标准计算，每天的收入大约为45万元。港珠澳大桥的收费标准150元只是针对小型客车，大型客车为200元/(辆·次)，穿梭巴士为300元/(辆·次)，普通货车为60元/(辆·次)，货柜车为115元/(辆·次)。虽然以后的收入肯定增长，但即使以每天100万元收入计算，按其120年设计使用寿命计算，不考虑资金时间价值的总收入为438亿元，远低于1 269亿元的总投资，且还没有考虑数额不菲的大桥日常清理维护和定期检查维修费用。

显然，对于这类的公共设施项目，如果按前面章节中阐述的方法，只考虑财务效益，项目是不可行的。那么，这样的项目该不该建呢？我们换个角度来看。

这条连接三地的陆路运输新通道，极大方便了广东、香港与澳门彼此之间的人员、货物往来，大幅缩短交通时间、节省交通费用。据《联合报》报道，在大桥开通前，从香港到珠海的轮渡全程需70min，票价为175港元，每2h一班，高峰期为每小时一班；搭大巴需要2~3h，票价为140港元，每日约5班。大桥开通后，搭乘“港珠线”穿梭巴士24h运营，班次在繁忙时间约5~10min一班，非繁忙时间及深夜则维持在15~30min一班，45min就能抵达珠海，票价只要65~75港元。不仅于此，它还将极大推动三地之间的物流、旅游业及公司往来的商业利益增长。

我们再扩大一下观察视角。随着港珠澳大桥的正式开通，粤港澳大湾区在核心发展轴和珠江西岸次轴的融合发展下，辐射范围将大大扩大，影响力深入华南、西南腹地，为辐射东南亚、南亚的经济大格局，提供关键的基建保障，创造难以估量的经济社会价值，令粤港澳大湾区成为足以媲美东京湾区、纽约湾区、旧金山湾区的世界著名湾区，为我国经济发展创建重大战略增长极。

此外，港珠澳大桥的建设还创下多项世界纪录。它是目前世界上里程最长、寿命最长、施工难度最大、沉管隧道最长、技术含量最高、钢结构最大的跨海大桥，是我国从桥梁大国走向桥梁强国的里程碑，被业界誉为桥梁界的“珠穆朗玛峰”，被英国媒体誉为“现代世界七大奇迹”之一。这座大桥

不仅体现了我国先进的桥梁建造水平，还体现了我国的综合国力。

由此可见，类似于港珠澳大桥这类项目，由于存在巨大的外部效益，单纯的财务分析并不能全面、真实地反映项目的经济价值。经济学家们认为对这一类项目应从国家角度衡量工程项目的宏观可行性，并提出了项目经济费用效益分析理论和方法，作为项目经济评价的重要组成部分。

8.1　经济费用效益分析概述

投资项目经济费用效益分析（以下简称费用效益分析），也常称为国民经济评价，是项目经济评价的重要组成部分，它是按照合理配置资源的原则，用影子价格、影子汇率、社会折现率等建设项目经济费用效益分析参数，从国家整体角度考察和确定项目的效益和费用，分析计算项目对国民经济的净贡献，以评价建设项目经济合理性。

8.1.1　费用效益分析的必要性与作用

相对于人们的需要而言，任何一个国家的资源都是有限的。有限的资源包括资金、土地、各种自然资源、还包括具有不同知识水平、技术水平和管理能力的人力资源等。资源的不同用途包括第一、二、三产业的产生及服务供给，包括消费品、中间产品、服务业务、基础业务、基础设施、社会福利事业等各行业的投资及生产。

正常运作的市场是将稀缺资源在不同用途和不同时间上合理配置的有效机制，在这种机制的作用下大部分工程项目财务分析结论可以满足投资决策要求。但是，市场的正常运作要求具备若干条件，包括资源的产权清晰、完全竞争、公共产品数量不多、短期行为不存在等。如果这些条件不能满足，市场就不能有效地配置资源，即市场失灵。

市场失灵包括以下四个方面：

（1）无市场、薄市场（thin market）　首先，很多资源的市场还没有发育起来，或根本不存在，这些资源的价格为零，因而被过度使用日益稀缺；其次，有些资源的市场虽然存在，但价格偏低，只反映了劳动和资本成本，没有反映生产中资源耗费的机会成本和环境污染的代价。毫不奇怪，价格为零或偏低时，资源会被浪费，生态会恶化。例如，我国一些地区的地下水和灌溉用水价格偏低，因而被大量浪费。

（2）外部效果（externalities）　外部效果是企业或个人的行为对活动以外的企业或个人造成的影响。外部效果造成私人成本（内部成本或直接成本）和社会成本不一致，导致实际价格不同于最优价格。外部效果可以是积极的也可以是消极的。河流上游农民种树，保持水土，使下游农民旱涝保收。这是积极的外部效果。上游滥砍滥伐造成下游洪水泛滥和水土流失，这是负面的外部效果。

（3）公共物品（public goods）　公共物品的显著特点是一个人对公共物品的消费不影响其他消费者对同种公共物品的消费。在许多情况下，个人不管付钱与否都不能被从公共物品的消费中排除出去，如国防。因为没有人能够或应该被排除，所以消费者就不愿为消费公共物品而付钱。消费者不愿付钱，私人企业赚不了钱，就不愿意提供公共物品。因此，自由市场很难提供充足的公共物品。

（4）短视计划（myopia planning）　自然资源的保护和可持续发展意味着为了未来利益而牺牲当前消费。因为人们偏好当前消费，未来利益被打折扣，从而造成应留给未来的资源被提前使用。资源使用中的高贴现率和可再生资源的低增长率，有可能使某种自然资源提早耗尽。

市场失灵的存在使得财务分析的结果往往不能真实反映工程项目的全部利弊得失，必须通过费用效益分析对财务分析中失真的结果进行修正。这类项目主要包括农业、水利、铁道、公路、民航、城市建设、电信等具有公共物品特征的基础设施项目；环保、高科技产业等外部效果显著的项

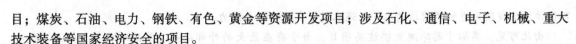

目；煤炭、石油、电力、钢铁、有色、黄金等资源开发项目；涉及石化、通信、电子、机械、重大技术装备等国家经济安全的项目。

因此，费用效益分析的内容主要是识别经济效益与费用，计算和选取影子价格，编制费用效益分析报表，计算费用效益分析指标并进行方案比选。

8.1.2 费用效益分析与财务分析的相同与不同之处

费用效益分析和财务分析是建设项目经济评价的两个层次，它们相互联系，有共同点又有区别。费用效益分析可以单独进行，也可以在财务分析的基础上进行调整计算。

1. 共同点

（1）评价的目的相同　费用效益分析和财务分析都是要寻求以最小的投入获得最大的产出。

（2）评价的基础相同　费用效益分析和财务分析都是在完成产品需求预测、工程技术方案、资金筹措等可行性研究的基础上进行的，都使用基本的经济评价理论，即费用与效益比较的理论方法。

（3）评价的计算期相同　费用效益分析时的项目计算期与财务分析的项目计算期相同。

2. 区别

（1）评价角度和基本出发点不同　财务分析是站在项目层次上，从项目的经营者、投资者、未来的债权人角度分析项目和各方的收支和盈利状况及偿还借款能力，以确定投资项目的财务可行性。费用效益分析则是从国家和地区的层次上，从全社会的角度考察项目需要国家付出的代价和对国家的贡献，以确定投资项目的经济合理性。

（2）费用、效益的划分不同　财务分析是根据项目直接发生的实际收支确定项目的效益和费用，凡是项目的货币支出都视为费用，税金、利息等也均计为费用。费用效益分析则着眼于项目所耗费的全社会有用资源来考察项目的费用，而根据项目对社会提供的有用产品（包括服务）来考察项目的效益。税金、国内借款利息和财政补贴等一般并不发生资源的实际增加和耗用，多是国民经济内部的“转移支付”，因此不列为项目的费用和效益（参见 8.3.1 小节）。另外，费用效益分析还需考虑间接费用与间接效益。

（3）采用的价格不同　财务分析要确定投资项目在财务上的现实可行性，因而对投入物和产出物均采用财务价格即现行的市场价格（预测值）。费用效益分析则采用反映货物的真实经济价值，反映机会成本、供求关系及资源稀缺程度的影子价格（参见 8.2.2 小节）。

（4）主要参数不同　财务分析采用的汇率一般选用当时的官方汇率，折现率是因行业而异的基准收益率或最低可接受收益率。费用效益分析则采用国家统一测定和颁布的影子汇率和社会折现率。费用效益分析的主要参数参见 8.2.1 小节。

8.1.3 费用效益分析的基本原理

本书第 3 章及第 7 章所介绍的方案经济性判断的方法主要是针对盈利性项目，即在完全市场环境下从投资者角度分析其投资的盈利性问题。而对于一些追求社会效益的非盈利性项目（公用事业项目，如防灾工程、城市道路等）来说，显然按盈利性分析方法，则没有人愿意投资建设公用事业项目，即市场配置的方式无法实现公共物品有效率地生产，因此必须由政府参加资源配置过程，按社会需要提供公共物品（建设公用事业项目）。

费用效益分析方法是一种西方国家用来评价社会公用事业项目的社会经济效果的主要方法，现在也被发展中国家广泛地用于公用事业项目、由政府投资或参股的盈利性或半盈利性的大型项目经济费用效益分析。

费用效益分析的基本方法和一般的经济分析思路一样，就是计算绝对经济效果指标或相对经济效果指标对公用事业项目经济效果进行评价，区别就在于效益和费用的范围是不同的。

相对经济效果指标为

$$\frac{B}{C}=\frac{\sum_{t=0}^{n}B_t(1+i)^{-t}}{\sum_{t=0}^{n}C_t(1+i)^{-t}} \tag{8-1}$$

绝对经济效果指标为

$$B-C=\sum_{t=0}^{n}(B_t-C_t)(1+i)^{-t} \tag{8-2}$$

式中　B_t——公用事业项目第 t 年的净收益，即社会受益者收入与社会受损者支出的差额；

C_t——公用事业项目第 t 年的净支出，即兴办者的支出与收入的差额；

i——社会折现率。

相对经济效果指标 B/C，又称为“益本比”，表示该项目单位成本所获得的社会效益；绝对经济效果指标 $B-C$，又称为“益本差”，表示该项目社会净效益的现值。当 $B/C\geqslant 1$ 或 $B-C\geqslant 0$，认为项目社会效益大于其费用支出，项目是可接受的。

费用效益分析中，应特别注意收益项与费用项的计算范围。收益是指方案给社会带来的收入或节约值减去损失值后的余额。同样，费用是指项目兴办者支付的全部投资和经营成本扣除所获收入或节约值后的净额。

例如，政府兴建的公路可能发生以下收益与费用：

1）社会收益。车辆运行成本降低、事故减少、运输时间缩短所产生的节约。

2）社会受损。农田改作公路的损失，空气污染和环境干扰造成的损失等。

3）兴办者（政府）的支出。路基勘探、设计费用、筑路费用、养路费用及公路管理费用等。

4）兴办者（政府）的收入。车辆通行费、由土地提价与商业活动增加带来的税收增加。

【例 8-1】　某城市市内的 A、B 两条公路，在其交叉口处设有信号灯控制系统指挥车辆通行，信号灯系统的年运行费用为 5 000 元。此外，还有负责巡视的交警 2 名，每日交通高峰时间值勤 2 小时，每小时工资为 20 元。据测算，A 公路平均日通行量为 10 000 辆，B 公路为 8 000 辆，其中有 20%为货车，60%为商用客车，20%为轿车。约有 50%的车辆在十字路口停车等候。每次停车时间在 A 公路上为 1 分钟，在 B 公路上为 1.2 分钟。货车每停车 1 小时损失 100 元，客车为 180 元，轿车为 60 元。车辆每起动一次的费用，货车、客车和轿车分别为 0.06 元、0.04 元和 0.02 元。据近 4 年的统计资料，因车辆违反信号控制共发生死亡事故 2 起，平均每起赔付 50 万元，伤残事故 40 件，平均每件赔付 10 000 元。现在拟在该交叉口建立交工程，预计投资 10 000 万元，工程寿命为 25 年，年维修费为 25 万元，残值为 0。建成后可消除停车与交通事故，但约有 20%的车辆增加了 0.25km 的行程，货车、客车和轿车的每公里行驶成本分别为 1.0 元、0.8 元和 0.5 元。基准收益率为 6%。试对该项目进行费用效益分析。

【解】

按费用效益分析方法，可先逐项计算出社会净收益与兴办者净支出，再计算相关指标。

（1）社会净收益现值计算

1）节约车辆等待时间的收益为

$$\begin{aligned}&\Big[10\,000\times 50\%\times(20\%\times 100+60\%\times 180+20\%\times 60)\times\frac{1}{60}+\\&\quad 8\,000\times 50\%\times(20\%\times 100+60\%\times 180+20\%\times 60)\times\frac{1.2}{60}\Big]\text{元/天}\\&\approx 22\,867\text{元/天}\end{aligned}$$

2）节约车辆起动次数的收益为

$$[10\,000 \times 50\% \times (20\% \times 0.06 + 60\% \times 0.04 + 20\% \times 0.02) + 8\,000 \times 50\% \times (20\% \times 0.06 + 60\% \times 0.04 + 20\% \times 0.02)]\text{元/天} = 360\text{元/天}$$

3）减少交通事故的节约额为

$$\left(\frac{2 \times 500\,000 + 40 \times 10\,000}{4}\right)\text{元/年} = 350\,000\text{元/年}$$

4）增加行驶里程的损失额为

$$[(10\,000 + 8\,000) \times 20\% \times (20\% \times 1.0 + 60\% \times 0.8 + 20\% \times 0.5) \times 0.25]\text{元/天} = 702\text{元/天}$$

则社会净收益的现值为

查复利系数表（见附录 A），得（P/A，6%，25）= 12.783 4。

$$B = \{[(22\,867 + 360) \times 365 + 350\,000 - 702 \times 365] \times (P/A, 6\%, 25) \div 10\,000\}\text{万元} \approx 10\,957\text{万元}$$

（2）兴办者净支出现值计算

$$C = [10\,000 + (25 - 0.5 - 20 \times 2 \times 2 \times 365 \div 10\,000) \times (P/A, 6\%, 25)]\text{万元} \approx 10\,276\text{万元}$$

（3）计算费用效益分析指标

$$B/C = 1.07 > 1$$

$$B - C = 681 > 0$$

由于项目的社会效益大于其费用支出，因此可以立项建设。

8.2 不同于财务分析的重要评价参数

8.2.1 费用效益分析参数

1. 社会折现率（social discount rate）

社会折现率是从社会角度对资金时间价值的估量，代表社会资金被占用应获得的最低收费率，并用作不同年份价值换算的折现率。

社会折现率是费用效益分析中经济内部收益率的基准值。适当的折现率有利于合理分配建设资金，指导资金投向对国民经济贡献大的项目，调节资金供需关系，促进资金在短期和长期建设项目之间的合理调配。

根据对我国国民经济运行的实际情况、投资收益水平、资金供求状况、资金机会成本及国家宏观调控等因素综合分析，根据国家发展和改革委员会和原建设部联合发布的《建设项目经济评价方法与参数（第三版）》，目前社会折现率测定值为8%。对于受益期长的建设项目，如果远期效益较大，效益实现的风险较小，社会折现率可适当降低，但不应低于6%。

社会折现率是项目经济评价的重要通用参数，在项目费用效益分析中作为计算经济净现值的折现率，并作为经济内部收益率的判据，只有经济内部收益率大于或等于社会折现率的项目才可行。它也是项目和方案相互比较选择的主要判据，因此它同时兼有判别准则参数和计算参数两种职能，适当的社会折现率有助于合理分配建设资金，引导资金投向对国民经济贡献大的项目，调节资金供需关系，促进资金在短期和长期项目间的合理配置。当国家需要缩小投资总规模时，可以提高社会折现率；反之则降低社会折现率。同样，在方案或项目比选时，社会折现率越高，越不利于初始投资大而后期费用节约或收益增大的方案或项目，因为后期的效益折算为现值时其折现率较高。当社会折现率较低时，情况相反。

2. 影子汇率（shadow exchange rate）

汇率是指两个国家不同货币之间的比价或交换比率。

影子汇率区分于外汇的财务价格和市场价格，是指单位外汇的经济价值，反映外汇真实价值的汇率。影子汇率主要依据一个国家或地区一段时期内进出口的结构和水平、外汇的机会成本及发展趋势、外汇供需状况等因素确定。一旦上述因素发生较大变化时，影子汇率值需做相应的调整。

在费用效益分析中使用影子汇率，是为了正确计算外汇的真实经济价值，影子汇率代表着外汇的影子价格。在费用效益分析中，影子汇率通过影子汇率换算系数计算，影子汇率换算系数是影子汇率与国家外汇牌价的比值。工程项目投入物和产出物涉及进出口时，应采用影子汇率换算系数计算影子汇率。根据目前我国外汇收支状况、主要进出口商品的国内价格与国外价格的比较、出口换汇成本及进出口关税等因素综合分析，目前我国的影子汇率换算系数取值为1.08（参见《建设项目经济评价方法与参数（第三版）》）。

影子汇率以美元与人民币的比价表示，对于美元以外的其他国家货币，应根据项目评价确定的某个时间国家公布的国际金融市场美元与该种货币兑换率，先折算为美元，再用影子汇率换算成人民币。

作为项目费用效益分析的重要通用参数，影子汇率的取值对于项目决策有着重要的影响。对于那些主要产出物是外贸货物的建设项目，包括产品是出口或替代进口的项目，由于产品的影子价格要以产品的口岸价为基础计算，要以产品出口换汇或“以产顶进”节约外汇，外汇的影子价格高低直接影响项目收益价值的高低，影响对项目效益的判断，影响对项目可行性研究的评价结论。影子汇率换算系数越高，外汇的影子价格越高，产品是外贸货物的项目经济效益就越好，项目就越容易通过；反之，项目就越不容易通过。当项目要引进国外的技术、设备或者要使用进口原材料、零部件时，都要进行引进与不引进之间的方案比较，要与使用国内技术、设备、原材料、零部件进行对比。影子汇率的高低直接影响进口技术、设备、原材料、零部件的影子价格的计算，影响引进方案的经济效益评价。外汇的影子价格较高时，引进方案的费用较高，评价结论会不利于引进方案。

3. 影子工资

影子工资是项目使用劳动力，社会为此付出的代价。影子工资受劳动力的机会成本和社会资源耗费等因素的影响。

影子工资一般通过影子工资换算系数计算。影子工资换算系数是影子工资与项目财务分析中劳动力的工资和福利费的比值。根据目前我国劳动力市场状况，技术性工种劳动力的影子工资换算系数取值为1，非技术性工种劳动力的影子工资换算系数取值为0.25~0.8，非技术劳动力较为富余的地区可取较低值，不太富余的地区可取较高值，中状况可取0.5。

4. 影子价格

在经济费用效益计量中，作为计量依据的影子价格成为关键问题。影子价格是指依据一定原则确定的，能够反映投入物和产出物真实经济价值，反映市场供求状况，反映资源稀缺程度，使资源得到合理配置的价格。影子价格是根据国家经济增长的目标和资源的可获性来确定的。如果某种资源数量稀缺且用途广泛，则其影子价格就高。如果这种资源的供应量增多，其影子价格就会下降。进行费用效益分析时，项目的主要投入物和产出物价格，原则上都应采用影子价格。

影子价格（shadow price）这一术语是20世纪30年代末、40年代初由苏联著名数学家、经济学家列·维·康特洛维奇为解决资源最优利用问题而首先提出的。它主要被用于国民经济计划工作中的集中决策研究，也称为“最优计划价格”。他认为影子价格是“有限资源使用情况的反映，资源决定了价格”。随后荷兰数理经济学家、计量经济学家奎恩·丁伯根将其进一步完善，他认为影子价格是“反映资源得到合理配置的预测价格”，是“对劳动、资本和为获得稀缺资源而进口商品的合理评价”，并将它用于自由经济中的分散决策，又被称为“预测价格”。后来美国著名经济学家保罗·萨缪尔森又做了进一步发展，使其成为主要反映资源是否得到合理配置和利用的预测价格的概念。他指出：第一，影子价格是以线性规划为计算方法的“计算价格”或“记账价格”；第二，影子价格是一种资源价格；第三，影子价格是以边际生产力为基础。换句话说，某种资源的产品影子价格就是该资源的边际生产力。此外他还把商品的边际成本也称为影子价格。

影子价格以资源的稀缺性为价值依据，以资源的边际效益为价值尺度，反映了资源对目标值的边际贡献、资源在最优决策下的边际价值及资源的市场供求关系、稀缺程度。它表示对某种资源效用价值的估价，这种估价不是该资源的市场价格，而是根据该资源在特定的经济结构中的贡献所做的估价，因而称为影子价格。从总体上来说，影子价格又可以分为两种类型：一种是福利经济学和资源分配理论与工程经济学相结合的产物，主要用于项目在费用效益分析中的影子价格，是广义的影子价格；另一种是福利经济学和资源分配理论与企业经济学相结合的产物，主要用于企业资源的最优分配与合理利用的决策中的影子价格，是狭义的影子价格。

8.2.2 影子价格的确定

确定影子价格时，对于投入物和产出物，首先要区分为市场定价货物、政府调控价格货物、特殊投入物和非市场定价货物四大类别，然后根据投入物和产出物对国民经济的影响分别处理。

1. 市场定价货物的影子价格

随着我国市场经济发展和贸易范围的扩大，大部分货物的价格由市场形成，价格可以近似反映其真实价值。进行费用效益分析可将这些货物的市场价格加上或者减去国内运杂费等，作为投入物或者产出物的影子价格。

（1）可外贸货物影子价格　外贸货物是指其生产或使用会直接或间接影响国家出口或进口的货物，包括项目产出物中直接出口、间接出口或替代进口的货物；项目投入物中直接进口、间接进口或挤占原可用于出口的国内产品的货物。

外贸货物影子价格的定价基础是国际市场价格。尽管国际市场价格并非就是完全理想的价格，存在着如发达国家有意压低发展中国家初级产品价格，实行贸易保护主义，限制高技术向发展中国家转移，以维持高技术产品的垄断价格等问题。但在国际市场上起主导作用的还是市场机制，各种商品的价格主要由供需规律决定，多数情况下不受个别国家和集团的控制，一般比较接近物品的真实价值。

在费用效益分析中，口岸价格应按本国货币计算，是以口岸价为基础，乘以影子汇率加上或者减去国内运杂费和贸易费用。

工程项目外贸货物的影子价格应按下述公式计算：

$$\begin{array}{c}\text{产出物的影子价格}\\ \text{（项目产出物的出厂价格）}\end{array}=\text{离岸价(FOB)}\times\text{影子汇率}-\text{国内运杂费}-\text{贸易费用} \tag{8-3}$$

$$\begin{array}{c}\text{投入物的影子价格}\\ \text{（项目投入物的到厂价格）}\end{array}=\text{到岸价(CIF)}\times\text{影子汇率}+\text{国内运杂费}+\text{贸易费用} \tag{8-4}$$

贸易费用是指外经贸机构为进出口货物所耗用的，用影子价格计算的流通费用，包括货物的储运、再包装、短途运输、装卸、国内保险、检验等环节的费用支出，以及资金占用的机会成本，但不包括长途运输费用。贸易费用一般用货物的口岸价乘以贸易费率计算。贸易费率由项目评价人员根据项目所在地区流通领域的特点和工程项目的实际情况测定。

（2）非可外贸货物影子价格　非可外贸货物是指其生产或使用不影响国家出口或进口的货物。根据不能外贸的原因，非可外贸货物分为天然的非可外贸货物和非天然的非可外贸货物。

天然的非可外贸货物是指使用和服务天然地限于国内，包括国内施工和商业及国内运输和其他国内服务。非天然的非可外贸货物是指由于经济原因或政策原因不能外贸的货物，包括由于国家政策和法令限制不能外贸的货物，还包括其国内生产成本加上到口岸的运输、贸易费用后的总费用高

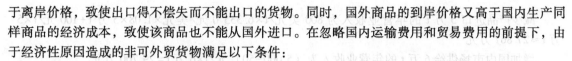

于离岸价格，致使出口得不偿失而不能出口的货物。同时，国外商品的到岸价格又高于国内生产同样商品的经济成本，致使该商品也不能从国外进口。在忽略国内运输费用和贸易费用的前提下，由于经济性原因造成的非可外贸货物满足以下条件：

离岸价格 < 国内生产成本 < 到岸价格

随着我国市场经济发展和贸易范围的扩大，大部分货物或服务都处于竞争性的市场环境中，市场价格可以近似反映其支付意愿和机会成本。进行费用效益分析可将这些货物的市场价格加上或者减去国内运杂费作为影子价格。工程项目非可外贸货物的影子价格按下述公式计算：

产出物的影子价格（项目产出物的出厂价格）= 市场价格 − 国内运杂费　　(8-5)

投入物的影子价格（项目投入物的到厂价格）= 市场价格 + 国内运杂费　　(8-6)

根据“有无对比”原则，如果项目的投入物或产出物的规模很大，项目的实施将足以影响其市场价格，导致“有项目”和“无项目”两种情况下市场价格不一致，在项目评价实践中，取两者的平均值作为测算影子价格的依据。

投入与产出的影子价格中包含的增值税、消费税、教育费附加、城市维护建设税、资源税等流转税按下列原则处理：

1）对于产出品，增加供给满足国内市场供应的，影子价格按消费者支付意愿确定，含流转税；顶替原有市场供应的，影子价格按机会成本确定，不含流转税。

2）对于投入品，用新增供应来满足项目的，影子价格按机会成本确定，不含流转税；挤占原有用户需求来满足项目的，影子价格按支付意愿确定，含流转税。

3）在不能判别产出或投入是增加供给还是挤占（替代）原有供给的情况下，可简化处理，即产出的影子价格一般包含实际缴纳流转税，投入的影子价格一般不含实际缴纳流转税。

【例 8-2】　某产品共有三种原料，A、B 两种原料为非可外贸货物，其国内市场价格总额每年分别为 200 万元和 50 万元，国内运杂费为价格的 10%，影子价格和国内市场价格的换算系数分别为 1.2 和 1.5。C 原料为进口货物，其到岸价格总额每年为 100 万美元，进口费用为 15 万元。设影子汇率换算系数为 1.08，外汇牌价为 6.335 0 元/美元，求该产品经济效益评价的年原料总成本。

【解】

A、B 两种原料非可外贸货物，以市场价格为基础进行影子价格的测算，则

A 原料的成本为　　200 万元 × 1.2 + 200 万元 × 10% = 260 万元

B 原料的成本为　　50 万元 × 1.5 + 50 万元 × 10% = 80 万元

C 原料是可外贸货物，按投入物的影子价格计算方法，则

C 原料的成本为　100 万美元 × 6.335 元 / 美元 × 1.08 + 15 万元 ≈ 699 万元

三者相加，得到经济费用效益评价的年原料总成本为 1 039 万元。

【例 8-3】　某项目年产某产品 15 万 t。项目投产后，可以减少该产品进口 5 万 t，其到岸价格为 800 美元/t，进口费用 100 元/t；可以增加国内市场供给 6 万 t，使国内市场价格由每吨 6 000 元降为 5 000 元；可以替代落后产业的企业使其减产 4 万 t，被替代企业的财务成本为 5 600 元/t，按可变成本调整后的影子价格为 4 000 元/t；每吨产品的运杂费为 50 元。外汇牌价为 6.335 0 元/美元，影子汇率换算系数为 1.08，不考虑进口费用，求该项目经济费用效益评价的年营业收入。

【解】

在经济费用效益评价中，直接效益表现有多种形式，如增加产出物、替代落后产业的企业、增加出口品或减少出口品。据此，可计算出该项目年营业收入为

减少产品进口 5 万 t 的年营业收入为 800 美元/t×6.335 0 元/美元×1.08×5 万 t+100 元/t×5 万 t≈27 867 万元

增加国内市场供给 6 万 t 的年营业收入为（5 000-50）元/t×6 万 t=29 700 万元

替代落后企业 4 万 t 的年营业收入为 4 000 元/t×4 万 t=16 000 万元

所以该项目经济费用效益评价的年营业收入为 27 867 万元+29 700 万元+16 000 万元=73 567 万元。

2. 政府调控价格货物的影子价格

有些货物或者服务不完全由市场机制形成价格，而是由政府调控价格，如由政府发布指导价、最高限价和最低限价等。这些货物或者服务的价格不能完全反映其真实价值。在进行费用效益分析时，应对这些货物或者服务的影子价格采用特殊方法确定。确定影子价格的原则，投入物按机会成本分解定价，产出物按消费者支付意愿定价。支付意愿（willingness to pay，WTP）是指消费者愿意为某一最终产品或服务支付的金额。支付意愿反映了人们对所要消费物品（或服务）的偏好。不能用市场价格来衡量支付意愿，因为有些个人愿意以比市场更高的价格来付款，这样，支付意愿比以市场价格支付的要大。

电价作为项目投入物的影子价格，一般按完全成本分解定价，电力过剩时按可变成本分解定价。电价作为项目产出物的影子价格，可按电力对当地经济边际贡献率定价。

铁路运价作为项目投入物的影子价格，一般按完全成本分解定价，对运能富裕的地区，按可变成本分解定价。铁路运输作为项目产出物的影子价格，可按铁路运输对国民经济的边际贡献率定价。

水价作为项目投入物的影子价格，按后备水源的边际成本分解定价，或者按恢复水功能的成本计算。水价作为项目产出物的影子价格，按消费者支付意愿或者按消费者承受能力加政府补贴计算。

3. 特殊投入物的影子价格

项目的特殊投入物是指项目在建设、生产运营中使用的劳动力、土地和自然资源等。项目使用这些特殊投入物所发生的国民经济费用，应分别采用下列方法确定其影子价格。

（1）影子工资　影子工资反映国民经济为项目使用劳动力所付出的真实代价，由劳动力机会成本和劳动力转移而引起的新增资源耗费两部分构成。劳动力机会成本是指劳动力如果不就业于拟建项目而从事于其他生产经营活动所创造的最大效益。它与劳动力的技术熟练程度和供求状况（过剩与稀缺）有关，技术越熟练，稀缺程度越高，其机会成本越高；反之越低。新增资源耗费是指项目使用劳动力，由于劳动者就业或者迁移而增加的城市管理费用和城市交通等基础设施投资费用，而这些资源的消耗并没有提高劳动力的生活水平。影子工资按下式计算

$$影子工资 = 劳动力机会成本 + 新增资源耗费 \tag{8-7}$$

影子工资一般是通过影子工资换算系数计算。影子工资换算系数是影子工资与财务分析中劳动力的工资之间的比值，影子工资按下式计算

$$影子工资 = 财务工资 \times 影子工资换算系数 \tag{8-8}$$

在《建设项目经济评价方法与参数（第三版）》中，对于技术劳动力，采用影子工资等于财务工资，即影子工资换算系数为 1。对于非技术劳动力，推荐在一般情况下采用财务工资的 20%~80%作为影子工资，即影子工资换算系数为 0.2~0.8。具体可根据当地的非技术劳动力供求状况确定，非技术劳动力较为富余的地区可取较低值，不太富余的地区可取较高值，中间状况可取 0.5。

（2）土地影子价格　我国目前取得土地使用权的方式包括行政划拨、协商议价、招标投标、拍卖等。采用不同的方式取得土地使用权，投资项目占用的土地可能具有不同的财务费用，甚至其

财务费用为零。但是占用土地的经济费用总是存在的，而且同一地块在一定时期，其经济费用应是唯一的。项目占用土地，致使这些土地对国民经济的其他潜在功能不能实现，这种因有了项目而不能实现的最大潜在贡献就是项目占用土地的机会成本。因此，土地的影子价格也是建立在被放弃的最大收益这一机会成本概念上的。

对于农业、林业、牧业、渔业及其他生产性用地，土地影子价格是指项目占用生产性土地后国家放弃的收益，由土地的机会成本和占用该土地而引起的新增资源耗费两部分构成。土地机会成本按项目占用土地后国家放弃的该土地最佳可替代用途的净效益计算。土地影子价格中新增资源耗费一般包括拆迁费用和劳动力安置费用。

生产性土地影子价格可从机会成本和新增资源耗费两方面计算，也可在财务分析中土地费用的基础上调整计算。后一种具体做法是，属于机会成本性质的费用，如土地补偿费、青苗补偿费等，按机会成本的计算方法调整计算；属于新增资源耗费，如拆迁费用、剩余劳动力安置费用、养老保险费用等，按影子价格调整计算；属于转移支付的费用，如粮食开发基金、耕地占用税等，应予以剔除。

对于住宅、休闲等非生产性用地，如果项目占用城市用地，且通过政府公开拍卖、招标、挂牌取得的土地出让使用权，以及通过市场交易取得的已出让国有土地使用权，应按照支付意愿的原则，以土地市场交易价格计算土地的影子价格，主要包括土地出让金、基础设施建设费、拆迁安置补偿费等。

(3) 自然资源影子价格　各种自然资源是一种特殊的投入物，项目使用的矿产资源、水资源、森林资源等都是对国家资源的占用和消耗。矿产等不可再生自然资源的影子价格按资源的机会成本计算，水和森林等可再生自然资源的影子价格按资源再生费用计算。

4. 非市场定价货物的影子价格

当项目的产出效果不具有市场价格，或市场价格难以真实反映其经济价值时，需要采用以下方法对项目的产品或服务的影子价格重新进行测算。

(1) 假设成本法　假设成本法是指通过有关成本费用信息来间接估算环境影响的费用或效益的方法。假设成本法包括替代成本法、置换成本法和机会成本法。

1）替代成本法，为了消除项目对环境的影响，而假设采取其他方案来替代拟建项目方案，将其他方案的增量投资作为评价项目方案环境影响的经济价值的方法。

2）置换成本法，当项目对其他产业造成生产性资产损失时，假设一个置换方案，通过测算其置换成本，即为恢复其生产能力必须投入的价值，并将其作为对环境影响的量化依据。

3）机会成本法，通过评价因保护某种环境资源而放弃某项目方案而损失的机会成本，来评价该项目方案环境影响的损失。

(2) 显示偏好方法　显示偏好方法，是指按照消费者支付意愿，通过其他相关市场价格信号，寻找揭示拟建项目间接产出物的隐含价值的方法。例如，项目的建设会改变环境生态等外部效果，从而对其他社会群体产生正面或负面影响，就可以通过预防性支出法、产品替代法这类显示偏好的方法确定项目的外部效果。

1）预防性支出法，是指以受影响的社会成员为了避免或减缓拟建项目对环境可能造成的危害，所愿意付出的费用的方法。例如，社会成员为避免死亡而愿意支付的价格，人们对避免疾病而获得健康生活所愿意付出的代价，作为对环境影响的经济价值进行计算的依据。

2）产品替代法，是指人们愿意改善目前的环境质量，而对其他替代项目或产品的价值进行分析，间接测算项目对环境造成的负面影响。例如，通过兴建一个绿色环保的高科技产业项目所需的投入，来度量某传统技术的钢铁企业对所在城市造成的环境影响。

(3) 陈述偏好法　通过对被评估者的直接调查，直接评价调查对象的支付意愿或接受补偿的意愿，从中推断出项目造成的有关外部影响的影子价格。

8.3 经济费用效益流量、报表与指标

8.3.1 经济费用与效益流量构成

进行费用效益流量分析，首先要对项目的费用和效益进行识别和划分，也就是要认清所评价的项目在哪些方面对整个国民经济产生费用，又在哪些方面产生效益。识别和划分费用与效益的基本原则是：凡项目对国民经济所做的贡献均计为项目的效益；凡国民经济为项目所付出的代价均计为项目的费用。也就是说，建设项目经济效益是指项目对国民经济所做的贡献，包括项目的直接效益和间接效益；建设项目经济费用是指国民经济为项目付出的代价，包括直接费用和间接费用。判别项目的效益和费用，要使用“有无对比”的方法，即将“有项目”（项目实施）与“无项目”（项目不实施）的情况加以对比，以确定某项效益和费用的存在。

经济效益分为直接经济效益和间接经济效益，经济费用分为直接经济费用和间接经济费用。直接经济效益和直接经济费用与投资主体有关，可称为内部效果；因投资主体而产生，却被其他主体所承担的间接经济效益和间接经济费用，可称为外部效果。

1. 内部效果

项目直接经济效益是指由项目产出物产生，并在项目范围内计算的经济效益，一般表现为项目为社会生产提供的物质产品、科技文化成果和各种各样的服务所产生的效益。例如，工业项目生产的产品、副产品，矿产开采项目开采的矿产品、运输项目提供的运输服务、邮电通信项目提供的邮政通信服务、医院提供的医疗服务、学校提供的学生就学机会等。这种效益有多种表现：项目产出物满足国内新增加的需求时，表现为国内新增需求的支付意愿；当项目的产出物替代效益较差的其他厂商的产品或服务时，使被替代厂商减产或停产，从而使国家有用资源得到节省，这种效益表现为这些资源的节省；当项目的产出物使得国家增加出口或者减少进口，这种效益表现为外汇收入的增加或支出的减少。项目直接效益大多在财务分析中能够得以反映，尽管有时这些反映会有一定程度的失真。

项目直接经济费用是指项目使用投入物所产生并在项目范围内计算的经济费用，一般表现为投入项目的各种物料、人工、资金、技术及自然资源而带来的社会资源的消耗。这种资源消耗可能表现为社会扩大生产供给规模所耗用的资源费用，或者当社会不能增加供给时，导致其他人被迫放弃使用这些资源，这种资源消耗表现为其他人被迫放弃的效益。当项目的投入物导致增加进口或减少出口时，这种效益表现为国家外汇支出的增加或收入的减少。直接经济费用一般在项目的财务分析中已经得到反映。

2. 外部效果

间接经济效益是指由项目引起而在直接经济效益中没有得到反映的效益。例如，项目使用劳动力，使得劳动力熟练化，使没有特别技术的非熟练劳动力经训练而转变为熟练劳动力；再如，技术扩散的效益；还有城市地铁的建设，使得地铁沿线附近的房地产升值的效益。间接经济效益一般在财务分析中不会得到反映。

间接经济费用是指由项目引起而在项目的直接经济费用中又没有得到反映的费用。例如，项目对自然环境造成的损害、项目产品大量出口从而引起我国这种产品出口价格的下降等。间接经济费用一般在项目的财务分析中没有得到反映。项目的间接经济效益和间接经济费用比直接经济效益和直接经济费用的识别和计算要困难得多。项目的间接经济效益和间接经济费用通常要考察以下五个方面的内容：

（1）环境影响　有些项目会对自然环境产生污染，对生态环境造成破坏。主要包括：排放污

水造成水污染；排放有害气体和粉尘造成大气污染；噪声污染；放射性污染；临时性的或永久性的交通阻塞、航道阻塞；对自然生态造成破坏。

项目造成的环境污染和生态破坏，是项目的一种间接经济费用，这种间接经济费用一般较难定量计算，近似可按同类企业所造成的损失估计，或按恢复环境质量所需的费用估计。有些项目含有环境治理工程，会对环境产生好的影响，评价中也应考虑相应的经济效益。环境影响有时不能定量计算，至少也应当进行定性描述。

（2）技术扩散效果　一个技术先进项目的实施，由于技术人员的流动，技术在社会上扩散和推广，整个社会都将受益。但这类外部效果通常难于定量计算，一般只做定性说明。

（3）“上、下游”企业相邻效果　项目的“上游”企业是指为该项目提供原材料或半成品的企业，项目的实施可能会刺激这些“上游”企业得到发展，增加新的生产能力或者使原有生产能力得到更充分的利用。例如，兴建汽车厂会对为汽车厂生产零部件的企业产生刺激，对钢铁生产企业产生刺激。项目的“下游”企业是指使用项目的产出物作为原材料或半成品的企业，项目的产品可能会对“下游”企业的经济效益产生影响，使其闲置的生产能力得到充分利用，或使其在生产上节约成本。如果在国内已经有了很大的电视机生产能力而显像管生产能力不足时，兴建显像管生产厂会对电视机厂的生产产生刺激。显像管产量增加，价格下降，可以刺激电视机的生产和消费。大多数情况下，项目对“上、下游”企业的相邻效果可以在项目的投入物和产出物的影子价格中得到反映，不应再计算间接效果。例如，显像管生产厂项目的产品如以进口替代计算其影子价格，就不应再计算电视机厂生产受到刺激增加生产和降低成本带来的间接经济效益。也有些间接影响难于反映在影子价格中，需要作为项目的外部效果计算。

（4）乘数效果　是指项目的实施使原本闲置的资源得到利用，从而产生一系列的连锁反应，刺激某地区或全国的经济发展。例如，兴建汽车厂会带动零部件厂发展，带动各种金属材料和非金属材料生产的发展，进而带动机床生产、能源生产的发展等。在对经济落后地区的项目进行费用效益分析时可能会需要考虑这种乘数效果，特别应注意选择乘数效果大的项目作为扶贫项目。一般情况下，只计算一次相关效果，不连续扩展计算乘数效果。

（5）价格影响　有些项目的产品大量出口，从而导致我国此类产品出口价格下降，减少了国家总体的创汇收益，成为项目的外部费用。典型的情况出现于国内企业之间相互恶性竞争，竞相压价，使我国的一些出口产品在国际市场上价格大幅度下跌，国家出口收入下降。如果项目的产品增加了国内市场供应量，导致产品市场价格下降，可以使用户和消费者得到产品降价的好处。但这种好处一般不应计做项目的间接效益，因为产品降价将使原生产厂的效益减少，也就是说生产厂减少的收益转移给了用户和消费者，对整个国民经济而言，效益并没有增加或减少。这与产品出口所导致的价格变化不同。

在计算项目的外部效果时须注意不能重复计算，特别要注意那些在直接经济费用和效益中已经计入的不应再在外部效果中计算，同时还要注意所讨论的外部效果是否确应归于所评价的项目。在考虑外部效果时，特别需要避免发生重复计算和虚假扩大项目间接经济效益的问题。在大多数情况下，项目的产出物以影子价格计算的效益已经将各种连锁效益考虑在内，项目的产出物影子价格以消费者的支付意愿计价，就已经充分计算了产出物的效益，不应再计算间接经济效益；项目的投入物影子价格大多数也已经充分计算了投入物的社会费用，并已经将充分利用原有生产能力和其他资源所得到的社会收益从费用中扣除，不应再重复计算间接的上游效益。由此间接效益能否完全归属所评价的项目，往往也是需要仔细论证的，如一个地区的经济发展制约因素往往不止一个，可能有能源、交通运输、通信等，瓶颈环节有多个，不能简单地归于某一个，在评价交通运输项目时，要考虑到其他瓶颈制约因素对当地经济发展的影响。不能把当地经济增长都归因于项目带来的运力增加，简单地用当地经济增长量与运力增长量的比值来计算项目的间接效益。

由于项目外部效果计算上的困难，有时可以采用调整项目范围的办法，将项目的外部效果变为项目以内的影响。调整项目范围的一种方法是将项目的范围扩大，将几个项目合成一个大项目进行建设项目经济费用效益分析，这样就可以将几个项目之间的相互支付转化为项目内部而相互抵消。例如，在评价相互联系的煤矿、铁路运输和火力发电项目时，可以将这些项目合成一个大的综合能源项目，支付就转变为大项目内部的收支而相互抵消。

3. 转移支付

项目与各种社会实体之间的货币转移，如缴纳的税金、国内贷款利息和补贴等一般并不发生资源的实际增加和耗用，称为国民经济内部的"转移支付"，不列为建设项目经济费用和效益。

（1）税金　无论是增值税、所得税还是关税等都是政府调节分配和供求关系的手段，纳税对于企业财务分析来说，确实为项目费用支出。但是对于费用效益分析来说，它仅仅表示项目对国民经济的贡献有一部分转移到政府手中由政府再分配。项目对国民经济的贡献大小并不随税金的多少而变化，因而它属于国民经济内部的转移支付。

土地税、城市维护建设税和资源税等是政府为了补偿社会耗费而代为征收的费用，这些税种包含了很多政策因素，并不代表社会为项目付出的代价。因此，原则上这些税种也被视为项目与政府间的转移支付，不计为项目的费用或效益。

（2）补贴　政府对项目的补贴，仅仅表示国民经济为项目所付出的代价中，有一部分来自政府财政支出中的补贴这一项。但是，整个国民经济为项目所付出的代价并不以这些代价来自何处为计算依据，更不会由于有无补贴或补贴多少而改变。因此，补贴也不是费用效益分析中的费用或效益。

（3）国内贷款利息　国内贷款利息在项目财务分析资本金财务现金流量表中是一项费用。对于费用效益分析来说，它表示项目对国民经济的贡献有一部分转移到了政府或国内贷款机构项目对国民经济所做贡献的大小，与所支付的国内贷款利息多少无关。因此，它也不是费用或效益。

（4）国外贷款与还本付息　在费用效益分析中，国外贷款和还本付息根据分析的角度不同，有两种不同的处理原则：一是在项目国民经济费用效益流量表中的处理，把国外贷款也看作国内投资，以项目的全部投资作为计算基础，对拟建项目使用的全部资源的使用效果进行评价。随着国外贷款的发放，国外相应的实际资源的支配权力也同时转移到了国内。这些国外贷款资源与国内资源一样，也存在着合理配置的问题。因此，在项目国民经济费用效益流量表中，国外贷款和还本付息与国内贷款和还本付息一样，既不作为效益，也不作为费用。二是在国内投资国民经济费用效益流量表中的处理，为了考察国内投资对国民经济的实际贡献，应以国内投资作为计算的基础，因此在国内投资国民经济费用效益流量表中，把国外贷款还本付息视为费用。

8.3.2　费用效益分析报表

编制费用效益分析报表是进行费用效益分析的基础工作之一。国民经济费用效益流量表有两种：一是项目投资经济费用效益流量表（见表 8-1），它是以全部投资（包括国内投资和国外投资）作为分析对象，考察项目全部投资的盈利能力；二是国内投资经济费用效益流量表（见表 8-2），它是以国内投资作为分析对象，考察项目国内投资部分的盈利能力。

表 8-1　项目投资经济费用效益流量表

序号	项　目	合计	计　算　期					
			1	2	3	4	…	n
1	效益流量							
1.1	项目直接经济效益							
1.2	资产余值回收							

（续）

序号	项　目	合计	计　算　期					
			1	2	3	4	…	n
1.3	项目间接经济效益							
2	费用流量							
2.1	建设投资							
2.2	流动资金							
2.3	经营费用							
2.4	项目间接经济费用							
3	净效益流量（1-2）							

计算指标：

项目投资经济内部收益率：

项目投资经济净现值（i_s=8%）：

表 8-2　国内投资经济费用效益流量表

序号	项　目	合计	计　算　期					
			1	2	3	4	…	n
1	效益流量							
1.1	项目直接经济效益							
1.2	资产余值回收							
1.3	项目间接经济效益							
2	费用流量							
2.1	建设投资中国内资金							
2.2	流动资金中国内资金							
2.3	经营费用							
2.4	流至国外的资金							
2.4.1	国外借款本金偿还							
2.4.2	国外借款利息支付							
2.4.3	其他							
2.5	项目间接经济费用							
3	国内投资净效益流量（1-2）							

计算指标：

国内投资经济内部收益率：

国内投资经济净现值（i_s=8%）：

国民经济费用效益流量表一般在项目财务分析的基础上进行调整编制，有些项目也可以直接编制。

（1）在财务分析的基础上编制国民经济费用效益流量表　以项目财务分析为基础编制国民经济费用效益流量表，应注意合理调整效益与费用的范围和内容。

1）剔除转移支付。将财务现金流量表中列支的销售税金及附加、增值税、国内借款利息作为转移支付剔除。

2）计算外部效益与外部费用。根据项目的具体情况，确定可以量化的项目外部效益和外部费用。分析确定哪些是项目重要的外部效果，需要采用什么方法估算，并保持费用效益的计算口径一致。

3）调整建设投资。用影子价格、影子汇率逐项调整构成投资的各项费用，剔除涨价预备费、税金、国内借款建设期利息等转移支付项目。进口设备价格调整通常要剔除进口关税、增值税等转移支付。建筑工程费和安装工程费按材料费、劳动力的影子价格进行调整；土地费用按土地影子价格进行调整。

4）调整流动资金。财务账目中的应收、应付款项及现金并没有实际耗用国民经济资源，在费用效益分析中应将其从流动资金中剔除。如果财务分析中的流动资金是采用扩大指标法估算的，费用效益分析仍应按扩大指标法，以调整后的销售收入、经营费用等乘以相应的流动资金指标系数进行估算；如果财务分析中的流动资金是采用分项详细估算法进行估算的，则应用影子价格重新分项估算。

5）调整经营费用。用影子价格调整各项经营费用，对主要原材料、燃料及动力费用采用影子价格进行调整；对劳动工资及福利费，用影子工资进行调整。

6）调整销售收入。用影子价格调整计算项目产出物的销售收入。

7）调整外汇价值。费用效益分析各项销售收入和费用支出中的外汇部分，应用影子汇率进行调整，计算外汇价值。从国外引入的资金和向国外支付的投资收益、贷款本息，也应用影子汇率进行调整。

（2）直接编制国民经济费用效益流量表　有些行业的项目可能需要直接进行费用效益分析，判断项目的经济合理性。可按以下步骤直接编制国民经济费用效益流量表。

1）确定国民经济效益、费用的计算范围，包括直接经济效益、直接经济费用及间接经济效益、间接经济费用。

2）测算各种主要投入物的影子价格和产出物的影子价格（交通运输项目国民经济效益不按产出物影子价格计算，而是采用由于节约运输时间、费用等计算效益），并在此基础上对各项国民经济效益和费用进行估算。

3）编制国民经济费用效益流量表。

8.3.3　费用效益分析指标

费用效益分析主要是进行经济盈利能力分析，其主要指标是经济内部收益率和经济净现值。此外，还可以根据需要和可能计算间接经济费用和间接经济效益，纳入费用效益流量中，对难以量化的间接经济费用、间接经济效益应进行定性分析。

1. 经济内部收益率

经济内部收益率（EIRR）是指项目在计算期内各年经济净效益流量的现值累计等于零时的折现率，反映项目对国民经济所作净贡献的相对指标，也表示项目占用资金所获得的动态收益率。其表达式为

$$\sum_{t=0}^{n}\frac{(B-C)_t}{(1+\mathrm{EIRR})^t}=0 \tag{8-9}$$

式中　B——国民经济效益流量；

C——国民经济费用流量；

$(B-C)_t$——第 t 年的国民经济净效益流量；

n——计算期。

判别准则：EIRR 大于或等于社会折现率，表明项目对国民经济的净贡献超过或达到要求的水

平，应认为项目可以接受。

2. 经济净现值

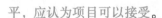

经济净现值（ENPV）是反映项目对国民经济净贡献的绝对指标，它是指用社会折现率（i_s）将项目计算期内各年的净效益流量折算到建设期初的现值之和。其表达式为

$$\mathrm{ENPV}=\sum_{t=0}^{n}\frac{(B-C)_t}{(1+i_s)^t}=0 \tag{8-10}$$

判别准则：ENPV 不小于 0，表示国家拟建项目付出代价后，可以得到符合社会折现率的社会盈余，或者除了得到符合社会折现率的社会盈余外，还可以得到以现值计算的超额社会盈余，这时就认为项目是可以考虑接受的。

按分析费用效益的口径不同，可分为整个项目的经济内部收益率和经济净现值，国内投资经济内部收益率和经济净现值。如果项目没有国外投资和国外借款，全投资指标与国内投资指标相同；如果项目有国外资金流入与流出，但国外资金指定用途时，应以国内投资的经济内部收益率和经济净现值作为项目费用效益分析的指标；如果项目使用非指定用途的国外资金时，还应计算全投资经济内部收益率和经济净现值指标。

3. 费用效益比

费用效益比（RBC）是项目在计算期内效益流量的现值与费用流量的现值的比率，是经济费用效益分析的辅助评价指标。其计算公式为

$$\mathrm{RBC}=\frac{\sum_{t=0}^{n}B_t(1+i_s)^{-t}}{\sum_{t=0}^{n}C_t(1+i_s)^{-t}}\times 100\% \tag{8-11}$$

式中　B_t——第 t 期的经济效益；

C_t——第 t 期的经济费用。

判别准则：只要费用效益比不小于 1，就认为项目资源配置的经济效率达到了可以被接受的水平。

8.4　经济费用效益分析示例

8.4.1　示例项目背景与数据

某机场建设项目，其有关资料如下：

1. 项目财务分析基础数据

1）投资估算汇总表（见表 8-3）。

表 8-3　示例项目投资估算汇总表　（单位：万元）

序号	费用名称	财务投资
1	建设投资	41 581
1.1	建筑工程	30 877
1.2	设备	4 335
1.3	安装工程	363
1.4	工程建设其他费用	3 335
	其中：土地费用	870

（续）

序号	费用名称	财务投资
1.5	基本预备费（10%）	2 035
1.6	建设期涨价预备费	
1.7	建设期利息	636
2	合计	41 581

2）流动资金：暂不考虑。

3）分年度使用计划：项目建设期为3年，各年资金使用计划为建设期第1年20%，第2年为50%，第3年为30%。

4）计算期与生产负荷：项目建设期为3年，投产期为7年，正常运行期为15年，计算期为25年。

5）年运行费用：财务分析年运行费用包括职工工资及福利费、外购燃料动力费、修理费和其他费用，年运行费用估算表见表8-4。

表8-4　示例项目年运行费用估算表　（单位：万元）

费用名称	投产期							正常运行期
	4	5	6	7	8	9	10	11~25
职工工资及福利费	77	79	82	84	87	90	93	96
其他费用	190	210	233	259	289	322	361	405
合计	267	289	315	343	376	412	454	501

2. 经济费用效益分析参数及项目投入物影子价格的调整

1）社会折现率取8%。

2）建筑工程费用按三材（钢材、木材、水泥）的影子价格对财务分析估算予以调整，换算系数平均为1.1。

3）安装工程影子价格换算系数平均为1.20。

4）机电设备价格与国际市场价格相近，影子价格换算系数平均为1.029 3。

5）工程建设其他费用调整后国民经济投资为2 285万元（不包括土地费用）。

6）土地影子费用按土地机会成本加新增资源消耗费用进行计算，该项目征地1.31km^2，农作物年净收益为1.00×10^6元/km^2，年递增率为3%，使用期为25年。本项目新增资源消耗的财务费用主要是征地管理费、安置费等，其总额估算为401万元。

7）基本预备费调整后国民经济投资为2 629万元。

8）运营费用工资福利换算系数为1.2、外购燃料动力等其他业务支出换算系数为1.0。

9）计算期16年末（正常运行期），投入更新改造资金调整后国民经济投资为5 415万元。

3. 国民经济费用、效益分析

机场向国家和地方交付的关税、增值税和所得税等各种税金、支付的国内借款是国民经济内部转移支付。经济费用效益分析是根据“有项目”和“无项目”对比的原则来确定项目的净效益和费用，采用影子价格、影子汇率、社会折现率等参数，评价项目的经济可行性。本次评价中设定若无此项目，溢出的旅客由公路承担。

国民经济效益主要考虑旅客运输时间节约、货物在途时间缩短、减少货物损失、增加外汇收益、旅客运输费用节约、货物运输费用节约和诱发效益。除减少货物损失的效益外，其他效益计算结果见表 8-5。

表 8-5　示例项目其他效益计算结果汇总　　（单位：万元）

效益项目	投产期							正常运行期
	4	5	6	7	8	9	10	11~25
旅客运输时间节约效益	5 594	6 537	7 639	8 928	10 433	12 193	14 249	16 651
货物在途时间缩短效益	37.37	43.69	51.04	59.63	69.77	81.57	95.24	111.29
减少货物损失的效益								
增加外汇收益	582	680	795	929	1 086	1 269	1 483	1 733
旅客运输费用节约效益	−3 200	−3 739	−4 370	−5 107	−5 968	−6 974	−8 150	−9 524
货物运输费用节约效益	−36.10	−42.20	−49.30	−57.60	−67.40	−78.80	−92.00	−107.50
诱发效益	2 144	2 506	2 928	3 422	3 999	4 673	5 461	6 382

经测算：在途货物平均价值为 10 万元/t，有无项目对比时货物损失降低率为 2%。有无项目时货物运输量及建设项目运营费用对比见表 8-6。

表 8-6　有无项目时货物运输量及建设项目运营费用对比

情况	项目名称		投产期							正常运行期
			4	5	6	7	8	9	10	11~25
有项目情况	货物运输量/t	正常增长	361	422	493	576	674	787	920	1 075
		其他方式转移	77	90	106	124	144	169	197	230
		本项目诱增	77	90	106	124	144	169	197	230
	建设项目运营费用（万元）	职工工资及福利费								
		其他费用								
		合计								
无项目情况	货物运输量/t	公路	439	513	599	700	818	956	1 117	1 306
		航空、铁路等	0	0	0	0	0	0	0	0
	建设项目运营费用（万元）	职工工资及福利费	37	38	39	40	42	43	45	46
		其他费用	76	84	93	104	115	129	144	162
		合计	113	122	132	144	157	172	189	208

问题：

1）计算减少货物损失的效益，确定国民经济效益。

2）进行国民经济费用调整。

3）编制国民经济效益费用流量表，计算经济净现值及内部收益率，进行经济费用效益分析。

8.4.2　效益计算

国民经济效益见表 8-7。在表 8-5 的基础上，增加减少货物损失的效益。

第 4 年：(361+77+77)t×10 万元/t×2% = 103 万元

第 5 年：(422+90+90)t×10 万元/t×2% ≈ 120 万元

第 11~25 年：(1 075+230+230)t×10 万元/t×2% = 307 万元

表 8-7 示例项目国民经济效益汇总 (单位：万元)

效益项目	投产期							正常运行期
	4	5	6	7	8	9	10	11~25
旅客运输时间节约效益	5 594	6 537	7 639	8 928	10 433	12 193	14 249	16 651
货物在途时间缩短效益	37.37	43.69	51.04	59.63	69.77	81.57	95.24	111.29
减少货物损失的效益	103	121	141	165	192	225	263	307
增加外汇收益	582	680	795	929	1 086	1 269	1 483	1 733
旅客运输费用节约效益	-3 200	-3 739	-4 370	-5 107	-5 968	-6 974	-8 150	-9 524
货物运输费用节约效益	-36.10	-42.20	-49.30	-57.60	-67.40	-78.80	-92.00	-107.50
诱发效益	2 144	2 506	2 928	3 422	3 999	4 673	5 461	6 382

8.4.3 费用数值调整

1. 建设投资调整（见表 8-8）

该项目征地 1.31km^2，农作物年净收益为 1.00×10^6元/km^2，年递增率为 3%，使用期为 25 年，25 年内土地净收益为

$$1.31\text{km}^2 \times \sum_{t=1}^{25}\left[1.00\times10^6\text{元}/\text{km}^2 \times \left(\frac{1+3\%}{1+8\%}\right)^t\right] \div 10\,000 = 1\,874\text{万元}$$

本项目新增资源消耗的财务费用主要是征地管理费、安置费等，其总额估算为 401 万元，则

土地影子费用=土地机会成本+新增资源耗费=1 874 万元+401 万元=2 275 万元

表 8-8 示例项目建设投资调整 (单位：万元)

序号	费用名称	财务投资	国民经济
1	建设投资	41 581	46 051
1.1	建筑工程	30 877	33 964
1.2	设备	4 335	4 462
1.3	安装工程	363	435
1.4	工程建设其他费用	3 335	4 560
	其中：土地费用	870	2 275
1.5	基本预备费（10%）	2 035	2 629
1.6	建设期涨价预备费		
1.7	建设期利息	636	0
2	合计	41 581	46 050

2. 年运营费用调整（见表 8-9）

在财务经营费用的基础上进行调整，工资福利换算系数为 1.2、外购燃料动力等其他业务支出换算系数为 1.0。

表 8-9 示例项目年运营费用调整 (单位：万元)

费用名称		投产期							正常运行期
		4	5	6	7	8	9	10	11~25
职工工资及福利费	有项目	92	95	98	101	104	108	111	115
	无项目	37	38	39	40	42	43	45	46

（续）

费用名称		投产期							正常运行期
		4	5	6	7	8	9	10	11~25
其他费用	有项目	190	210	233	259	289	322	361	405
	无项目	76	84	93	104	115	129	144	162
合计	有项目	282	305	331	360	393	430	472	520
	无项目	113	122	132	144	157	172	189	208
有项目-无项目		169	183	199	216	236	258	283	312

8.4.4　国民经济效益费用流量表及指标计算

国民经济效益费用流量表及指标计算见表8-10。

表8-10　示例项目国民经济效益费用流量表及指标计算　　（单位：万元）

序号	项目	建设期			运行初期							正常运行期		
		1	2	3	4	5	6	7	8	9	10	11~15	16	17~25
1	效益流量				5 225	6 106	7 136	8 339	9 745	11 388	13 309	1 553	1 553	1 553
1.1	旅客运输时间节约效益				5 594	6 537	7 639	8 928	10 433	12 193	14 249	16 651	16 651	16 651
1.2	货物在途时间缩短效益				37.37	43.69	51.04	59.63	69.77	81.57	95.24	111.29	111.29	111.29
1.3	减少货物损失的效益				103	121	141	165	192	225	263	307	307	307
1.4	增加外汇收益				582	680	795	929	1 086	1 269	1 483	1 733	1 733	1 733
1.5	旅客运输费用节约效益				-3 200	-3 739	-4 370	-5 107	-5 968	-6 974	-8 150	-9 524	-9 524	-9 524
1.6	货物运输费用节约效益				-36.10	-42.20	-49.30	-57.60	-67.40	-78.80	-92.00	-107.50	-107.50	-107.50
1.7	诱发效益				2 144	2 506	2 928	3 422	3 999	4 673	5 461	6 382	6 382	6 382
2	费用流量	9 210	23 025	13 815	169	183	199	216	236	258	283	312	5 727	312
2.1	建设投资	9 210	23 025	13 815									5 415	
2.2	运营费用				169	183	199	216	236	258	283	312	312	312
3	净效益流量	-9 210	-23 025	-13 815	5 056	5 923	6 937	8 123	9 509	11 130	13 026	15 241	9 826	15 241

评价指标：

经济净现值（社会折现率=8%）为53 208万元

经济内部收益率为18%

习　题

1. 哪些类型的建设项目需要进行费用效益分析？并简述其必要性。
2. 费用效益分析与财务分析有哪些相同和不同之处？

3. 影子价格的概念是什么？如何确定不同类型货物的影子价格？

4. 比较项目投资经济费用效益流量表和项目投资现金流量表，找到不同之处并分析原因。

5. 某市投资26亿元建成了五层互通、高32m、双向六车道、全长15km的双桥门立交，这是华东地区最大的现代化城市立交桥。该桥西接赛虹桥立交，东至大明路，南接龙蟠路和卡子门高架，北至龙蟠南路和秦虹路路口，有效解决了该市城市快速交通的瓶颈问题，缓解了城区的交通压力。试定性分析这一政府投资项目的费用和效益（收益）构成。

6. 某企业目前年销售收入为3 200万元，年经营成本为2 400万元，财务效益较好。现计划从国外引进一套设备进行改扩建，该设备的离岸价格为163万美元海上运输及保险费为17万美元，运到中国口岸后需要缴纳的费用为：①关税为41.5万元；②国内运输费用为12.7万元；③外贸手续费（以到岸价为计费基数，费率为3.5%）；④增值税及其他附加税费为87.5万元。通过扩大生产规模，该企业年销售收入可增加到4 500万元，年经营成本提高到3 200万元。设备投资假定发生在期初，当年即投产运营。市场研究表明，该产品还可以在市场上销售5年，5年后停止生产。第5年年末进口设备残值为50万元，并可以此价格在国内市场售出。如果决定现在实施此项目，原有生产线中的一部分设备可以100万元的资产净值在市场售出。设该企业生产的产品为市场竞争类产品，经济费用效益分析产出物的影子价格与市场销售价格一致。在经营成本的计算中，包含国家环保部门规定的每年收取200万元的排污费。该企业污染严重，经济及环境保护专家通过分析认为，该企业排放的污染物对国民经济的实际损害应为销售收入的10%才合理。经营成本其余部分及国内运输费用和贸易费用的经济费用效益分析的计算结果与财务分析相同。设备的经济费用效益分析影子价格与市场出售价格相同。社会折现率为10%，影子汇率换算系数为1.08，美元兑人民币官方汇率为1∶8.3。从经济费用效益分析角度分析此项目是否可行。

第 9 章

不确定性分析与风险分析

■ 引语

回到在大学城边上投资的那家小型特色饭店。在第 7 章之前，你认真地进行了各种市场调查，根据获得的经济要素数据准确地编制报表，完成财务分析工作，并确定投资是有利可图的。在学习第 8 章的这段时间，或是你已完成饭店的改造并已投入运营，或是你还在犹豫。如果投入了运营，那么你能保证一定会盈利吗？如果还在犹豫，那你犹豫的又是什么呢？你是不是在担心食客远没有估计的那么多、原料价格会涨、雇不到好的厨师和服务员、借别人的钱会催着你早点还等。所有这些或更多的问题，在经济学里被称为不确定性或风险。

要知道不确定性和风险分析对于投资活动有多重要，看看我国富豪史玉柱的创业史就能明白。这位最具传奇色彩的商业奇才，用了不到 20 年的时间，就创造了从 5 000 元起家到身价过百亿元传奇。但是，其间他却差点儿因为一项不慎的工程投资，而从此湮没无闻。这要追溯到 1992 年，那年史玉柱的巨人集团计划在珠海投资建设巨人大厦，设计方案一变再变，从最初 18 层的公司自用办公楼，到 38 层、48 层、58 层、64 层，最后定为 72 层，要建全国最高的楼宇。工程预算由开始的 2.2 亿元增加到 12 亿元。1994 年年初，巨人大厦动工，计划 3 年完工。该项目的资金来源主要是自有资金和卖“楼花”的收益，但此时政府开始对过热的房地产市场进行宏观调控，卖“楼花”受到一定的限制，巨人集团无奈求助银行，但恰逢国家实行宏观紧缩政策，贷款未获批准。1997 年年初，巨人大厦未能按期完工，购“楼花”者又因其不能按时交房而要求退款，巨人集团的财务危机在媒体“地毯式”的轰炸下爆发，其超过 3 亿元的应收款也因此无法收回，只建至地面三层的巨人大厦停工，终成“烂尾楼”。

史玉柱是成功的，但他在巨人大厦项目上是失败的。这一案例告诫我们，任何项目在投资之前，应该预测可能发生的各种情况，运用科学的方法对其进行分析，将投资风险和不确定性控制在可以承受的范围之内。在瞬息万变的市场中，不确定性因素可能会很多，如投资、价格、成本、销量等，还有技术风险、融资风险、环境风险等，它们可能最终决定项目成败。因此，建设项目经济分析工作不应止步于前几章所阐述的确定性分析，还必须开展投资的不确定性和风险分析，从而在更大程度上保证建设项目投资的盈利性或减少决策失误所带来的损失。本章主要介绍不确定性与风险分析的三种方法，包括盈亏平衡分析、敏感性分析和风险分析。前两种方法无须用概率描述，常被人们称为不确定性分析。

不确定性分析与风险分析（上）

不确定性分析与风险分析（下）

9.1 盈亏平衡分析

盈亏平衡分析是一种常见的不确定性分析方法，适用于项目初期拥有资料较少的阶段。在一定市场环境、生产能力及经营管理条件下，各种不确定性因素的变化会影响项目的经济效果，当这些因素的变化达到临界值时，就会影响项目方案的取舍。盈亏平衡分析的目的就是找出这些临界值，判断项目的风险大小及对风险的承受能力，为投资决策提供科学依据。

盈亏平衡分析是通过对产品产量、成本、利润相互关系的分析，找出使得项目盈利和亏损的临界值（如产量、单价、单位产品成本等临界值），又称为量本利分析。在分析过程中，假设销售收入与产品销售量之间存在着线性和非线性两种关系，相对应地，盈亏平衡分析也分为线性盈亏平衡分析和非线性盈亏平衡分析两种。

9.1.1 销售收入、产品成本和产品产量的关系

1. 销售收入与产品产量的关系

这里假设产品产量即为产品销售量，当产品价格为一常数，不随产品销售量的变化而变化时，销售收入与产品产量呈线性关系，即

$$B=(P-T)Q \tag{9-1}$$

式中　B——不含税销售收入；

P——单位产品价格（不含销项增值税）；

T——单位产品税金及附加；

Q——产品产量。

实际上产品价格并不一定都是常数，有时会随着产品产量的变化而变化，此时，销售收入与产品产量呈非线性关系，即

$$B=\int_0^{Q_0}[P(Q)-T]\mathrm{d}Q \tag{9-2}$$

式中　$P(Q)$——价格随产品产量变化的函数；

其余符号意义同前。

2. 产品成本与产品产量的关系

产品成本分为固定成本和可变成本（参见 2.2.4 小节），以及介于两者之间的半固定成本。固定成本是不随产量变化而变化的费用成本，如固定资产折旧费、车间经费、管理费用等。可变成本是随产量变化而变化的费用成本，如原材料费、燃料动力费、工资等。半固定成本是指随产量的变化而呈阶梯型增长的费用成本，此成本分阶段递增，而在每一阶段内其总额是固定的，此种成本在生产中不多见。一般可以近似地认为当产量变化时，可变成本与产品产量成正比例，即单位可变成本不变。因此，总产品成本与产品产量的关系也可近似地认为是线性的，即

$$C=C_f+C_vQ \tag{9-3}$$

式中　C——产品总成本；

C_f——固定成本（按不含进项增值税价格计算）；

C_v——单位产品可变成本（按不含进项增值税价格计算）。

3. 盈亏平衡点

盈亏平衡点（break even point，BEP）是项目盈利与亏损的分界点，是使项目利润为零的各经济数据的取值，也就是销售收入等于总成本的临界点。盈亏平衡点通常用产量来表示，也可以用生产能力利用率、销售收入或产品单价来表示。

9.1.2　线性盈亏平衡分析

线性平衡点为销售收入与产品销售量呈线性关系时所对应的盈亏平衡点，可以分别利用图解法和解析法来求解。

1. 图解法

如图 9-1 所示，横坐标表示产品产量（产品销售量），纵坐标表示销售收入与产品成本，销售收入线 B 与总成本线 C 的交点即为盈亏平衡点 BEP，此点上销售收入等于总成本，项目既不盈利也不亏损；在 BEP 的左边区域，总成本大于销售收入，方案亏损；在 BEP 的右边区域，销售收入大于总成本，方案盈利。BEP 越小，盈利的可能性越大，亏损的可能性越小，因而项目有较大的抗风险能力，如图 9-1 所示，$BEP_1 < BEP_2$，前者盈亏平衡点右边的盈利区域要大于后者。

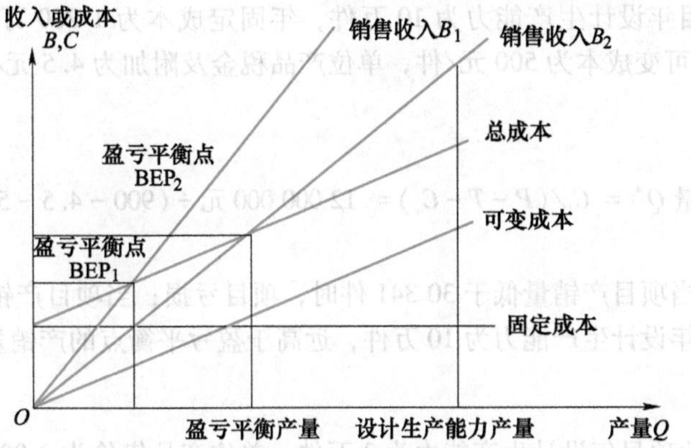

图 9-1　线性盈亏平衡分析

2. 解析法

根据盈亏平衡点的定义，利用公式也可求解。当达到盈亏平衡状态时，销售收入等于总成本，由此可建立一个简单的线性方程，即

$$B = C \tag{9-4}$$

$$(P - T)Q = C_f + C_v Q \tag{9-5}$$

解方程，求得

$$Q^* = \frac{C_f}{P - T - C_v} \tag{9-6}$$

式中　Q^*——盈亏平衡点时的产量，即产量的临界值。

3. 盈亏平衡分析的应用

盈亏平衡点除了用产量表示外，还可以用生产能力利用率、销售收入、销售价格、单位产品可变成本、经营安全率等来表示。

盈亏平衡生产能力利用率是指项目既不亏损也不盈利时的生产能力利用率，一般不应大于 75%。假设项目设计生产能力的产量为 Q_c，则盈亏平衡生产能力利用率 q^* 可表示为

$$q^* = \frac{Q^*}{Q_c} = \frac{C_f}{(P - T - C_v)Q_c} \times 100\% \tag{9-7}$$

盈亏平衡收入是指项目既不亏损也不盈利时的营业收入，在已知盈亏平衡点的产量时，假设产品销售价格、固定成本、可变成本等不变的情况下，盈亏平衡销售收入 B^* 可表示为

$$B^* = (P - T)Q^* = \frac{(P - T)C_f}{P - T - C_v} \tag{9-8}$$

盈亏平衡销售价格是指按照设计生产能力进行生产和销售时，项目既不亏损也不盈利的销售价格，假设固定成本、可变成本等不变的情况下，盈亏平衡销售价格 P^* 可表示为

$$P^* = \frac{B}{Q_c} + T = \frac{C}{Q_c} + T = \frac{C_f}{Q_c} + C_v + T \tag{9-9}$$

盈亏平衡单位产品可变成本是指按照设计生产能力进行生产和销售时，项目既不亏损也不盈利的单位产品可变成本，假设产品销售价格、固定成本等不变，盈亏平衡单位产品可变成本 C_v^* 可表示为

$$C_v^* = \frac{C - C_f}{Q_c} = \frac{B - C_f}{Q_c} = P - T - \frac{C_f}{Q_c} \tag{9-10}$$

【例 9-1】 某项目年设计生产能力为 10 万件，年固定成本为 1 200 万元，产品单位售价为 900 元/件，单位产品可变成本为 500 元/件，单位产品税金及附加为 4.5 元/件，试求盈亏平衡点的年产销量。

【解】

盈亏平衡年产销量 $Q^* = C_f/(P - T - C_v) =$ 12 000 000 元 ÷ (900 − 4.5 − 500) 元/件 ≈ 30 341 件

计算结果表明，当项目产销量低于 30 341 件时，项目亏损；当项目产销量高于 30 341 件时，则项目盈利。而项目年设计生产能力为 10 万件，远高于盈亏平衡点的产销量，项目风险较小。

【例 9-2】 某工业项目年设计生产能力为 3 万件，单位产品售价为 3 000 元/件，年总成本为 7 800 万元，年固定成本为 3 000 万元，若该产品的单位产品税金及附加为 6 元/件，求以产量、生产能力利用率、销售价格、销售收入、单位产品可变成本表示的盈亏平衡点。

【解】

单位产品可变成本 $C_v = C - C_f/Q_c =$ (78 000 000 − 30 000 000) 元 ÷ 30 000 件 = 1 600 元/件

盈亏平衡点产量 $Q^* = C_f/(P - T - C_v) =$ [30 000 000 ÷ (3 000 − 6 − 1 600)] 件 ≈ 21 521 件

盈亏平衡点生产能力利用率 $q^* = Q^*/Q_c \times 100\%$ = 21 521 件 ÷ 30 000 件 × 100% = 71.7%

盈亏平衡点销售价格 $P^* = C_f/Q_c + C_v + T =$ [30 000 000 ÷ 30 000 + 1 600 + 6] 元/件 = 2 606 元/件

盈亏平衡点销售收入 $B^* = (P - T)Q^*$ = (1 600 − 6) 元/件 × 21 521 件 = 34 304 474 元

盈亏平衡点单位产品可变成本 $C_v^* = P - T - C_f/Q_c$ = [3 000 − 6 − 30 000 000 ÷ 30 000] 元/件 = 1 994 元/件

根据计算结果，可以对项目发生亏损的可能性做出大致判断。如果未来的产品销售价格及生产成本与预期值相同，项目不发生亏损的条件是年销售量不少于 21 521 件，生产能力利用率不低于 71.7%，销售收入不低于 34 304 474 元。如果按设计生产能力进行生产并全部销售，生产成本与预期相同，项目不发生亏损的条件是产品销售价格不低于 2 606 元/件。若销售价格和固定成本与预期相同，项目不发生亏损的条件是单位产品可变成本不高于 1 994 元/件。由此可知，本项目投资风险在可承受范围之内。

9.1.3 非线性盈亏平衡分析

非线性平衡点为销售收入与产品销售量呈非线性关系时所对应的盈亏平衡点，例如当产量达到

一定数额时，市场趋于饱和，产品可能会滞销或降价，这时销售收入与产量呈非线性变化。严格来说，总成本中的可变成本与产品产量也有可能呈现非线性关系，比如产量增加到超出已有的正常生产能力时，可能会增加设备，需要加班费等，此时可变成本呈上弯趋势。如图9-2所示，销售收入曲线与总成本曲线有两个交点BEP_1和BEP_2，即有两个盈亏平衡点，两者所对应的盈亏平衡产量分别为Q_1和Q_2，当产量Q低于Q_1和高于Q_2时，均会因生产成本高于销售收入而使方案亏损，只有在Q_1和Q_2之间时，方案才能盈利。因此，方案必须在Q_1和Q_2之间安排生产与销售。

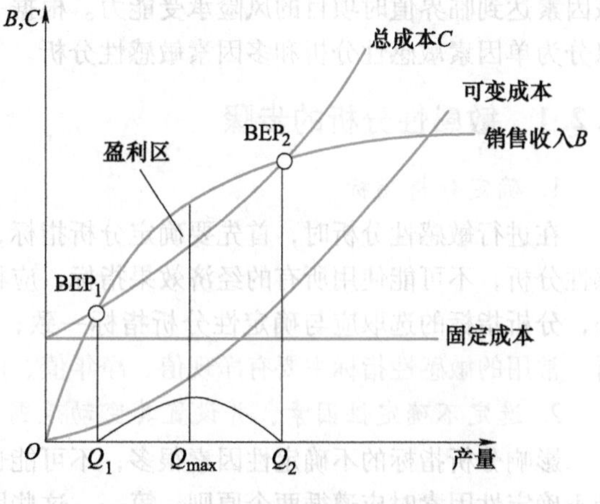

图 9-2 非线性盈亏平衡分析

确定非线性盈亏平衡点的基本原理与线性盈亏平衡点相同，即运用销售收入等于总成本的方程求解，只是解（盈亏平衡点）有多个，需分别判断各区间的盈亏情况。

假设产品的产量等于其销售量，均为Q，则产品的销售收入和总成本与产量的关系可表示为

$$B = a_1Q^2 + b_1Q + c_1 \tag{9-11}$$

$$C = a_2Q^2 + b_2Q + c_2 \tag{9-12}$$

式中，a_1，b_1，c_1，a_2，b_2，c_2均为常数。

根据盈亏平衡点的定义可知$B=C$，求解一元二次方程，得到两个解Q_1和Q_2，即项目盈亏平衡点的产量。

此外，根据利润的表达式：利润=收益-成本=$B-C$，通过对产量求一阶导数并令其等于零，还可以求出使得利润为最大的产量Q_{max}，又称为最大盈利点。

【例9-3】 某项目投产后年固定成本为6.6万元，每件产品可变成本为28元，原材料批量购买时单位材料费用可降低，降低率为生产量的0.1%；产品单价为55元，随销售量的增加，单位产品价格下降率为生产量的0.35%，试计算产量的盈亏平衡点、利润最大时的产量。

【解】

收入函数为$B = (55 - 0.003\,5Q)Q = 55Q - 0.003\,5Q^2$

成本函数为$C = 66\,000 + (28 - 0.001Q)Q = 66\,000 + 28Q - 0.001Q^2$

根据盈亏平衡点的定义$B = C$，得到一元二次方程$0.002\,5Q^2 - 27Q + 66\,000 = 0$

求得$Q_1 = 3\,470$件　$Q_2 = 7\,060$件

利润函数$= B - C = 55Q - 0.003\,5Q^2 - (66\,000 + 28Q - 0.001Q^2) = 0.002\,5Q^2 + 27Q - 66\,000$

对利润函数求Q的一阶导数并令其等于零，得到$- 0.005Q + 27 = 0$

求得$Q = 5\,400$件，将其带入利润函数，求得最大利润为152 700元。

9.2 敏感性分析

敏感性分析是另一种不确定性分析的常用方法。它是通过分析、预测各种不确定性因素（如投资额、建设工期、产品产量、产品价格、产品成本等）发生一定幅度的变化时，对方案经济效果的影响，从中找出影响程度较大的因素，称为敏感因素，分析评价指标对该因素的敏感程度，并测算

该因素达到临界值时项目的风险承受能力。根据一次变动不确定性因素的数目多少，敏感性分析可以分为单因素敏感性分析和多因素敏感性分析。

9.2.1 敏感性分析的步骤

1. 确定分析指标

在进行敏感性分析时，首先要确定分析指标，即方案的经济效果指标。对于某个特定方案的敏感性分析，不可能使用所有的经济效果指标，应根据项目的特点选择一种或两种指标进行分析。另外，分析指标的选取应与确定性分析指标一致，不应超出确定性分析所用指标，以便对比综合分析。常用的敏感性指标主要有净现值、净年值、内部收益率、投资回收年限等。

2. 选定不确定性因素，并设置其变动范围

影响分析指标的不确定性因素很多，不可能也没有必要对所有的不确定性因素进行分析。在选择不确定性因素时应遵循两个原则：第一，这些因素在一定范围内的变化会导致分析指标经济效果的较大变动；第二，这些因素发生变化的可能性较大。常用的不确定性因素主要有投资额、建设工期、项目寿命周期、产品价格、生产成本、贷款利率、折现率、销售量等。不确定性因素的变动范围通常取±20%的变化率。

3. 计算各因素变化对分析指标的影响程度

首先，假定其他不确定性因素不变，每次仅变动一个不确定性因素，分别计算该因素在不同的变化幅度下，对分析指标的影响值，并用敏感性分析计算表或分析图的形式记录下来，以便后面确定敏感因素；然后，更换一个不确定性因素，重复以上的过程，直至分析完所有的经济指标。

4. 确定敏感因素

敏感因素是指不确定性因素一定幅度的变化引起分析指标较大变化的因素。评价指标对不确定因素的变化所产生的反映越大，分析指标对该不确定性因素越敏感。确定敏感因素可采用相对测定法和绝对测定法。

1）相对测定法。设定各不确定性因素以一个相同的幅度变化，比较在相同变化幅度下各因素的变动对分析指标的影响程度，影响程度大者为敏感因素。这种敏感程度可以用敏感系数 S_{AF} 来表示，即

$$S_{AF}=\frac{\Delta A/A}{\Delta F/F} \tag{9-13}$$

式中 S_{AF}——评价指标 A 对于不确定性因素 F 的敏感系数；

$\Delta F/F$——不确定性因素 F 的变化率；

$\Delta A/A$——F 变化时，评价指标 A 相应的变化率。

$S_{AF}>0$，表示评价指标与不确定性因素同方向变化；$S_{AF}<0$，表示评价指标与不确定性因素反方向变化。$|S_{AF}|$ 越大，说明对应的不确定性因素越敏感。通过比较各方案的敏感系数，可以确定敏感因素，敏感系数最大的和次大的即为敏感因素。

2）绝对测定法。设定各不确定性因素均朝着对方案不利的方向变动，并取其可能的最坏值，计算此时的分析指标，看其是否达到方案无法接受的程度，如果已达到这种程度，则视该不确定性因素为敏感因素。也可理解为，先设定分析指标为临界值，如 NPV=0，然后求出不确定性因素允许变动的最大幅度，并与其可能出现的最大变动幅度相比较，如果后者超过前者，则认为该因素是敏感因素。

5. 综合评价，比选方案

结合前面确定性分析和敏感性分析的结果，确定对不确定性因素变化不敏感的方案，优先选择，降低风险。

9.2.2　单因素敏感性分析

单因素敏感性分析是假定只有一个不确定性因素发生变化，其他因素不变，分别计算其对确定性分析指标影响程度的敏感性分析方法。下面通过一个例题来介绍单因素敏感性分析法。

【例 9-4】　某项目初始投资为 2 000 万元，项目投产后年销售收入为 700 万元，年经营成本为 300 万元，项目寿命周期为 10 年，设备残值为 200 万元，基准折现率为 10%，试就投资额、销售收入、经营成本分别按±10%、±20%、±30%的幅度变化时，对净现值进行敏感性分析。

【解】

本题是以净现值为分析指标，投资额、销售收入、经营成本为不确定性因素进行敏感性分析。查复利系数表（见附录 A），得（P/A，10%，10）= 6.144 6，（P/F，10%，10）= 0.385 5。基准方案的净现值（初始值）为

$$NPV = -2\,000\text{万元} + (700\text{万元} - 300\text{万元}) \times (P/A, 10\%, 10) + 200\text{万元} \times (P/F, 10\%, 10)$$

$$= -2\,000\text{万元} + 400\text{万元} \times 6.144\,6 + 200\text{万元} \times 0.385\,5 = 534.94\text{万元}$$

分别设投资额、销售收入、经营成本的变动百分比为 x、y、z，假设其他因素不变，三个不确定性因素分别对净现值的影响如下：

$$NPV = -2\,000\text{万元} \times (1 + x) + (700\text{万元} - 300\text{万元}) \times (P/A, 10\%, 10) + 200\text{万元} \times (P/F, 10\%, 10)$$

$$NPV = -2\,000\text{万元} + [700\text{万元} \times (1 + y) - 300\text{万元}] \times (P/A, 10\%, 10) + 200\text{万元} \times (P/F, 10\%, 10)$$

$$NPV = -2\,000\text{万元} + [700\text{万元} - 300\text{万元} \times (1 + z)] \times (P/A, 10\%, 10) + 200\text{万元} \times (P/F, 10\%, 10)$$

当投资额、销售收入、经营成本分别按±10%、±20%、±30%的幅度变化时，对应的方案净现值见表 9-1。

表 9-1 【例 9-4】敏感性分析　　（单位：万元）

项目	变化幅度						
	−30%	−20%	−10%	0	10%	20%	30%
	NPV						
投资额	1 134.94	934.94	734.94	534.94	334.94	134.94	−65.06
销售收入	−755.43	−325.30	104.82	534.94	965.06	1 395.18	1 825.31
经营成本	1 087.95	903.62	719.28	534.94	350.60	166.26	−18.07

进而，计算各不确定性因素的敏感系数。

投资额增加 10%的敏感系数为 $\dfrac{\Delta A/A}{\Delta F/F} = \dfrac{(334.94 - 534.94)\text{万元} \div 534.94\text{万元}}{10\%} \approx -3.74$，通过计算得知投资额按±10%、±20%、±30%的幅度变化时，敏感系数的绝对值均为 3.74。同理，计算出销售收入和经营成本的敏感系数为 8.04 和 3.45。由此可知，在相同的变动率下，销售收入的变动对方案的净现值影响最大，投资额和经营成本的变动对净现值的影响较小。

敏感性分析除了可以用敏感性分析表表示外，还可以用敏感性分析图表示。【例 9-4】项目的单因素敏感性分析图，如图 9-3 所示。

在图 9-3 中，斜率最大、截距最小的因素最敏感，因此，净现值对不确定性因素的敏感程度从小到大排序为销售收入、投资额和经营成本，这与前面的分析结果是一致的。

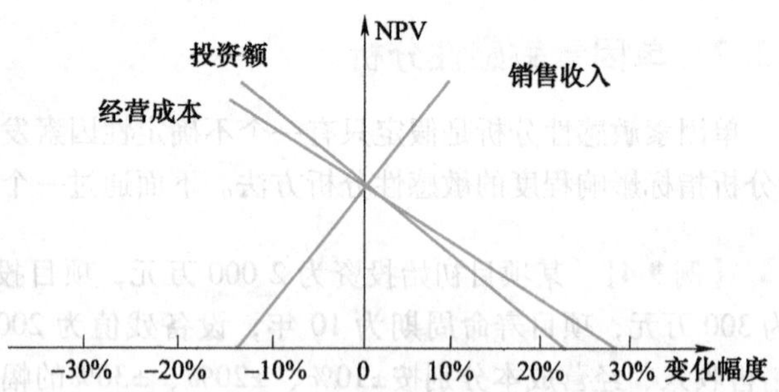

图 9-3 【例 9-4】项目的单因素敏感性分析

以上是敏感因素的相对测定法，也可采用绝对测定法来确定敏感因素。设 NPV=0，分别求投资额、销售收入和经营成本的变动临界值，即有

$$-2\,000\text{万元}\times(1+x)+(700\text{万元}-300\text{万元})\times(P/A,10\%,10)+200\text{万元}\times(P/F,10\%,10)=0$$

$$-2\,000\text{万元}+[700\text{万元}\times(1+y)-300\text{万元}]\times(P/A,10\%,10)+200\text{万元}\times(P/F,10\%,10)=0$$

$$-2\,000\text{万元}+[700\text{万元}-300\text{万元}\times(1+z)]\times(P/A,10\%,10)+200\text{万元}\times(P/F,10\%,10)=0$$

求解方程得到 $x=26.75\%$，$y=-13\%$，$z=29\%$。

假设其他因素不变，当投资额增加 26.75%时，项目将变得不可接受。同理，销售收入减少 13%，或经营成本增加 29%时，项目也将变得不可接受。由此可知，销售收入较小幅度的变动，就会使方案变得不可接受，而投资额和经营成本可以有较大的变动余地。绝对测定法与相对测定法的结果一致。

通过综合分析可知，本项目中销售收入为敏感因素。在做出决策前，应该对销售收入及其可能变动的范围做出更为精确的预测估算。如果销售收入低于原来预测值 13%以上的可能性较大，则意味着项目有较大的风险。相对而言，投资额和经营成本在较大范围内的变动对净现值的影响较小，对决策的影响也较小。

9.2.3 多因素敏感性分析

单因素敏感性分析在分析某一因素对经济效果的影响时假定其他因素不变，具有一定的局限性。实际上有些因素的变动不是独立的，而是相互之间有相关性的，某一个因素变动的同时其他因素也会有相应的变动。多因素敏感性分析研究了多个不确定性因素同时发生不同幅度的变化时，对项目经济效果产生的影响。若两个因素同时变动，则称为双因素敏感性分析。

双因素敏感性分析的步骤：首先，确定因素间变动的函数关系，令经济效果指标等于临界值，求解因素间函数关系；最后，绘制双因素敏感性图，令两坐标轴各代表一个因素的变化率；最后，求解两因素变化率的一系列组合，绘制曲线，称为平衡线或临界线。若两个不确定性因素同时变化的交点落在临界线经济指标大于 0 的一侧，则认为项目可行；若两个不确定性因素同时变化的交点落在临界线经济指标小于 0 的一侧，则认为项目不可行。

仍以【例 9-4】为例来说明双因素敏感性分析。假设投资额与经营成本同时变动，两个因素同时变动对方案净现值影响的计算公式为

查复利系数表（见附录 A），得 $(P/A,\ 10\%,\ 10)=6.144\,6$，$(P/F,\ 10\%,\ 10)=0.385\,5$。

$$\begin{aligned}\text{NPV}&=-2\,000\times(1+x)+[700-300\times(1+z)]\times(P/A,\ 10\%,\ 10)+200\times(P/F,\ 10\%,\ 10)\\&=(534.94-2\,000x-1\,843.38z)\text{万元}\end{aligned}$$

取 NPV 的临界值，即 NPV=0，则有

$$(534.94-2\,000x-1\,843.38z)\text{万元}=0$$

化简得到 $z\approx0.29-1.08x$，即为该项目的临界线。在该临界线上，NPV=0；在临界线下方，NPV>0；在临界线上方，NPV<0。也就是说，如果投资额与经营成本同时变动，只要变动范围不超过临界线下方区域（包括临界线上的点），方案都是可以接受的。【例 9-4】双因素敏感性分析图，

如图 9-4 所示。

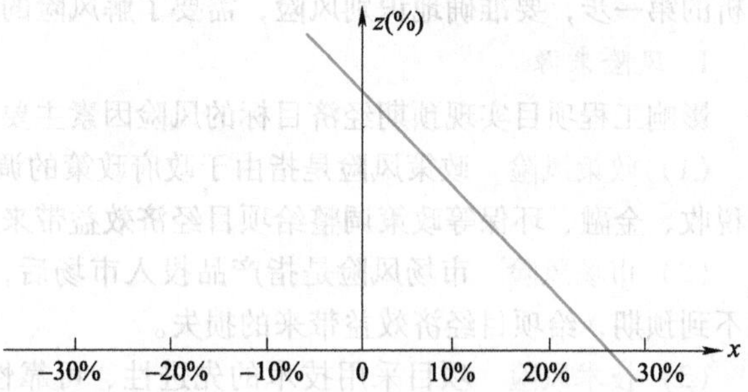

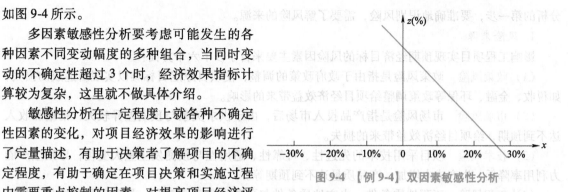

图 9-4 【例 9-4】双因素敏感性分析

多因素敏感性分析要考虑可能发生的各种因素不同变动幅度的多种组合，当同时变动的不确定性超过 3 个时，经济效果指标计算较为复杂，这里就不做具体介绍。

敏感性分析在一定程度上就各种不确定性因素的变化，对项目经济效果的影响进行了定量描述，有助于决策者了解项目的不确定程度，有助于确定在项目决策和实施过程中需要重点控制的因素，对提高项目经济评价的可靠性具有重要意义。但敏感性分析也有其局限性，没有考虑各不确定性因素在未来发生变动的概率，这可能会影响分析结论的准确性。因此，必须借助于概率分析方法，将在 9.3 节进行介绍。

9.3 风险分析

9.3.1 风险分析概述

风险是指损失发生的可能性，是不利事件发生的概率及其后果的函数。风险是一种不确定性，如果不利事件必定发生或必定不发生，就无所谓风险；风险是潜在的损失或损害，风险总是与潜在的损失或损害联系在一起；风险是实际结果与预期目标的差异，风险带来的损失或损害是相对于人们的预期目标而言的，不一定是绝对的损失或损害；风险相对于经济主体而言，任何风险都要有相应的主体来承担；风险涉及选择，其前提条件是存在可以选择的不同路径，如果没有选择，讨论风险就没有意义；风险依赖于决策目标，同一方案，决策目标不同，风险也不一定相同。

1. 风险分析的概念

风险分析是指经济主体在风险识别的基础上，对风险进行估计和量化，并进行风险评价和风险决策。

2. 风险分析与不确定性分析

风险分析与不确定性分析既有联系又有区别。不确定性是风险的起因，不确定性与风险相伴而生，但两者的分析内容和方法均不相同。不确定性分析只是研究各种不确定性因素对方案结果的影响，但不知道这些不确定性因素可能出现的状态及其发生的可能性，而风险分析则要通过预先知道不确定性因素可能出现的各种状态及其可能性，求得对方案各种结果影响的可能性，进而判断方案的风险程度。

3. 风险分析的主要内容

从风险分析的角度看，在方案决策前，应考虑如下问题：①方案有哪些风险？②这些风险出现的可能性有多大？③若发生风险，造成的损失有多大？④如何选择可以降低风险？回答上述问题实际上就是风险分析的内容。风险分析主要包括风险识别、风险估计、风险评价和风险决策。风险识别是风险分析的基础，找出潜在的各种风险因素，按其重要性进行排序，并赋予权重；风险估计是估算单个风险因素发生的概率及其对方案的影响程度；风险评价是对方案的整体风险、经济主体对风险的承受能力等进行评价；风险决策是在已知的风险条件下，对方案必选和取舍。

9.3.2 风险识别

风险识别是确定何种风险可能会对项目产生影响，并将这些风险的特性归档。风险识别是风险分析的第一步，要准确地识别风险，需要了解风险的来源。

1. 风险来源

影响工程项目实现预期经济目标的风险因素主要来自于以下六个方面：

(1) 政策风险　政策风险是指由于政府政策的调整，使项目原定目标难以实现所造成的损失，如税收、金融、环保等政策调整给项目经济效益带来的影响。

(2) 市场风险　市场风险是指产品投入市场后，由于供求关系与预期差异较大，销量和收入达不到预期，给项目经济效益带来的损失。

(3) 技术风险　项目采用技术的先进性、可靠性、适用性与预测发生重大变化，导致生产能力利用率降低，生产成本增加，产品质量达不到预期等。

(4) 工程风险　工程地质条件、水文地质条件与预测发生重大变化，导致工程量增加、投资额增加、工期延长等。

(5) 融资风险　融资风险包括资金来源、融资成本等方面，资金供应不足或中断导致项目工期拖延甚至终止，利率、汇率变化导致融资成本上升。

(6) 外部环境风险　交通运输、供水、供电等主要配套设施发生重大变故，给项目建设和运营带来风险。

2. 风险识别的步骤

1）明确风险分析所指向的预期目标。

2）找出影响预期目标的全部因素，对各因素逐层分解，直到可直接判断其变动的可能性为止，判断发生变化的主要因素及其可能性的大小。

3）分析各因素对预期目标的相对影响程度。

4）根据各因素向不利方向变化的可能性进行分析、判断，确定主要风险因素。

3. 风险识别的方法

(1) 风险因素问询法　对管理或经历过类似项目风险的人员采用访谈、询问等方法，通过问询可以获得很多有关风险的直接经验，发现风险的来源。

(2) 头脑风暴法　项目相关人集中在一起讨论，列一份潜在风险一览表，将表中相似内容进行归档，并根据风险的重要程度和概率大小进行排序。

(3) 检查表法　检查表一般根据项目环境、产品或技术资料等风险因素进行编制，列出经历过的风险事件及来源，项目管理人员对照检查表，对本项目的潜在风险进行联想，逐一进行核查。

(4) 德尔菲法　由项目风险管理人员提出风险问题调查方案，制作专家调查表。若干专家阅读项目背景资料和项目设计方案，填写调查表。风险管理人员收集整理专家意见，再将结果反馈给各位专家，如此循环，直至专家意见基本趋于一致，确定关键的风险因素。

9.3.3 风险估计

风险估计是在风险识别的基础上，估计项目风险发生的可能性（概率）和带来的损失程度。风险事件属于随机事件，人们根据长期的实践经验，或对历史资料的分析，可以对风险因素发生的概率及其分布进行估计。

首先采用主观概率或客观概率分析方法，确定风险因素的概率分布，然后运用数理统计分析方法，计算与项目评价指标相应的概率分布或累计概率、期望值、标准差。主观概率估计是指当某些事件缺乏历史统计资料时，由决策人自己或借助咨询机构或专家凭经验对某一风险因素发生可能性的主观判断，用介于0~1的数据来描述，需要掌握大量的信息或积累经验。客观概率估计是根据大量的实验数据，采用科学的数理统计方法，推断、计算风险因素发生的可能性大小，是不以人的主观意志为转移的客观存在的概率，需要足够多的实验数据支撑。在项目风险估计的实践中，很难使用客观数据对风险发生概率做出估计，而更多的是由专家或决策者对风险发生的概率做出主观估计。

1. 概率分布的类型

风险因素的概率分布分为离散概率分布和连续概率分布两种。当变量可能值是有限个数，称这种随机变量为离散型随机变量，其概率为离散概率，适用于变量取值不多的情况。当变量的取值充满某一个区间，无法按一定次序一一列举时，这种随机变量为连续型随机变量，其概率称为连续概率。常用的分布有正态分布、三角形分布、泊松分布等。

2. 概率分析

概率分析是在选定不确定因素的基础上，通过估计其发生变动的范围，根据已有的资料或经验，估计出变化值的发生概率，分析预测这些因素发生变化时对项目经济效果的影响。影响方案经济效果的不确定性因素一般都是随机的，要进行概率分析，首先要描述这些随机变量，确定其概率分布的类型和参数，最常用的是均匀分布与正态分布。

（1）期望值分析法 期望值是离散型随机分布最常用的概率分析法。对于随机变量的各个取值，以相应的概率为权数的加权平均数，叫随机变量的预期值，也称数学期望或均值。若方案比较是收益类的指标，则期望值越大风险越低，若为费用类的指标，则期望值越大风险越高，一般表达式为

$$E(x) = \sum_{i=1}^{n} x_i p_i \tag{9-14}$$

（2）标准差分析法 标准差反映经济效果的实际值与期望值偏离的程度。当两个投资方案进行比较时，如果期望值相同，则标准差较小的方案风险较低。一般表达式为

$$\sigma = \sqrt{\sum_{i=1}^{n} p_i \left[x_i - E(x) \right]^2} \tag{9-15}$$

（3）离差分析法 离差系数是标准差与期望值之比，是一个相对数。若两个方案的期望值与标准差均不相同，则离差系数较小的方案风险较低。

$$C = \frac{\sigma(x)}{E(x)} \tag{9-16}$$

【例 9-5】 某项目建设期为 1 年，生产运营期为 10 年。投资额、年销售收入和年经营成本的估计值分别为 80 000 万元、3 5000 万元和 16 000 万元，折现率为 10%。风险识别主要的风险因素是投资额和年销售收入，两者有三种可能的状态，概率分布见表 9-2。试计算该项目净现值的期望值、标准差、离差系数和净现值大于或等于零的累计概率。

表 9-2 【例 9-5】风险因素概率分布

风险因素	变化率		
	+20%	0	-20%
	概率		
投资额	0.3	0.6	0.1
年销售收入	0.2	0.5	0.3

【解】

第一步，确定风险因素组合状态及其联合概率。

联合概率=投资额概率×年销售收入概率，表 9-2 中投资额和年销售收入均增加 20% 的联合概率为 0.3×0.2=0.06。九种组合状态的联合概率见表 9-3。

表 9-3 【例 9-5】风险因素组合状态、联合概率及其净现值

投资额变化率	+20%			0			−20%		
年销售收入变化率	+20%	0	−20%	+20%	0	−20%	+20%	0	−20%
组合状态序号	1	2	3	4	5	6	7	8	9
联合概率 p_i	0.06	0.15	0.09	0.12	0.30	0.18	0.02	0.05	0.03
NPV_i(万元)	57 964	18 861	−20 241	72 508	33 406	−5 696	87 053	47 952	8 850

第二步，计算各组合状态净现值的期望值。

查复利系数表（见附录 A），得（P/A，10%，10）= 6.144 6，（P/F，10%，1）= 0.909 1。

首先，计算各组合状态的净现值（见表 9-3）。以投资额增加 20%与年销售收入增加 20%的组合状态为例，其净现值为

$$\text{NPV}_1 = \{-80\,000\text{万元}\times(1+20\%)+[35\,000\text{万元}\times(1+20\%)-16\,000\text{万元}]\times (P/A,10\%,10)\}\times(P/F,10\%,1)\approx 57\,964\text{万元}$$

然后，计算组合状态的期望值，将各组合状态的联合概率与期望值相乘，再将所有组合状态的期望净现值相加。期望净现值为

$$E(\text{NPV}) = \sum_{i=1}^{9}\text{NPV}_i\,p_i = 57\,964\text{万元}\times 0.06 + 18\,861\text{万元}\times 0.15 + (-20\,241)\text{万元}\times 0.09 + 72\,508\text{万元}\times 0.12 + 33\,406\text{万元}\times 0.30 + (-5\,696)\text{万元}\times 0.18 + 87\,503\text{万元}\times 0.02 + 47\,952\text{万元}\times 0.05 + 8\,850\text{万元}\times 0.03 \approx 26\,596\text{万元}$$

第三步，进一步计算净现值的标准差和离差系数。

标准差为

$$\sigma(\text{NPV}) = \sqrt{\sum_{i=1}^{9} p_i[\text{NPV}_i - E(\text{NPV})]^2} \approx 28\,729\text{万元}$$

离差系数为

$$C = \frac{\sigma(\text{NPV})}{E(\text{NPV})} \approx 1.08$$

第四步，计算净现值大于或等于零的累计概率。将表 9-3 中的净现值按升序重新排列，并计算累计概率，见表 9-4。

表 9-4 净现值累计概率分布

NPV_i（万元）	−20 241	−5 696	8 850	18 861	33 406	47 952	57 964	72 508	87 053
联合概率 p_i	0.09	0.18	0.03	0.15	0.30	0.05	0.06	0.12	0.02
累计概率 $\sum p_i$	0.09	0.27	0.30	0.45	0.75	0.80	0.86	0.98	1.00

由表 9-4 得，净现值小于零的累计概率为 0.27，所以净现值大于或等于零的累计概率为1−0.27=0.73。

9.3.4 风险评价

风险评价则是对方案的整体风险，各风险之间的相互影响、相互作用及对方案的总体影响，经

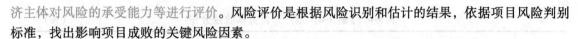

济主体对风险的承受能力等进行评价。风险评价是根据风险识别和估计的结果，依据项目风险判别标准，找出影响项目成败的关键风险因素。

1. 以经济指标的累计概率、标准差为判别标准

财务（经济）内部收益率大于或等于基准收益率的累计概率值越大，风险越小；标准差越小，风险越小；财务（经济）净现值大于或等于零的累计概率值越大，风险越小；标准差越小，风险越小。

2. 以综合风险等级为判别标准

依据风险因素对项目影响程度和风险发生的可能性大小划分综合风险等级，见表9-5。不同级别的风险可采用不同的风险策略：

1）风险低的I级，一般可忽略。

2）风险适度的R级，应采取适当措施。

3）风险较高的T级，设置临界值，一旦触发即变更方案。

4）风险高的M级，风险系数较高，应变更方案。

5）风险很高的K级，风险系数极高，应立即放弃项目。

表9-5　综合风险等级分类

可能性	影响程度			
	严重	较大	适度	低
	风险等级			
高	K	M	R	R
较高	M	M	R	R
适度	T	T	R	I
低	T	T	R	I

9.3.5 风险决策

概率分析可以给出方案经济效果指标的期望值和标准差，以及经济效果指标的实际值发生在某一区间的概率，为人们在风险条件下决定方案取舍提供了依据。但概率分析并没有给出在风险条件下方案取舍的原则和方法，而风险决策弥补了这方面的不足。

不同的决策者，风险态度不同，一般有风险厌恶、风险中性和风险偏爱三种态度。风险决策准则一般有满意度准则、期望值准则、期望值方差准则等。

1. 满意度准则

满意度准则也称为最适用准则（理想化准则），决策者往往只能把目标定在满意的标准上，以此选择能达到这一目标的最大概率方案，也即选择出相对最优方案。采用满意度准则选择的方案是决策者想要达到的收益水平，或想要避免损失的水平。满意度准则适用于选择最优方案花费过高，或在没有得到其他方案的有关资料之前就必须决策的情况。

【例9-6】　某地产开发企业拟对一块地进行开发，现有三个方案可供选择，并且经过市场调查和预测，了解到该房地产市场需求在未来存在三种可能：高需求、中需求和低需求，每一种需求状态可能发生的概率分别为0.3、0.5和0.2。具体情况见表9-6。

表 9-6 【例 9-6】地产开发方案收益分布 （%）

方案	概率分布		
	高需求，0.3	中需求，0.5	低需求，0.2
	收益率		
建造 10 万 m^2	16	14	14
建造 20 万 m^2	20	20	7
建造 30 万 m^2	24	8	-4

【解】

运用满意度准则进行风险决策的分析如下：

1）当决策准则为收益率不小于20%时，方案二和方案三均可满足条件，但方案二在中需求时的收益率为20%，并且对应的概率为50%，大于方案三在高需求时的概率30%，因此，方案二为最优方案，故选择方案二。

2）当决策准则为可能的收益率不低于10%时，由于方案一在三种可能的需求状态下均满足条件，故选择方案一。

2. 期望值准则

期望值准则是根据每个备选方案指标损益值的期望值大小进行决策。当决策目标是收益时，选择收益最大的方案；相反，当决策目标是损失时，应选损失最小的方案。各备选方案损益值的期望值表达为

$$E(A_i) = \sum_{j=1}^{k} R_{ij}P(S_j) \tag{9-17}$$

式中 $E(A_i)$ ——第 i 个备选方案损益值的期望值；

R_{ij} ——第 i 个备选方案在第 j 种状态下的损益值；

$P(S_j)$ ——第 j 种状态发生的概率。

在对不同的方案进行比较时，往往会面临多重决策的问题，即具有多个层次的自然状态，此时可以采用决策树的方法进行风险决策。

决策树像一棵枝干分明、果繁叶茂的大树，故称为决策树。决策树一般由以下四个元素组成：

1）决策点。用符号“□”表示，从它引出的直线分枝称为方案分枝，代表决策行动的方案数。

2）状态点。用符号“○”表示，其上的数值表示期望值，从其引出的分枝表示状态分枝，每条分枝均在其上标明该状态发生的概率，分枝数反映可能出现的自然状态。

3）结果点。用符号“△”表示，其上的数值表示每个决策行动方案在相应自然状态下的损益值。

4）分枝。连接决策点、状态点及结果点之间的直线，表示方案分枝或状态分枝。

决策树的步骤为：首先画出决策树；然后预计可能事件发生的概率，计算损益期望值；最后根据损益期望值进行决策比较，选择损益期望值最大（或最小）的方案为最优方案。

【例 9-7】 为生产某种新产品拟建一生产厂，现有两个方案：方案一建大厂，投资 320 万元；方案二建小厂，投资 180 万元。两个方案的寿命期均为 10 年，基准收益率为 10%。两个方案在不同市场条件下盈亏情况见表 9-7。建小厂投入生产 3 年后，若销路好再扩建，并追加投资 160 万元，

再生产 7 年，每年的损益值与建大厂相同。由于扩建采用先进技术，产品新颖，预测未来 7 年销路好的概率为 0.9，销路差的概率为 0.1；若前 3 年产品不好销售则不扩建。试对该项目进行风险决策。

表 9-7 【例 9-7】两个方案的状态，概率和损益值　（单位：万元）

状态，概率	方案	
	方案一建大厂	方案二建小厂
	损益值	
销售好，0.7	100	40
销售差，0.3	−20	10

【解】

采用决策树法进行风险决策步骤如下：

第一步，绘制决策树如图 9-5 所示。

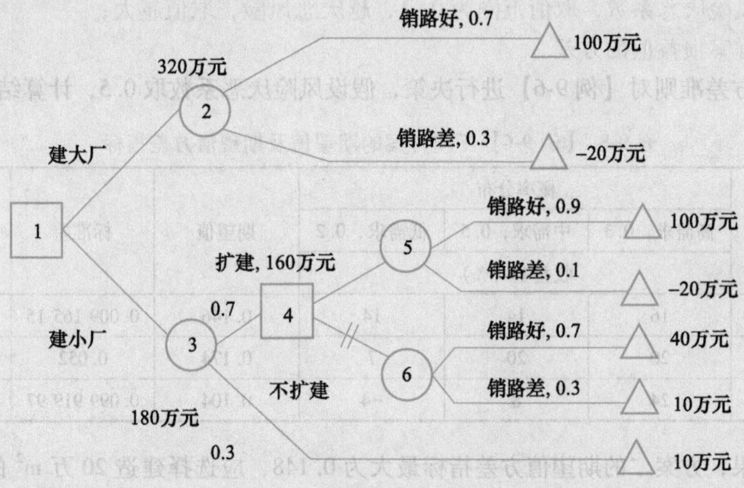

图 9-5 【例 9-7】决策树

第二步，计算各节点期望值。本题是多阶段风险决策，要从最末一级决策点开始，先计算决策点④的方案净现值的期望值。

查复利系数表（见附录 A），得 $(P/A, 10\%, 7) = 4.8684$，$(P/F, 10\%, 3) = 0.7513$，$(P/A, 10\%, 3) = 2.4869$，$(P/A, 10\%, 10) = 6.1446$。

节点⑤的第 3 年年末净现值的期望值为

$$100\text{万元}\times(P/A, 10\%, 7)\times 0.9 - 20\text{万元}\times(P/A, 10\%, 7)\times 0.1 - 160\text{万元}$$
$$= 88\text{万元}\times(P/A, 10\%, 7) - 160\text{万元} = 88\text{万元}\times 4.8684 - 160\text{万元} \approx 268.42\text{万元}$$

节点⑥的第 3 年年末净现值的期望值为

$$40\text{万元}\times(P/A, 10\%, 7)\times 0.7 + 10\text{万元}\times(P/A, 10\%, 7)\times 0.3$$
$$= 31\text{万元}\times(P/A, 10\%, 7) = 31\text{万元}\times 4.8684 \approx 150.92\text{万元}$$

根据期望值原则，由于节点⑤的期望值大于节点⑥的期望值，应选择 3 年后扩建方案，进一步可以缩减决策树，即剪枝，如图 9-5 所示。

节点③的净现值的期望值为

[268.42 万元 × (*P/F*, 10%, 3) + 40 万元 × (*P/A*, 10%, 3)] × 0.7 +
10 万元 × (*P/A*, 10%, 10) × 0.3 − 180 万元 = (268.42 万元 × 0.751 3 +
40 万元 × 2.486 9) × 0.7 + 10 万元 × 6.144 6 × 0.3 − 180 万元 ≈ 49.23 万元

节点②的净现值的期望值为

100 万元 × (*P/A*, 10%, 10) × 0.7 − 20 万元 × (*P/A*, 10%, 10) × 0.3 − 320 万元
= 64 万元 × (*P/A*, 10%, 10) − 320 万元 = 64 万元 × 6.144 6 − 320 万元 ≈ 73.25 万元

第三步，方案选择。经过比较两个方案净现值的期望值，应选择方案一建大厂。

3. 期望值方差准则

期望值方差准则即把各备选方案损益值的期望值和方差通过风险厌恶系数转化为一个标准（即期望值方差）来进行决策，指标值最大的方案为最优方案。一般表示为

$$Q_i = E(x) - A\sqrt{D} \tag{9-18}$$

式中 Q_i ——i 个方案损益值的期望值方差；
$E(x)$ ——方案损益值的期望值；
A ——风险厌恶系数，取值范围为 0~1，越厌恶风险，取值越大；
D ——方案损益值的方差。

采用期望值方差准则对【例 9-6】进行决策，假设风险厌恶系数取 0.5，计算结果见表 9-8。

表 9-8 【例 9-6】不同方案的期望值及期望值方差指标

方案	概率分布			期望值	标准差	期望值方差
	高需求，0.3	中需求，0.5	低需求，0.2			
	收益率（%）					
建造 10 万 m^2	16	14	14	0.146	0.009 165 15	0.141 4
建造 20 万 m^2	20	20	7	0.174	0.052	0.148 0
建造 30 万 m^2	24	8	−4	0.104	0.099 919 97	0.099 0

根据计算结果，方案二的期望值方差指标最大为 0.148，应选择建造 20 万 m^2 的方案。在期望值方差准则下，方案的损益期望值根据每一个方案的损益值方差进行了调整，等同于对不同方案的损益值进行风险因素的调整，方案二的风险波动程度大于方案一，所以通过对收益期望值进行调整，方案二收益变化的幅度比较大。一般给定不同的风险厌恶系数，决策结果会出现较大的变化。

习 题

1. 阐述盈亏平衡分析与敏感性分析的相同与不同之处分别有哪些？它们与风险分析的区别和联系是什么？

2. 影响项目经济目标的风险因素来源有哪些方面？

3. 风险等级是如何划分和判断的？不同等级风险如何处置？

4. 企业生产某种产品，设计年产量为 6 000 件，每件出厂价为 50 元，企业固定开支为 66 000 元/年，单位产品可变成本为 28 元/件，单位产品税金及附加为 1 元/件，试求：

1）试计算企业的最大可能盈利。

2）试计算企业盈亏平衡时的产量。

3）企业要求年盈余 5 万元时，产量是多少？

4）若产品出厂价由50元下降到48元，还要维持5万元盈余，问应销售的量是多少？

5. 某化工厂生产某种化工原料，设计生产能力为年产7.2万t，产品售价为1 300元/t，每年的固定成本为1 740万元，单位产品可变成本为930元/t，单位产品税金及附加为10元/t。试分别画出年固定成本、年可变成本、单位产品固定成本、单位产品可变成本与年产量的关系曲线。并计算以年产量、销售收入、生产能力利用率、销售价格、单位产品可变成本表示的盈亏平衡点。

6. 某企业生产某种设备，预定每台售价为300元，单位产品可变成本为100元/台。因零部件大批量采购享受优惠，单位产品可变成本将按固定的0.01元/台随产量Q变化，降低为（$100-0.01Q$）元；而由于市场竞争的需要，单位产品售价可能按固定的0.03元/台随产量Q变化，降低为（$300-0.03Q$）元。该公司年固定成本为180 000元。试求盈亏平衡产量和最大盈利产量。

7. 某产品有两种生产方案，A方案初始投资为70万元，预期年净收益为15万元；B方案初始投资为170万元，预期年收益为35万元。该项目产品的市场寿命具有较大的不确定性，如果给定基准折现率为15%，不考虑期末资产残值，试就项目寿命期分析两种方案的临界点。

8. 某方案预计在计算期内的收入与支出见表9-9。请就净现值指标，分别对经营成本和销售收入进行单因素敏感性分析（基准收益率为10%）。

表9-9　某方案在计算期内的收入与支出　（单位：万元）

指标	年份						
	0	1	2	3	4	5	6
	金额						
投资额	50	300	50				
经营成本				150	200	200	200
销售收入				300	400	400	400

9. 某投资项目总投资额为10 000万元，寿命期为5年，残值为2 000万元。该项目投资当年即可投产，年收益为5 000万元，年支出为2 200万元。通过初步的单因素敏感性分析得知，投资额和年收益为敏感因素。试计算投资额和年收益同时变动时，对净年值的综合影响（基准折现率为10%）。

10. 某小型电动汽车的投资方案，用于确定性经济分析的现金流量见表9-10，所采用的数据是根据未来最可能出现的情况而预测估算的。由于对未来影响经济环境的某些因素把握不大，投资额、经营成本和销售收入均有可能在±20%的范围内变动。设定基准折现率为10%，不考虑所得税，试就3个不确定性因素同时变动做多因素敏感性分析。

表9-10　某小型电动汽车投资方案的现金流量　（单位：万元）

指标	年份			
	0	1	2~10	11
	金额			
投资额	15 000			
销售收入			19 800	19 800
经营成本			15 200	15 200
期末资产残值				2 000
净现金流量	-15 000	0	4 600	6 600

11. 设有 A、B 两种方案，经初步分析，销售情况及对应的状态，概率和净现值见表 9-11，试比较两种方案的风险大小。

表 9-11 两种方案的销售情况及对应的状态，概率和净现值 （单位：万元）

状态，概率	方案	
	A 方案	B 方案
	净现值	
销售情况好，0.6	20	15
销售情况一般，0.2	5	10
销售情况差，0.2	-5	5

12. 某投资项目有两种方案，建大厂或建小厂。建大厂需投资 15 万元，建小厂需投资 8 万元，两厂使用期限都是 10 年，估计在此期间产品销路好的概率为 0.7，销路差的概率为 0.3，两种方案的年损益值见表 9-12，试用决策树方法进行方案选择（基准折现率为 10%）。

表 9-12 两种方案的年损益值 （单位：万元/年）

状态，概率	方案	
	建大厂	建小厂
	损益值	
销路好，0.7	4.6	1.9
销路差，0.3	−0.9	0.2

下篇

工程建设与运营经济分析

第 10 章

工程设计经济性分析

■ 引语

在第 5 章引语中曾介绍，根据初步设计方案估算的小饭店投资额达到 25 万元，超过了投资限额 20 万元，需要对方案进行经济优化。根据国外经验数据，工程建设不同阶段对投资的影响程度有较大差异。在项目决策阶段，影响项目投资的可能性为 95%~100%；在初步设计阶段，影响项目投资的可能性为 75%~95%；在技术设计阶段，影响项目投资的可能性为 35%~75%；在施工图设计阶段，影响项目投资的可能性则为 5%~35%；在施工阶段，影响项目投资的可能性在 5%以下。我国也是大致类似的情形。很显然，工程设计对建设项目投资的经济性也有着非常大的影响。因此，工程设计方案的优化、比较和选择是工程经济分析的重要内容。

在投资限额情况下，粗暴地调整方案削减投资而不是进行方案经济优化，将会有什么结果呢？来看这样一个例子。某高校新校区新建的某院系办公楼项目是由两幢 20 多层的条形高层主楼和连接两者的一个多层裙楼组成，总建筑面积约 6 万 m^2，总投资额约为 3 亿元。主楼主要作为教师办公用房，裙楼主要作为辅助用房。该建筑项目采用中央空调系统，3 个建筑物的门厅、底楼走道、各层的电梯间等公共空间及外墙饰面均采用高等级的装修，室内均有吊顶，采用普通等级装修。当初该工程建设时，在初步设计方案出来后，所计算出的投资概算超出了相关部门批准的投资限额近 20%。为在投资限额内建成该项目，采用了缩短主楼长度手法修改初步设计，这一方法虽然将投资额降低到限额以内，但是大大缩减了预留的办公面积。随着院系教学和科研的发展，新进教师人数快速增长，办公楼在投入使用两年后就出现了教师用房短缺的问题。目前的建筑物布局及周围土地留量已经不足以单独另建一个独立的办公楼，以加长或加高方式扩建现有办公楼也存在诸多障碍。因而，进一步投资以在原址扩大办公室面积的策略陷入困境，只能离原址较远之处择地而建。

这是一个典型的在投资限额下设计方案优化问题，实践所采取的削减投资方案显然有不少值得商榷之处。学完本章后，拓宽一下思路做些深入系统的分析思考，或者采用头脑风暴法开展一次讨论，可能会找到许多更佳的优化策略和节省投资费用的方案。

■ 10.1 工程设计经济要素

人们习惯把建筑视为一种“作品”，随着建筑物的竣工而宣告实现，这时人们所关心的是最大限度地利用和节约一次性投入。从经济学角度，建筑物更应该被视为一个具有特定功能的“产品”，随着它的使用而开始发生与经济支出相关的持久联系。即人们为建筑物所付出的费用远远不止一次性建造投资，而且还包括贯穿于其整个寿命周期内的各项支出，如维护、维修、更新、改造费用等，经济学家称为“全寿命费用”（参见 5.1.2 小节中的“寿命周期成本”概念）。它的大小与工程设计有着极为密切的关系。

10.1.1　一次性建造投资

在第 2 章中曾详细介绍工程建设投资的构成等，它的构成包括保证一个项目从筹建始到投入运营止所需的全部费用，包括有形的物质投入和无形的技术与资金投入。从工程设计角度进行投资分析，主要考虑有形的物质投入，且只考虑建筑物及附着于建筑物设备等的费用，不考虑生产性设备的购置和安装费用，称为一次性建造投资。为便于进行设计阶段的工程费用经济分析，可将一次性建造投资分解为三个层次：一是满足建筑安全功能要求的费用；二是满足建筑使用功能要求的费用；三是满足建筑舒适功能要求的费用。

1. 满足建筑安全功能要求的费用

建造投资费用分配首先应满足建筑安全功能的基本要求，称为第一层次费用。它主要用于下列保证建筑安全性的工程部品：地基及主体承重结构；防火设施及消防系统；走道、楼梯等安全防护设施；防盗设施及警报系统（银行等特殊建筑物）；防毒、除尘、屏蔽等密封工程和设施（特殊设施或一些工业建筑物）；有毒排放物的处理设施（排放污染物的工业项目）；其他安全投入。

工程设计中，在保持一定的建设规模的前提下所确定的投资计划，首先必须最大程度地满足第一层次工程部品的需求，余额才能用来满足第二层次和第三层次功能的要求。

2. 满足建筑使用功能要求的费用

建造投资分配第二层次是实现建筑物基本使用功能的要求，主要包括以下工程部品费用：自然采光及人工照明设施及系统等；载客及运货电梯、自动扶梯；卫生设施及给水排水系统；厨房设施（生活用建筑物）；废物及垃圾处理设施；电话、传真、广播、网络等通信设施；智能装置和自动控制系统等。

在满足第一层次费用需求后，建造投资应分配给第二层次工程部品，并满足相应的规范要求。

3. 满足建筑舒适功能要求的费用

在满足第一层次和第二层次功能要求后，建造投资余额用于完成满足环境美化和室内舒适功能的工程部品要求，称为第三层次费用，主要包括：自然通风及人工换气设施；维护结构的保温隔热；采暖空调设施及系统；室内外装饰及装修等；建筑物内庭院；建筑物外园林与绿化。

10.1.2　运维阶段使用费用

工程在运营、使用和维护阶段所发生的费用，可从运行、维护及能源等方面进行考察。

1. 运行费用

为保证建筑物及其各类设施的正常运营使用，需要投入人力、物力和资金等资源，进行清洁、保养和安防等工作。建筑物不同的空间与平面的布局及设备系统选型，对此资源的消耗也会产生很大的影响。例如，一个住宅区域或写字楼是采用警卫人员多人值守安全防护系统，还是安装智能化的安防系统，如全自动监控系统、边界防越系统、中央报警系统等，不同方案耗费不同的资源，并直接影响到全寿命期运行费用大小。再如，办公设施、商业设施和工业设施的平面和空间规划则会影响到运行过程中的需要相关人工消耗或运输消耗等，这些都会对运行费用带来重大影响。

2. 维护费用

工程在长期使用过程中需要经常被维护和修理，以保证设施正常运营，如建筑物及设施的维护、电气和暖通管道及设备维护与更新、室内外装饰面的翻新、建筑物或构筑物的结构加固费用等。这些费用既与工程施工质量有直接关系，同时与工程构造与结构在设计时所考虑的设计标准有密切的关系。例如，高强的材料使用和合适的结合选型可以使建筑物保持更长久的耐用性，而减少使用过程中的加固和维修费用；赋予建筑物超出用户需求的多余功能，不仅增加建筑物施工费用，

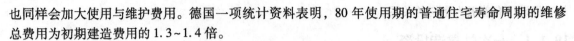

也同样会加大使用与维护费用。德国一项统计资料表明，80 年使用期的普通住宅寿命周期的维修总费用为初期建造费用的 1.3~1.4 倍。

3. 能源费用

建筑物使用过程中的保暖、制冷等能耗费用是建筑运行费用的主要组成部分，对于常年使用空调系统的一些办公建筑来说，能源费用是很大的。英国的一项统计数据表明，一座使用期限为 50 年的常年使用空调的办公建筑，总能源费用是最初造价的 14 倍。合理的平面设计与空间组合可以减少使用中央空调系统建筑物的能耗，而不同空调方案也直接决定了能耗量的多少。例如，带有电热片的整体式空调设备初始费用较低，但运行中加热费用却很高，而采用热泵型空调或燃气式空调，初始费用较高却可能节省运行费用。

10.1.3 工程设计方案对经济要素的影响

工程建设方一般会对初始的一次性建造投资进行估算，并进行预算建设资金安排。由于工程设计必须在各种安全规范（如防火、抗震、结构等）的框架内进行，所以预算建设资金首选要满足第一层次功能的需要。剩余的预算建设资金可以用于第二层次和第三层次功能。如果预算建设资金不足，就有可能在使用功能和舒适功能上降低标准，对于重要的建筑，则可能会毁掉一些新颖的设计构思；而如果预算资金过多，则会导致一些不切实际的设计，造成投资的浪费。如何准确地估算一次性建造投资的问题，不属于本书讨论的范围，感兴趣的读者可以参考有关工程估价方面的文献。本书要讨论的是，在工程设计中如何避免一次性建造投资超过预算资金限额，并通过设计经济分析和设计优化节省建造费用。

在设计前或设计策划过程中，工程各部品可能的建造费用应得到精确评估，资金预算应被分解到以利于设计中的对费用控制的程度。这种对最高建造费用的简单直接说明，对建设方和设计师都很有帮助，可以使他们避免那些超出预算允许范围的设计，保证设计方案在建设方预算限额内得到实施，这也是最有益的也是最有效的节省费用的方法。如果预算超出建设方的资金计划，则建设方将采取多种方法进行处理，或者追加预算，或者减小空间尺度和规模、降低材料和系统的品质等级，或者使用其他方法来保证方案的实施。这一过程中，设计经济分析工作将会发挥关键的作用。

实际上，在设计前或设计策划过程中进行调整所需的费用比起在设计和建造过程中的任何阶段进行调整所需的费用都要小。因为即使在设计的早期阶段发现可能的超支问题，也会使建筑师陷入繁重的重新设计的工作中；而如果在工程施工竞标过程中或建造施工过程中才发现建造费用超过预算的问题，那么对于建设方和设计师来说都是灾难性的问题。设计师花费几个月或更长的时间所推敲的设计文件需要重新修改，建设方损失了时间并占用或耗费了设施费用和管理费用等。即使建设方愿意并有能力追加投资资金，也导致了建造费用的膨胀。如果设计合同规定重新设计的费用由设计师来承担的话，这也会使设计师耗费大量的财力。如果因为设计文件不够充分和细致，而导致超支问题在建造施工过程中才得以暴露的话，所增加的费用可能会造成建设方的巨大损失，甚至有时会导致其破产，并且建设方可能为此对设计师提起法律诉讼。

初期建造投资费用是一次性的，而运行、维护和能源等费用则会持续贯穿建筑的整个使用寿命周期，随着能源价格的攀升，它将会变成最主要的费用。但是，实践中人们往往关注于工程的初始投资费用，对运维费用不够重视，常常会在设计策划和设计过程中忽略，因为建设方总是想着花费最小的初始费用以获得项目。但是，事与愿违，很多工程材料和几乎所有工程系统的初始费用都与维护费用相关。如果一味寻求低廉的价格，那么在设计中就不得不使用低品质的材料和系统。与高质量的产品相比，低品质的材料和系统通常都需要较多的维护费用，并且寿命周期较短，并需要更频繁的维护、维修和替换。例如，屋面防水系统种类有叠层沥青系统、改性沥青防水卷材、高分子防水卷材、金属屋面、喷涂聚氨酯泡沫等，它们的初始费用、防水性能和耐久性都有差异，但几乎可以肯定的是，廉价的防水系统需要更多的维护费用和在建筑物寿命周期内更多次的修复或更换。

对建设方和设计师来说，了解全寿命周期费用种类、相对重要性和费用大小是很重要的，以避免在设计中产生误解。一般应在策划过程中或者在设计前就应将所构思方案和备选方案的全寿命费用信息阐述清楚，以供建设方进行抉择。如果建设方一定要在非常有限的一次性建造投资条件下获得一座特定尺度的建筑物，那么设计师有必要在设计初始阶段或在设计策划过程中就向其清晰阐明使用一些低廉材料和系统可能会导致的高额维护费用。建设方的选择，可能是愿意承担高额的维护费用，也可能是不愿意承担高额的维护费用，而宁愿减少所需建筑规模，或者增加初始投资费用预算，以保证采用高品质的材料和系统。本章则力图阐述在这种工程的初始投资与运维费用之间存在矛盾的情况下，如何解决从经济上选择最合理的设计方案问题，以及在一定投资资金限额条件下如何开展设计方案的优化。

10.2 影响工程设计经济性的技术参数

10.2.1 技术参数类型

从设计艺术观点来看，建筑实物产品作为工程设计的成果，主要包括以下几个方面的建筑形态特征：平面——内部空间与功能；立面——空间表面；外观——外部空间与造型；平衡与简洁；比例与尺度；形式与空间的关系；视觉心理影响；风格；装饰与装潢。

从建筑技术观点来看，上述建筑形态特征可以转换成下列技术参数语言来描述：形状与尺寸；规模与大小；结构与类型；平衡与稳定；力量与约束；强度与刚度；安全与耐久。

这些工程设计的技术参数选择对初期的建造投资和使用阶段费用大小都有不同程度的影响，下文将对此从工业建筑和民用建筑两大建筑类型角度进行更深入的分析。对影响工程设计经济性的技术参数分析反映工程设计的经济实质。优秀的工程设计不仅仅是工程类专业学生设计课程得高分的作品，也不仅仅是刊登在宣传手册或广告上的图片、展示室的模型和被建筑杂志的评论家所乐道的建筑。纵观建筑史，现实生产过程对建筑学影响巨大的，并不是各个学派所持的不同观点，而是形式与结构、设计的主观性与社会经济状况客观性之间相互依存的力量。从这个角度看，工程设计作品或产品成功的一个重要因素是对费用问题的有效控制。工程设计产品在工程实现过程中只是一个阶段，而经济问题却是一直贯穿整个工程建设过程的关键因素。鉴于10.1节中提到的投资费用限额问题，可以说，对工程经济性的认识只会给工程设计带来更大的创造性，而不是限制了设计者的创作自由度。只有将技术先进性与经济合理性结合起来进行审视，设计者才能对工程设计作品有一个比较接近真实的把握和感知，也只有这样，才能产生高品质的设计产品。因此，优秀的工程设计师既要具有先进的工程技术学术立场和眼光，又要对日常的、大量的工程经济活动有明确的认知，并有能力把经济性融入技术参数语言体系中。

10.2.2 影响工厂设计经济性的技术参数

1. *厂区总平面图设计*

厂区总平面图设计是否经济合理，对整个工程设计和施工及投产后的生产、经营都有重大影响，正确合理的总平面设计可以大大减少建筑工程量，节约建设用地，节省建设投资，降低工程造价和生产后的使用成本，加快建设速度，并为企业创造良好的生产组织、经营条件、生产环境及企业形象，还可以增添优美的艺术整体。

厂区总平面图设计的原则包括：

1）节约用地。优先考虑采用无轨运输，减少占地指标；在符合防火、卫生和安全距离要求并满足工艺要求和使用功能的条件下，应尽量减少建筑物、生产区之间的距离，应尽可能地设计外形规整的建筑，以提高场地的有效使用面积。

2）按功能分区，结合地形地质、因地制宜、合理布置车间及设施。

3）合理布置厂内运输和选择运输方式。

4）合理组织建筑群体。

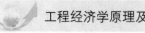

评价厂区总平面图设计的主要技术经济指标有以下四个：

1）建筑系数，即建筑密度，是指厂区内（一般指厂区围墙内）建筑物、构筑物和各种露天仓库及堆场、操作场地等的占地面积与整个厂区建筑用地面积之比。它是反映厂区总平面图设计用地是否经济合理的指标，建筑系数越大，表明布置越紧凑，节约用地，减少土石方量，又可缩短管线距离，降低工程造价。

2）土地利用系数，是指厂区内建筑物、构筑物、露天仓库及堆场、操作场地、铁路、道路、广场、排水设施及地上与地下管线等所占面积与整个厂区建设用地面积之比，它综合反映出总平面布置的经济合理性和土地利用效率。

3）工程量指标，是指反映工厂总平面图投资的经济指标，包括场地平整土石方量，铁路、道路和广场铺砌面积，排水工程，围墙长度及绿化面积。

4）运营费用指标，是指反映运输设计是否经济合理的指标，包括铁路、无轨道路每吨货物的运输费用及其经济费用等。

2. 工业建筑的空间平面设计

（1）厂房的平面布置　平面布置应满足生产工艺的要求，力求合理地确定厂房的平面与组合形式，各车间、各工段的位置和柱网、走道、门窗等。单层厂房平面形状越接近方形越经济，并尽量避免设置纵横跨，以便采用统一的结构方案，尽量减少构件类型和简化构造。

（2）厂房的经济层数　对于工艺上要求跨度大和层高高，拥有重型生产设备和起重设备，生产时常有较大振动和散发大量热与气体的重工业厂房，采用单层厂房比较经济合理。对于工艺紧凑，可采用垂直工艺流程和利用重力运输方式、设备与产品质量不大，并要求恒温条件的各种轻型车间，采用多层厂房。

多层厂房具有占地少、可减少基础工程量、缩短运输线路及厂区围墙的长度等。层数应根据地质条件、建筑材料的性能、建筑结构形式、建筑面积、施工方法和自然条件（地震、强风）等因素及工艺要求等具体情况确定。

多层厂房经济层数的确定主要考虑两个因素：一是厂房展开面积的大小，展开面积越大，经济层数就越可增加；二是与厂房的长度与宽度有关，长度与宽度越大，经济层数越可增加，造价随之降低。

（3）厂房的高度和层高　层高增加，墙与隔墙的建造费用、粉刷费用、装饰费用都要增加；水电、暖通的空间体积与线路增加；楼梯间与电梯间设备费用也会增加；起重运输设备及其有关费用都会提高；还会增加顶棚施工费。

决定厂房高度的因素是厂房内的运输方式、设备高度和加工尺寸，其中以运输方式选择较灵活。因此，为降低厂房高度、常选用悬挂式起重机、架空运输、皮带输送、落地龙门起重机及地面上的无轨运输方式。

（4）柱网选择　对于单跨厂房，当柱距不变时，跨度越大则单位面积造价越小，这是因为除屋架外，其他结构分摊在单位面积上的平均造价随跨度增大而减少；对于多跨厂房，当跨度不变时，中跨数量越多越经济，这是因为柱子和基础分摊在单位面积上的造价减少。

（5）厂房的体积与面积　在满足工艺要求和生产能力的前提下，尽量减少厂房体积和面积以减少工程量和降低工程造价。为此，要求设计者尽可能地选用先进生产工艺和高效能设备，合理而紧凑地布置厂区总平面图和设备流程图及运输路线；尽可能把可以露天作业的设备尽量露天而不占厂房的设计方案，如炉窑、反应塔等；尽可能将小跨度、小柱距的分建小厂合并为大跨度、大柱距的大厂房设计方案，提高平面利用率，减少工程量，降低造价。

10.2.3　影响民用建筑设计经济性的技术参数

住宅建筑在民用建筑中占很大比例，下面重点论述住宅建筑设计参数的经济性问题，其他民用建筑有着相似的规律性。

1. 住宅小区规划设计

我国城市居民点的总体规划一般是按居住区、小区和住宅组三级布置，由几个住宅组组成一个小区，由几个小区组成一个居住区。

小区规划设计应根据小区的基本功能要求确定小区构成部分的合理层次与关系，据此安排住宅建筑、公共建筑、管网、道路及绿地的布局，确定合理的人口与建筑密度、房屋间距与建筑层数，合理布置公共设施项目的规模及其服务半径，以及水、电、热、燃气的供应等。

评价小区规划设计的主要技术经济指标见表10-1。

表10-1　小区规划设计的主要技术经济指标

指标名称	指标说明	备注
人口毛密度/(人/hm^2)	每公顷居住小区用地上容纳的规划人口数量	居住小区用地包括住宅用地、公建用地、道路用地和公共绿地四项用地
人口净密度/(人/hm^2)	每公顷住宅用地上容纳的规划人口数量	住宅用地是指住宅建筑基底占地及其四周合理间距内的用地，含宅间绿地和宅间小路等
住宅面积毛密度/(m^2/hm^2)	每公顷居住小区用地上拥有的住宅建筑面积	
住宅面积净密度/(m^2/hm^2)	每公顷住宅用地上拥有的住宅建筑面积	也用“住宅容积率”指标，即以住宅建筑总面积（万m^2）与住宅用地（万m^2）的比值表示
建筑面积毛密度/(m^2/hm^2)	每公顷居住小区用地上拥有的各类建筑的总建筑面积	也用“容积率”指标，即以总建筑面积（万m^2）与居住小区用地（万m^2）的比值表示
住宅建筑净密度（%）	住宅建筑基底总面积与住宅用地的比率	
建筑密度（%）	居住小区用地内各类建筑的基底总面积与居住小区用地的比率	
绿地率（%）	居住小区用地范围内各类绿地的总和占居住小区用地的比率	绿地应包括公共绿地、宅旁绿地、公共服务设施所属绿地和道路绿地等，即道路红线内的绿地，不应包括屋顶、晒台的人工绿地
土地开发费/（万元/hm^2）	每公顷居住小区用地开发所需的前期工程的测算投资	包括征地、拆迁、各种补偿、平整土地、敷设外部市政管线设施和道路工程等各项费用
住宅单方综合造价/(元/m^2)	每平方米住宅建筑面积所需的工程建设的测算综合投资	包括土地开发费用和居住小区用地内的建筑、道路、市政管线、绿化等各项工程建设投资及必要的管理费用

2. 住宅建筑的层数

（1）层数与用地　在多层或高层住宅建筑中，总建筑面积是各层建筑面积的总和，层数越多，单位建筑面积所分摊的房屋占地面积就越少。但随着建筑层数的增加，房屋的总高度也增加，房屋间的间距必须加大。因此，用地的节约量并不随层数的增加而按同一比例递增。据实测计算，住宅建筑超过5层，节约用地的效果就不明显。

（2）层数与造价　建筑层数对单位建筑面积造价有直接影响，但影响程度对各分部结构却不同。屋盖部分，不管层数多少，都共用一个屋盖，并不因层数增加而使屋盖的投资增加。因此，屋盖部分的单位建筑面积造价随层数增加而明显下降。基础部分，各层共用基础，随着层数增加，基础结构的荷载加大，必须加大基础的承载力，虽然基础部分的单位建筑面积造价随层数增加而有所降低，但不如屋盖那样显著。承重结构，如墙、柱、梁等，随层数增加要增强承载能力和抗震能力，这些分部结构的单位建筑面积造价将有所提高。门窗、装修及楼板等分部结构的造价几乎不受层数的影响，但会因为结构的改变而变化。

（3）住宅层数的综合经济性　住宅层数在一定范围内增加，除具有降低造价和节约用地的优点外，单位建筑面积的楼内部和外部的物业管理费用、公用设备费用、供水管道、煤气管道、电子照明和交通等投资和日常运行费用随层数增加而减少。但是，目前黏土砖的强度一般只能达到7.5MPa，则建7层以上的住宅，需改变承重结构。高层建筑还会因为要经受较强的风荷载和地震力，需要提高结构强度，改变结构形式。而且，如果超过7层，要设置电梯设备，需要更大的楼内交通面积（过道、走廊）和补充设备（如供水设备、供电设备等）。因此，7层以上住宅的工程造价会大幅度增加。

从土地费用、工程造价和其他社会因素综合角度分析，一般来说，中小城市以建造多层住宅较为经济；在大城市可沿主要街道建设一部分高层住宅，以合理利用空间，美化市容；对于土地价格昂贵的地区来说，高层住宅为主也是比较经济的。当然，在满足城市规划要求等条件下，开发住宅的类型由房地产开发单位根据市场行情进行经济分析比较后决定。随着我国居民的生活水平和居住水平的提高，一些城市出现了低密度住宅群。

3. 住宅建筑的层高

住宅的层高直接影响住宅的造价，因为层高增加，墙体面积和柱体积增加，并增加结构的自重，会增加基础和柱的承载力，并使水卫和电气的管线加长。降低层高，可节省材料、节约能源，有利于抗震，节省造价。同时，降低层高不仅可以降低住宅建筑总高度，缩小建筑之间的日照距离，还可以节约用地。但是，层高的高度还要结合人们的生活习惯和国家卫生标准。目前一般住宅的层高为2.8m。

在多层住宅建筑中，墙体所占比重大，是影响造价高低的主要因素之一。常采用墙体面积系数作为指标来衡量墙体的比重，见式（10-1）。

$$\text{墙体面积系数} = \frac{\text{墙体面积}(\mathrm{m}^2)}{\text{建筑面积}(\mathrm{m}^2)} \tag{10-1}$$

墙体面积系数大小与住宅建筑的平面布置、层高、单元组成等均有密切的关系。

4. 住宅建筑的平面布置

评价住宅建筑平面布置的主要技术经济指标见表10-2。

表10-2　住宅建筑平面布置的主要技术经济指标

指标名称	计算公式	说　明
平面系数	$K_1 = \frac{\text{居住面积}(\mathrm{m}^2)}{\text{建筑面积}(\mathrm{m}^2)}$	居住面积是指住宅建筑中的居室净面积
辅助面积系数	$K_2 = \frac{\text{辅助面积}(\mathrm{m}^2)}{\text{居住面积}(\mathrm{m}^2)}$	辅助面积是指住宅建筑中楼梯、走道、卫生间、厨房、阳台、储藏室等的面积

（续）

指标名称	计算公式	说　明
结构面积系数	$K_3=\frac{\text{结构面积}(m^2)}{\text{建筑面积}(m^2)}$	结构面积是指住宅建筑各层平面中的墙、柱等结构所占的面积
外墙周长系数	$K_4=\frac{\text{建筑物外墙周长}(m)}{\text{建筑物建筑面积}(m^2)}$	

根据住宅建筑平面布置的主要技术经济指标，住宅建筑平面设计参数的经济性主要有以下四个方面：

（1）平面形状　在相同建筑面积时，住宅建筑平面形状不同，住宅的外墙周长系数也不同，显然平面形状越接近方形或圆形，外墙周长系数越小，外墙砌体、基础、内外表面装修等减少，造价降低。考虑到住宅的使用功能和方便性，通常单体住宅建筑的平面形状多为矩形。

（2）平面宽度　在满足住宅功能和质量的前提下，加大住宅进深（宽度），即采用大开间，对降低造价有明显效果，因为进深加大，墙体面积系数相应减少，造价降低。

（3）平面长度　设计规范，当房屋长度增加到一定程度时，就要设置带有两层隔墙的变温伸缩缝；当长度超过90m时，就必须有贯通式的过道。这些都要增加造价，所以一般住宅建筑长度以60~80m较为经济，根据户型（每套的户室数及组合）的不同，有2~4个单元。

（4）结构面积系数　该系数是衡量设计方案经济性的重要指标。结构面积越小，有效面积就越大。结构面积系数除与房屋结构有关外，还与房屋外形及其长度和宽度有关，同时也与房间平均面积大小和户型组成有关。

10.3　工程设计方案的比较与选择

10.3.1　比较前提与可比性条件

各个工程项目所寻求的效益有所差别，据此可将工程划分为三种不同性质的项目：

（1）盈利性项目　该类性质的项目在满足社会需求时，主要是追求经济效益，在评价中以经济效益为主，并兼顾社会与环境效益，如旅馆、商店、餐厅等。

（2）非盈利性项目　该类性质的项目以实现社会效益或环境效益为主，适当考虑经济效益，如公立学校、公立医院、博物馆、市政基础设施工程等。

（3）半盈利性项目　该类性质的项目兼顾社会效益与经济效益，并注重环境效益，如影剧院、体育场馆、收费公路等。性质不同的设计方案之间难以比较，也没有比较的意义。

因此，首先应明确项目的性质，在此基础上才能对不同方案之间的效益进行比较，这是一个设计方案比较的基本前提。

在确立方案比较的基本前提后，还应注意方案的可比性条件。如果比选方案之间可比性条件不成立，就无法保证比较结果的可靠性和决策的正确性。可比性条件包括以下三个方面：

1. 资料和数据的可比性

对各方案数据资料的搜集和整理的方法要加以统一，所采用的定额标准、价格水平、计算范围、计算方法等应该一致。经济分析是预测性的计算，费用和收益都是预测值，因而不必要也不可能十分精确，它允许舍弃一些细枝末节，以便把注意力集中在主要的经济要素计算上。只要主要经济要素（包括投入和产出）计算比较准确，就能保证经济分析的质量，得出正确的结论。

确定分析计算的范围是保证资料数据可比性的重要方面。确定计算范围，即规定方案经济效果计算的起迄点。方案的比选必须以相同的经济效果计算范围为基础，才具有可比性。在进行方案的比较时，一般不考虑对于原来已经花费的费用和已经取得的收入，只考虑由于本方案所引起的新增费用和新增收益。例如，闲置的设备或设施被利用，如果没有出卖或出租的可能，应作为沉没成本；但如果有其他利用的机会（出卖或出租），则应考虑作为机会成本。

经济分析同样要考虑不同时期价格的影响，如果忽视不同时期的价格变化，则分析结论会有偏差。一般常采用某一年的不变价格进行技术经济分析计算，这就是为了消除不同时期价格不可比因素的影响。

2. 功能的可比性

对比方案之间应具有相同的基本功能条件，如项目性质、建设目的、产品类型等。如果不同方案的产出功能不同，或产出虽然相同，但规模相当悬殊的技术方案，或产品质量差别很大的技术方案，都不能直接进行对比。当然，产品功能绝对相同的方案很少。只要基本功能趋于一致，可以认为它们之间具有可比性。当方案的产出质量相同时，如果只是规模相差较大，可以采取几个规模小的方案合起来，与规模大的方案相比较。当规模相差不大时，也可用单位产品的投入量，或单位产品的产出量指标来衡量其经济效益。

3. 时间的可比性

时间因素包括建筑建造周期、使用年限、投资回收期及折旧等因素。一般来说，实际工作中所遇到的互斥方案通常具有相同的寿命周期，这是两个互斥方案必须具备的基本的可比性条件。但是，也经常遇到寿命周期不等的方案需要比较的情况，理论上来说是不可比的，因为无法确定短寿命的方案比长寿命的方案寿命缩短的那段时间里的现金流量。但是，在实际工作中又会经常遇到此类情况，同时又必须做出选择。这时需要对方案的寿命采取一定的方法进行调整，使它们具有可比性。

10.3.2 比较的目的与指标

任何方案的提出都是为了达到一定的目的，如追求投资利润、取得一定数量的产品、提高已有产品的质量、改善生产劳动条件、提供某种形式的服务等。总之，任何技术方案都是根据项目预定的目的而制订的。所以，在对设计方案比较前，应当从工程的性质、规模及有关特点出发，明确本设计要达到的目的，这关系到设计方案评价的方向、方法和价值等。“目的”赋予具体的数量、程度或其他可以衡量的标准，就构成了“目标”。这一过程应注意以下四点内容。

（1）明确要考虑哪些目的，区分目的的重要程度　在方案构思和比较前，要明确本次设计要考虑哪些目的。同时，也要区别各个目的之间的重要程度，以利于在目的之间存在冲突的情况下进行方案的选择。例如，建筑设计方案需要考虑建筑美学、环境质量、使用方便性与安全性、全寿命周期的经济性等，而结构设计方案更关注结构的可靠性和建造的经济性；同样是结构设计，对于公共建筑（如学校、体育馆等），结构可靠性比建造经济性更重要，而对于其他建筑，在满足规范规定的可靠性要求的条件下，建造经济性则显得更重要。

（2）厘清目的之间的关系　目的之间存在着联系也存在着矛盾张力，设计方案形成与选择是寻求设计目的之间的综合平衡。寻求这种综合平衡，就需要厘清目的的上下位关系和同级目的之间的相互关系，构成工程设计的目的系统。例如，“结构可靠性”是上位目的，其下位目的包括“安全性”“适用性”和“耐久性”。再如，“结构可靠性”与“建造经济性”这两个目的之间存在矛盾，如同一个多层房屋建筑方案，从砖混结构到框架结构甚至到剪力墙结构方案均可供选择，其结构可靠性逐渐增强，而经济性却逐渐减弱。结构的可靠性并非越高越好，更不能为追求经济性而忽视结构耐用年限、使用方式、荷载情况、防火等级和抗震标准等条件的要求，结构设计方案形成与选择是在结构可靠性与经济性之间取得一种合理的平衡。

（3）尽可能地减少目的的数量　在设计方案比较时，如果设立太多的目的（目标），方案比较则显得比较困难，有时甚至难于取舍，也未必能选出最佳的方案。因此，在确立目的时，应尽可能地减少目的数量。可采用的策略有：

1）考虑社会、经济、技术和场地条件，区别有实现可能的目的和受条件限制暂时无法实现或者在本工程内不可能实现的目的，从而把后者排除。

2）区别目的之间的重要程度，把重要性大的目的设定为主要评价目标。

3）合并一些相关的目的，把区分意义不大的相近目的合并成一个综合目的。

4）对于不能再减少的目的，应尽可能地再次区分重要程度或主次顺序。例如，受设计规范的约束，目前结构类型等住宅内在品质越来越雷同，美好的居住环境已经成为消费者和投资者更为看重的目的。“美好居住环境”目的可以由多个下位目的达到，如建筑密度、容积率、健身设施及场地、绿地、花园、小品及人工水景等。可对它们进行合并处理，针对住宅产品面向的消费群体的需求区分重要性，并根据客观条件分析哪些容易实现、哪些难以实现。如果住宅区项目是在北方缺水地区，挖湖造景形成超大水面景观显然是一个难以实现的目的。

（4）设立评价指标体系，将目的转化为可以进行衡量的目标　确立目的后，需要对目的赋予一定的定量或定性的标准，即将目的转化为目标，才可用于方案的比较。通常，采用一系列指标对目标进行定量或定性的描述。例如，对于环境质量的目标，可规定出建筑密度、容积率、绿地率（面积）、健身设施数量与场地面积、小品数量与规模、树种种类等数量标准或具体说明；对于经济性的目标，可规定主要单位工程（如土建、装修、绿化等）的成本控制目标。制订出合理的指标，是进行方案评价和比较的基础。不同的指标满足程度决定了工程效益，设计方案的比较与评价是要以指标体系为依据，对设计方案进行综合分析，判断不同设计方案的优劣，探求改进设计效果的途径。

10.3.3　比较与选择过程

以综合效益（包括社会效益、环境效益和经济效益）为最高目的的工程设计方案比较程序包括前述的比较前提、可比性条件和比较目的等在内的若干步骤所组成。虽然它可以独立地划分成若干阶段，但是它不应独立于工程设计过程体系，而是与设计过程有机结合的程序，因为任何企图改进设计效益的设想均将通过设计本身来实现。图 10-1 所示表明了设计方案比较过程及其与工程设计过程之间的联系。

从图 10-1 可以看出，工程设计过程与工程设计方案的经济分析比较过程无法严格区分，设计过程的活动为方案经济分析比较过程各个阶段提供了基础信息，而方案经济分析比较过程活动为在工程设计过程中方案制订和决策提供了依据。整体过程可以划分以下三个阶段：

1）第一阶段是设计与设计方案评选的准备阶段。其中，“问题及需求”是指项目设立要解决的实际问题或需要满足的需求，它将表明需要通过经济分析与比较进行设计决策的各种情况。对任何问题或需求应该进行系统地描述，对所处环境的界限与程度进行详细地定义。这一阶段包含一个反馈回路，即需要对工程设计过程中提出的“问题及需求”进行评价，对它们进行反复研究，将评价环节所获得的信息的原描述或定义进行修正，直至委托人与设计者之间达成共识。

2）第二阶段是提出备选方案并进行评比的阶段。该阶段也包含一个反馈回路，即通过设计过程提出多个备选方案（设计深度为 20%~40%），并经过设计评价过程，分析各设计方案存在的优劣之处，反馈给设计过程，融合各方案的优点，对方案进行合成，也可以进一步进行设计优化（参见 10.4 节），并修正相关方案作为新的备选方案，再进行评比过程，直至选出 2 个或更多个综合经济效益较佳的方案。

3）第三阶段是设计方案决策与实现的阶段　该阶段是对第二阶段所提出的多个方案进行选择

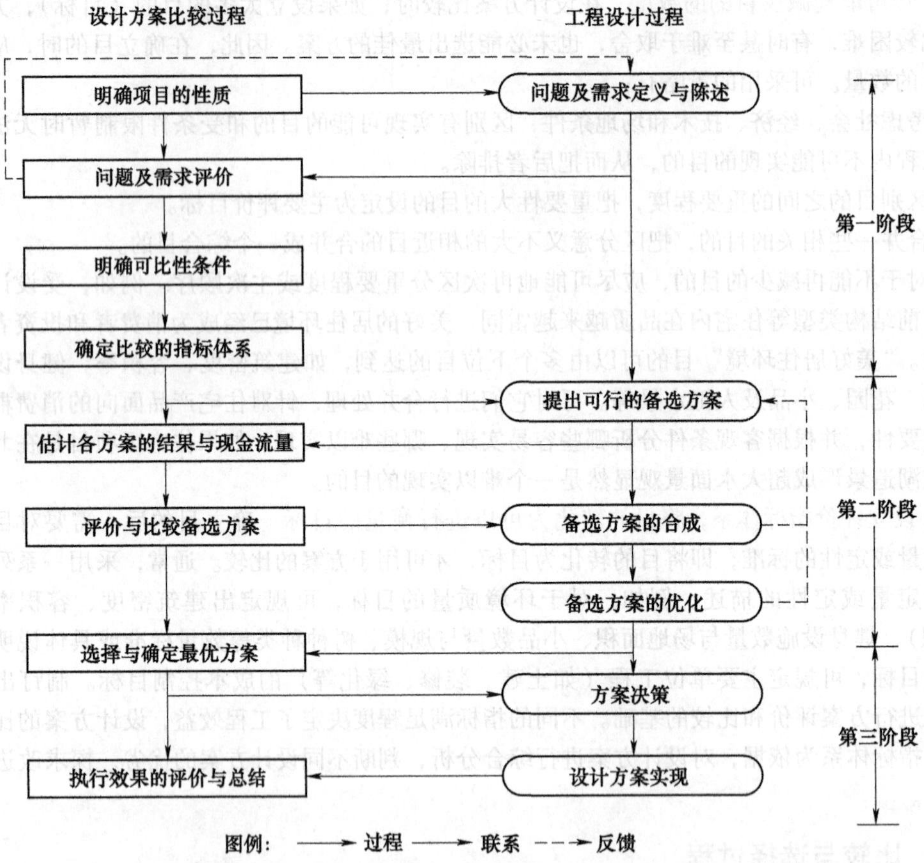

图 10-1 设计方案比较过程及其与工程设计过程之间的联系

和决策，并将最终选择的方案付诸实施，即开展深度设计及建造施工。这一阶段也包含一个反馈回路，即将实施的效果反馈给设计评价过程，以利于提高以后评价工作的质量。

上述的程序适合一个项目各个阶段的设计任务，包括规划设计、初步设计、技术设计、施工图设计等。在设计各个阶段重复这一程序，有助于项目整体设计的正确决策，并保证实现工程综合效益最佳的目标。

10.3.4 比较方法

设计方案比较方法是指利用第 4 章介绍的单指标和多指标比较方法处理设计方案选择的问题。

1. 单指标评价法

单指标可以是效益性指标或者费用性指标。效益性指标主要是对于方案不同，方案的收益或者功能也有差异的方案的比较选择，可采用第 4 章中的互斥方案比选的方法选优。对于专业工程设计方案和建筑结构方案的比选来说，更常见的是，尽管设计方案不同，但方案的收益或功能没有太大的差异，这种情况下可采用单一的费用指标，即采用最小费用法选择方案。

采用费用法比较设计方案有两种方法：一种是只考察方案初期的一次费用，即造价或投资；另一种是考察设计方案全寿命周期的费用。考虑全寿命周期的费用是比较全面合理的分析方法。但对于一些设计方案，如果建成后的工程在日常使用费用上没有明显的差异或者以后的日常使用费用难以估计时，可直接用造价（投资）来比较优劣。

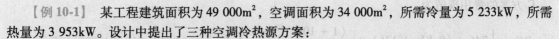

【例 10-1】 某工程建筑面积为 49 000m^2，空调面积为 34 000m^2，所需冷量为 5 233kW，所需热量为 3 953kW。设计中提出了三种空调冷热源方案：

A 方案：采用离心冷水机组夏季制冷，热水锅炉冬季供热。初期投资包括离心冷水机组、锅炉、冷却塔、气源费等共计 1 135 万元。

B 方案：采用直燃机组夏季制冷，冬季供热。初期投资包括直燃机组、冷却塔、气源费等共计 1 310 万元。

C 方案：采用离心冷水机组夏季制冷，冬季由城市供热系统提供热源、经换热机组供热。初期投资包括离心冷水机组、换热器、冷却塔和热源初装费等共计 746 万元。

各方案在运行过程中消耗的电量及气量见表 10-3，电价按 0.75 元/kW · h 计，天然气价格按 1.80 元/m^3计，城市热水管网供热费按每年为 40 元/m^2 · 年。各方案的设备使用寿命周期按 10 年计算，工程使用单位的基准投资收益率为 10%。冷热源系统运行按每天 12 小时计，冬夏季运行天数相等（注：冬夏季运行天数可以多于日历天数）。试分析在每年不同运行天数下各方案的经济性。

表 10-3 【例 10-1】各方案的基本数据

方案	夏季日用电量/kW · h	冬季日用电量/kW · h	夏季日用气量/m^3	冬季日用气量/m^3
A	10 800	115	—	4 000
B	660	360	4 000	4 000
C	10 800	—	—	—

【解】

解决实际工程的经济问题，要清楚问题的性质、评价目的、可比性条件和评价指标等。从题目给出的该问题背景来看，首先可以确定的是，不管采用哪种方案，服务的建筑面积和供应的冷、热总量相同，是收益相同且未知的互斥方案比较，可采用最小费用法；然后，从各方案费用的情况来看，三个方案在初期投资有差异，其后各方案的年度费用也不相同，一般来说，这种情况下应该考虑方案全寿命周期的费用；最后，该问题的每年冬夏季运行天数并没有给定，所以可采用优劣平衡分析方法。依据这三点，对该问题展开分析。

设冬夏季运行天数各为 x 天。

（1）计算各方案的年运行费用

A 方案：$[10\,800 \times 0.75x + (115 \times 0.75 + 4\,000 \times 1.8)x]$ 万元 ≈ $(15\,386x)$ 万元

B 方案：$[(660 \times 0.75 + 4\,000 \times 1.8)x + (360 \times 0.75 + 4\,000 \times 1.8)x]$ 万元 = $(15\,165x)$ 万元

C 方案：$[10\,800 \times 0.75x + 34\,000 \times 40]$ 万元 = $(8\,100x + 1\,360\,000)$ 万元

（2）计算各方案费用现值

A 方案的费用现值为

$$PC_A = \left[1\,135 + 1.539 \times \frac{(1+10\%)^{10}-1}{10\% \times (1+10\%)^{10}}x\right] \text{万元} \approx (1\,135 + 9.456x) \text{万元}$$

B 方案的费用现值为

$$PC_B = \left[1\,310 + 1.517 \times \frac{(1+10\%)^{10}-1}{10\% \times (1+10\%)^{10}}x\right] \text{万元} \approx (1\,310 + 9.321x) \text{万元}$$

C 方案的费用现值为

$$PC_C = \left[746 + (0.81x + 136) \times \frac{(1 + 10\%)^{10} - 1}{10\% \times (1 + 10\%)^{10}}\right] 万元 \approx (1\,581.661 + 4.977x) 万元$$

（3）绘制优劣平衡分析图　根据各方案费用现值与运行天数的关系，画出优劣平衡分析图，如图 10-2 所示。

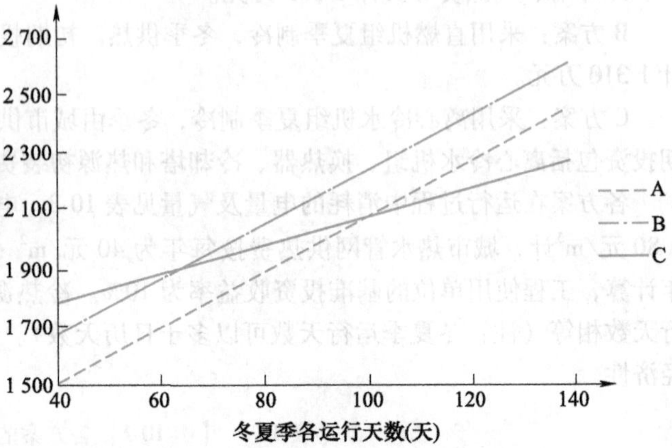

图 10-2 【例 10-1】优劣平衡分析图

求出优劣分歧点分别为

$$x_{AB} = 1\,287$$

$$x_{BC} = 63$$

$$x_{AC} = 100$$

显然，每年冬夏季各运行 1 287 天没有实际意义。

（4）比较分析　根据优劣平衡分析图分析得出：

1）当每年冬夏季运行天数各少于 100 天时，应选择 A 方案。

2）当每年冬夏季运行天数各多于 100 天时，应选择 C 方案。

3）B 方案在任何情况下，都不是经济方案。

2. 多指标综合评价法

在设计方案的选择中，采用方案竞选和设计招标方式选择设计方案时，通常采用多指标综合评价法。

采用设计方案竞选方式的一般是规划方案和总体设计方案，通常由竞选单位组织有关专家组成专家评审组。专家评审组按照技术先进、功能合理、安全适用、节能和环境要求、经济实用、美观的原则，并同时考虑设计进度的快慢、设计单位与建筑师的资历信誉等因素综合评定设计方案的优劣，择优确定中选方案。评定优劣时通常以一个或两个主要指标为主，再综合考虑其他指标。

设计招标中对设计方案的选择，通常由设计招标单位组织评标委员会设计方案，并按设计方案优劣、投入产出经济效益好坏、设计进度快慢、设计资历和社会信誉等方面进行综合评审确定最优标。评标时，可根据主要指标再综合考虑其他指标选优的方法，也可采用打分的方法，确定一个综合评价值来确定最优的方案。

【例 10-2】　某家具展销城工程采用四普通钢框架结构体系，主梁采用焊接工字形截面；柱采用焊接箱型截面。框架的横向和纵向梁柱按刚性连接设计，次梁为工字形截面单跨简支梁；基础采用柱下独立基础，总建筑面积为 12 668.8m^2，横向柱距为 4×7 200mm+3×9 000mm+4×7 200mm。纵向柱距为 6×6 000mm。第一层高为 4.5m，其余层高为 3.9m。楼面恒荷载为 4.5kN/m^2，活荷载为 5.0kN/m^3，屋面为屋顶花园上人屋面，恒荷载为 5.0kN/m^2，活荷载为 3.5kN/m^2，该工程位于 7 度抗震区，三类场地，框架的抗震等级为三级。在轻钢结构建筑中，楼盖的合理选择对整个结构的安全性、经济性显得至关重要。本工程提出了四个楼盖结构设计方案：压型钢板组合楼盖、现浇整体混凝土楼盖、SP 预应力空心板楼盖、混凝土叠合板楼盖。试对它们进行比较选择。

【解】

从工程本身的要求及结构特点出发，楼盖结构形式的选择要考虑以下五个方面：

1）保证楼盖有足够的平面整体刚度。

2）减轻楼盖结构的自重及降低楼盖结构层的高度。

3）有利于现场安装方便及快速施工。

4）较好的防火、隔声性能，并便于敷设动力、设备及通信等管线设施。

5）相对低廉的造价。

四种结构类型楼盖均满足结构安全性的要求。表10-4中给出评价指标及四种方案的各指标优劣情况。评审小组给出了8个指标的权重，并按五分制给每个方案的各指标进行打分量化，结果见表10-5。然后，求出各方案的综合评价值。从表10-5可以看出，混凝土叠合板楼盖方案得分最高，应作为优先选择的方案，其次为现浇整体混凝土楼盖方案。从计算中也可以看出，如果项目对施工工期要求不紧，现浇整体混凝土楼盖也是一个很好的方案。在这种情况下，“施工进度”指标的权重则会减少。假设“施工进度”指标权重调整为0.1，“平面刚度”指标权重调整为0.3，重新计算可得到混凝土叠合板楼盖方案得分为3.84，而现浇整体混凝土楼盖方案得分为4.02。

表10-4 【例10-2】的指标及各方案的指标优劣情况

方案	各指标优劣情况							
	平面刚度	施工进度	楼板跨度	管线布置	防火性能	楼板开洞	防水性能	楼盖造价元/m^2
压型钢板组合楼盖	最好	快	较小	好	差	不易	好	180
现浇整体混凝土楼盖	好	慢	小	一般	好	易	最好	110
SP预应力空心板楼盖	较差	最快	大	最好	差	不易	不好	150
混凝土叠合板楼盖	较好	快	较大	不好	好	易	一般	130

表10-5 【例10-2】的指标权重及方案的各指标得分

方案	各指标得分								
	平面刚度	施工进度	楼板跨度	管线布置	防火性能	楼板开洞	防水性能	楼盖造价	加权得分
	0.25	0.15	0.05	0.03	0.25	0.02	0.05	0.20	1
压型钢板组合楼盖	5	3	2	4	2	2	4	1	2.86
现浇整体混凝土楼盖	4	1	1	3	5	4	5	5	3.87
SP预应力空心板楼盖	2	5	5	5	2	2	2	3	2.89
混凝土叠合板楼盖	3	4	4	2	5	4	3	4	3.89

10.4 工程设计优化

10.4.1 设计优化与优化设计

任何一个好的产品设计需要在成本、工艺、质量及性能等产品属性之间寻求平衡点，即要以最低的费用来实现产品必要的功能，这就是最优设计。最优设计包括两个方面的内容，以工程结构设计来说，一是合理的设计标准，即对于某个具体工程，确定一个合适的设计标准，使得工程既能满足功能、质量和安全的要求，又能使得预期的工程全寿命周期的费用最低；二是设计本身的最优化，即是在给定结构类型、材料、结构拓扑的情况下，优化各个组成构件的截面尺寸，使质量最轻或者最节省材料等。

高标准的产品性能与产品制造成本之间总是存在着张力，最优设计所要求的产品属性之间平衡点的确定使工程师们面临着严峻的挑战。然而，优秀的工程师们在设计创作中都会产生寻找到最优设计的强烈意愿。这种寻找最优设计的过程就是设计优化，也称为优化设计。实践中，人们使用这两个词时表达的意思基本相同。但是，本书使用这两个词时在意义上做了一些区别。

本书使用“设计优化”一词时，表达的意义是最优设计的过程，即对应于最优设计的两个方面，即确定合理的设计标准和设计本身的优化。本书使用“优化设计”一词时，试图回归到其原本人们提出这一概念所表达的意义，即基于最优化算法，以计算机为辅助手段，根据设计所追求的性能目标，建立目标函数，在满足给定的各种约束条件下，寻求最优的设计方案。可见，优化设计的概念主要是指最优设计的第二方面内容。

无论是设计优化还是优化设计，都是相对于传统设计而言。以工程结构设计为例，传统方法是设计者首先根据设计要求，按设计者的实践经验，参考类似工程设计，确定结构方案；然后进行强度、刚度、稳定性等各方面的计算。这种计算一般起一种校核及补充细节的作用，主要是为了证实设计方案的可行性。传统结构设计的特点是所有参与计算的量必须是常量，能证明设计方案是“可行的”，但未必是“最优的”。特别是，当设计者的经验不足或者是新型结构设计时，设计方案通常只是一种“可行的”方案。优化设计是设计者根据预定的设计要求，在全部可能的结构方案中，利用数学手段，计算出若干个设计方案，根据计算结果，从中选择一个最佳方案。因而优化设计所得到的结果，不仅仅是“可行的”，而且是“最优的”。

要注意的是，设计优化或优化设计中关于“最优”的概念不是绝对的，而是相对设计者预定的要求而言。随着科学技术的发展及设计条件的变动，最优的标准也将发生变化。优化设计反映出人们对客观世界认识的深化，它要求人们根据事物的客观规律，在一定的物质基础和技术条件下，充分发挥人的主观能动性，得出最优的设计方案。

10.4.2 设计优化的基本过程

设计优化的基本过程：首先，明确功能需求与设计目标，提出初步的工程方案；其次，评价初步方案的经济性分析，确定需要方案的改进之处；然后，对方案改进或创新，提出新的方案；最后，确定新方案对设计目标的满足程度及效果。回顾第 5 章介绍的价值工程理论，发现价值工程工作程序与设计方案的优化过程相吻合，而且价值工程工作程序中的“提出各种不同的实现功能的新方案”也正契合了“优化设计”这一概念。作为一种成熟、简便且行之有效的经济分析方法，价值工程成为主流的设计方案优化技术，在工程建设领域被广泛地应用，并取得了很好的经济效益。

例如，美国在对俄亥俄拦河大坝的设计中，从功能和成本两个角度进行综合分析，提出了改进的设计方案，把溢水道的闸门数量从 17 扇减为 12 扇，同时改进了闸门施工用的沉箱结构，在不影响功能和可靠性的情况下，筑坝费用节约了 1 930 万美元，而聘用咨询单位进行价值分析只花了 1.29 万美元，取得了投入 1 美元收益为近 1 500 美元的效益。再如，上海华东电力设计院承担宝钢自备电厂储灰场长江边围堰设计任务，原设计为土石堤坝，造价在 1 500 万元以上。设计者通过对钢渣物理性能和化学成分分析试验，在取得可靠数据以后，经反复计算，证明用钢渣代替抛石在技术上是可行的，并经试验坝试验，最后工期提前一个月建成了国内首座钢渣黏土夹心坝。建成的大坝稳定而坚固，经受了强台风和长江特高潮位同时的袭击。该方案比原设计方案节省投资 700 多万元。

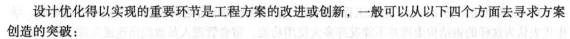

设计优化得以实现的重要环节是工程方案的改进或创新，一般可以从以下四个方面去寻求方案创造的突破：

1）规划设计布局效率性。布局包括用地规划、工程总平面、功能分区与交通组织、基本单元空间设计、建筑群体组合等；效率性体现在节约用地、建筑空间效能、使用的方便性等方面。

2）工程构造与结构优化性。优化性体现在满足基本结构可靠性和安全性基础上的功能与成本匹配性、可施工性、可维护性，以及最大程度地发挥建筑材料和提高工程产出——可使用建筑空间。

3）工程设备选型合理性。工程设备主要是指依附于建筑物或构筑物的工程设备，如供气、供暖、给水排水系统、通风空调、电气照明、弱电等设备、管道和线路等；选型合理性体现在满足设备安全性和与可靠性基础上的适用性、全寿命周期费用的经济性、节能性和使用的灵活性等。

4）工程材料适宜性。适宜性主要体现在构造与结构的安全性与可靠性等功能需求与选用材料性能的匹配性、就地取材的情况及生态与环境要求等。

下面通过【例10-3】表现价值工程技术实现设计优化的基本过程。该例题省略了第5章有详细介绍的功能系数、成本系数和价值系数的确定过程，重点呈现如何基于价值分析结论进行设计方案优化的过程。

【例10-3】 某高校新建校区2个组团10幢框架结构学生公寓工程的设计概算单位面积造价高于同类工程的20%以上，表明设计方案存在着明显不合理之处。为此，对该设计方案组织了价值工程活动。价值工程小组由非参与本工程设计的建筑、结构、水电、装修专业的专业技术人员各1人，工程造价专业2人，校宿舍管理科2人，后勤服务科1人，学生代表2人。由一家咨询机构负责活动全过程的引导工作。

价值工程小组将学生公寓的功能划分为安全性功能、适用性功能和美观功能等，将其所确定的功能重要性系数按各部件发挥作用的程度分解到各主要部品中，结果见表10-6。各主要部品根据所含主要结构件按设计概算重新进行了分配概算造价，并计算出成本系数，见表10-6。

表10-6 某学生公寓工程的价值分析

工程部品	主要结构件	功能系数	成本系数	价值系数
基础工程	土方、基础	0.101	0.081	1.247
主体框架	钢筋混凝土梁和柱	0.357	0.286	1.248
墙体	墙砌体	0.096	0.085	1.129
流通空间	走廊、楼梯、门厅楼地面	0.011	0.199	0.055
居住空间	居室内楼地面	0.134	0.112	1.196
卫生空间	卫生间楼地面	0.055	0.021	2.619
水电工程	给水排水管道、强弱电线路、卫生洁具	0.011	0.041	0.268
门窗	门窗框、门窗扇	0.063	0.053	1.189
屋顶	屋盖与防水	0.033	0.051	0.647
保温与隔热	墙体保温、屋顶隔热	0.088	0.032	2.750
装饰	内外墙面和顶棚装饰	0.051	0.039	1.308

从表10-6中可看出，流通空间、卫生空间、水电工程、屋顶、保温与隔热等部品价值系数偏离1的程度较大。价值工程小组结合设计方案，进行分析找出了问题，并提出了以下若干建议：

1）流通空间。设计师为了追求工程的美观，每个组团的宿舍之间设置了钢结构连通走廊。学生代表认为这样的钢结构走廊并不能发挥多大使用功能，宿舍管理人员也提出连通走廊不利于宿舍管理，即使建成，未来很可能关闭停用。因此价值工程小组建议取消该连接走廊。另外，建筑师认为楼内走廊的宽度和一楼门厅面积比规范的要求要高，考虑到现在每间宿舍只住4人，人流量较小，可减小尺寸。经造价人员核算，仅此项就可节省造价近16%。

2）卫生空间。学生代表认为每个宿舍独立的卫生间面积太小，而同宿舍学生集体行动的概率较大，卫生间使用极不方便。宿舍管理人员认为独立卫生间由学生自行负责打扫，脏、乱、差现象普遍，对室内空气质量影响也很大。价值工程小组建议，改变原设计采用近年来流行的学生宿舍独立卫生间构造做法，采用公共卫生间构造，但不同于过去的一层楼设1个卫生间，每层会设3个卫生间，既便于学生使用，也可在总面积不变的情况下极大程度上提高利用效率，消除学生使用卫生间的拥挤感，同时也利于统一的清洁管理。

3）水电工程。经造价人员分析，水电工程与同类工程相比造价较高的原因是设计师采用了进口卫生洁具。价值工程小组认为，从工程的性质来看，只要采用国产品牌洁具就可以满足使用要求。同时，如采用公共卫生间构造，可减少卫生洁具的数量，同时也大量减少了上下水管道数量。经测算，此项可节省造价3%左右。

4）屋顶工程。经分析，主要是采用了高等级的防水构造和坡屋顶，考虑普通等级防水工程寿命较短、平屋顶隔热效果较差、本工程的使用性质和特点，建议保持现行的设计构造。

5）保温与隔热工程。目前方案只是在屋顶设置了保温隔热层和外墙面做了保温砂浆。价值工程小组认为，考虑到未来学生宿舍可能增加空调设施，应按目前冬冷夏热地区的节能设计外墙内保温构造，估计造价将增加3%左右。

10.4.3 优化设计的基本方法

优化设计起源于产品（工程）的结构设计，它以数学规划为理论基础，以计算机技术为工具，在充分考虑多种设计约束的前提下，寻求满足预定目标的最佳设计。从20世纪初开始，许多优秀结构设计师都为此进行不懈的努力，但是由于受到对数学和力学认知水平及科学计算手段的限制，设计优化技术发展比较缓慢。直至20世纪40年代，数学规划理论的创立，为结构设计提供了优化理论基础；60年代，有限元理论的提出，为结构优化提供了系统化数值计算方法；而同时期，计算机技术飞速发展，为结构优化设计提供了强大的计算工具。从那时起，优化技术有了质的飞跃发展，在宇航、汽车、造船、机械冶金、建筑、化工、石油、轻工等领域都得到了广泛的应用。

在传统设计中，虽然设计者有条件时也要研究多个方案来进行比较，从而对结构布局、材料选择、构件尺寸等进行修改，以便得到更为合理的方案，但是往往由于时间的限制、计算工作量过大等原因，方案比较这一环节受到很大的限制，有时甚至是不可能的。与传统设计方法相比较，优化设计具有以下三个特点：

1）需要建立一个确定反映设计问题的数学模型。

2）方案参数调整是计算机沿着使方案更好的方向自动进行的，从而选出最优方案。

3）依靠计算机的运算速度，可以在很短的时间内从大量的方案中选出“最优方案”。

从理论上来说，结构设计优化是在满足约束条件下按预定目标（如质量最小、造价最小等）求出的最优设计。涉及三个要素：

1）设计变量，即在优化设计过程中变化的量，是结构直接优化的对象，可分为简单变量、结构几何变量和材料特性变量等。

2）目标函数，优化过程中所要找的极小（或极大）的函数，是设计变量取得最优解的依据。

3）约束，即结构设计所必须满足的限制条件，包括几何、强度及刚度等约束条件。能用显式表示的称为显约束；不能用显式表示的称为隐约束。常见的有几何约束、应力约束、位移约束和稳定约束等。约束也是设计变量的函数。

可见，优化设计本质上属于一种现代工程设计技术。虽然它是追求产品具有良好性能、满足生产工艺性要求、使用可靠安全、经济性能好等指标的有效方法，但其所应用的知识和技能已超出工程经济学理论范畴。所以，在这里主要是了解有哪些方法可应用设计优化，而具体方法掌握则有待于相关其他课程的学习。

通常，按照优化方法特征，可将优化方法分为准则法和数学规划法。准则法是从结构力学原理出发，首先选定使结构达到最优的准则，然后根据准则建立达到优化设计的迭代公式，寻求结构的最优解。结构在多个独立荷载作用下，每一杆件至少在一个独立荷载系下其应力达到允许值，从而达到质量最轻的目的。这就是满应力设计准则。具体优化时，常用满应力法。此外，还有位移、频率、临界力和能量约束的准则法。数学规划法是从解极值问题的数学原理出发，运用数学规划等以求得一系列设计参数的最优解。准则法最大优点是收敛快，要求重复分析次数一般跟变量数目没有多大关系，迭代次数通常为10次左右，所以它能适用较大型结构的优化。但它的缺点是缺乏严格的理论根据，得到的解一般不是真正的最优解，而是接近优化的解，优化的目标也只限于质量最小。数学规划法的优点是有着严格的理论基础与较大的适应性，其缺点是求解的规模有时受到限制及求解效率较低。于是，有研究者探求这两种方法的交流与渗透，在20世纪70年代末，形成了一种将两者结合起来的方法，称为逼近概念方法。该方法充分运用力学理论和各种逼近手段，把高度非线性问题演化为一些逼近带显式的约束问题，成功地实现了简化，从而可以有效地运用数学规划法以迭代方法求解，所以又称为序列线性规划法。

在现代结构优化技术中，由于数学规划有着上述的优点，特别是与有限元结构分析相结合后，它已经成为在方案确定情况下参数优化的主要方法与途径。但是，当今结构优化的发展已不仅仅是参数优化问题，而是要求方案优化。即优化的目标不再停留或局限在按函数极值理论求最优点，而是追求整体（或系统）优化和多目标优化等更高层次的优化。于是，新的一些系统化的结构优化技术，如仿生学方法、系统优化、自动优化、智能优化等，开始出现。而对于大多数结构设计师和大多数工程结构设计来说，传统的直觉优化方法和试验优化方法由于易操作性、实用性和快捷性的特点，仍然得到广泛的应用。现代复杂结构的优化，则是多个优化技术的组合使用。

（1）直觉优化　直觉优化是一种设计者根据经验和直觉知识，不需要通过分析计算就做出判断性选择的方法，又称为经验优化。直觉优化方法是传统的、常用的，也是简单易行的方法，它取决于设计者直觉知识的广泛性、经验判断的推理能力及丰富的设计技术。虽然随着计算机在建筑结构设计中得到广泛应用，结构设计师们已经从传统的公式运算中解放出来，但结构设计还有许多问题是计算机无法完全解决的。例如，对于同一建筑方案，可能有许多不同的结构布置方案；确定了结构布置的建筑物，即使在同种荷载情况下也存在不同的分析方法，分析过程中设计参数、材料、荷载的取值也不是唯一的，建筑物细部的处理更是不尽相同等。这些问题解决主要依靠结构设计师的主观判断，即在结构设计的一般规律指导下，依靠结构设计师的工程实践经验进行解决，这一过程称为概念设计。所以，直觉优化又称为概念设计优化。

（2）试验优化　当对设计对象的机理不太清楚、对其制造与施工经验不足、各个参数对设计指标的主次影响难以分清时，试验优化是一种可行的优化设计方法。根据模型试验所得结果，可以寻找出最优方案。

（3）仿生学方法　随着仿生学的巨大进展，近十多年来人们对生物进化现象产生浓厚兴趣，因为它们在漫长演变过程中按照“适者生存”的原则逐渐从最简单的低等生命一直进化到人类，本身就是一个绝妙的优化过程。目前，模拟自然界进化的算法有模仿自然界过程算法与模仿自然界结构算法，主要分为基因遗传算法、模拟退火法和神经元网络算法等。

(4) 系统优化 系统优化是更大范围综合的优化，是从一个建筑结构工程整体角度去研究分析，以寻求最佳的综合效果，其目标一般为使设计具有良好功能的前提下，获得整体性的近期和长远的经济效益。而传统设计（包括一般优化设计），只考虑到非整体性（构件或分部）的初始造价。工程结构设计一般应涉及三项费用，即整体造价、维护费用与自然灾害带来的损失期望值，它们所反映出的近期与远期经济效益应统一纳入设计方案的计算中，以便能定量地做出经济上的比较。

(5) 自动优化 自动优化技术自20世纪70年代末开始研究而发展起来，自动优化技术实际上是计算机辅助设计（CAD）与优化理论相结合的结果。优化理论不仅能使设计优化目标得以实现，而且能给设计带来某些方面的自动化。优化的理论与技术，在当今其功能与过去相比已明显扩大，它与CAD自动化是相辅相成的，也是难以分离的。因为一方面设计任务是科学地选择参数，在满足约束条件下，以实现某种目标的要求，故在设计过程中需要不断地选择最佳参数和评价方案，可以说CAD自动化在某种程度上要依靠优化来实现；另一方面随着图形功能的发展，迅速地推动了CAD的发展，使计算技术的结构工程设计能力大大加强，这又促使工作向计算机提出更高要求，即把优化方法纳入CAD系统中来，以形成集成化更高的CAD系统。特别是近年来随着建筑信息模型（BIM）技术的发展和应用，不仅可利用BIM对设计和施工方案进行优化，带来显著的工期和造价改进，而且BIM与其配套的各种优化工具提供了对复杂项目进行优化的可能，如项目设计和投资回报分析结合起来，计算出设计变化对投资回报的影响。

(6) 智能优化 人工智能与优化理论相结合，从而构成了智能优化。计算机辅助技术的主要发展方向之一是人工智能，它的理论和技术得到应用的主要形式是专家系统。结构工程的专门知识可归结为两大部分：一部分为确定性内容，如公认的结论、能用计算公式所表达者等，这部分一般都已被归纳到现行的规范和手册中，以供随时使用；另一部分为经验性、判断性知识，专家系统的建立是为了把专家的知识和经验综合起来，结合数据进行分析和处理，并通过一定的法则，完成某些推理。在优化设计领域，可利用专家系统，即使在专家们不在场的情况下，也可以利用他们的知识和经验，对有关问题进行评价和决策。专家系统还可以将本次设计的某些新经验反馈给知识库，完成系统的自学习过程。伴随人工智能的迅猛发展，智能优化的未来是值得期待的。

习题

1. 工程设计方案经济要素有哪些？影响工程设计经济性的技术参数有哪些？它们是如何影响工程经济性的？

2. 选择所在学校的一类建筑，如教学楼、宿舍、图书馆等，调查某个建筑的工程造价数据和使用阶段的各项运行和维修费用数据，计算全寿命周期各项费用，并进行比较分析。

3. 比较单跨厂房与多跨厂房、点式住宅与条型住宅之间的使用功能、能源消耗与经济性等方面的差异性，分析造成差异性的技术参数。

4. 某开发商开发的别墅区，在设计时设计师考虑选择家用中央空调系统。该别墅群每幢各三层，建筑面积大约都为$230m^2$，每幢别墅需要配备空调的房间有8间，按水系统家用中央空调系统，需要配置9台室内风盘。现有两种品牌的家用中央空调系统供选择：①A型初始购置费（包括安装费用）为7.6万元，年平均运行费用为4 260元（按现行电价计算）。②B型初始购置费（包括安装费用）为6.0万元，年平均运行费用为5 080元（按现行电价计算）。空调平均使用寿命为20年，均没有残值。基准收益率为6%。

1）用单指标评价法选择最优型号。

2）假设空调的使用寿命不确定，如何选择？

3）与B型相比，A型为一知名品牌，具有低故障率、稳定性好、运行可靠、智能化程度高、售后服务体系完善等，综合考虑以上因素，又如何进行选择？

5. 鑫城开发公司拟开发阳光鑫城住宅小区，其智能化系统的初步设计方案由有线电视、局域网综合布线、访客对讲、住户报警、周界防越（A）、电子巡更（B）、停车管理（C）、小区闭路电视（D）、背景音乐（E）、网络信息发布（F）十个功能块组成。前4个功能块为目前住宅智能化系统必备功能。后6个功能块，按初步设计方案造价为500万元，考虑20年的长期运行费用现值为500万元，各功能块全寿命周期成本现值见表10-7。鉴于目前许多小区建设中存在片面追求智能化系统的先进性而忽视其适用性和经济性的问题，鑫城公司相关部门拟组织价值工程小组，对后六个功能块开展价值工程研究，并计划将全寿命周期总成本降到800万元。价值工程小组对各功能块重要程度比较结果见表10-7。

表10-7　各功能块重要程度比较结果

功能	功能重要性比较	各功能块全寿命期成本（万元）
A	比D、E、F重要	100
B	与其他功能相比，都重要	120
C	比A、D、E、F重要	180
D	比E、F重要	300
E	比F重要	200
F	与其他功能相比，都不重要	100
合计		1 000

6. 选择某类优化设计方法，搜集相关文献资料，撰写一篇3 000字左右的读书报告。

7. 组织一次课堂的头脑风暴或者分小组的活动，对本章引语中那个办公楼的初步设计方案的优化改进思路展开讨论。

第 11 章

工程施工经济性分析

引语

你在大学城边上投资的小型特色饭店前期工作一直进行得非常顺利，正在你打算让装修队进场着手装修时，你却和包工头产生了争执。包工头打算先量好尺寸，把所有包墙板、吊顶、橱柜、门窗、餐桌椅等在他的作坊里加工制作成半成品或成品后，再拉到店里拼装或安装。但是，你认为这样就监督不了装修队有没有偷工减料、有没有使用不合格的材料、加工质量情况等，所以你要求包工头把所有材料拉到店里，在现场直接加工制作。包工头告诉你，这样的话他会增加不少成本，因为他要把许多加工机械拉到现场，不仅增加机械运输费用，而且这段时间机械利用效率低，并会影响作坊的其他加工任务。你说，可以少用些机械，多用些人工。包工头却说，现在人工工资高，费用只会更高，且短时间内也难以找到那么多的工人。他还告诉你，你可以到作坊查验材料并观察加工过程。作坊机械加工制作效率高，半成品拉到现场拼装也非常快，只要一两个星期，你的店就开张了。要是按你的要求进行现场制作，估计工期得有一个月左右。听了包工头的解释，你欣然接受了他的方案。

你和包工头之争的焦点就在于施工方案选择的经济性问题。工程施工涉及施工工艺、施工组织和施工设备三类方案，施工工艺方案如模板方案、脚手方案、混凝土制作方案、吊装方案等，施工组织方案如施工流水安排、进度计划、资源计划、场地布置方案等，施工设备方案如垂直运输设备方案、挖掘机械方案、浇捣振动器方案等。施工设备方案往往又是施工工艺方案和施工组织方案中的重要组成部分，所以施工方案又常常分为施工工艺方案和施工组织方案。方案不同，工程施工的工期、费用和生产效率等不尽相同。最经济的施工方案不一定是费用最低的方案，但一定是最合理的方案。合理性体现在劳动效率高、资源需求均衡、平面布置合理、工期满足合同要求、施工费用低廉等一个或多个方面。本章主要介绍在各种情况下如何对工程施工方案综合平衡和取舍，以确定一个最合理的施工方案。

你和包工头之争也启发我们，工程施工的经济性不仅仅是包工头的事或者是施工单位的事。未来你成为一个工程师，无论是在施工单位、设计单位、建设单位或投资单位，施工经济性必须是你和你的同事们在工程活动中讨论的重要议题。

11.1 工程施工方案的经济内涵

从经济学角度，工程施工是项目目标实现过程的关键阶段，也是工程投资费用使用的主要阶段，所以如何选择经济合理的施工方案是工程经济研究的重要内容。

11.1.1 施工方案的构成

施工方案是在一项工程开工前所确定的，由建造施工的流向和顺序、施工阶段划分、施工方法和施工机械选择、安全施工设计及环境保护措施与方法等组成的施工技术文件，其主要内容包括编制依据、分项工程概况和施工条件、施工总体安排、施工方法工艺流程、质量标准及质量管理点与控制措施、安全与文明及环境保护措施等方面。施工方案制订过程中涉及多种不同方案的比较，如何选择合理的施工方案是施工方案经济分析要解决问题。施工方案可进一步分为施工组织方案和施工工艺方案两类，前者是指施工总体安排方案，后者是指其他的措施性方案。

1. *施工组织方案*

施工组织方案是建设施工过程的总体组织与安排方案。

（1）施工准备　建立健全项目管理组织体系；确定施工所需技术资料的准备、施工方案编制计划、样板制作计划等；根据现场施工条件和工程实际需要，准备现场所需临时设施。

（2）主要资源配置计划　确定各施工阶段的总用工量，确定分部（分项）工程的劳动力配置计划；确定主要施工周转材料和施工机具的配置计划及进场、退场时间。

（3）现场平面布置　项目施工用地范围内的地形状况；全部拟建的构筑物和其他基础设施的位置；项目施工用地范围内的加工设施、运输设施及其他施工现场必备的临时设施；相邻的地上、地下既有建筑物及相关环境。

（4）施工总进度计划　确定工程项目施工的先后顺序、开工和竣工日期、施工期限及其搭接关系；应确定编制说明、施工总进度计划表、分期实施工程的开工、竣工时间。

（5）施工作业方法　对开发和使用的新技术、新工艺及措施性施工方案提出具体要求；明确分部（分项）工程施工方法，施工工艺的技术参数、工艺流程、施工方法、检查验收等要求。

2. *施工工艺方案*

施工工艺方案包括分部（分项）工程的施工方法和施工措施方案。

（1）土石方工程　计算土方量，选择挖土方法、施工机具；确定施工流向、放坡坡度和边坡支护方法；确定地下水和地表水排除方法；确定土方回填压实的方法及机具。

（2）地基与基础工程　地基处理方法及相应材料、机具和设备；基础工程中垫层、钢筋混凝土基础施工方法及技术要求；地下工程防水方法及相关技术措施。

（3）主体结构工程　确定模板类型、支模方法、模板设计及绘制模板放样图；选择钢筋的加工、运输、连接方法；明确相应机具的型号和数量；确定混凝土搅拌和运输方法。

（4）砌筑工程　砌筑砂浆的拌制和使用要求；砌体的组砌方法和质量要求；砌体与钢筋混凝土构件的连接要求；配筋砌体工程的施工要求。

（5）结构安装工程　确定结构安装方法、吊装顺序、起重机械选择、开行路线；确定构件运输、装卸、堆放办法，吊装机具设备型号、数量和对运输道路的要求。

（6）装饰装修工程　明确装修工程进入现场的时间、施工顺序和成品保护等具体要求；确定分项工程的施工方法和要求；确定所需的机具设备、装修材料的品种与规格等要求。

（7）脚手架工程　明确内外脚手架的用料、搭设、使用、拆除方法及安全措施；明确特殊部位脚手架的搭设方案；确定安全网挂设方法和临边防护方案。

11.1.2　施工方案的经济要素

施工方案经济要素的构成可以从施工企业和工程成本的组成来分析，施工企业成本与工程成本的构成及相互关系如图 11-1 所示。注意企业费用与工程成本之间的区别和联系，注意项目工程成本的间接费用和企业期间费用的管理费用之间的差异。

从图 11-1 的构成可以看出，生产费用（工程成本）体现了工程的施工管理水平，它与施工方案直接相关，而期间费用的大小体现企业经营水平，与施工方案没有直接的关系，所以这里主要根据工程成本构成来分析施工方案的经济要素：

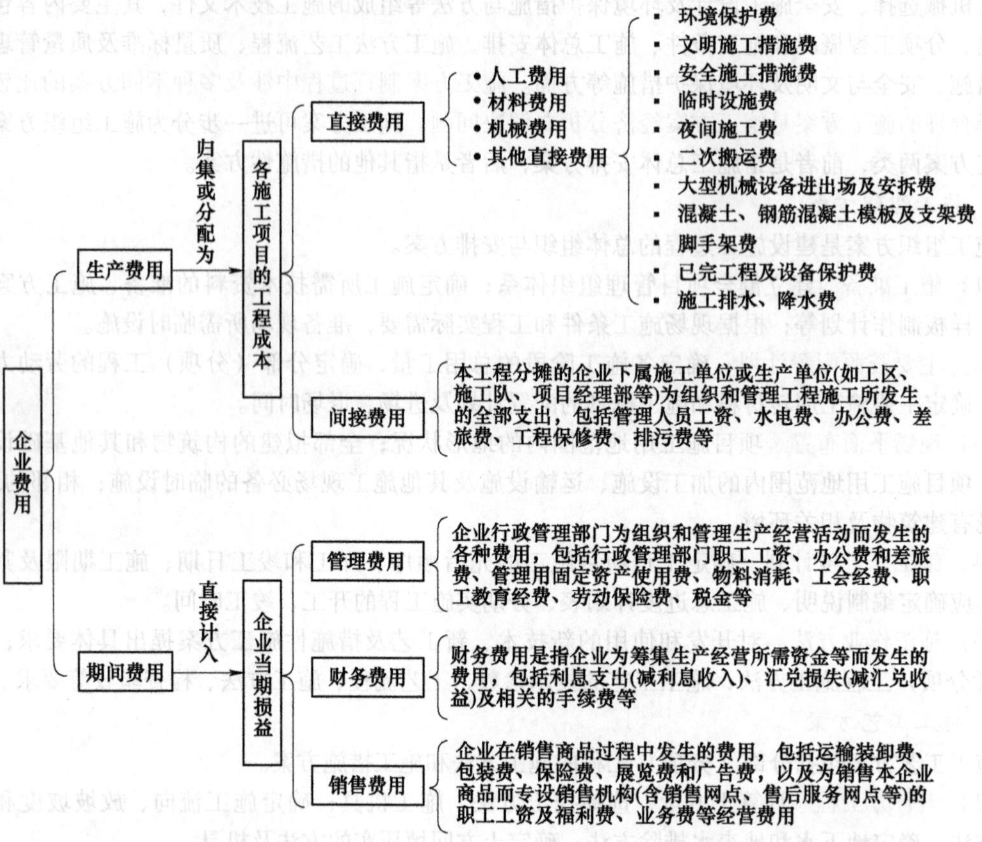

图 11-1　施工企业成本与工程成本的构成及相互关系

1）施工工艺方案几乎直接决定了其他直接费用。在现行建筑安装工程费用项目构成中，其他直接费用又称为措施费用。各类施工措施方案（即施工工艺方案）选择，例如采用模板系统、脚手架方案、施工排水和降水设备等，都直接影响其他直接费用的高低。

2）直接费用中的人工费用和机械费用，一方面主要由工程量所决定，取决于工程设计；另一方面与施工组织方案有直接关系，施工组织不当，会造成施工人员和施工设备的窝工和停工现象。不同的施工组织方案，在工程完成的工作量和施工设备占用时间上都有差异。

3）直接费用中的材料费用主要由工程设计决定。但是，工程设计主要决定材料费用中的材料净用量，而材料在施工过程中的损耗量与施工工艺方案直接相关，同时施工组织方案中有关材料的节约措施也影响到损耗量的高低。

4）施工组织方案直接决定了间接费用。施工现场及项目经理部管理人员的数量、在工程上的工作量、差旅频率等都与施工组织方案的优劣有着直接关联。

5）施工工期长短主要影响间接费用和通常只能固定在一个工地使用的施工机械费用，如塔式起重机等；也会影响其他直接费用中周转使用的模板、脚手架，以及施工排降水、非一次使用的临时设施等费用。此外，施工工期还间接影响施工生产的建筑材料、施工机械、未完工程等占用的固定资金、流动资金数量及贷款利息等。

据上述分析，可以把施工方案的经济要素归为以下三类：

1）方案的一次性费用，即固定费用或不变费用，它们与方案的工程数量及时间因素的变化无关，如一次使用的施工设施、临时工程的建设投资、施工机械装拆费用等。

2）与工期有关的费用，如设备的折旧费用、租赁费用及项目有关的公共费用。

3）与工程数量有关的费用，如材料费用、水电费用等可变性费用。

在施工决策阶段，根据经济要素对方案实施产生的各项费用进行精确评估，制订施工方案的成本控制目标，保证施工方案在项目预算限额内完成。而在建造施工过程中可能存在的工程变更，需要选择最优的施工方案控制施工过程中产生的费用，提高资金的利用率。对于收益性相当的不同方案，经济要素可以方便比较各方案所发生的费用，通过施工经济分析优化节省建设费用。

11.1.3 影响施工经济性的技术参数

施工方案的构成内容和施工方案的经济要素，可以将影响施工方案经济性的技术参数归纳为施工组织技术参数和施工工艺技术参数两类，施工组织技术参数又可细分为施工总平面图布置、施工工期、主要资源需要量、劳动消耗量、流水施工参数和施工工艺技术参数等。

1. 施工总平面布置

施工总平面布置主要包括工程施工用地范围内地形和等高线；全部地上与地下已有和拟建的建筑物、构筑物及其他设施位置和尺寸及坐标网；为整个项目施工服务的生产性施工设施和生活性施工设施；建设项目施工必备的安全、防火和环境保护设施。

施工总平面布置具体影响施工占地面积、场内运输费用、专业工种交叉作业的复杂程度、施工速度及各类临时设施的需要数量等。施工组织衔接的不流畅容易造成窝工现象，场地利用率和施工占地面积间接影响费用的产生。因此，施工总平面布置的合理性是影响施工成本的重要技术参数。

2. 施工工期

施工工期是从正式开工起至完成承包工程全部设计内容，并达到国家验收标准的全部有效天数。施工工期是施工企业所关心的重要核算指标，关系到施工企业生产计划的完成和经济效益的发挥。

施工工期直接影响场地内周转材料的利用效率，且间接影响到现场管理费用、企业管理费用及财务费用，工期越长，相应的管理费用和财务费用越高。相反，短于合理工期的安排会增加周转材料和主要施工资源的占用量，产生额外的赶工措施费用。可见，施工工期的合理性是影响施工成本的重要技术参数。

3. 主要资源需要量

广义的施工资源是指施工中所需要的施工人员、材料和机具设备等资源。对于施工过程中所需要的周转性工具和材料，施工方案对相应规格、型号、占用总量和使用时间等的确定不仅影响到资源使用效率和租赁费用，也会对施工工期产生影响。故施工主要资源需要量是影响施工成本的技术参数。

4. 劳动消耗量

劳动消耗量是指施工总工时数、月或周平均工时数、施工高峰期日工时数及各类工种工人需要量等。较好的施工组织方案可以提高工人的劳动效率，减少窝工现象，节约劳动消耗量，施工组织的均衡性还可以减少现场配套的服务设施数量和服务人员雇佣数量。考虑到其重要性，在施工方案比较中应当作为独立的技术参数。

5. 流水施工参数

流水施工参数是在制订施工方案时表达流水施工在施工工艺上开展顺序及其特征状态的参数。其中，施工过程数是一组流水施工中施工过程的个数，而流水强度是一个施工过程中专业工作队的数目。流水施工参数直接制约流水施工组织的难易度，不合理的施工参数会造成窝工现象或一定工作面的浪费，相应地增加施工成本。

6. 施工工艺技术参数

施工工艺技术参数主要反映各分部（分项）工程相应施工方法的技术特征或适用条件，如现浇混凝土工程总量、安装构件总量、构件最大尺寸、构件最大质量、最大安装高度、模板型号数、各种型号楼板的尺寸、模板单位经济性指标等。技术方案工艺参数直接影响相关施工工艺的实现，是施工成本管控的关键节点，它与施工成本直接相关，故可以作为影响施工成本的施工工艺技术参数。

对项目而言，在进行施工决策时，施工企业通常按正常的施工条件、合理的劳动组织及自身的技术和管理水平确定施工方案。在方案比选时应用技术参数可以清楚地了解方案的合理性，通过施工经济分析实现工程系统内各个工作模块的优化运行。对企业而言，科学可行的施工工艺技术参数可以保证施工组织的均衡性和产品供应链的连贯性，有利于施工企业对项目成本关键节点的控制，并通过施工经济分析构建科学合理的技术管理系统。

11.2 工程施工方案经济分析指标

不同的施工方案可以产生不同的技术经济效果，对于常见的简单工程问题，工程师也许能够依据其经验迅速做出正确的决策，但是当面对复杂的工程问题时，就需要经过一个基于技术经济角度的分析、评价与比较过程，才能做出正确决策，其中的关键是需要一套合理而有效的分析指标。

11.2.1 施工方案的经济性分析过程

1. 经济性分析的重要性

从建设单位角度，施工阶段在项目建设过程中占据了较长的时间段，合理的施工方案能有效提高施工生产效率，缩短施工工期，有利于项目尽早建成投产，发挥经济效益。从施工企业角度，提高企业经济效益的重要途径在于对拟定的施工方案进行经济性分析，在保证施工质量的前提下，选择最优方案完成施工，以实现施工的最佳经济效益。

2. 经济性分析的原则

经济性分析的原则是在对施工方案进行比较时，掌握施工方案之间进行比较和评价的可比条件，分析施工方案之间的内在联系和规律性，从而保证经济性分析结论的科学性和正确性。

（1）可比性原则

1）满足需要的可比性，即相比较的施工方案所提供的功能都能满足同样的建设要求，即功能等同化或等效化。

2）消耗费用的可比性，即在满足相同需要的不同施工方案进行经济性分析和评价时，必须从方案实施使用的全过程出发，比较和分析比选方案的全部消耗费用。

3）产品价格的可比性，即在进行比选方案的经济性分析时，比选采用合理和一致的价格。

4）时间的可比性，即对比方案的比较，需要考虑资金的时间价值，并保证计算期的一致性。

（2）成本效益比较原则　成本效益是耗费与效益的对比分析，运用成本效益比较分析的基本原则是收益指标越大越好，耗费指标越小越好，被比较的施工方案指标数值应满足相应指标的标准值。

（3）系统分析原则　在进行不同方案的经济性分析时，不仅要研究工程技术结构、质量和可靠性等，而且要研究可能实现的最佳经济效益及其实施的措施等，从技术经济系统分析的角度对各种可行方案进行分析比较，从中选取系统最优化方案。

（4）差异比较原则　对可选方案进行经济性分析时，可只比较经济效益不同的部分，而将完全相同的部分略去，以减少计算工作量，加快决策选优的速度。

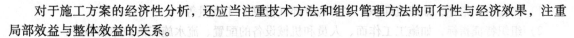

对于施工方案的经济性分析，还应当注重技术方法和组织管理方法的可行性与经济效果，注重局部效益与整体效益的关系。

3. 经济性分析的步骤

经济性分析应以施工方法、进度计划、总平面图和技术组织措施为主要内容，明确方案分析的任务和范围，比较与分析的基本过程如下：

1）拟定可行的备选方案。需要拟定若干个技术上可行、满足施工质量要求的施工方案作为评价对象。

2）建立评价指标体系。根据工程特征，采用反映方案特征的技术经济指标体系进行方案的对比。

3）计算、分析各项指标。按照选定的评价标准和基本参数计算、分析和评价，选择最经济方案，并进行工期和成本的综合优化。

11.2.2 施工工艺方案的经济性评价指标

根据施工方案组成内容的不同，施工工艺方案的经济性评价指标可分为技术性指标、消耗性指标和效果性指标。

1. 技术性指标

技术性指标是指技术方案的各种工艺参数，如模板工程的技术性指标有模板型号数、模板尺寸、模板构件质量等。

2. 消耗性指标

消耗性指标主要反映完成工艺方案所产生的劳动耗费，主要分为费用消耗指标、实物消耗指标及劳动消耗指标等，具体可以分为：

1）工程施工成本。一般应用工程直接费用进行分析评价，也可用总成本、单位工程量成本或单位面积成本表示。

2）主要施工机械设备的选用及需要量，包括配备型号、使用时间、总台班数等。

3）施工主要资源需要量，包括施工设备所需的工具与材料资源、不同施工方案引起的结构材料消耗的增加量、不同施工方案能源消耗量等。

4）主要工种人员需要量和劳动消耗量，包括总需要量、月或周平均需要量、高峰需要量等。

3. 效果性指标

效果性指标是指施工工艺方案实施过程中产生的工程效果（如施工工期、施工效率等）和经济效果（如成本降低额、材料资源节约额等）。

1）施工工期，具体可用总工期、与工期定额相比的节约工期等。

2）施工效率，可用形象进度工程量表示，如土方工程可用一定时间内的土方量。

3）成本降低额，即实施该施工工艺方案后所可能取得的成本降低的额度。

4）材料资源节约额，即实施该施工工艺方案后所用材料资源的可能节约额度。

除上述指标类型外，如采用工艺方案后对企业的技术装备、市场竞争力和专有技术拥有程度等方面的影响，这些指标可以是定量的也可以是定性的。

11.2.3 施工组织方案的经济性评价指标

施工组织方案是施工过程的总体组织与安排方案，评价施工组织方案的经济性指标可分为技术性指标、消耗性指标和效果性指标。

1. 技术性指标

技术性指标是对工程特征和组织特征的描述。

1）工程特征指标，如建筑面积、主要的分部（分项）工程量等。

2）组织特征指标，如施工工作面、人员和机械设备的配置、流水施工的技术参数等。

2. 消耗性指标

消耗性指标主要反映完成组织方案所产生的劳动耗费，具体可以分为：

1）工程施工成本。

2）主要施工机械耗用量，分项工程必须消耗的主要施工机械的台班数量。

3）主要材料资源耗用量，进行施工过程必须消耗的主要材料资源，不包括构成工程实体的材料消耗。

4）劳动消耗量，可用总工日数、分时期的总工日数、最高峰工日数、平均月工日数等指标表示。

3. 效果性指标

效果性指标是指施工组织方案实施过程中产生的工程效果和经济效果。

（1）工程效果指标

1）总工期指标，它是破土动工到竣工验收后交付使用的全部日历天数。

2）工程施工效率。

3）施工机械效率，可用两个指标评价：一是主要大型机械单位工程量耗用台班数；二是施工机械利用率，即主要机械在施工现场的工作总台班数与在现场的日历天数的比值。

4）劳动生产率，可用三个指标评价：一是单位工程量用工数；二是分工种的每工日产量；三是生产人员的每工日产值。

5）施工均衡性，可用以下三个指标评价：

$$\text{主要工种工程施工不均衡性系数}=\frac{\text{高峰月工程量}}{\text{平均月工程量}}$$

$$\text{主要材料资源消耗不均衡性系数}=\frac{\text{高峰月耗用量}}{\text{平均月耗用量}}$$

$$\text{劳动量消耗不均衡性系数}=\frac{\text{高峰月劳动消耗量}}{\text{平均月劳动消耗量}}$$

（2）经济效果指标

1）成本降低额，可用工程施工成本和临时设施成本的节约额。

2）材料资源节约额，实施该施工组织方案后所采用的材料资源的可能节约额度。

3）总工日节约额，施工组织方案实施后施工工期的可能节约量。

4）主要机械台班节约额，施工组织方案实施后主要机械使用量的节约值。

除上述指标类型外，其他指标包括缩短工期的节约固定费用、生产资金节约额，提前缩短工期的节约固定费用、生产资金节约额，提前竣工奖励等。

11.3 施工方案经济分析比较方法

11.3.1 多指标综合评价法

对于复杂的施工方案需要进行多指标综合比较优选，通常以其中的一个或两个指标为主，再综合考虑其他因素来确定最优方案。

1. 专家论证会法

专家论证会法是通过专家会议的形式，搜集专家的经验和建议，通过定性分析对施工方案进行比选和优化。基本做法是：首先，由施工单位提出若干可行的施工方案；然后，施工单位组织相关专业领域的工程专家，采用会议形式对施工方案进行定性分析和讨论，找出各方案的优缺点或者提出其他的可行方案；最后，施工单位根据专家论证会的结果确定最终的实施方案。

2. 逐步综合优选法

逐步综合优选法的做法是：首先比较综合评价指标体系中各指标的重要性；然后根据指标的重要性对施工方案进行比较，淘汰该指标相对较差的施工方案；最后根据重要性排序比较未淘汰的方案。以此类推，直至最终选择出最佳的施工方案。

3. 模糊综合优选法

模糊综合优选法，是基于模糊数学的评价方法，该法根据隶属度理论把定性评价转化为定量评价，对受到多种因素制约的施工方案做出总体评价。它具有结果清晰、系统性强的特点，为复杂工程施工中带有较大模糊性、不确定性和需要定量化的实际问题的有效解决提供了新的思路。

多指标综合评价法的过程参见 4. 2. 2 小节和 10. 3. 4 小节中的【例 10-2】。

11. 3. 2 单指标评价法

对于实践中遇到的简单施工方案，只需比较费用的大小且采用静态分析，常用的静态分析方法有增量投资收益率法、折算费用法、优劣平衡分析法等。

1. 增量投资收益率法

增量投资收益率是指增量投资所产生的经营成本上的节约与增量投资的比率，其计算公式为

$$R = \frac{C_1 - C_2}{I_2 - I_1} \times 100\% \tag{11-1}$$

式中 R——增量投资收益率；

I_1——投资小的施工方案投资额；

I_2——投资大的施工方案投资额；

C_1——投资小的施工方案的单位工期或单位产量的经营成本；

C_2——投资大的施工方案的单位工期或单位产量的经营成本。

当 R 大于或等于单位工期或单位产量的基准收益率时，应选择投资额大的施工方案；反之，应选择投资额小的方案。

2. 折算费用法

折算费用法是指将各施工方案的投资额折算为单位工期或单位产量的费用，其计算公式为

$$Z_j = C_j + P_j R_c \tag{11-2}$$

式中 Z_j——第 j 方案的折算费用；

C_j——第 j 方案的单位工期或单位产量的经营成本；

P_j——第 j 方案的投资额；

R_c——单位工期或单位产量的基准收益率。

在多方案比选时，可选择折算费用最小的方案为最优方案。

【例 11-1】 某施工企业新承担了一大型工程施工任务，该工程需要采用一种现代化的施工装置系统，并且能预见到该装置在以后的其他工程中会得到充分利用。目前市场上有 A、B 两种型号供选择，它们的功能和产量相同，在正常使用条件下各自的使用寿命均能达到 15 年以上。A、B 型号的初始购置费分别为 65 万元、90 万元，使用维护费用分别为 1 000 元/天、800 元/天。设企业基准投资收益率为 10%，试确定最优方案。

【解】

如果有确定的所需要的使用年份，类似的问题可以采用 4.3.1 小节中介绍的最小费用法。对于可跨工程利用并且使用期较长的施工装置、设施和设备等的选型，常常难以对使用年份做出明确的估计，此时可简单地采用增量投资收益率法或折算费用法进行经济分析。

年制度工作日一般以 250 天计，则各型号的年成本分别为

$$C_A = 1\,000 \text{ 元/天} \times 250 \text{ 天} = 250\,000 \text{ 元} = 25 \text{ 万元}$$

$$C_B = 800 \text{ 元/天} \times 250 \text{ 天} = 200\,000 \text{ 元} = 20 \text{ 万元}$$

如用增量投资收益率法，增量投资收益率为

$$R = \frac{25 \text{ 万元} - 20 \text{ 万元}}{90 \text{ 万元} - 65 \text{ 万元}} \times 100\% = 20\% > 10\%$$

则应选用投资大的 B 型号施工装置。

如用折算费用法，折算费用分别为

$$Z_A = 25 \text{ 万元} + 65 \text{ 万元} \times 10\% = 31.5 \text{ 万元}$$

$$Z_B = 20 \text{ 万元} + 90 \text{ 万元} \times 10\% = 29 \text{ 万元}$$

由于 $Z_B < Z_A$，则可得出与增量投资收益率法一样的结论。

3. 优劣平衡分析法

对于限于一次性在本工程使用或者专为本工程租赁的施工装置、工器具和设施等，以及用于本工程的企业已有的长期使用资产，其费用可区分为固定成本（即不随工程量（工期）变化而变化的成本）和单位工程量（工期）的可变成本。对于不同的方案，总成本计算式为

$$C_j = C_j^f + C_j^v Q \tag{11-3}$$

式中 C_j——第 j 方案的总成本；

C_j^f——第 j 方案的固定成本；

C_j^v——第 j 方案的单位产品可变成本；

Q——工程量或工期等。

当工程量（工期）Q 确定时，可直接计算各方案的总成本，选择成本最低的方案。

当工程量（工期）Q 不确定时，可采用优劣平衡分析法，参见 4.2.3 小节。假设有 1、2 两个方案比较，如果 $C_1^f > C_2^f$，且 $C_1^v < C_2^v$，或反之，则存在式（11-3）所示方程曲线的交点，即

$$Q_{12} = \frac{C_1^f - C_2^f}{C_2^v - C_1^v} \tag{11-4}$$

由优劣平衡分析法可知，Q_{12} 为优劣平衡分歧点，根据 Q 在 $(0, Q_{12})$ 区域或在 (Q_{12}, ∞) 区域，选择曲线最低的方案为最优方案。

【例 11-2】 某项目施工初步拟定的 A、B 两个垂直运输方案：A 方案需要花费固定费用 50 万元，使用和维护费用为 1 600 元/天；B 方案需要投资 80 万元，使用和维护费用为 1 000 元/天。分别在下面情况下选择经济的垂直运输方案：1）施工工期为 400 天；2）施工工期不确定，可能有较大的变化。

【解】

1）施工工期为 400 天，则

$$C_A = 50 \text{ 万元} + \frac{1\,600 \text{ 元/天} \times 400 \text{ 天}}{10\,000 \text{ 元}} = 114 \text{ 万元}$$

$$C_B = 80 \text{ 万元} + \frac{1\,000 \text{ 元/天} \times 400 \text{ 天}}{10\,000 \text{ 元}} = 120 \text{ 万元}$$

由于 $C_A < C_B$，所以 A 方案经济。

2）施工工期不确定，设为 T，则

$$C_A = \left(50 + \frac{1\,600T}{10\,000}\right) \text{万元} = (50 + 0.16T) \text{ 万元}$$

$$C_B = \left(80 + \frac{1\,000T}{10\,000}\right) \text{万元} = (80 + 0.10T) \text{ 万元}$$

根据两方案的总成本函数，可绘制出优劣平衡分析图，如图 11-2 所示。

计算出优劣平衡分歧点为

$$T_{AB} = \left(\frac{80 - 50}{0.16 - 0.10}\right) \text{天} = 500 \text{ 天}$$

从图 11-2 可看出，当施工工期少于 500 天时，选 A 方案经济；当施工工期超过 500 天时，选 B 方案经济。

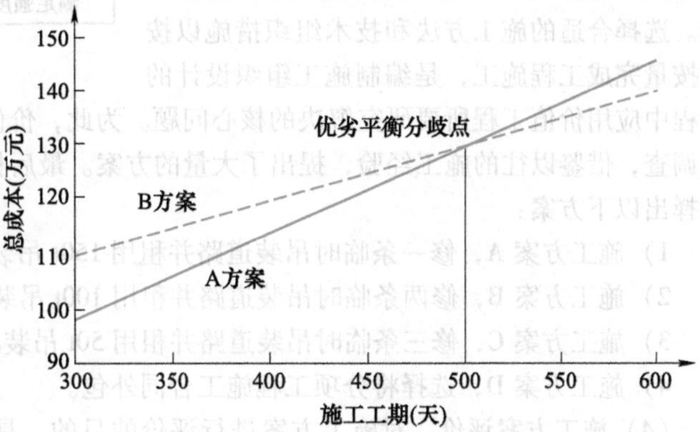

图 11-2 【例 11-2】优劣平衡分析图

11.3.3　价值工程法

价值工程法作为一个方便实用的经济分析方法，在施工方案的经济分析中也得到较好的应用。利用价值工程法，可对建筑材料、构配件及周转性工具材料的代换进行价值分析，也可直接用于方案的经济比较。

【例 11-3】　某电厂东北护岸工程为钢筋混凝土栅栏板护岸，它由水下大石棱体、堤心石、块石理坡层、栅栏板和防浪墙组成。该工程因部分要在水下施工，施工难度大，工期较短。为保证施工质量，按期完成施工任务，因此要对该工程施工组织设计进行价值工程活动。

（1）对象选择　该工程分两个部分进行施工：栅栏板堤岸施工（包括开挖回填和栅栏板预制吊装）、防浪墙施工。经过对这两部分的施工时间、实物工程量、施工机具占用量、施工难度和人工占用量等指标的测算，获得两部分在各指标中所占的比例（见表 11-1），栅栏板堤岸施工部分在各指标所占比重均较大。

表 11-1　【例 11-3】栅栏板护岸工程各项指标测算　（%）

指标	栅栏板堤岸施工	防浪墙
施工时间	68	32
实物工程量	58	42
施工机具占用量	77	23
人工占用量	70	30
施工难度	85	15

能否如期完成施工任务的关键在于能否正确处理栅栏板堤岸施工所面临的问题，能否选择符合本单位技术经济条件的施工方法。故决定选择栅栏板堤岸施工工程作为研究对象。

(2) 功能分析　功能分析包括两个步骤，分别为功能定义和功能整理。

1）功能定义。栅栏板堤岸施工的基本功能是形成保护作用，辅助功能主要是使外形美观。

2）功能整理。在功能定义的基础上，根据栅栏板堤岸施工的内在逻辑联系，采取剔除、合并、简化等措施对功能定义进行整理，绘制出图 11-3 所示的功能系统图。

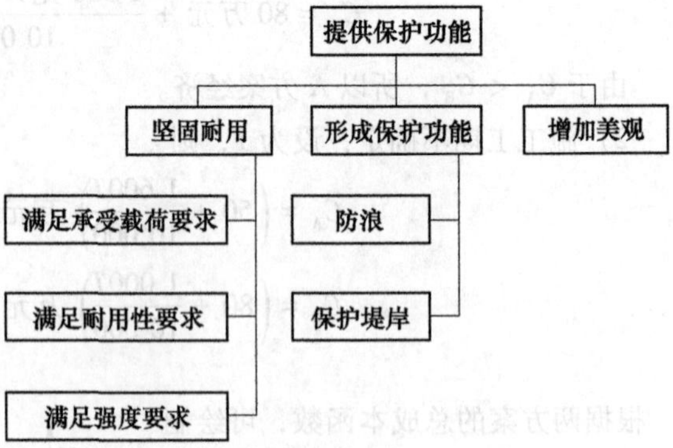

图 11-3 【例 11-3】功能系统图

(3) 功能评价与方案创造　根据功能系统图可以看出，施工对象是栅栏板堤岸施工工程。选择合适的施工方法和技术组织措施以按时按量完成工程施工，是编制施工组织设计的过程中应用价值工程所要研究解决的核心问题。为此，价值工程研究团队积极思考、大胆设想、广泛调查，借鉴以往的施工经验，提出了大量的方案。最后根据实现企业最佳经济效益的原则，初步选择出以下方案：

1）施工方案 A，修一条临时吊装道路并租用 150t 吊装机械。

2）施工方案 B，修两条临时吊装道路并租用 100t 吊装机械。

3）施工方案 C，修三条临时吊装道路并租用 50t 吊装机械。

4）施工方案 D，选择将分项工程施工合同外包。

(4) 施工方案评价　对施工方案进行评价的目的，是发挥优势，克服和消除劣势，选出最优的施工方案。以下运用价值工程法进行方案评价，评价情况见表 11-2。

表 11-2 【例 11-3】施工方案初步评价

方案评价			方案			
指标体系	评分等级	评分标准	A	B	C	D
是否租用吊装机械	1. 需要 2. 不需要	0 10	0	0	0	10
是否修临时道路	1. 需要修三道 2. 需要修两道 3. 需要修一道 4. 不需要修	5 10 15 20	15	10	5	20
是否损坏岸上建（构）筑物	1. 损坏较重 2. 损坏较轻 3. 不损坏	0 5 10	0	5	10	10
施工人员	1. 人员多 2. 人员少 3. 无须参加	5 10 15	10	5	5	15
进场难度	1. 较麻烦 2. 较容易 3. 无难度	5 10 15	5	10	10	15
施工准备时间	1. 较长 2. 中等 3. 较短 4. 无须准备	5 10 15 20	5	15	10	20

（续）

方案评价			方案			
指标体系	评分等级	评分标准	A	B	C	D
受气候等因素影响程度	1. 较大 2. 较小 3. 不受影响	5 10 15	5	10	5	15
总体施工时间	1. 拖延工期 2. 保证工期	0 10	10	0	0	0
施工难度	1. 复杂 2. 中等 3. 较简单 4. 无难度	5 10 15 20	5	15	10	20
	方案总分		55	70	55	125

计算结果表明：合同外包（方案D）得分最高，其次是修两条临时吊装道路并租用100t吊装机械（方案B），修一条临时吊装道路并租用150t吊装机械（方案A）和修三条临时吊装道路并租用50t吊装机械（方案C）得分并列。对比得分结果分析发现，合同外包方案之所以得分最高，是因为它与其他方案相比，基本上没有费用支出。事实上，虽然在每个指标进行比较时，合同外包方案没有费用支出，但是在向其他单位外包时却要花费总的费用。因此，简单地认为合同外包方案为最优方案是难以令人信服的，因此还必须进一步做出方案评价，见表11-3。

表11-3 【例11-3】施工方案进一步评价

方案评价			方案			
指标体系	评分等级	评分标准	A	B	C	D
技术水平	1. 清楚 2. 不清楚	5 10	10	10	10	5
材料	1. 需要量大 2. 需要量小	5 10	10	10	10	5
成本	1. 很高 2. 较低	5 10	10	10	10	5
工程质量	1. 难以保证 2. 保证质量	5 10	10	10	10	5
安全生产	1. 尽量避免事故责任 2. 避免事故责任	5 10	5	5	5	10
施工力量	1. 需要参加 2. 不需要参加	5 10	5	5	5	10
	方案总分		50	50	50	40

表11-3的计算结果表明：虽然合同外包（方案D）可以坐享其成，但是权衡利弊还是利用本单位施工力量和生产条件，在保证工程质量和获利方面较为有利。因此，应舍弃合同外包方案，选

择修两条临时吊装道路并租用100t 吊装机械的施工（方案 B）。

为进一步证明上述评价的准确性，价值工程团队通过计算各方案的预算成本和确定栅栏板护岸工程的目标成本，进而确定各方案的价值指数，作为选择最优方案的判断标准。通过计算各方案的目标成本为 870 万元，各方案预算成本价值指数的计算结果见表 11-4。

表 11-4 【例 11-3】各方案预算成本及价值指数比较

方案	目标成本（元）	预算成本（元）	价值指数
A	8 700 000	9 310 000	0.934
B		8 765 000	0.993
C		9 147 000	0.951
D		10 300 000	0.845

计算结果表明：修两条临时吊装道路并租用 100t 吊装机械的方案 B 为最优方案。

（5）施工方案的进一步优化　修两条临时吊装道路并租用 100t 吊装机械的施工方案与其他方案相比，虽然为最优，但它本身也存在一些问题，还需进一步改进。针对修两条临时吊装道路并租用 100t 吊装机械的方案存在施工作业人员多，总体施工时间长，对岸上建（构）筑物有损坏的问题，运用价值工程进一步优化。

经过对现场和施工组织方案的考察和研究，发现在人工配合机械开挖和回填搬运大石头与垒砌块石理坡上消耗了大量的人工，同时因施工组织上不严密，导致开挖回填上出现重复工作内容，从而造成施工总工期的延长。针对这些情况，价值工程团队通过研究提出改进方案，并运用评分法进行评价，确定采用增加一台 1.2 方斗挖掘机配合施工机械回填土方的方案，使机械组合起重一次完成开挖、理坡、吊装栅栏板和回填临时道路的工作，减少了材料二次倒运用工的同时，也缩短了回填临时道路的时间。

（6）效果评价　通过运用价值工程完善施工方案，成本节约额达到 30 万元，实现了质量和进度的最优。

11.4　施工方案优化的经济效果

11.4.1　施工方案优化的综合效果

施工方案优化是指对初步的按常规经验做法提出的施工方案进行调整，根据工程规模和特征、现场施工条件、施工企业装备情况、施工人员情况等因素，进行工艺、技术和组织上的比较和综合权衡，在保证工程质量和施工安全的条件下，技术上先进、工艺上合理、组织上精干的新的施工方案，以实现缩短施工工期和降低施工成本的目标。

施工方案优化主要包括施工方法的优化、施工顺序的优化、施工作业组织形式的优化、施工劳动组织优化和施工机械组织优化等。主要的措施和手段包括采用新工艺、新方法，根据现场情况确定合理施工平面场地布置、选择合适的施工机械，根据工程情况合理组织流水施工、缩短工期，降低大型机械、周转工具使用费，增加模板周转次数等。有关施工方案优化的技术和方法等超出本书范围，这里重点讨论施工方案优化的经济效果。

施工方案优化的经济效果通过优化后的施工方案与优化前的施工方案对比而显现，具体也可通过在 11.2 节中所阐述的指标反映出来，如施工效率、劳动生产率、施工均衡性、材料资源节约额等，货币效果则表现为节约材料费、人工费、机械费和施工措施费等，总体效果将体现在工程成本节省上。

【例 11-4】 某大型施工企业承担了国家重点工程汉（口）宜（昌）铁路沉湖汉江特大桥深水基础施工任务。初始的施工方案为双壁钢套箱围堰方案，在很多大型桥梁工程施工中通常采用这一工艺作为基础施工方法。但在主墩中某号墩钻孔灌注桩施工时，勘察发现整个主墩墩位处均为硬塑状淤泥粉质黏土的地质情况，于是提出另一个替代的优化方案——钢板桩围堰方案，主要从以下四个方面论证：

1）施工进场时间是当年 9 月，要确保大桥基础在来年 4 月底雨季来临前抢出水面。

2）双壁钢套箱围堰虽然有整体稳定、结构受力强、密水性好、安全性高等优点，但是对于硬塑状淤泥粉质黏土这一地质状况，钢套箱抽泥下沉的施工速度较慢；而且平台的承台内部分拆除后，又要重新在钢护筒上搭设拼组钢套箱及下沉钢结构平台、拼组龙门起重机，这样也需要更长的工期和花费更多的费用。在汛期来临前，能否按期完成施工尚无法得到保证。

3）钢板桩围堰虽然在结构受力刚度、密水性方面一般，安全性不及双壁钢套箱围堰，开挖、支撑、封底等均需水下作业，围堰内抽水工序也受到施工水位的限制，但是工程的软土地质适合采用这种施工工艺，散件运输、拼装便捷，施工速度较快且比双壁钢套箱围堰节省费用，工程按时完工的时间能得到切实保证。

4）在汛期来临前，钢板桩围堰通过支撑改进措施，结构刚度能够满足安全性要求，密水性也通过相应技术措施得以提高，且企业在沪（上海）宁（南京）城际高铁线路施工有这一工艺成功应用的经验，为汛期来临前完成主墩承台和墩身提供了可靠保障。

优化的施工方案实施成效非常显著。若采用钢套箱围堰方案，拆除围堰平台，再利用钢护筒搭设钢套箱拼装的平台，这部分工作完成至少需要一个多月的时间，然后组拼钢套箱抽泥、下沉，再封底，在这种硬塑状黏土地层情况下，完成至少需要 45 天的时间，预计施工工期在来年 5 月底方能完成，而采用优化后的钢板桩围堰方案是在 3 月 27 日达到了预期的进度目标。同时，如果采用钢套箱围堰方案，重新搭建拼装平台、购置、安装龙门起重机，至少需投入资金 200 万元，且占比很大的水下部分钢套箱钢材也无法回收再利用；而采用钢板桩围堰方案，钢板桩和内支撑都可回收周转施工。据此，仅计算材料的折旧费用和人工费用，优化方案与原方案相比，至少可节省资金 1 500万元左右。

从【例 11-4】可看到，施工方案优化的综合效果衡量是一个比较复杂的考量，其可分为以下三种情况：

1）以降低施工成本为目的的优化。通常的施工方案优化以追求工程施工成本的降低，在保证工程质量、施工安全及合同工期的情况下，采用改进施工顺序、选择合适的施工机械、均衡现场资源需求、减少临时设施需用量等措施进行施工方案优化。这种情况下，施工方案优化的经济效果主要考虑工程成本的降低额，并兼顾其他效益指标，进行综合衡量取舍。具体分析过程参见 11. 4. 2 小节。

2）以缩短施工工期为目的的优化。有些情况是由于工期有紧迫性的要求而需要缩短工期，在这种情况下，对施工方案进行优化则需要在保证工程质量、施工安全及尽可能不增加工程成本的条件下，实现施工工期的限制性要求。施工工期优化的经济效果将在 11. 4. 3 小节中进行讨论，可将工期优化增加的收益和因为缩短工期而可能增加的施工成本进行比较，增额收益高于增额成本时工期优化方案是可行的。

3）以外部效果优先为目的的优化。一些工程的施工过程可能会影响道路交通、企业生产或居民生活。施工方案优化的目的则是通过改进施工方案，尽可能弱化、消除这些影响或者缩短影响的时间，是出于非项目自身角度的外部效果优先的目的。这种情况下的施工方案优化一般会增加工程成本，或者可能会影响施工效率而延长工期。这种情况下的施工方案优化效果则需要进行更为复杂的计算和比较，还可能需要把一些难以计量的社会效果加以货币化处理进行费用效益分析，或者直接比较费用效果，参见8.1.3小节。只要外部效果高于增量工程成本，优化方案也是可行的。从施工企业角度，增加的工程成本或者延长的工期一般会从建设单位得到补偿。

11.4.2 机械化施工方案优化的经济效果

现代工程建设通常都以机械化施工为主要手段，主要施工机械设备的比较和选择是施工方案优化的主要内容，不仅直接影响和决定施工工艺的选择，也间接影响到施工的组织形式和过程。因此，机械化施工方案优化的经济效果不仅体现在机械费用节省，还体现在劳动消耗、设备利用程度、工程分散程度和燃料、动力消耗等方面，而总体经济效果则体现在工程成本的降低。

（1）机械费用　有若干种可供选择的机械，在其他条件一致的情况下，应当从经济性方面选择，机械的经济性包括原价、维修费、使用年限及折旧费等的综合评价。它是用折算成机械的年度费用，用 R 表示，则

$$R = P\frac{i(1+i)^N}{(1+i)^N-1} + Q - r\frac{i}{(1+i)^N-1} \tag{11-5}$$

式中　P——机械原价；

Q——机械的年度保养和维修费用；

N——机械的使用年限；

r——机械使用期满后的残余价值。

（2）劳动消耗　劳动消耗可用单位时间的工作量来表示，它标志着施工方案效率的高低。

（3）修配劳动量系数　机械工修配劳动量系数，在一定程度上反映施工中机械的完好程度，可用式（11-6）计算。

$$机械工修配劳动量系数 = \frac{机械工修配工作量}{设备劳动量} \tag{11-6}$$

（4）设备构成比　施工方案中所需施工机械的构成比，是所需配套设备之间的比例关系，标志着所用施工机械的特点。

（5）施工集中度　施工场地分散，相距较远，会造成机械效能低，消耗大，提高工程成本；施工场地集中，便于施工机械的统一安排、利于调动，有利于发挥机械效能，从而提高经济效益。在一定条件下，制作安装部分工程的经济性分析需要考虑安装机械的停歇率，机械的停歇率越低，工程制作安装费用越低。例如，在使用机械和设备的类型及数量相同的条件下，机械停歇时间量少的方案为最优施工方案。

【例11-5】　某公路工程，由于筑路机械设备、施工人员、施工时间、施工地点和施工期限的具体要求，拟定两个施工方案，根据两个方案的主要技术经济指标、主要投资指标和年经营成本指标，利用经济性分析方案评价施工方案的经济效果。其各指标数据见表11-5~表11-7。

表11-5　【例11-5】主要技术经济指标

序号	项目	方案Ⅰ	方案Ⅱ
1	廊大线工程/km	10	10
2	施工机械（台）	45	40
3	人员	70	95
	其中：生产工人（人）	60	80
4	施工期（天）	250	300

表 11-6 【例 11-5】主要投资指标 K （单位：元）

序号	主要项目	方案Ⅰ	方案Ⅱ
1	土建投资	70 000	124 000
2	设备投资总额	4 860 000	4 400 000
3	其他投资	240 000	320 000
总计		5 170 000	4 844 000

表 11-7 【例 11-5】年经营成本指标 C （单位：元）

序号	主要项目	方案Ⅰ	方案Ⅱ	备注
1	原材料、燃料费	710 000	700 000	
2	工人工资	350 000	570 000	工资以 20 元/天计
3	设备折旧费	243 000	220 000	为设备投资总额的 5%
4	大修理费	486 000	440 000	为设备投资总额的 10%
5	施工机械管理费	72 900	66 000	为设备投资总额的 1.55%
6	其他	200 000	250 000	
总计		2 061 900	2 246 000	

两个方案经济性分析可采用式（11-2）所示的折算费用法计算。实践中，如果企业缺乏基准投资收益率计算参数，也可按标准投资效果系数来计算，即按下式计算

$$F = C + KE_n$$

式中　F——折算工程费用；

E_n——标准投资效果系数，一般取 0.15 为宜。

两个方案的折算成本费用分别为

$$F_1 = C_1 + K_1E_n = 2\,061\,900\text{ 元} + 5\,170\,000\text{ 元} \times 0.15 = 2\,837\,400\text{ 元}$$

$$F_2 = C_2 + K_2E_n = 2\,246\,000\text{ 元} + 4\,844\,000\text{ 元} \times 0.15 = 2\,972\,600\text{ 元}$$

可计算施工方案的技术经济指标，作为方案评价和选择的依据，见表 11-8。

表 11-8 【例 11-5】技术经济分析

序号	项目	方案Ⅰ	方案Ⅱ	备注
1	廊大线工程/km	10	10	
2	人员 其中：生产工人（人）	70 60	95 80	
3	投资总额（元）	5 170 000	4 844 000	
4	经营成本费用（元）	2 061 900	224 600	
5	计算费用（元）	2 837 400	2 972 600	
6	劳动生产率/(km/h)	0.167	0.125	工程量/生产工人
7	单位工程投资/(元/km)	517 000	484 400	投资总额/工程量
8	单位工程成本/(元/km)	283 740	297 260	计算费用/工程量

方案综合评价：

1）计算表明，方案Ⅰ所需费用为 2 837 400 元，方案Ⅱ所需费用为 2 972 600 元，方案Ⅰ比方

案Ⅱ少 135 200 元，从经济效果指标看，方案Ⅰ更好。

2）对投资费用 K 进行分析，由于方案Ⅰ增添了先进的施工设备，比方案Ⅱ多投资 460 000 元，但因其他费用比方案Ⅱ少 80 000 元，故总投资方案Ⅰ比方案Ⅱ仅多 326 000 元。

3）在成本费用方面，由于方案Ⅰ节省了人力，缩短了工期，故整个工程成本，方案Ⅰ比方案Ⅱ还是节约了 135 200 元。

4）分析意见：从经济效果来看，方案Ⅰ比方案Ⅱ更好。因此，在工期要求紧迫、施工人员不足、而购置资金比较充足的条件下，选择方案Ⅰ为好。反之，如果劳动力、资金不足、暂不能购置先进设备的情况下，因两方面经济效果相差不大，选择方案Ⅱ也是可行的。

11.4.3 施工工期优化的经济效果

缩短施工工期常常是施工方案优化的重要目标。缩短施工工期经济效果 G，由以下三个方面构成：

（1）提前交付所得收益 G_1　由于改进施工组织方案，工期缩短，从建设单位角度来看，使得项目提前投入生产，产生更多经济效益。这一收益一般为建设单位获得，也有项目施工合同中约定工期提前奖，可使得施工企业分享这一收益。设计划施工工期为 T_1 年，实际施工工期为 T_2 年，项目运营阶段的平均年收益为 B，则

$$G_1 = B(T_1 - T_2) \tag{11-7}$$

（2）加速资金周转效益 G_2　对于建设周期较长的项目，施工工期的缩短可节约工程建设占有的固定资金，减少流动资金和未完工程费用，即缩短工期加速了资金周转所带来的效益 G_2。通常情况下，工程采用按月结算方式支付工程款，这一收益为建设单位享有；一些工程采用竣工结算方式支付工程款，这一收益则为施工企业享有。设项目计划投资（或计划施工成本）为 K_1，改进施工工艺缩短工期后，项目实际投资（或实际施工成本）为 K_2，E_n 为该标准投资效果系数，则

$$G_2 = E_n(K_1 T_1 - K_2 T_2) \tag{11-8}$$

（3）间接费节约效益 G_3　由于工程项目施工周期的缩短，而使施工企业因此节省间接费用，设施工企业间接费节约的经济效益为 G_3，则

$$G_3 = H_y\left(1 - \frac{T_2}{T_1}\right) \tag{11-9}$$

式中　H_y——基准施工方案与工期有关间接费的固定部分，H_y 也可以通过式（11-8）计算。

$$H_y = \frac{CHR}{(1+H)(1+Y)} \tag{11-10}$$

式中　C——工程预算造价；

H——工程间接费率；

R——与工期有关的间接费的固定部分比率；

Y——计划利润。

【例 11-6】　某装机容量为 10 万 kW 的水电站，计划投资 3 000 万元，施工工期为两年，按设计能力年发电时间为 4 000h，计划成本为 0.5 元/kW · h，上网电价为 0.15 元/kW · h，施工企业计划利润 Y 为 6.6%，间接费率 H 为 12.4%。后因施工工艺方案的改进，可提前一年建成发电，但需增加投资 500 万元。

试问：

1）提前一年投产的经济效益是多少？

2）设电站企业投资效果系数 $E_h = 0.2$，缩短工期一年加速资金周转带来的经济效益是多少？

3）设间接费中与缩短工期有关的固定部分 $R=50\%$，缩短施工工期节约间接费效益是多少？

【解】

1）提前一年投产的经济效益为

每千瓦时电的利润 = 0.15 元/kW·h − 0.05 元/kW·h = 0.1 元/kW·h

年平均收益 B = 年生产能力 × 单位利润 = 10 万 kW × 4 000h × 0.1 元/kW·h = 4 000 万元

提前一年投产所得收益 G_1 为 4 000 万元。

2）缩短工期一年加速资金周转带来的经济效益为

$$G_2 = [0.2 \times (3\,000 \times 2 - 3\,500 \times 1)] \text{万元} = 500 \text{万元}$$

3）缩短施工工期施工企业的节约间接费为

间接费的固定部分为

$$H_y = \frac{3\,000 \times 0.124 \times 0.5}{(1 + 0.066)(1 + 0.124)} \text{万元} \approx 155.23 \text{万元}$$

间接费节约效益为

$$G_3 = \left[155.23 \times \left(1 - \frac{1}{2}\right)\right] \text{万元} \approx 77.62 \text{万元}$$

习 题

1. 施工方案的经济参数有哪些？影响施工成本的技术参数和工艺参数分别有哪些？

2. 施工工艺方案评价指标有哪些？施工组织方案评价指标有哪些？两者的评价指标之间差别有哪些不同之处？试分析其原因。

3. 针对一种专业工程（如模板工程、脚手架工程等）常用的施工方案，搜集相关文献资料，讨论其经济性策略。

4. 实地观察几个施工现场，讨论它们在施工平面布置上的优点与缺点，分析可能对施工经济性产生的影响。

5. 某施工单位在一工程施工中（工期为一年左右），对该工程的混凝土供应提出了两个方案。

A 方案：现场搅拌混凝土。现场建一个搅拌站，初期一次性建设费用，包括地坑基础、骨料仓库、设备的运输及装拆等费用，总共 100 000 元；搅拌设备的租金与维修费为 22 000 元/月；每立方米混凝土的制作费用，包括水泥、骨料、添加剂、水电及工资等总共为 270 元。

B 方案：商品混凝土。由某构件厂供应商品混凝土，送到施工现场的价格为 350 元/m^3。

分别在下列两种情况下，对两个方案进行经济分析比较：

1）设工程混凝土总需要量为 4 000m^3，在不同工期下，比较两方案。

2）设工程的工期为 1 年（12 个月），在不同的混凝土总需要量下，比较两方案。

6. 某施工项目进行施工方案的设计时，为了选择确定能保证钢结构质量的焊接方法，已初选出电渣焊、埋弧焊、CO_2焊、混合焊四个方案。根据调查资料和实践经验，已定出各评价要素的权重及方案的评分值（见表 11-9）。试对焊接方案进行比选。

7. 某施工现场钢筋加工有两个方案，均不需要增加投资，采用甲方案需固定费用 50 万元，每吨钢筋加工的可变费用为 300 元；采用乙方案需固定费用 90 万元，每吨钢筋加工的可变费用为 250 元。那么，分别在什么情况下选择甲方案或乙方案？

表 11-9　各评价要素的权重及方案的评分值　(%)

序号	评价要素	权重	方案满足程度			
			电渣焊	埋弧焊	CO_2焊	混合焊
1	焊接质量	40	80	70	40	60
2	焊接效率	10	80	70	80	70
3	焊接成本	30	80	100	100	100
4	操作难度	10	50	100	70	90
5	实现条件	10	40	100	100	100

8. 天工建设公司是一家特级总承包施工企业，该公司的设备部拟采购一台移动式起重机，经对市场上各种牌号起重机进行比较，确定在两个型号中选择一个购买，各型号的基本数据见表 11-10。公司的基准收益率为 10%。

表 11-10　各型号的基本数据

项目	型号	
	A	B
购置费（元）	200 000	350 000
年使用费（元）	30 000	20 000
有用寿命（年）	6	9
期末市场残值（元）	25 000	40 000

1）如果估计公司将在较长的时间内（20 年以上）使用该类设备，如何进行选择？

2）假设该设备是专门为公司在某一偏远地区的一大型工程施工所采购，预计设备需要使用 9 年。在使用期末，如设备未达到其有用寿命周期，其未使用价值完全不考虑。如何进行选择？

3）在 2）中，如果该地区的市场上有 A 型号的设备出租，年租赁费为 50 000 元（不含使用费），且估计若干年不会有较大变动，又如何选择？

9. 金峰大厦主体结构工程施工由 COSCO 公司承包，现该公司面临着三个垂直运输的塔式起重机方案比较选择。①A 方案，由 TAB 建筑设备租赁公司提供垂直运输服务，COSCO 需要支付给 TAB 大型设备进退场及安拆费用 20 万元，另支付租金（含电费、维护费、司机工资、出租人附加等）2 000 元/天。②B 方案，COSCO 利用自有闲置的两台小悬臂塔式起重机，两台合计的相关数据如下：进退场及安拆费用为 6 万元，目前残值为 40 万元，残值每日递减 1 200 元，其他费用（包括电费、司机工资和维护费）1 000 元/天。③C 方案，COSCO 新购置一台大悬臂的新型塔式起重机，购置费为 100 万元，残值每日递减 1 000 元，进退场费用为 16 万元，其他费用为 800 元/天。不考虑税收影响。

1）根据上述资料数据，从 COSCO 公司角度，试对三个方案进行经济分析与比较。

2）假如有另一家企业愿意租用 COSCO 自有的两台小悬臂塔式起重机（租用期与本工程工期基本相同），除支付相应的进退场及安拆费用外，还需另支付一笔租金，可使 COSCO 获得 1 000 元日净租金收入（已扣除司机工资、电费、维护费及日残值损失），这时又该如何选择？为什么？

10. 某工程进行了三个施工方案设计（设为 A、B、C），据造价工程师估算，A 方案造价为 8 500万元、B 方案造价为 7 600 万元、C 方案造价为 6 900 万元。有关专家用四个功能（设功能为 F_1、F_2、F_3、F_4，且功能重要性关系为 $F_2>F_1>F_4>F_3$）对三个方案进行了评价，并在不同功能下对方案进行优劣顺序排列，具体的评价结果为：F_1对应的顺序为 B、A、C；F_2对应的顺序为 A、C、B；F_3对应的顺序为 C、B、A；F_4对应的顺序为 A、B、C。试利用价值工程法选择最优方案。

第12章

工程设备系统经济性分析

■ 引语

小饭店的装修已经完工，你打算给厨房装上一台四开门大容量的商用电冰箱，就准备开业了。一位开饭店的朋友告诉你，他店里的冰箱用了几年但尚能用，而他正准备更换一台新的，旧的处理掉也不值钱，就送给你，让你拉回来先用上。你很犹豫，因为你知道尽管旧冰箱还能用，但你朋友更换冰箱总是有原因的，或者是因为太费电，或者是因为经常维修花钱，或者是影响使用。如果用了这台旧冰箱，尽管少花了近万元购置费用，但冰箱运营维护费用可能会很高，或者突然不工作也可能造成损失。

你所考虑的就是设备经济性问题。你朋友要更换掉旧冰箱，他可能没有学过设备经济性分析，但他凭经验经济学认识到设备有一个经济寿命，确定一个最优的报废替换时间，即冰箱用到一个时间点换台新的更经济。你考虑你的店用朋友送的旧冰箱还是买台新的，则是新旧设备的经济比较问题。你们各自考虑的问题虽有联系，但也不完全相同。你可能还需要根据你的资金情况、经营策略和尚不明确的经营前景进行决策。此外，如果你决定买台新的，当你到电器店里，你发现有许多品牌和型号的冰箱，这时你又面临着新添设备的比较和选择，你需要根据售价、耗电量、返修率和口碑等进行综合取舍。诸如此类的设备应该如何选择、旧设备应该如何更新等，正是本章所要学习的内容。

工程设备系统的经济性分析就是关于设备的选型与更新的决策理论。设备选型是依据设备的技术、经济参数，选择最合适的设备。设备选型是从多种技术适用的型号中选择一种最经济的型号。设备更新是指对技术上或经济上不宜继续使用的设备，选择类似的、新的设备去替换现有的设备，或者使用先进的技术对原有设备进行局部改造，改进原有设备的功能。设备更新有两种形式：一是用功能相同或相似的设备替换因有形磨损严重而无法继续使用的旧设备；二是用技术更先进、性能更完善、效率更高、资源消耗更少的新型设备去替换因无形磨损导致经济上不适用的旧设备。

■ 12.1 工程设备系统的经济内涵

12.1.1 工程设备系统

工程设备系统的经济内涵

工程设备系统是指工程机械设备及其配套组合。工程机械设备主要包括以下两种：

1）工程施工设备，是指在施工生产过程中作为工具使用的机械设备，是劳动资料，是施工企业的固定资产。例如，挖掘机、盾构机等土石方机械；混凝土搅拌机、泵车、破碎机等砂石料加工与混凝土机械；自卸汽车、胶带输送机等运输机械；冲击钻机、灌浆泵、打桩机等钻孔灌浆机械等。

2）工程运行设备，是指在工程运行过程中需要使用的设备，包括与建筑物一起构成工程实体的工程设备，如通风空调、给水排水、采暖、电气照明、弱电等设备系统，以及通常独立于建筑物的生产企业在生产过程中使用的设备，如动力机械、启闭机、龙门起重机等起重机械，再如机床、焊机、锻压设备、水泵等生产加工机械，包括机械设备系统、电气设备系统、热力设备系统等。在性质上，它们在工程施工过程中属于施工企业的劳动对象，在工程运行过程中属于生产企业的固定资产，是使用它们进行产品生产的劳动资料。

有关工程施工设备经济性问题属于施工方案的经济分析对象，参见第 11 章。本章所指的工程设备系统的经济性问题，主要是针对工程运行设备而言，下文所称的“设备”“工程设备”或“工程设备系统”均指这一类设备。

12.1.2 设备磨损与补偿方式

1. 设备磨损

设备磨损是指设备在使用期内，由于物理作用、化学作用或技术进步的影响，设备的状况逐渐劣化的过程。设备磨损的形式包括有形磨损、无形磨损及这两种磨损共同作用的综合磨损等。

（1）有形磨损　设备实体所遭受的损坏称为设备的有形磨损。有形磨损产生的原因主要有两个方面：一是物理作用，即设备在运转过程中，受到机械力等外力的作用，设备零部件会发生摩擦、振动和疲劳，导致设备实体发生磨损；二是化学作用，即设备由于使用或保养不当，受日晒、雨淋、风吹、外界温度与湿度变化等自然力的作用，使设备生锈、腐蚀、老化等磨损。按照磨损的程度，有形磨损可以分为两种：①可消除磨损，是指设备可通过修理或大修理修复磨损，使设备可继续使用；②不可消除磨损，是指磨损设备无法修复到可继续使用状态。

（2）无形磨损　由于技术进步而不断出现性能更加完善、生产效率更高的设备，导致现有设备的相对贬值，称为设备的无形磨损。无形磨损有两种形式：

1）市场价值降低，即由于技术进步，带来设备生产成本和市场价格的不断降低，使原有设备的市场价值发生贬值。这一形式的无形磨损只是使设备的变现价值下降，但不降低设备的使用价值。

2）生产价值降低，即由于科学技术的发展，市场上出现性能更完善、生产效率更高、可靠性更好的设备，使原有设备显得陈旧落后。该类的无形磨损后果不仅会降低原有设备的市场价值，而且可能会使原有设备局部或全部丧失其使用价值。

（3）综合磨损　设备在使用过程中，会同时受到有形磨损和无形磨损的作用，称为综合磨损。虽然两种磨损都会引起设备原始价值的降低，但是有形磨损严重的设备，在修复前，往往不能正常工作；而遭受无形磨损的设备，不会影响其正常使用，但是需要考虑继续使用是否经济合理。

2. 设备磨损的补偿方式

设备磨损的补偿方式主要包括设备维修、设备更新和现代化改造等，补偿方式的选择应根据设备的磨损情况决定。

（1）设备维修　设备维修是修复磨损设备零部件，阻止设备进一步劣化，恢复设备性能的过程。按照维修工作量的大小，可以分为大修、中修和小修。设备大修是通过调整、修复或更新磨损零部件的办法，恢复零部件及整机的全部或接近全部的功能和效率，以达到出厂的标准精度。设备中修、小修是通过调整、修复或更新易损件的办法，以达到工艺要求。设备维修主要针对有形磨损不是特别严重的情况，对于无法修复的设备，应采用设备更新作为补偿手段。

（2）设备更新　设备更新是以全新设备或新型设备替换原有设备。对于有形磨损特别严重导致的原型设备的更新，称为原型更新。而采用性能更完善、生产效率更高、可靠性更好的新型设备，替换生产价值降低的原有设备，称为技术改造更新。一般情况下，由于科学技术的迅速发展，为防止发生技术停滞，企业较少会采用原型更新。

（3）现代化改造　现代化改造是通过原有设备部分结构或零部件的局部技术改进或技术上革新，如对零部件的更新换代等，提升旧设备的技术性能。它是一种主要针对无形磨损的局部更新补偿方式。

3. 设备磨损形式与补偿方式之间的关系

设备磨损后要补偿，分为局部补偿和完全补偿。有形磨损的局部补偿是维修，无形磨损的局部补偿是现代化改装。有形磨损和无形磨损的完全补偿是更新。设备磨损形式与补偿方式之间的关系如图 12-1 所示。

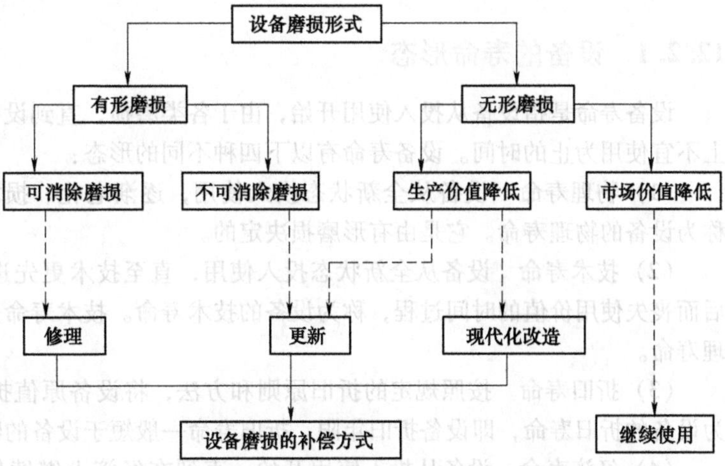

图 12-1　设备磨损形式与补偿方式之间的关系

12.1.3　设备系统的经济要素

设备的费用主要包括原始的购买费用和设备使用过程中的运行与维护费用。由于设备的使用期一般较长，设备使用期内的运行与维护费用通常会大于设备的原始购买费用。因此在设备选型与更新的经济性分析与决策中，应综合考虑设备的经济要素，以设备使用周期内费用最低为决策原则。设备的经济要素主要包括以下五点：

（1）设备原值　设备原值是指购买设备的原始价值，即设备的购置价格。如果是国内设备，设备原值是指设备的出厂价格；如果是国外进口设备，设备原值是指设备的到岸价。从经济分析的角度来看，旧设备的设备原值属于沉没成本，在设备更新分析中将不予以考虑。新设备的设备原值则是属于新设备的投入成本，在设备更新分析中需要考虑。

（2）设备运行与维护费用　简称运维费用，是指设备在日常使用过程中，由于设备磨损产生的费用，又称设备的使用与维修成本。设备使用成本包括设备使用所需的燃料、油料、动力等的消耗。设备维修成本主要包括设备日常修理费，设备大修理费，设备保养费等。

（3）设备残值　设备残值是指设备在当前时间点上的价值，也可称为设备余值。设备残值可以体现为账面残值（会计账面价值）和市场残值（市场售卖/购置价格）两种形式。在设备更新分析中，需要考虑的是市场残值。会计账面残值与市场售卖价格的差值同样属于沉没成本，在设备更新分析中不予以考虑。

（4）设备折旧　设备折旧是对资产磨损的价值补偿，是将设备原值扣除残值后的部分分摊到规定折旧期限内的每一年。企业可以逐年计提设备折旧，作为总成本费用的一部分，在所得税前列支。对于所得税后的设备更新分析，需要考虑设备折旧的影响。

（5）所得税　所得税是针对企业扣除总成本费用后的净收入征收的税金。当设备折旧后的资产余值与市场售卖价格存在差异时，针对这部分差异，需要征收所得税。作为一种现金流出，所得税必然会影响设备更新分析的结果。因此，设备更新的经济性分析应该是税后经济分析，考虑所得税的影响。

12.2 设备经济寿命

设备经济寿命

12.2.1 设备的寿命形态

设备寿命是指设备从投入使用开始，由于各类磨损，直到设备在技术上或经济上不宜使用为止的时间。设备寿命有以下四种不同的形态：

（1）物理寿命　设备从全新状态投入使用，逐渐老化、损坏，直到报废所延续的全部时间，称为设备的物理寿命。它是由有形磨损决定的。

（2）技术寿命　设备从全新状态投入使用，直至技术更先进的新型设备出现，使其因技术落后而丧失使用价值的时间过程，称为设备的技术寿命。技术寿命是由无形磨损决定的，一般短于物理寿命。

（3）折旧寿命　按照规定的折旧原则和方法，将设备原值折旧到设备残值所经历的时间，称为设备的折旧寿命，即设备折旧年限。折旧寿命一般短于设备的物理寿命。

（4）经济寿命　设备从投入使用开始，直到在经济上继续使用已经不合理为止的整个时间，称为设备的经济寿命。经济寿命是由有形磨损和无形磨损共同作用决定的，一般认为是设备最合理的使用年限。

12.2.2 设备经济寿命的含义

设备的经济属性：全寿命周期费用及基本构成

从 12.1.3 小节中有关设备系统的经济要素论述来看，设备在使用过程中的每年费用由以下两部分组成：

（1）年运维费用　是指设备在使用过程中发生的费用，包括运行费（人工、燃料、动力、刀具、机油等消耗）和维修费（保养费、修理费、停工损失费、废次品损失费等），也称为年使用费。

（2）原值分摊费用　是指设备原值扣除设备弃置不用时的估计残值（市场残值）后分摊到设备使用各年上的费用，也称为资金恢复费用。

一般情况下，当一台全新设备投入使用后，随着使用年限的延长，原值分摊费用将越来越少；而与此同时，年运维费用却逐年增加，这一现象也称为设备劣化。因此，随着使用年限的延长，原值分摊费用减少的效果会因为运维费用的增加而减少，直至前者的减少不足以抵消后者的增加，显然这时如果继续使用设备并不经济，所以就存在设备的经济寿命。如果过了设备的经济寿命还继续使用设备，经济上是不合算的，称为“恶性使用阶段”。

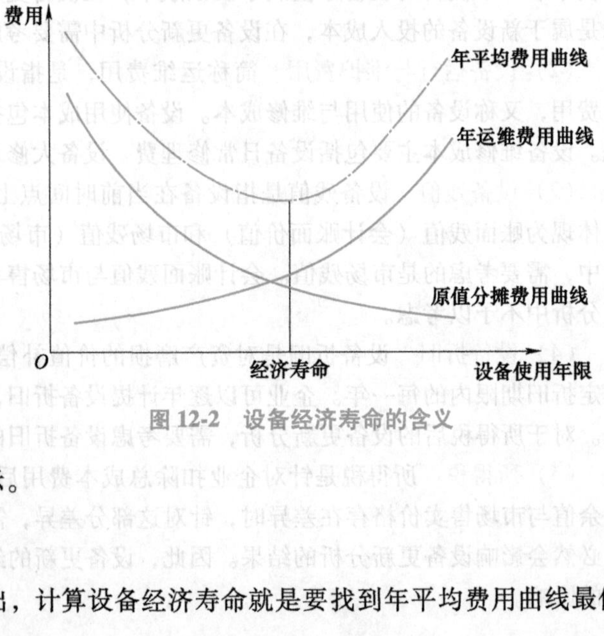

图 12-2　设备经济寿命的含义

因此，经济寿命是指设备达到最小年平均费用的使用年限，其含义如图 12-2 所示。

12.2.3 设备经济寿命的计算

从图 12-2 有关设备经济寿命含义可看出，计算设备经济寿命就是要找到年平均费用曲线最低点对应的设备使用年限。设备的年平均费用则可以通过设备各年的年费用计算。

设备第 n 年的年费用是指设备从第 $n-1$ 年后再继续使用一年的边际费用。如图 12-3 所示，若设备在第 $n-1$ 年年末终止使用，其处理的市场售卖价格（市场残值）为 MV_{n-1}，它是设备继续使用一年的机会成本。设备在第 n 年运维费用为 OM_n，使用到第 n 年年末市场售卖价格为 MV_n，则设备第 n 年的年费用 MC_n 为

$$MC_n = MV_{n-1}(F/P,i,1) - MV_n + OM_n \tag{12-1}$$

设备使用到第 n 年年末的各年年费用的现金流量如图 12-4a 所示，若要计算设备使用到第 n 年年末的年平均费用（equivalent uniform annual cost，EUAC），如图 12-4b 所示，则需要按式（12-2）换算等值年费用。

$$EUAC_n = \sum_{m=1}^{n} MC_m(P/F,i,m)(A/P,i,n) \tag{12-2}$$

式中　$EUAC_n$——设备使用到第 n 年年末的年平均费用；

MC_m——设备第 m 年的年费用。

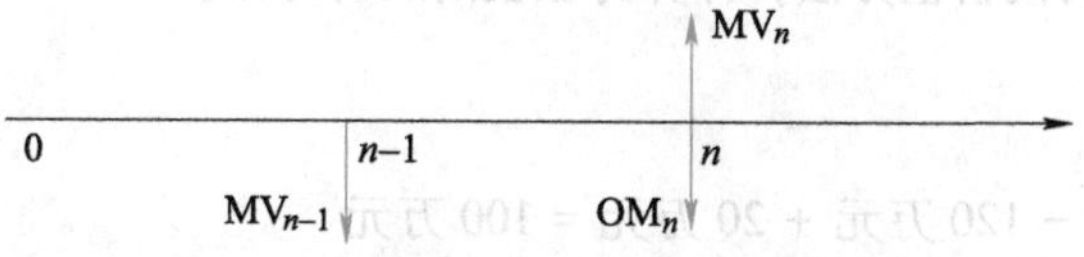

图 12-3　设备使用到第 n 年的现金流量图

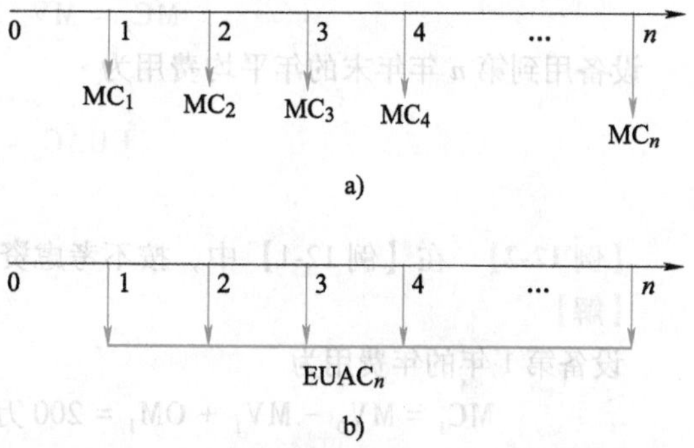

图 12-4　设备年平均费用与设备各年费用的等值计算

【例 12-1】　假设某型号打桩机市场售卖价格为 200 万元，第 1 年年末的市场转让价格为 120 万元，之后逐年下降 5 万元，第 1 年的运维费用为 20 万元，之后逐年增加 20%。假设 i_c = 10%，试计算这台设备的经济寿命。

【解】

查复利系数表（见附录 A），得（F/P，10%，1）= 1.100 0，（P/F，10%，1）= 0.909 1，（A/P，10%，1）= 1.100 0，（P/F，10%，2）= 0.826 4，（A/P，10%，2）= 0.576 2。

设备第 1 年的年费用为

MC_1 = 200 万元 ×（F/P，10%，1）- 120 万元 + 20 万元 = 120 万元

设备使用到第 1 年年末的年平均费用为

$EUAC_1$ = 120 万元 ×（P/F，10%，1）×（A/P，10%，1）≈ 120 万元

设备第 2 年的年费用为

MC_2 = 120 万元 ×（F/P，10%，1）- 115 万元 + 24 万元 = 41 万元

设备使用到第 2 年年末的年平均费用为

$EUAC_2$ = [120 万元 ×（P/F，10%，1）+ 41 万元 ×（P/F，10%，2）] ×（A/P，10%，2）≈ 82.38 万元

类似可以计算各年的年平均费用，见表 12-1。从表中可以看出，该设备的经济寿命为 6 年。

表 12-1 【例 12-1】的打桩机年平均费用（考虑资金时间价值） （单位：万元）

年限	年末市场售卖价格	年度运维费	年费用	年平均费用
1	120	20.00	120.00	120.00
2	115	24.00	41.00	82.38
3	110	28.80	45.30	71.18
4	105	34.56	50.56	66.74
5	100	41.47	56.97	65.14
6	95	49.77	64.77	65.09
7	90	59.72	74.22	66.05
8	85	71.66	85.66	67.77

在实践中，通常按不考虑资金时间价值的方法计算设备经济寿命。在不考虑资金时间价值时，设备第 n 年的年费用为

$$MC_n = MV_{n-1} - MV_n + OM_n \tag{12-3}$$

设备用到第 n 年年末的年平均费用为

$$EUAC_n = \frac{1}{n}\sum_{m=1}^{n} MC_m \tag{12-4}$$

【例 12-2】 在【例 12-1】中，按不考虑资金时间价值方法，计算打桩机的经济寿命。

【解】

设备第 1 年的年费用为

$$MC_1 = MV_0 - MV_1 + OM_1 = 200\text{ 万元} - 120\text{ 万元} + 20\text{ 万元} = 100\text{ 万元}$$

设备使用到第 1 年年末的年平均费用为

$$EUAC_1 = MC_1/1 = 100\text{ 万元} \div 1 = 100\text{ 万元}$$

设备第 2 年的年费用为

$$MC_2 = MV_1 - MV_2 + OM_2 = 120\text{ 万元} - 115\text{ 万元} + 24\text{ 万元} = 29\text{ 万元}$$

设备使用到第 2 年年末的年平均费用为

$$EUAC_2 = (MC_1 + MC_2)/2 = (100\text{ 万元} + 29\text{ 万元}) \div 2 = 64.5\text{ 万元}$$

类似可以计算各年的年平均费用，见表 12-2。

表 12-2 【例 12-2】的打桩机年平均费用（不考虑资金时间价值） （单位：万元）

年限	年末市场售卖价格	年度运维费	年费用	年平均费用
1	120	20.00	100.00	100.00
2	115	24.00	29.00	64.50
3	110	28.80	33.80	54.27
4	105	34.56	39.56	50.59
5	100	41.47	46.47	49.77
6	95	49.77	54.77	50.60
7	90	59.72	64.72	52.62
8	85	71.66	76.66	55.62

由【例 12-1】与【例 12-2】可以看出，考虑资金时间价值时的经济寿命是 6 年，而不考虑资金时间价值时的经济寿命是 5 年。在通常情况下，采用两种方法所得到的经济寿命相差不超过一年。此外，设备经济寿命是取整数年计算，严格意义上经济寿命一般是介于两种方法计算结果的中间数值。因此，实践中为了方便，一般是采用不考虑资金时间价值的方法计算。

12.3　设备选型的经济性

设备选型通常是指对一个拟建的工程，根据生产能力和技术要求，确定设备的型号与规格等。工程设备选型时，首先评估的是技术性指标，如安全性、适用性、生产率、技术先进性、能效与环保性等，以及与设备之间的协调性。在满足技术性指标要求的前提下，设备选型应尽量选择适用性广、易于检修保养的设备，并尽可能减少设备的种类和数量，使设备系统在寿命周期内的总费用最低。这里主要从经济性角度讨论不同情况下的设备选型问题。

12.3.1　确定使用年限下的设备选型

有些工程的运营期通常会短于设备的经济寿命，也就是说，在选型时有明确的设备使用年限且短于其经济寿命，称为确定使用年限设备选型情况。这种情况下，设备选型就是一种互斥方案的比较问题，采用 4.3 节介绍的方法进行选择，即设备选型首先需要测算各型设备在初始投资（包括购置费、安装费等）和使用期的各年运维费用，然后比较各型设备在使用年限内的费用现值或年等值费用，或者采用差额净现值法、差额内部收益率法进行比较。对于收益有差异的设备选型，可以采用净现值法或年值法进行比选。

【例 12-3】　某企业计划投资建一条某产品的生产设备线，预计该产品的寿命周期为 5 年。现有两种型号生产线可供选择，初始投资及各年的使用费（包括动力、人工、修理和设备保险费等）见表 12-3。各型号流水线生产能力均为每年 10 000 件，使用寿命均能满足 5 年的使用期要求，5 年末残值均为 0。该企业的基准收益率为 10%，单位产品售价为 40 元。

表 12-3　【例 12-3】中方案的经济要素数据　　（单位：元）

经济要素	生产线型号	
	A	B
初始投资	320 000	500 000
年度使用费	290 000	250 000

1）假设各生产线产品无次品，生产的产品可以全部销售，选用哪条生产线经济？

2）假设 A、B 两种型号的产品不合格率分别为 5%、3%，所有合格产品均可以售出，不合格产品处理价为 0，应选用哪条生产线？

【解】

查复利系数表（见附录 A），得 $(P/A, 10\%, 5) = 3.790\ 8$。

1）在这种情况下，各方案收益相同，因此可采用最小费用法。

计算各方案的费用现值为

$$PC_A = 320\ 000\text{元} + 290\ 000\text{元} \times (P/A, 10\%, 5) = 1\ 419\ 332\text{元}$$

$$PC_B = 500\ 000\text{元} + 250\ 000\text{元} \times (P/A, 10\%, 5) = 1\ 447\ 700\text{元}$$

因 $PC_A < PC_B$，则选用 A 型生产线。

也可以计算年等值费用比较，可得出相同的结果。

2）根据产品不合格率，分别计算出两种型号生产线的年收益为

A 型生产线：10 000 件 × (1 − 5%) × 40 元/件 = 380 000 元

B 型生产线：10 000 件 × (1 − 3%) × 40 元/件 = 388 000 元

分别计算各方案的净现值为

$$NPV_A = -320\,000 元 + (380\,000 - 290\,000) 元 \times (P/A, 10\%, 5) = 21\,172 元$$

$$NPV_B = -500\,000 元 + (388\,000 - 250\,000) 元 \times (P/A, 10\%, 5) = 23\,130.4 元$$

因为 B 型号净现值更大且为正，则应选择 B 型生产线。

也可以计算年值比较，可得出相同的结果。

对于有确定使用年限但使用年限长于设备经济寿命的情况，可类同于下一小节内容所阐述的不确定使用年限下的设备选型方法处理。

12.3.2 不确定使用年限下的设备选型

不确定使用年限是指工程系统需要使用设备的时间长于设备一个或多个经济寿命周期，或者是指设备使用年限未知的情况。在不确定使用年限情况下，一般采用重复型更新假设理论，即首先确定各设备的经济寿命，考虑各型设备可以在其经济寿命达到后，由原型设备进行替换，如图 12-5 所示。根据 4.3.2 小节中阐述的理论和方法，对于不确定使用年限下的设备选型，可计算各型设备经济寿命周期内的年等值（平均）费用。

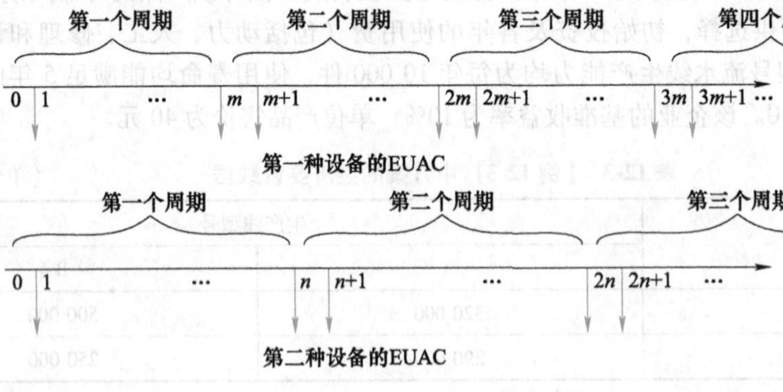

图 12-5 不确定使用年限下各型设备的重复型更新假设

【例 12-4】 某企业拟新购置一款压力机，市场上有 A、B 两种型号可供选择。设备原值分别为 100 万元和 80 万元；运维费用，首年均为 10 万元，之后 A 型逐年增加 10%，B 型逐年增加 15%；设备的市场残值第 1 年年末分别为 80 万元和 60 万元，之后均逐年下降 5 万元。假设 i_c = 10%，那么应选择哪种型号更经济？

【解】

首先计算 A、B 两种型号的年平均费用，确定经济寿命。

A、B 两种型号的年平均费用按式（12-1）和式（12-2）计算，得到表 12-4 和表 12-5。

表 12-4 【例 12-4】中 A 型压力机年平均费用　　（单位：万元）

年限	年末市场售卖价格	年度运维费	年费用	年平均费用
1	80	10.00	40.00	40.00
2	75	11.00	24.00	32.38
3	70	12.10	24.60	30.03
4	65	13.31	25.31	29.01
5	60	14.64	26.14	28.54
6	55	16.11	27.11	28.36
7	50	17.72	28.22	28.34
8	45	19.49	29.49	28.44
9	40	21.44	30.94	28.63

表 12-5 【例 12-4】中 B 型压力机年平均费用　　（单位：万元）

年限	年末市场售卖价格	年度运维费	年费用	年平均费用
1	60	10.00	38.00	38.00
2	55	11.50	22.50	30.62
3	50	13.23	23.73	28.54
4	45	15.21	25.21	27.82
5	40	17.49	26.99	27.68
6	35	20.11	29.11	27.87
7	30	23.13	31.63	28.27
8	25	26.60	34.60	28.82
9	20	30.59	38.09	29.50

从两表中年平均费用计算结果可看出，A 型号的经济寿命为 7 年，最低年平均费用为 28.34 万元；B 型号的经济寿命为 5 年，最低年平均费用为 27.68 万元。当设备需要的服务年限未知或者较长时，应选用 B 型号，以后可每 5 年对设备进行原型更新。

对比表 12-4 和表 12-5，可发现在使用年限为 7 年时两种型号的年平均费用非常接近。根据两表可绘制出年平均费用曲线，如图 12-6 所示。从图中可以看出，当设备需要使用的服务年限少于或等于 7 年时，应选用 B 型号较为经济。当设备需要使用的服务年限超过 7 年时，则选择 A 型号较为经济。

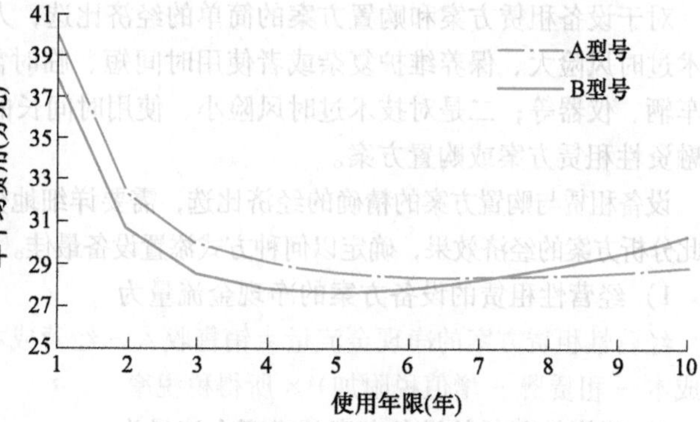

图 12-6　两种型号的年平均费用曲线

但是，实践的情况可能要复杂得多。如果只有这两种型号可供选择，且能大致确定设备需要的服务年限在 7 年内，选择 B 型号都是有利的。至于超过 7 年的情况，是否选择 A 型号更经济要视情况而言。特别是设备技术更新周期短于各型之间损益分歧点（如图 12-6 中的 7 年），优先考虑选择在设备技术更新周期使用年限内的年平均费用更低设备型号（参见 4.3.2 小节的研究期分析法）。至于选型实施后的设备未来如何更新，则在 12.4 节中讨论。

12.3.3 设备的购置方案与租赁方案比较

1. 设备租赁

设备租赁是指设备的承租者按照租赁契约的规定，定期向出租者支付一定数额的租赁费从而取得设备的使用权，设备的所有权则不发生改变，仍然归出租者所有。租赁具有把融资和融物结合起来的特点，是企业取得设备进行生产经营的重要手段。

设备租赁对双方的有利之处在于：①从出租者来看，由于出租设备的所有权不发生变化，因而不会伴随像资金贷款形式那么大的投资风险，并且可以避免出现设备使用效率低和设备闲置的问题，出租设备所得的租金一般也高于出售设备的价值；②从承租者来看，可以解决购置设备资金不足和借款受到限制等问题，可以将由租赁节约下来的资金用到更为有利和迫切的生产方面。更重要的是，承租者通过租赁提高了生产能力，从而能获得更多的收益，同时避免承担因技术进步造成的资产过时的报废风险。

2. 设备租赁的形式

（1）经营性租赁　经营性租赁是一种由出租者向承租者提供特殊服务的租赁，即出租者除向承租者提供租赁物外，还承担租赁设备的保养、维修、老化、贬值及不再续租的风险。这种方式带有临时性，因而租金较高。承租者往往用这种方式租赁技术较新、租期较短的设备，承租设备的使用期往往也短于设备的寿命周期。并且经营性租赁设备的租赁费计入企业成本，可减少企业所得税。承租人可视自身情况需要决定是中止还是继续租赁设备。

（2）融资性租赁　融资性租赁是一种融资和融物相结合的租赁方式。它是由双方明确期限的租让和付费义务，出租者按照要求提供规定的设备，然后以租金形式回收设备的全部资金。这种租赁方式以融资和对设备的长期使用为前提，租赁期相当于或超过设备的寿命周期，租赁对象往往是一些贵重和大型设备。由于设备由承租者选定，出租者对设备的整机性能、维修保养、老化风险等不承担责任。对于承租人来说，融资租入的设备属于固定资产，可以计提折旧计入企业成本，而租赁费一般不直接列入企业成本，由企业税后支付。但租赁费中的利息和手续费可在支付时计入企业成本，作为纳税所得额中准予扣除的项目。

3. 设备租赁方案与购置方案的比选

对于设备租赁方案和购置方案的简单的经济比选，人们在实践中总结出一些经验做法：一是对技术过时风险大、保养维护复杂或者使用时间短、临时需要使用的设备，可考虑经营性租赁方案，如车辆、仪器等；二是对技术过时风险小、使用时间长的大型专用设备、贵重设备或重型设备则采用融资性租赁方案或购置方案。

设备租赁与购置方案的精确的经济比选，需要详细地分析各方案寿命周期内各年的现金流量情况，据此分析方案的经济效果，确定以何种方式添置设备最佳。各类方案的净现值流量计算公式如下：

1）经营性租赁的设备方案的净现金流量为

经营性租赁方案的净现金流量 = 销售收入 − 经营成本 − 租赁费 − 增值税附加 −（销售收入 − 经营成本 − 租赁费 − 增值税附加）× 所得税税率

2）融资性租赁的设备方案的净现金流量为

融资性租赁方案的净现金流量 = 销售收入 − 经营成本 − 租赁费 − 增值税附加 −（销售收入 − 经营成本 − 折旧费 − 租赁费中的手续费和利息 − 增值税附加）× 所得税税率

3）在相同条件下，购置设备方案的净现金流量为

购置方案的净现金流量=销售收入−经营成本−设备购置费−增值税附加−（销售收入−经营成本−折旧费−利息−增值税附加）×所得税税率

上述各类方案现金流量中销售收入、经营成本、租赁费等均为按不含增值税价格计算的现金流

量。若按含税价格计算，还需要将增值税作为现金流出处理，并且所得税计算基数也需同时扣减增值税。购置设备方案净现金流量中的设备购置费只发生在设备购置安装年份，设备使用运营年份不会出现设备购置费现金流出。通常情况下，设备购置费不计入购置进项税，同时也不考虑设备投入运营后的购置进项税抵扣。即按 2.3.2 小节中所述的购置固定资产进项增值税第二种处理方法。

如果购置方案和租赁方案分别有多个设备型号可供选择，那么可先分别进行购置方案、租赁方案之间的选型比较，确定最优的购置选型方案、租赁选型方案，然后对最优购置方案和最优租赁方案进行比选。

【例 12-5】　某企业需要某种设备，其购置费为 110 万元，以自有资金购买，估计使用期为 10 年（折旧年限也为 10 年），10 年后的残值为 10 万元。如果采用融资性租赁方案，同类设备年租赁费为 16 万元，其中利息为 1 万元。当设备投入使用后，企业每年的销售收入为 60 万元，融资性租赁方案和购置方案的年增值税附加分别为 3 万元和 2 万元，经营成本为 30 万元/年。设备购置费、租赁费、销售收入、经营成本均按不含税价格计算。设所得税税率为 25%，折旧采用平均年限法，该企业的基准收益率为 10%，试比较租赁方案和购置方案。

【解】

查复利系数表（见附录 A），得 $(P/A,\ 10\%,\ 10) = 6.1446$。

（1）采用购置方案

年折旧费 =（110−10）万元÷10 = 10 万元

年利润 = 60 万元−30 万元−10 万元−2 万元 = 18 万元

所得税 = 18 万元×25% = 4.5 万元

税后利润 = 18 万元−4.5 万元 = 13.5 万元

投入使用后年净现金流量 = 13.5 万元+10 万元 = 23.5 万元

净现值 = −110 万元+23.5 万元×$(P/A,10\%,10)$≈34 万元

（2）采用融资性租赁方案

年折旧费同购置方案。

年利润 = 60 万元−30 万元−10 万元−1 万元−3 万元 = 16 万元

所得税 = 16 万元×25% = 4 万元

税后利润 = 16 万元−4 万元 = 12 万元

投入使用后年净现金流量 = 12 万元+10 万元−(16−1)万元 = 7 万元

净现值 = 7 万元×$(P/A,10\%,10)$≈43 万元

（3）比较两方案　通过计算，租赁方案的净现值高于购置方案的净现值，因此可以认为租赁方案优于购置方案。

12.4　设备更新的经济分析

设备选型是针对新的拟建工程而言，而设备更新是针对运营中工程而言，是指用新设备去更换不宜继续使用的旧设备的活动。它是消除设备有形磨损和无形磨损的重要手段，是设备磨损的完全补偿。

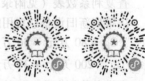

原型设备更新的经济分析　新型设备更新的经济分析

12.4.1　设备更新类型

设备更新经济分析是确定一套正在使用的设备是否应该被一套新设备更换或者应该在什么时间

被更换。设备更新有两种情况：一是原型更新。这种情况下，新设备的性能与旧设备相同或相仿。设备更新通常由设备的经济寿命决定，当设备达到经济寿命时立刻进行更新。二是技术改造型更新。这种情况下，新设备的性能比旧设备的性能提升，这一类设备更新是由设备的有形磨损与无形磨损共同作用的结果。本小节主要讨论的是技术改造型更新。

设备更新的经济分析需要了解决策分析期、设备磨损、技术更新、市场价格等信息。决策分析期是指需要继续使用设备的时间。决策分析期可以分为已知和未知两种情况，即决策者是否可以预测未来还有多少时间需要使用该类型设备从事某项工作。设备磨损主要考虑设备的有形磨损，会造成设备的维修费用，特别是大修理费及其他运行费用的不断增加。技术更新与新设备的运维费用、性能及现有设备的残值有着密切联系。技术更新会带来更高效、更可靠、生产率更高、运维费用更低的新设备，同时也会造成现有设备在市场上售卖价格的降低。因此，在设备更新经济分析中，需要考虑及预测技术更新的可能性，做好新设备的选择工作。设备市场价格主要是新设备的购置价格和旧设备的售卖价格。需要注意的是，在比较新旧设备的经济费用时，旧设备的购置价格属于沉没成本，在经济分析中不予考虑；而旧设备在决策时点上的市场售卖价格应该作为继续使用旧设备的机会成本。

一般来说，技术改造型更新经济分析可以分为两类：一是即刻更新决策分析，即判别设备在当下的时点是否需要立即更新的问题；二是未来时点更新决策分析，通常要考虑旧设备在继续使用一段时间后，综合判断最优的更新时间。

12.4.2 即刻更新决策分析

即刻更新决策分析适用于决策分析期已知且较短的情况。当决策分析期较短时，新设备与旧设备的使用寿命均可以满足决策分析期的要求。设备更新经济分析可以采用机会成本法，比较新旧设备决策分析期内的年平均费用，或者比较两者决策分析期内总费用的净现值。可以看出，这种决策问题与设备选型的优劣比较方法类似。与设备选型的不同之处在于，将旧设备目前的市场售卖价格作为继续使用旧设备的机会成本，而旧设备原有的购买价格和它的账面价值属于沉没成本，在更新决策分析中不予考虑。

【例 12-6】 某单位 3 年前购买了一台挖掘机，价格为 250 万元，采用折旧期 5 年、残值为 0 的平均年限法计提折旧，这台机械的年平均运维费用为 50 万元，目前的市场售卖价格为 80 万元。目前，市场上有一新型挖掘机，价格为 200 万元，年平均运维费用为 30 万元。假设该单位需要继续使用挖掘机 3 年，新旧设备均能满足要求，估计新旧设备 3 年后的市场价值分别为 100 万元和 50 万元，$i_c=10\%$，分析是否需要即刻更新。

【解】

查复利系数表（见附录 A），得 $(P/A,\ 10\%,\ 3)=2.4869$，$(P/F,\ 10\%,\ 3)=0.7513$。

决策期新旧设备总费用的现值分别为

$$PC_{旧}=80\text{万元}+50\text{万元}\times(P/A,\ 10\%,\ 3)-50\text{万元}\times(P/F,\ 10\%,\ 3)\approx 167\text{万元}$$

$$PC_{新}=200\text{万元}+30\text{万元}\times(P/A,\ 10\%,\ 3)-100\text{万元}\times(P/F,\ 10\%,\ 3)\approx 199\text{万元}$$

在设备使用期为 3 年的情况下，旧设备的费用现值小于新设备。因此，现时不应该更新设备。

12.4.3 未来时点更新决策分析

在决策分析期较长（设备需要使用的时间较长）或未知的情况下，即刻更新策略并不适用。

这是因为设备的运维费用是逐渐增加的，旧设备继续使用一段时间后再更新，往往更符合经济性要求。因此，设备更新的决策问题应转化为确定设备最优的更新时间，即确定旧设备将在未来的哪个时点被新设备替换。

1．决策分析期不确定

对于决策分析期未知的情况，旧设备在其物理寿命达到后，必然会被新设备所替换。因此，可以采用“替代重复型更新假设”方法：旧设备继续使用 n 年后被新设备替换，新设备使用期为其经济寿命，如图 12-7 所示。设备更新分析是确定最佳的新旧替代年限，即 n 值。

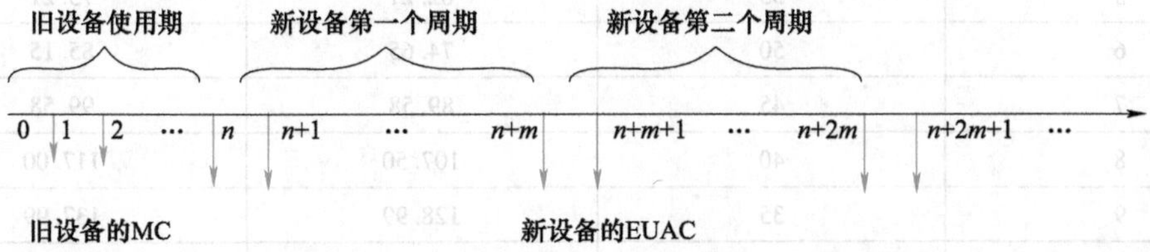

图 12-7　使用年限未知的情况下新旧设备替代重复型更新假设

对于设备在未来时点的更新决策问题，通常采用旧设备年费用（即逐年计算旧设备的年费用）与新设备达到经济寿命时年平均费用比较的方法。当某一年旧设备的年费用大于新设备达到经济寿命时的年平均费用时，则应在该年的年初或上一年的年末更新设备。

需要注意的是，旧设备的年费用是指第 n 年的年费用而非 n 年的年平均费用。因为当判断第 n 年是否需要更新设备时，前面 $n-1$ 年的费用都是沉没成本，因此只需要将旧设备第 n 年的年费用与新设备的最低年平均费用进行比较。

【例 12-7】　某单位目前有一台旧发电机，目前的市场转让价格为 80 万元，运维费用为 30 万元，预测未来市场转让价格将逐年下降 5 万元，运维费用逐年增加 20%。市场现有一新型发电机，购置价格为 200 万元，第 1 年年末的市场转让价格为 150 万元，之后逐年下降 10 万元，运维费用为 10 万元，逐年增加 30%。假设 $i_c = 10\%$，分析应在第几年年末更新设备最有利。

【解】

用式（12-1）和式（12-2）分别计算新旧设备的年费用与年平均费用，结果见表 12-6 和表 12-7。

表 12-6　【例 12-7】新型发电机的年费用和年平均费用　（单位：万元）

年限	年末市场售卖价格	年度运维费	年费用	年平均费用
1	150	10	80.00	80.00
2	140	13	38.00	60.00
3	130	17	40.90	54.23
4	120	22	44.97	52.23
5	110	29	50.56	51.96
6	100	37	58.13	52.76
7	90	48	68.27	54.39
8	80	63	81.75	56.79
9	70	82	99.57	59.94
10	60	106	123.04	63.90

表 12-7 【例 12-7】旧发电机的年费用 （单位：万元）

年限	年末市场售卖价格	年度运维费	年费用
1	75	30.00	43.00
2	70	36.00	48.50
3	65	43.20	55.20
4	60	51.84	63.34
5	55	62.21	73.21
6	50	74.65	85.15
7	45	89.58	99.58
8	40	107.50	117.00
9	35	128.99	137.99
10	30	154.79	163.29

据表 12-6，新设备的经济寿命为 5 年，达到经济寿命时的年平均费用为 51.96 万元。对比表 12-6 和表 12-7，则

$$MC_2^{旧} = 48.50\text{万元} < EUAC_5^{新} = 51.96\text{万元} < MC_3^{旧} = 55.20\text{万元}$$

因此，旧设备应该在第 2 年年末（即第 3 年年初）更新。即旧设备应再保留使用 2 年，2 年后更换为新设备。

2. 决策分析期已确定

对于决策分析期已知的情况，采用“截尾性假设”方法，即根据设备需要使用的年限，考虑决策分析期内的新旧设备使用年限组合，只计入新旧设备组合年限内的年费用，并据此计算各种组合的年平均费用进行比较，找出最优的设备使用年限组合，从而确定最优的设备更新时间。

【例 12-8】 设【例 12-7】中设备使用年限为 5 年，分析在第几年年末更新设备有利。

【解】

根据设备需要使用年限 5 年，进行新旧设备组合，共有（0，5）（1，4）（2，3）（3，2）（4，1）和（5，0）六个组合，括号内第 1 个数字代表使用旧设备的年限，第 2 个数字代表使用新设备的年限，两者之和为设备需要使用年限 5 年。新旧设备组合各年年费用由表 12-6 和表 12-7 取得，如（2，3）组合的第 1、2 年年费用取旧设备的第 1、2 年年费用，第 3~5 年年费用分别取新设备的第 1~3 年年费用，得到表 12-8 所示的新旧设备组合年费用。

表 12-8 【例 12-8】中新旧设备组合下的年平均费用（5 年） （单位：万元）

使用年限		年费用					年平均费用
旧设备	新设备	1	2	3	4	5	
0	5	80.00	38.00	40.90	44.97	50.56	51.96
1	4	43.00	80.00	38.00	40.90	44.97	50.02
2	3	43.00	48.50	80.00	38.00	40.90	50.29
3	2	43.00	48.50	55.20	80.00	38.00	52.46
4	1	43.00	48.50	55.20	63.34	80.00	56.34
5	0	43.00	48.50	55.20	63.34	73.21	55.23

采用式（12-2），计算出表12-8中各设备组合年平均费用。从表中可看出，组合（1，4）的年平均费用最低，即旧设备应在继续使用1年后在第1年年末（即第2年年初）更新为新设备。与【例12-7】相比，在决策分析期未知的情况下，旧设备需要继续使用2年；而在决策分析期已知为5年的情况下，旧设备应继续使用1年。

【例12-9】 如果【例12-7】中设备使用年限为8年，分析在第几年年末更新设备有利。

【解】

设备在8年使用年限内的新旧设备组合有（0，8）（1，7）（2，6）（3，5）（4，4）（5，3）（6，2）（7，1）和（8，0），根据表12-6和表12-7，确定新旧设备组合的年费用，并计算年平均费用，见表12-9。

表12-9　【例12-9】新旧设备组合下的年平均费用（8年）　　（单位：万元）

使用年限		年费用								年平均费用
旧设备	新设备	1	2	3	4	5	6	7	8	
0	8	80.00	38.00	40.90	44.97	50.56	58.13	68.27	81.75	56.79
1	7	43.00	80.00	38.00	40.90	44.97	50.56	58.13	68.27	52.45
2	6	43.00	48.50	80.00	38.00	40.90	44.97	50.56	58.13	50.44
3	5	43.00	48.50	55.20	80.00	38.00	40.90	44.97	50.56	50.35
4	4	43.00	48.50	55.20	63.34	80.00	38.00	40.90	44.97	51.92
5	3	43.00	48.50	55.20	63.34	73.21	80.00	38.00	40.90	54.94
6	2	43.00	48.50	55.20	63.34	73.21	85.15	80.00	38.00	59.27
7	1	43.00	48.50	55.20	63.34	73.21	85.15	99.58	80.00	64.83
8	0	43.00	48.50	55.20	63.34	73.21	85.15	99.58	117.00	68.06

由表中可以看出，组合（3，5）的年平均费用最低，即旧设备应继续使用3年后，然后在第4年年初更新为新设备。

比较【例12-7】【例12-8】和【例12-9】：在决策分析期未知的情况下，旧设备需要继续使用2年；在决策分析期为5年的情况下，旧设备应继续使用1年；而决策分析期为8年的情况下，旧设备应继续使用3年。可见，决策分析期是决定设备最优更新时间的重要因素。

进一步分析【例12-7】【例12-8】和【例12-9】的数据，在决策分析期分别为5年、8年时，如果选择即刻更新策略，那么使用新设备的年平均费用分别为51.96万元和56.79万元，均低于继续使用旧设备5年、8年的年平均费用55.23万元和68.06万元。但是，即刻更新均非最优的设备更新方案，因为【例12-8】和【例12-9】中得出的5年、8年的新旧设备组合策略的年平均费用只有50.02万元和50.35万元。因此，在决策分析期较长情况下，应针对设备使用年限的多种可能情况，考虑不同的设备更新方式，进行更新分析。

12.5　所得税后的设备更新分析

12.5.1　所得税对设备现金流量的影响

本书在2.3.2小节中介绍过企业所得税的概念。根据《中华人民共和国企业所得税法》，企业所得税计税方法为

企业所得税税额 = 应纳税所得额 × 所得税税率

应纳税所得额 = 收入总额 − 准予扣除项目金额

"收入总额"与设备相关的是"转让财产收入"项中的"转让固定资产收入"，即将旧设备退出使用时市场销售转让的收入。

"准予扣除项目金额"与设备相关有较多项目，包括以下六项：

1）企业实际发生的与取得收入有关的、合理的支出，包括成本、费用、税金、损失和其他支出。就企业生产过程中使用的设备而言，该项主要涉及设备使用过程中的运营与维修费用。

2）企业按照规定计算的固定资产折旧，包括自有固定资产折旧和融资性租赁方式租入的固定资产折旧。

3）固定资产租赁费。以经营性租赁方式租入固定资产的租赁费，可以直接在税前扣除；以融资性租赁方式租入固定资产的租赁费，则不得直接在税前扣除，但租赁费中的利息支出、手续费可在支付时直接扣除。

4）转让固定资产支出。转让固定资产支出是指转让、变卖固定资产时所发生的清理费用等支出。

5）固定资产盘亏、毁损、报废的净损失。净损失按照原价扣除累计折旧、保险赔款后的差额。

6）企业发生的已足额提取折旧的固定资产的改建支出、租入固定资产的改建支出和固定资产的大修理支出等作为长期待摊费用，按照规定摊销的，准予扣除。

在设备经济性研究中，一般只涉及"转让设备收入"及准予所得税前扣除项目中的 1）~4）项，在 12.3.3 小节中有关设备的购置方案与租赁方案的现金流量分析中，有关所得税计算已经有所涉及。在设备更新分析中，各型设备的运营费用、维护维修费用的不同，设备折旧方法、折旧年限、折旧额及退出使用时设备的处置价值差异等，均对方案的所得税产生影响，进而影响设备所得税后的净现金流量。

12.5.2 所得税后设备经济寿命计算

在设备的选型与更新决策中，通常假设不同设备或新旧设备带来的收益是相同或相似的。在决策分析时，只需计算不同设备方案的费用，从而比较设备方案的优劣。因此，在计算所得税时，可以忽略设备方案的收益，将设备方案的所得税计为运维费用与折旧成本的函数。此外，还需考虑出售设备带来的额外收益或损失的所得税。

设 t 为所得税税率；d_n 为设备在第 n 年的折旧额；MV_{n-1}、MV_n 分别为设备在第 $n-1$ 年、第 n 年年末处理的市场售卖价格（市场残值）；BV_{n-1}、BV_n 分别为设备在第 $n-1$ 年、第 n 年年末的设备账面残值（也称账面价值，为设备原值扣除前历年折旧后的价值）；OM_n 为设备在第 n 年的运维费用。

那么，设备第 n 年的年费用 MC_n 是指设备从第 $n-1$ 年年末继续使用一年的边际费用，在考虑所得税的情况下，如图 12-8 所示。对比图 12-3 和图 12-8，MC_n 考虑第 $n-1$ 年年末的市场售卖价格作为继续使用设备一年的机会成本，但在考虑所得税情况下，在第 $n-1$ 年年末出售设备的获利变为市场售卖价格 MV_{n-1} 减去由于出售设备获利而征收的所得税 $t(MV_{n-1} - BV_{n-1})$。

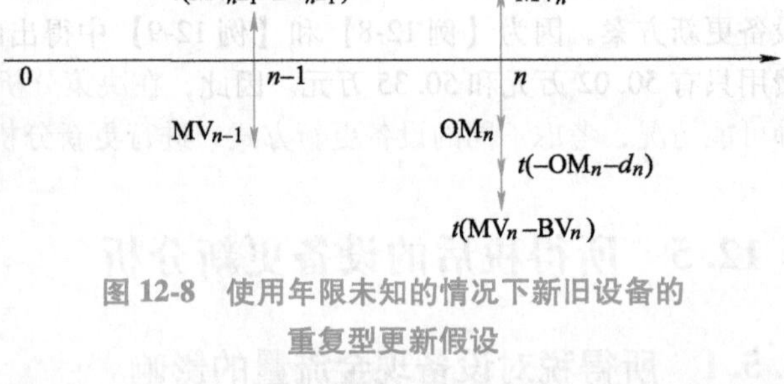

图 12-8　使用年限未知的情况下新旧设备的重复型更新假设

在第 n 年年末，设备使用成本包括第 n 年的运维费用和所得税，以及在第 n 年年末出售设备获利而征收的所得税。在不考虑设备各年营业收益的假设下，第 n 年的应纳税所得额为负值，因此第 n 年的所得税也为负值，相当于减少了第 n 年的应纳所得税数额。

因此，设备第 n 年的年费用 MC_n 为

$MC_n=[MV_{n-1}-t(MV_{n-1}-BV_{n-1})](F/P,i,1)-[MV_n-t(MV_n-BV_n)]+[OM_n-t(OM_n+d_n)]=(1-t)MV_{n-1}(F/P,i,1)+tBV_{n-1}(F/P,i,1)-(1-t)MV_n-tBV_n+(1-t)OM_n-td_n=(1-t)[MV_{n-1}(F/P,i,1)-MV_n+OM_n]+t[BV_{n-1}(F/P,i,1)-BV_n-d_n]$

由于 $BV_n=BV_{n-1}-d_n$，设备第 n 年的年费用为

$$MC_n=(1-t)[MV_{n-1}(F/P,i,1)-MV_n+OM_n]+ti\,BV_{n-1} \tag{12-5}$$

设备的年平均费用仍然按式（12-2）计算。

【例 12-10】 假设【例 12-1】中的设备采用平均年限法计提折旧，折旧期为 10 年，折旧期末预计净残值为 0，其他条件不变，试按所得税税率为 20%和 40%时，分别计算这台设备的经济寿命。

【解】

设备采用平均年限法计提折旧，折旧期为 10 年，期末残值为 0，则年折旧费为

$$年折旧费=\frac{200万元-0}{10}=20万元$$

查复利系数表（见附录 A），得 $(F/P,10\%,1)=1.1000$，$(P/F,10\%,1)=0.9091$，$(A/P,10\%,1)=1.1000$，$(P/F,10\%,2)=0.8264$，$(A/P,10\%,2)=0.5762$。

按所得税税率为 20%计算：

第 1 年年初（0 年）的市场售卖价格和账面残值均为 200 万元；

第 1 年年末账面残值为 200 万元 − 20 万元 = 180 万元 。

则设备第 1 年的年费用为

$MC_1=0.8\times[200万元\times(F/P,10\%,1)-120万元+20万元]+0.2\times0.1\times200万元=100万元$

设备第 1 年的年平均费用为

$EUAC_1=MC_1(P/F,10\%,1)(A/P,10\%,1)=100万元\times0.9091\times1.1000\approx100万元$

第 2 年年末账面残值为 200 万元 − 20 万元 × 2 = 160 万元

则设备第 2 年的年费用为

$MC_2=(1-t)[MV_1(F/P,10\%,1)-MV_2+OM_2]+tiBV_1$

$=0.8\times(120万元\times1.1万元-115万元+24万元)+0.2\times0.1\times180=36.40万元$

设备第 2 年的年平均费用为

$EUAC_2=[MC_1(P/F,10\%,1)+MC_2(P/F,10\%,2)](A/P,10\%,2)$

$=(100万元\times0.9091+36.40万元\times0.8264)\times0.5762\approx69.71万元$

用类似方法，可计算各年的年平均费用，见表 12-10。从表中可以看出，该设备的经济寿命为 6 年。

表 12-10 【例 12-10】设备年平均费用（所得税税率为 20%） （单位：万元）

年限	年末账面残值	年末市场售卖价格	年度运维费	年费用	年平均费用
1	180	120	20.00	100.00	100.00
2	160	115	24.00	36.40	69.71
3	140	110	28.80	39.44	60.57

（续）

年限	年末账面残值	年末市场售卖价格	年度运维费	年费用	年平均费用
4	120	105	34.56	43.25	56.84
5	100	100	41.47	47.98	55.38
6	80	95	49.77	53.82	55.18
7	60	90	59.72	60.98	55.79
8	40	85	71.66	69.73	57.01

在所得税税率为40%情况下，按相同的步骤和方法，可计算出设备的年平均费用，见表12-11。从表中可以看出，该设备的经济寿命仍然为6年。

表12-11 【例12-10】设备年平均费用（所得税税率为40%） （单位：万元）

年限	年末账面残值	年末市场售卖价格	年度运维费	年费用	年平均费用
1	180	120	20.00	80.00	80.00
2	160	115	24.00	31.80	57.05
3	140	110	28.80	33.58	49.96
4	120	105	34.56	35.94	46.94
5	100	100	41.47	38.98	45.63
6	80	95	49.77	42.86	45.27
7	60	90	59.72	47.73	45.53
8	40	85	71.66	53.80	46.26

由【例12-1】和【例12-10】计算结果来看，在其他条件不变的情况下，无论是不计所得税（即所得税税率为0），还是以20%或40%的所得税税率计所得税，设备的经济寿命均为6年。但是，如果再计算出所得税税率为60%的年平均费用，可绘制出不同所得税税率下该设备年平均费用曲线，如图12-9所示。从图中可看出，随着所得税税率增加，设备年平均费用会显著降低，而经济寿命只有微量的延长趋势。即使当所得税税率取60%时，尽管按考虑资金时间价值计算的经济寿命为7年，但实际是介于6~7年，如果按不考虑资金时间价值计算则为6年。这是因为所得税税率对不同使用年限的现金流量均构成影响，且在正常税率的情况下对不同使用年限现金流量差异部分影响甚微。我国企业所得税税率为25%，全球各国企业所得税税率为0~40%。感兴趣的读者可从数学上对这一规律予以证明。因此，在实践意义上，可认为，在其他条件不变的情况下，所得税征收及税率高低一般不会改变设备的经济寿命。

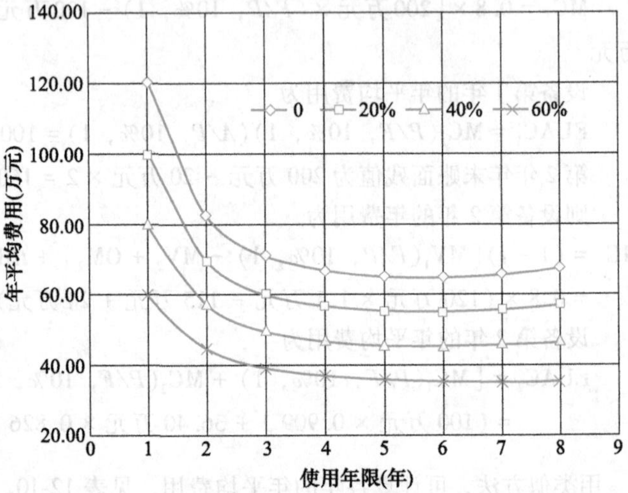

图12-9 【例12-10】设备不同所得税税率下的年平均费用曲线

12.5.3　所得税后设备更新分析

从12.5.2小节的分析来看，虽然是否计所得税及税率高低一般不会改变一台设备的经济寿命年限，但是对设备年费用产生了非常显著的作用。设备更新是在新旧不同设备之间进行费用比较，所以所得税计税及税率高低对设备更新分析会产生影响。

【例12-11】　假设【例12-7】中的新设备采用平均年限法计提折旧，折旧期为5年，折旧期末账面残值为0。旧设备已过折旧期，目前账面价值为0。其他条件不变，所得税税率为25%，分析在哪年年末更新设备有利。

【解】

第1~5年每年的折旧费为

$$年折旧费=\frac{200万元-0}{5}=40万元$$

第5年年末提足折旧，第6年年初不再提取折旧，据此计算出各年年末账面残值。

以所得税税率为25%，按式（12-5）计算出新旧设备的年费用，按式（12-2）计算新设备的年平均费用计算，见表12-12和表12-13。

表12-12　【例12-11】新设备年费用和年平均费用（所得税税率为25%）

（单位：万元）

年限	年末账面残值	年末市场售卖价格	年度运维费	年费用	年平均费用
1	160	150	10	65.00	65.00
2	120	140	13	32.50	49.52
3	80	130	17	33.75	44.76
4	40	120	22	35.75	42.82
5	0	110	29	39.25	42.23
6	0	100	37	43.50	42.40
7	0	90	48	51.00	43.30
8	0	80	63	61.50	44.90
9	0	70	82	75.00	47.11
10	0	60	106	92.25	49.94

表12-13　旧设备年费用（所得税税率为25%）　（单位：万元）

年限	年末市场售卖价格	年度运维费	年费用
1	75	30.00	32.25
2	70	36.00	36.38
3	65	43.20	41.40
4	60	51.84	47.51
5	55	62.21	54.91
6	50	74.65	63.86
7	45	89.58	74.69
8	40	107.50	87.75
9	35	128.99	103.49
10	30	154.79	122.47

从表 12-11 看出，新设备经济寿命为 5 年，达到经济寿命时年平均费用为 42. 23 万元。对比表 12-11 和表 12-12，则

$$MC_3^{旧} = 41.40 万元 < EUAC_5^{新} = 42.23 万元 < MC_4^{旧} = 47.51 万元$$

因此，旧设备可再保留使用 3 年，在第 3 年年末（第 4 年年初）更新为新设备有利。

同【例 12-7】的结果比较，新设备的经济寿命并没有发生变化，但是旧设备的更新时间却延长了 1 年。可见，计取所得税及税率高低对于旧设备更新时间有较显著的影响。

习　　题

1. 针对设备的磨损类型，试分析其适用的补偿方式。

2. 设备的寿命形态有哪些？试分析设备不同的寿命形态之间的关系。

3. 设备选型与设备更新决策分析应该主要包括哪些方面？经济性分析中考虑的主要因素是什么？

4. 某工厂需购买一台锅炉设备，购置费用为 10 万元，估计可用 10 年，各年的运行与维护费用及年末的市场残值见表 12-14。折现率为 12%，试分别考虑资金时间价值的情况和不考虑资金时间价值的情况下，计算设备的经济寿命。

表 12-14　锅炉设备各年的运行与维护费用及年末的市场残值　（单位：元）

项目	年限									
	1	2	3	4	5	6	7	8	9	10
运行与维护费用	15 000	15 500	16 200	17 000	18 000	19 300	21 000	23 200	25 700	29 000
年末的市场残值	80 000	65 000	50 000	40 000	30 000	20 000	10 000	6 000	3 000	1 000

5. 某企业现有一台机床，已使用 5 年。设备原值为 100 万元，设备的现时市场售卖估价为 20 万元，之后每年下降 1 万元。设备目前的年度运行与维护费用为 15 万元，之后逐年增加 20%。市场有一种 A 型新型机床，售价为 100 万元。估计的年度运行与维护费用为 8 万元，之后逐年增加 15%。A 型机床使用 1 年后的市场售卖估价为 90 万元，之后逐年下降 10%。试判断：

1）如果设备的使用期未知，设备应在第几年后更新？

2）如果设备的使用期为 5 年，设备是否应及时更新？如不应及时更新，设备应在第几年后更新？

6. 针对第 5 题的更新问题，假设目前市场还有 B 型新型机床，生产能力与 A 型相仿，售价为 120 万元。估计的年度运行与维护费用为 5 万元，之后逐年增加 10%。B 型机床使用 1 年后的市场售卖估价为 100 万元，之后逐年下降 10%。试判断：

1）如果设备的使用期为 5 年，应在第几年后更新为哪种型号的设备？

2）如果设备的使用期未知，应在第几年后更新为哪种型号的设备？

7. 假设【例 12-1】中的设备采用双倍余额递减法计提折旧，折旧期为 8 年，其他条件不变，所得税税率为 20%。

1）分别在折旧期末账面残值为 0 和 20 万元两种情况下，计算设备的经济寿命。

2）与【例 12-10】的结果相比较，分析不同的计提折旧方法对设备所得税后经济寿命的影响。

8. 假设【例 12-7】中的其他条件不变，旧设备已过折旧期，目前账面价值为 0。所得税税率为 40%。试分别考虑下述不同情况下，计算设备的经济寿命与更新时间。

1）新设备采用双倍余额递减法计提折旧，折旧期为 5 年，折旧期末账面残值为 0。

2）新设备采用年数总和法计提折旧，折旧期为 5 年，折旧期末账面残值为 20 万元。

3）与【例 12-11】的结果相比较，分析不同的计提折旧方法对设备更新时间的影响。

9. 假设【例 12-7】中的新设备采用平均年限法计提折旧，折旧期为 5 年，折旧期末账面残值为 0。旧设备已过折旧期，目前账面价值为 0。其他条件不变，所得税税率为 40%。

1）假设设备的使用年限为 5 年，分析需要在第几年年末更新设备。比较【例 12-8】的结果，分析差异。

2）假设设备的使用年限为 8 年，分析需要在第几年年末更新设备。比较【例 12-9】的结果，分析差异。

附录

附录A 复利系数表

表A-1 $i=1\%$

n	$(F/P, i, n)$	$(P/F, i, n)$	$(F/A, i, n)$	$(A/F, i, n)$	$(A/P, i, n)$	$(P/A, i, n)$	$(F/G, i, n)$	$(A/G, i, n)$
1	1.010 0	0.990 1	1.000 0	1.000 0	1.010 0	0.990 1	0.000 0	0.000 0
2	1.020 1	0.980 3	2.010 0	0.497 5	0.507 5	1.970 4	1.000 0	0.497 5
3	1.030 3	0.970 6	3.030 1	0.330 0	0.340 0	2.941 0	3.010 0	0.993 4
4	1.040 6	0.961 0	4.060 4	0.246 3	0.256 3	3.902 0	6.040 1	1.487 6
5	1.051 0	0.951 5	5.101 0	0.196 0	0.206 0	4.853 4	10.100 5	1.980 1
6	1.061 5	0.942 0	6.152 0	0.162 5	0.172 5	5.795 5	15.201 5	2.471 0
7	1.072 1	0.932 7	7.213 5	0.138 6	0.148 6	6.728 2	21.353 5	2.960 2
8	1.082 9	0.923 5	8.285 7	0.120 7	0.130 7	7.651 7	28.567 1	3.447 8
9	1.093 7	0.914 3	9.368 5	0.106 7	0.116 7	8.566 0	36.852 7	3.933 7
10	1.104 6	0.905 3	10.462 2	0.095 6	0.105 6	9.471 3	46.221 3	4.417 9
11	1.115 7	0.896 3	11.566 8	0.086 5	0.096 5	10.367 6	56.683 5	4.900 5
12	1.126 8	0.887 4	12.682 5	0.078 8	0.088 8	11.255 1	68.250 3	5.381 5
13	1.138 1	0.878 7	13.809 3	0.072 4	0.082 4	12.133 7	80.932 8	5.860 7
14	1.149 5	0.870 0	14.947 4	0.066 9	0.076 9	13.003 7	94.742 1	6.338 4
15	1.161 0	0.861 3	16.096 9	0.062 1	0.072 1	13.865 1	109.689 6	6.814 3
16	1.172 6	0.852 8	17.257 9	0.057 9	0.067 9	14.717 9	125.786 4	7.288 6
17	1.184 3	0.844 4	18.430 4	0.054 3	0.064 3	15.562 3	143.044 3	7.761 3
18	1.196 1	0.836 0	19.614 7	0.051 0	0.061 0	16.398 3	161.474 8	8.232 3
19	1.208 1	0.827 7	20.810 9	0.048 1	0.058 1	17.226 0	181.089 5	8.701 7
20	1.220 2	0.819 5	22.019 0	0.045 4	0.055 4	18.045 6	201.900 4	9.169 4
21	1.232 4	0.811 4	23.239 2	0.043 0	0.053 0	18.857 0	223.919 4	9.635 4
22	1.244 7	0.803 4	24.471 6	0.040 9	0.050 9	19.660 4	247.158 6	10.099 8
23	1.257 2	0.795 4	25.716 3	0.038 9	0.048 9	20.455 8	271.630 2	10.562 6
24	1.269 7	0.787 6	26.973 5	0.037 1	0.047 1	21.243 4	297.346 5	11.023 7
25	1.282 4	0.779 8	28.243 2	0.035 4	0.045 4	22.023 2	324.320 0	11.483 1
30	1.347 8	0.741 9	34.784 9	0.028 7	0.038 7	25.807 7	478.489 2	13.755 7
35	1.416 6	0.705 9	41.660 3	0.024 0	0.034 0	29.408 6	666.027 6	15.987 1
40	1.488 9	0.671 7	48.886 4	0.020 5	0.030 5	32.834 7	888.637 3	18.177 6
45	1.564 8	0.639 1	56.481 1	0.017 7	0.027 7	36.094 5	1 148.107 5	20.327 3
50	1.644 6	0.608 0	64.463 2	0.015 5	0.025 5	39.196 1	1 446.318 2	22.436 3

表 A-2 $i=2\%$

n	$(F/P, i, n)$	$(P/F, i, n)$	$(F/A, i, n)$	$(A/F, i, n)$	$(A/P, i, n)$	$(P/A, i, n)$	$(F/G, i, n)$	$(A/G, i, n)$
1	1.020 0	0.980 4	1.000 0	1.000 0	1.020 0	0.980 4	0.000 0	0.000 0
2	1.040 4	0.961 2	2.020 0	0.495 0	0.515 0	1.941 6	1.000 0	0.495 0
3	1.061 2	0.942 3	3.060 4	0.326 8	0.346 8	2.883 9	3.020 0	0.986 8
4	1.082 4	0.923 8	4.121 6	0.242 6	0.262 6	3.807 7	6.080 4	1.475 2
5	1.104 1	0.905 7	5.204 0	0.192 2	0.212 2	4.713 5	10.202 0	1.960 4
6	1.126 2	0.888 0	6.308 1	0.158 5	0.178 5	5.601 4	15.406 0	2.442 3
7	1.148 7	0.870 6	7.434 3	0.134 5	0.154 5	6.472 0	21.714 2	2.920 8
8	1.171 7	0.853 5	8.583 0	0.116 5	0.136 5	7.325 5	29.148 5	3.396 1
9	1.195 1	0.836 8	9.754 6	0.102 5	0.122 5	8.162 2	37.731 4	3.868 1
10	1.219 0	0.820 3	10.949 7	0.091 3	0.111 3	8.982 6	47.486 0	4.336 7
11	1.243 4	0.804 3	12.168 7	0.082 2	0.102 2	9.786 8	58.435 8	4.802 1
12	1.268 2	0.788 5	13.412 1	0.074 6	0.094 6	10.575 3	70.604 5	5.264 2
13	1.293 6	0.773 0	14.680 3	0.068 1	0.088 1	11.348 4	84.016 6	5.723 1
14	1.319 5	0.757 9	15.973 9	0.062 6	0.082 6	12.106 2	98.696 9	6.178 6
15	1.345 9	0.743 0	17.293 4	0.057 8	0.077 8	12.849 3	114.670 8	6.630 9
16	1.372 8	0.728 4	18.639 3	0.053 7	0.073 7	13.577 7	131.964 3	7.079 9
17	1.400 2	0.714 2	20.012 1	0.050 0	0.070 0	14.291 9	150.603 5	7.525 6
18	1.428 2	0.700 2	21.412 3	0.046 7	0.066 7	14.992 0	170.615 6	7.968 1
19	1.456 8	0.686 4	22.840 6	0.043 8	0.063 8	15.678 5	192.027 9	8.407 3
20	1.485 9	0.673 0	24.297 4	0.041 2	0.061 2	16.351 4	214.868 5	8.843 3
21	1.515 7	0.659 8	25.783 3	0.038 8	0.058 8	17.011 2	239.165 9	9.276 0
22	1.546 0	0.646 8	27.299 0	0.036 6	0.056 6	17.658 0	264.949 2	9.705 5
23	1.576 9	0.634 2	28.845 0	0.034 7	0.054 7	18.292 2	292.248 2	10.131 7
24	1.608 4	0.621 7	30.421 9	0.032 9	0.052 9	18.913 9	321.093 1	10.554 7
25	1.640 6	0.609 5	32.030 3	0.031 2	0.051 2	19.523 5	351.515 0	10.974 5
30	1.811 4	0.552 1	40.568 1	0.024 6	0.044 6	22.396 5	528.404 0	13.025 1
35	1.999 9	0.500 0	49.994 5	0.020 0	0.040 0	24.998 6	749.723 9	14.996 1
40	2.208 0	0.452 9	60.402 0	0.016 6	0.036 6	27.355 5	1 020.099 2	16.888 5
45	2.437 9	0.410 2	71.892 7	0.013 9	0.033 9	29.490 2	1 344.635 5	18.703 4
50	2.691 6	0.371 5	84.579 4	0.011 8	0.031 8	31.423 6	1 728.970 1	20.442 0

表 A-3　$i=3\%$

n	$(F/P, i, n)$	$(P/F, i, n)$	$(F/A, i, n)$	$(A/F, i, n)$	$(A/P, i, n)$	$(P/A, i, n)$	$(F/G, i, n)$	$(A/G, i, n)$
1	1.030 0	0.970 9	1.000 0	1.000 0	1.030 0	0.970 9	0.000 0	0.000 0
2	1.060 9	0.942 6	2.030 0	0.492 6	0.522 6	1.913 5	1.000 0	0.492 6
3	1.092 7	0.915 1	3.090 9	0.323 5	0.353 5	2.828 6	3.030 0	0.980 3
4	1.125 5	0.888 5	4.183 6	0.239 0	0.269 0	3.717 1	6.120 9	1.463 1
5	1.159 3	0.862 6	5.309 1	0.188 4	0.218 4	4.579 7	10.304 5	1.940 9
6	1.194 1	0.837 5	6.468 4	0.154 6	0.184 6	5.417 2	15.613 7	2.413 8
7	1.229 9	0.813 1	7.662 5	0.130 5	0.160 5	6.230 3	22.082 1	2.881 9
8	1.266 8	0.789 4	8.892 3	0.112 5	0.142 5	7.019 7	29.744 5	3.345 0
9	1.304 8	0.766 4	10.159 1	0.098 4	0.128 4	7.786 1	38.636 9	3.803 2
10	1.343 9	0.744 1	11.463 9	0.087 2	0.117 2	8.530 2	48.796 0	4.256 5
11	1.384 2	0.722 4	12.807 8	0.078 1	0.108 1	9.252 6	60.259 9	4.704 9
12	1.425 8	0.701 4	14.192 0	0.070 5	0.100 5	9.954 0	73.067 7	5.148 5
13	1.468 5	0.681 0	15.617 8	0.064 0	0.094 0	10.635 0	87.259 7	5.587 2
14	1.512 6	0.661 1	17.086 3	0.058 5	0.088 5	11.296 1	102.877 5	6.021 0
15	1.558 0	0.641 9	18.598 9	0.053 8	0.083 8	11.937 9	119.963 8	6.450 0
16	1.604 7	0.623 2	20.156 9	0.049 6	0.079 6	12.561 1	138.562 7	6.874 2
17	1.652 8	0.605 0	21.761 6	0.046 0	0.076 0	13.166 1	158.719 6	7.293 6
18	1.702 4	0.587 4	23.414 4	0.042 7	0.072 7	13.753 5	180.481 2	7.708 1
19	1.753 5	0.570 3	25.116 9	0.039 8	0.069 8	14.323 8	203.895 6	8.117 9
20	1.806 1	0.553 7	26.870 4	0.037 2	0.067 2	14.877 5	229.012 5	8.522 9
21	1.860 3	0.537 5	28.676 5	0.034 9	0.064 9	15.415 0	255.882 9	8.923 1
22	1.916 1	0.521 9	30.536 8	0.032 7	0.062 7	15.936 9	284.559 3	9.318 6
23	1.973 6	0.506 7	32.452 9	0.030 8	0.060 8	16.443 6	315.096 1	9.709 3
24	2.032 8	0.491 9	34.426 5	0.029 0	0.059 0	16.935 5	347.549 0	10.095 4
25	2.093 8	0.477 6	36.459 3	0.027 4	0.057 4	17.413 1	381.975 5	10.476 8
26	2.156 6	0.463 7	38.553 0	0.025 9	0.055 9	17.876 8	418.434 7	10.853 5
27	2.221 3	0.450 2	40.709 6	0.024 6	0.054 6	18.327 0	456.987 8	11.225 5
28	2.287 9	0.437 1	42.930 9	0.023 3	0.053 3	18.764 1	497.697 4	11.593 0
29	2.356 6	0.424 3	45.218 9	0.022 1	0.052 1	19.188 5	540.628 3	11.955 8
30	2.427 3	0.412 0	47.575 4	0.021 0	0.051 0	19.600 4	585.847 2	12.314 1
31	2.500 1	0.400 0	50.002 7	0.020 0	0.050 0	20.000 4	633.422 6	12.667 8
32	2.575 1	0.388 3	52.502 8	0.019 0	0.049 0	20.388 8	683.425 3	13.016 9
33	2.652 3	0.377 0	55.077 8	0.018 2	0.048 2	20.765 8	735.928 0	13.361 6
34	2.731 9	0.366 0	57.730 2	0.017 3	0.047 3	21.131 8	791.005 9	13.701 8
35	2.813 9	0.355 4	60.462 1	0.016 5	0.046 5	21.487 2	848.736 1	14.037 5
36	2.898 3	0.345 0	63.275 9	0.015 8	0.045 8	21.832 3	909.198 1	14.368 8
37	2.985 2	0.335 0	66.174 2	0.015 1	0.045 1	22.167 2	972.474 1	14.695 7
38	3.074 8	0.325 2	69.159 4	0.014 5	0.044 5	22.492 5	1 038.648 3	15.018 2
39	3.167 0	0.315 8	72.234 2	0.013 8	0.043 8	22.808 2	1 107.807 8	15.336 3
40	3.262 0	0.306 6	75.401 3	0.013 3	0.043 3	23.114 8	1 180.042 0	15.650 2
41	3.359 9	0.297 6	78.663 3	0.012 7	0.042 7	23.412 4	1 255.443 3	15.959 7
42	3.460 7	0.289 0	82.023 2	0.012 2	0.042 2	23.701 4	1 334.106 5	16.265 0
43	3.564 5	0.280 5	85.483 9	0.011 7	0.041 7	23.981 9	1 416.129 7	16.566 0
44	3.671 5	0.272 4	89.048 4	0.011 2	0.041 2	24.254 3	1 501.613 6	16.862 9
45	3.781 6	0.264 4	92.719 9	0.010 8	0.040 8	24.518 7	1 590.662 0	17.155 6
46	3.895 0	0.256 7	96.501 5	0.010 4	0.040 4	24.775 4	1 683.381 9	17.444 1
47	4.011 9	0.249 3	100.396 5	0.010 0	0.040 0	25.024 7	1 779.883 4	17.728 5
48	4.132 3	0.242 0	104.408 4	0.009 6	0.039 6	25.266 7	1 880.279 9	18.008 9
49	4.256 2	0.235 0	108.540 6	0.009 2	0.039 2	25.501 7	1 984.688 3	18.285 2
50	4.383 9	0.228 1	112.796 9	0.008 9	0.038 9	25.729 8	2 093.228 9	18.557 5

表 A-4 *i*=4%

n	(*F/P*, *i*, *n*)	(*P/F*, *i*, *n*)	(*F/A*, *i*, *n*)	(*A/F*, *i*, *n*)	(*A/P*, *i*, *n*)	(*P/A*, *i*, *n*)	(*F/G*, *i*, *n*)	(*A/G*, *i*, *n*)
1	1.040 0	0.961 5	1.000 0	1.000 0	1.040 0	0.961 5	0.000 0	0.000 0
2	1.081 6	0.924 6	2.040 0	0.490 2	0.530 2	1.886 1	1.000 0	0.490 2
3	1.124 9	0.889 0	3.121 6	0.320 3	0.360 3	2.775 1	3.040 0	0.973 9
4	1.169 9	0.854 8	4.246 5	0.235 5	0.275 5	3.629 9	6.161 6	1.451 0
5	1.216 7	0.821 9	5.416 3	0.184 6	0.224 6	4.451 8	10.408 1	1.921 6
6	1.265 3	0.790 3	6.633 0	0.150 8	0.190 8	5.242 1	15.824 4	2.385 7
7	1.315 9	0.759 9	7.898 3	0.126 6	0.166 6	6.002 1	22.457 4	2.843 3
8	1.368 6	0.730 7	9.214 2	0.108 5	0.148 5	6.732 7	30.355 7	3.294 4
9	1.423 3	0.702 6	10.582 8	0.094 5	0.134 5	7.435 3	39.569 9	3.739 1
10	1.480 2	0.675 6	12.006 1	0.083 3	0.123 3	8.110 9	50.152 7	4.177 3
11	1.539 5	0.649 6	13.486 4	0.074 1	0.114 1	8.760 5	62.158 8	4.609 0
12	1.601 0	0.624 6	15.025 8	0.066 6	0.106 6	9.385 1	75.645 1	5.034 3
13	1.665 1	0.600 6	16.626 8	0.060 1	0.100 1	9.985 6	90.670 9	5.453 3
14	1.731 7	0.577 5	18.291 9	0.054 7	0.094 7	10.563 1	107.297 8	5.865 9
15	1.800 9	0.555 3	20.023 6	0.049 9	0.089 9	11.118 4	125.589 7	6.272 1
16	1.873 0	0.533 9	21.824 5	0.045 8	0.085 8	11.652 3	145.613 3	6.672 0
17	1.947 9	0.513 4	23.697 5	0.042 2	0.082 2	12.165 7	167.437 8	7.065 6
18	2.025 8	0.493 6	25.645 4	0.039 0	0.079 0	12.659 3	191.135 3	7.453 0
19	2.106 8	0.474 6	27.671 2	0.036 1	0.076 1	13.133 9	216.780 7	7.834 2
20	2.191 1	0.456 4	29.778 1	0.033 6	0.073 6	13.590 3	244.452 0	8.209 1
21	2.278 8	0.438 8	31.969 2	0.031 3	0.071 3	14.029 2	274.230 0	8.577 9
22	2.369 9	0.422 0	34.248 0	0.029 2	0.069 2	14.451 1	306.199 2	8.940 7
23	2.464 7	0.405 7	36.617 9	0.027 3	0.067 3	14.856 8	340.447 2	9.297 3
24	2.563 3	0.390 1	39.082 6	0.025 6	0.065 6	15.247 0	377.065 1	9.647 9
25	2.665 8	0.375 1	41.645 9	0.024 0	0.064 0	15.622 1	416.147 7	9.992 5
26	2.772 5	0.360 7	44.311 7	0.022 6	0.062 6	15.982 8	457.793 6	10.331 2
27	2.883 4	0.346 8	47.084 2	0.021 2	0.061 2	16.329 6	502.105 4	10.664 0
28	2.998 7	0.333 5	49.967 6	0.020 0	0.060 0	16.663 1	549.189 6	10.990 9
29	3.118 7	0.320 7	52.966 3	0.018 9	0.058 9	16.983 7	599.157 2	11.312 0
30	3.243 4	0.308 3	56.084 9	0.017 8	0.057 8	17.292 0	652.123 4	11.627 4
31	3.373 1	0.296 5	59.328 3	0.016 9	0.056 9	17.588 5	708.208 4	11.937 1
32	3.508 1	0.285 1	62.701 5	0.015 9	0.055 9	17.873 6	767.536 7	12.241 1
33	3.648 4	0.274 1	66.209 5	0.015 1	0.055 1	18.147 6	830.238 2	12.539 6
34	3.794 3	0.263 6	69.857 9	0.014 3	0.054 3	18.411 2	896.447 7	12.832 4
35	3.946 1	0.253 4	73.652 2	0.013 6	0.053 6	18.664 6	966.305 6	13.119 8
36	4.103 9	0.243 7	77.598 3	0.012 9	0.052 9	18.908 3	1 039.957 8	13.401 8
37	4.268 1	0.234 3	81.702 2	0.012 2	0.052 2	19.142 6	1 117.556 2	13.678 4
38	4.438 8	0.225 3	85.970 3	0.011 6	0.051 6	19.367 9	1 199.258 4	13.949 7
39	4.616 4	0.216 6	90.409 1	0.011 1	0.051 1	19.584 5	1 285.228 7	14.215 7
40	4.801 0	0.208 3	95.025 5	0.010 5	0.050 5	19.792 8	1 375.637 9	14.476 5
41	4.993 1	0.200 3	99.826 5	0.010 0	0.050 0	19.993 1	1 470.663 4	14.732 2
42	5.192 8	0.192 6	104.819 6	0.009 5	0.049 5	20.185 6	1 570.489 9	14.982 8
43	5.400 5	0.185 2	110.012 4	0.009 1	0.049 1	20.370 8	1 675.309 5	15.228 4
44	5.616 5	0.178 0	115.412 9	0.008 7	0.048 7	20.548 8	1 785.321 9	15.469 0
45	5.841 2	0.171 2	121.029 4	0.008 3	0.048 3	20.720 0	1 900.734 8	15.704 7
46	6.074 8	0.164 6	126.870 6	0.007 9	0.047 9	20.884 7	2 021.764 2	15.935 6
47	6.317 8	0.158 3	132.945 4	0.007 5	0.047 5	21.042 9	2 148.634 8	16.161 8
48	6.570 5	0.152 2	139.263 2	0.007 2	0.047 2	21.195 1	2 281.580 2	16.383 2
49	6.833 3	0.146 3	145.833 7	0.006 9	0.046 9	21.341 5	2 420.843 4	16.600 0
50	7.106 7	0.140 7	152.667 1	0.006 6	0.046 6	21.482 2	2 566.677 1	16.812 2

表 A-5 $i=5\%$

n	$(F/P, i, n)$	$(P/F, i, n)$	$(F/A, i, n)$	$(A/F, i, n)$	$(A/P, i, n)$	$(P/A, i, n)$	$(F/G, i, n)$	$(A/G, i, n)$
1	1.050 0	0.952 4	1.000 0	1.000 0	1.050 0	0.952 4	0.000 0	0.000 0
2	1.102 5	0.907 0	2.050 0	0.487 8	0.537 8	1.859 4	1.000 0	0.487 8
3	1.157 6	0.863 8	3.152 5	0.317 2	0.367 2	2.723 2	3.050 0	0.967 5
4	1.215 5	0.822 7	4.310 1	0.232 0	0.282 0	3.546 0	6.202 5	1.439 1
5	1.276 3	0.783 5	5.525 6	0.181 0	0.231 0	4.329 5	10.512 6	1.902 5
6	1.340 1	0.746 2	6.801 9	0.147 0	0.197 0	5.075 7	16.038 3	2.357 9
7	1.407 1	0.710 7	8.142 0	0.122 8	0.172 8	5.786 4	22.840 2	2.805 2
8	1.477 5	0.676 8	9.549 1	0.104 7	0.154 7	6.463 2	30.982 2	3.244 5
9	1.551 3	0.644 6	11.026 6	0.090 7	0.140 7	7.107 8	40.531 3	3.675 8
10	1.628 9	0.613 9	12.577 9	0.079 5	0.129 5	7.721 7	51.557 9	4.099 1
11	1.710 3	0.584 7	14.206 8	0.070 4	0.120 4	8.306 4	64.135 7	4.514 4
12	1.795 9	0.556 8	15.917 1	0.062 8	0.112 8	8.863 3	78.342 5	4.921 9
13	1.885 6	0.530 3	17.713 0	0.056 5	0.106 5	9.393 6	94.259 7	5.321 5
14	1.979 9	0.505 1	19.598 6	0.051 0	0.101 0	9.898 6	111.972 6	5.713 3
15	2.078 9	0.481 0	21.578 6	0.046 3	0.096 3	10.379 7	131.571 3	6.097 3
16	2.182 9	0.458 1	23.657 5	0.042 3	0.092 3	10.837 8	153.149 8	6.473 6
17	2.292 0	0.436 3	25.840 4	0.038 7	0.088 7	11.274 1	176.807 3	6.842 3
18	2.406 6	0.415 5	28.132 4	0.035 5	0.085 5	11.689 6	202.647 7	7.203 4
19	2.527 0	0.395 7	30.539 0	0.032 7	0.082 7	12.085 3	230.780 1	7.556 9
20	2.653 3	0.376 9	33.066 0	0.030 2	0.080 2	12.462 2	261.319 1	7.903 0
21	2.786 0	0.358 9	35.719 3	0.028 0	0.078 0	12.821 2	294.385 0	8.241 6
22	2.925 3	0.341 8	38.505 2	0.026 0	0.076 0	13.163 0	330.104 3	8.573 0
23	3.071 5	0.325 6	41.430 5	0.024 1	0.074 1	13.488 6	368.609 5	8.897 1
24	3.225 1	0.310 1	44.502 0	0.022 5	0.072 5	13.798 6	410.040 0	9.214 0
25	3.386 4	0.295 3	47.727 1	0.021 0	0.071 0	14.093 9	454.542 0	9.523 8
26	3.555 7	0.281 2	51.113 5	0.019 6	0.069 6	14.375 2	502.269 1	9.826 6
27	3.733 5	0.267 8	54.669 1	0.018 3	0.068 3	14.643 0	553.382 5	10.122 4
28	3.920 1	0.255 1	58.402 6	0.017 1	0.067 1	14.898 1	608.051 7	10.411 4
29	4.116 1	0.242 9	62.322 7	0.016 0	0.066 0	15.141 1	666.454 2	10.693 6
30	4.321 9	0.231 4	66.438 8	0.015 1	0.065 1	15.372 5	728.777 0	10.969 1
31	4.538 0	0.220 4	70.760 8	0.014 1	0.064 1	15.592 8	795.215 8	11.238 1
32	4.764 9	0.209 9	75.298 8	0.013 3	0.063 3	15.802 7	865.976 6	11.500 5
33	5.003 2	0.199 9	80.063 8	0.012 5	0.062 5	16.002 5	941.275 4	11.756 6
34	5.253 3	0.190 4	85.067 0	0.011 8	0.061 8	16.192 9	1 021.339 2	12.006 3
35	5.516 0	0.181 3	90.320 3	0.011 1	0.061 1	16.374 2	1 106.406 1	12.249 8
36	5.791 8	0.172 7	95.836 3	0.010 4	0.060 4	16.546 9	1 196.726 5	12.487 2
37	6.081 4	0.164 4	101.628 1	0.009 8	0.059 8	16.711 3	1 292.562 8	12.718 6
38	6.385 5	0.156 6	107.709 5	0.009 3	0.059 3	16.867 9	1 394.190 9	12.944 0
39	6.704 8	0.149 1	114.095 0	0.008 8	0.058 8	17.017 0	1 501.900 5	13.163 6
40	7.040 0	0.142 0	120.799 8	0.008 3	0.058 3	17.159 1	1 615.995 5	13.377 5
41	7.392 0	0.135 3	127.839 8	0.007 8	0.057 8	17.294 4	1 736.795 3	13.585 7
42	7.761 6	0.128 8	135.231 8	0.007 4	0.057 4	17.423 2	1 864.635 0	13.788 4
43	8.149 7	0.122 7	142.993 3	0.007 0	0.057 0	17.545 9	1 999.866 8	13.985 7
44	8.557 2	0.116 9	151.143 0	0.006 6	0.056 6	17.662 8	2 142.860 1	14.177 7
45	8.985 0	0.111 3	159.700 2	0.006 3	0.056 3	17.774 1	2 294.003 1	14.364 4
46	9.434 3	0.106 0	168.685 2	0.005 9	0.055 9	17.880 1	2 453.703 3	14.546 1
47	9.906 0	0.100 9	178.119 4	0.005 6	0.055 6	17.981 0	2 622.388 4	14.722 6
48	10.401 3	0.096 1	188.025 4	0.005 3	0.055 3	18.077 2	2 800.507 9	14.894 3
49	10.921 3	0.091 6	198.426 7	0.005 0	0.055 0	18.168 7	2 988.533 3	15.061 1
50	11.467 4	0.087 2	209.348 0	0.004 8	0.054 8	18.255 9	3 186.959 9	15.223 3

表 A-6 $i=6\%$

n	$(F/P,\ i,\ n)$	$(P/F,\ i,\ n)$	$(F/A,\ i,\ n)$	$(A/F,\ i,\ n)$	$(A/P,\ i,\ n)$	$(P/A,\ i,\ n)$	$(F/G,\ i,\ n)$	$(A/G,\ i,\ n)$
1	1.060 0	0.943 4	1.000 0	1.000 0	1.060 0	0.943 4	0.000 0	0.000 0
2	1.123 6	0.890 0	2.060 0	0.485 4	0.545 4	1.833 4	1.000 0	0.485 4
3	1.191 0	0.839 6	3.183 6	0.314 1	0.374 1	2.673 0	3.060 0	0.961 2
4	1.262 5	0.792 1	4.374 6	0.228 6	0.288 6	3.465 1	6.243 6	1.427 2
5	1.338 2	0.747 3	5.637 1	0.177 4	0.237 4	4.212 4	10.618 2	1.883 6
6	1.418 5	0.705 0	6.975 3	0.143 4	0.203 4	4.917 3	16.255 3	2.330 4
7	1.503 6	0.665 1	8.393 8	0.119 1	0.179 1	5.582 4	23.230 6	2.767 6
8	1.593 8	0.627 4	9.897 5	0.101 0	0.161 0	6.209 8	31.624 5	3.195 2
9	1.689 5	0.591 9	11.491 3	0.087 0	0.147 0	6.801 7	41.521 9	3.613 3
10	1.790 8	0.558 4	13.180 8	0.075 9	0.135 9	7.360 1	53.013 2	4.022 0
11	1.898 3	0.526 8	14.971 6	0.066 8	0.126 8	7.886 9	66.194 0	4.421 3
12	2.012 2	0.497 0	16.869 9	0.059 3	0.119 3	8.383 8	81.165 7	4.811 3
13	2.132 9	0.468 8	18.882 1	0.053 0	0.113 0	8.852 7	98.035 6	5.192 0
14	2.260 9	0.442 3	21.015 1	0.047 6	0.107 6	9.295 0	116.917 8	5.563 5
15	2.396 6	0.417 3	23.276 0	0.043 0	0.103 0	9.712 2	137.932 8	5.926 0
16	2.540 4	0.393 6	25.672 5	0.039 0	0.099 0	10.105 9	161.208 8	6.279 4
17	2.692 8	0.371 4	28.212 9	0.035 4	0.095 4	10.477 3	186.881 3	6.624 0
18	2.854 3	0.350 3	30.905 7	0.032 4	0.092 4	10.827 6	215.094 2	6.959 7
19	3.025 6	0.330 5	33.760 0	0.029 6	0.089 6	11.158 1	245.999 9	7.286 7
20	3.207 1	0.311 8	36.785 6	0.027 2	0.087 2	11.469 9	279.759 9	7.605 1
21	3.399 6	0.294 2	39.992 7	0.025 0	0.085 0	11.764 1	316.545 4	7.915 1
22	3.603 5	0.277 5	43.392 3	0.023 0	0.083 0	12.041 6	356.538 2	8.216 6
23	3.819 7	0.261 8	46.995 8	0.021 3	0.081 3	12.303 4	399.930 5	8.509 9
24	4.048 9	0.247 0	50.815 6	0.019 7	0.079 7	12.550 4	446.926 3	8.795 1
25	4.291 9	0.233 0	54.864 5	0.018 2	0.078 2	12.783 4	497.741 9	9.072 2
26	4.549 4	0.219 8	59.156 4	0.016 9	0.076 9	13.003 2	552.606 4	9.341 4
27	4.822 3	0.207 4	63.705 8	0.015 7	0.075 7	13.210 5	611.762 8	9.602 9
28	5.111 7	0.195 6	68.528 1	0.014 6	0.074 6	13.406 2	675.468 5	9.856 8
29	5.418 4	0.184 6	73.639 8	0.013 6	0.073 6	13.590 7	743.996 6	10.103 2
30	5.743 5	0.174 1	79.058 2	0.012 6	0.072 6	13.764 8	817.636 4	10.342 2
31	6.088 1	0.164 3	84.801 7	0.011 8	0.071 8	13.929 1	896.694 6	10.574 0
32	6.453 4	0.155 0	90.889 8	0.011 0	0.071 0	14.084 0	981.496 3	10.798 8
33	6.840 6	0.146 2	97.343 2	0.010 3	0.070 3	14.230 2	1 072.386 1	11.016 6
34	7.251 0	0.137 9	104.183 8	0.009 6	0.069 6	14.368 1	1 169.729 2	11.227 6
35	7.686 1	0.130 1	111.434 8	0.009 0	0.069 0	14.498 2	1 273.913 0	11.431 9
36	8.147 3	0.122 7	119.120 9	0.008 4	0.068 4	14.621 0	1 385.347 8	11.629 8
37	8.636 1	0.115 8	127.268 1	0.007 9	0.067 9	14.736 8	1 504.468 6	11.821 3
38	9.154 3	0.109 2	135.904 2	0.007 4	0.067 4	14.846 0	1 631.736 8	12.006 5
39	9.703 5	0.103 1	145.058 5	0.006 9	0.066 9	14.949 1	1 767.641 0	12.185 7
40	10.285 7	0.097 2	154.762 0	0.006 5	0.066 5	15.046 3	1 912.699 4	12.359 0
41	10.902 9	0.091 7	165.047 7	0.006 1	0.066 1	15.138 0	2 067.461 4	12.526 4
42	11.557 0	0.086 5	175.950 5	0.005 7	0.065 7	15.224 5	2 232.509 1	12.688 3
43	12.250 5	0.081 6	187.507 6	0.005 3	0.065 3	15.306 2	2 408.459 6	12.844 6
44	12.985 5	0.077 0	199.758 0	0.005 0	0.065 0	15.383 2	2 595.967 2	12.995 6
45	13.764 6	0.072 7	212.743 5	0.004 7	0.064 7	15.455 8	2 795.725 2	13.141 3
46	14.590 5	0.068 5	226.508 1	0.004 4	0.064 4	15.524 4	3 008.468 7	13.281 9
47	15.465 9	0.064 7	241.098 6	0.004 1	0.064 1	15.589 0	3 234.976 9	13.417 7
48	16.393 9	0.061 0	256.564 5	0.003 9	0.063 9	15.650 0	3 476.075 5	13.548 5
49	17.377 5	0.057 5	272.958 4	0.003 7	0.063 7	15.707 6	3 732.640 0	13.674 8
50	18.420 2	0.054 3	290.335 9	0.003 4	0.063 4	15.761 9	4 005.598 4	13.796 4

表 A-7　$i=7\%$

n	$(F/P,\ i,\ n)$	$(P/F,\ i,\ n)$	$(F/A,\ i,\ n)$	$(A/F,\ i,\ n)$	$(A/P,\ i,\ n)$	$(P/A,\ i,\ n)$	$(F/G,\ i,\ n)$	$(A/G,\ i,\ n)$
1	1.070 0	0.934 6	1.000 0	1.000 0	1.070 0	0.934 6	0.000 0	0.000 0
2	1.144 9	0.873 4	2.070 0	0.483 1	0.553 1	1.808 0	1.000 0	0.483 1
3	1.225 0	0.816 3	3.214 9	0.311 1	0.381 1	2.624 3	3.070 0	0.954 9
4	1.310 8	0.762 9	4.439 9	0.225 2	0.295 2	3.387 2	6.284 9	1.415 5
5	1.402 6	0.713 0	5.750 7	0.173 9	0.243 9	4.100 2	10.724 8	1.865 0
6	1.500 7	0.666 3	7.153 3	0.139 8	0.209 8	4.766 5	16.475 6	2.303 2
7	1.605 8	0.622 7	8.654 0	0.115 6	0.185 6	5.389 3	23.628 9	2.730 4
8	1.718 2	0.582 0	10.259 8	0.097 5	0.167 5	5.971 3	32.282 9	3.146 5
9	1.838 5	0.543 9	11.978 0	0.083 5	0.153 5	6.515 2	42.542 7	3.551 7
10	1.967 2	0.508 3	13.816 4	0.072 4	0.142 4	7.023 6	54.520 7	3.946 1
11	2.104 9	0.475 1	15.783 6	0.063 4	0.133 4	7.498 7	68.337 1	4.329 6
12	2.252 2	0.444 0	17.888 5	0.055 9	0.125 9	7.942 7	84.120 7	4.702 5
13	2.409 8	0.415 0	20.140 6	0.049 7	0.119 7	8.357 7	102.009 2	5.064 8
14	2.578 5	0.387 8	22.550 5	0.044 3	0.114 3	8.745 5	122.149 8	5.416 7
15	2.759 0	0.362 4	25.129 0	0.039 8	0.109 8	9.107 9	144.700 3	5.758 3
16	2.952 2	0.338 7	27.888 1	0.035 9	0.105 9	9.446 6	169.829 3	6.089 7
17	3.158 8	0.316 6	30.840 2	0.032 4	0.102 4	9.763 2	197.717 4	6.411 0
18	3.379 9	0.295 9	33.999 0	0.029 4	0.099 4	10.059 1	228.557 6	6.722 5
19	3.616 5	0.276 5	37.379 0	0.026 8	0.096 8	10.335 6	262.556 6	7.024 2
20	3.869 7	0.258 4	40.995 5	0.024 4	0.094 4	10.594 0	299.935 6	7.316 3
21	4.140 6	0.241 5	44.865 2	0.022 3	0.092 3	10.835 5	340.931 1	7.599 0
22	4.430 4	0.225 7	49.005 7	0.020 4	0.090 4	11.061 2	385.796 3	7.872 5
23	4.740 5	0.210 9	53.436 1	0.018 7	0.088 7	11.272 2	434.802 0	8.136 9
24	5.072 4	0.197 1	58.176 7	0.017 2	0.087 2	11.469 3	488.238 2	8.392 3
25	5.427 4	0.184 2	63.249 0	0.015 8	0.085 8	11.653 6	546.414 8	8.639 1
30	7.612 3	0.131 4	94.460 8	0.010 6	0.080 6	12.409 0	920.868 4	9.748 7
35	10.676 6	0.093 7	138.236 9	0.007 2	0.077 2	12.947 7	1 474.812 5	10.668 7
40	14.974 5	0.066 8	199.635 1	0.005 0	0.075 0	13.331 7	2 280.501 6	11.423 3
45	21.002 5	0.047 6	285.749 3	0.003 5	0.073 5	13.605 5	3 439.275 9	12.036 0
50	29.457 0	0.033 9	406.528 9	0.002 5	0.072 5	13.800 7	5 093.270 4	12.528 7

表 A-8 $i=8\%$

n	(F/P, i, n)	(P/F, i, n)	(F/A, i, n)	(A/F, i, n)	(A/P, i, n)	(P/A, i, n)	(F/G, i, n)	(A/G, i, n)
1	1. 080 0	0. 925 9	1. 000 0	1. 000 0	1. 080 0	0. 925 9	0. 000 0	0. 000 0
2	1. 166 4	0. 857 3	2. 080 0	0. 480 8	0. 560 8	1. 783 3	1. 000 0	0. 480 8
3	1. 259 7	0. 793 8	3. 246 4	0. 308 0	0. 388 0	2. 577 1	3. 080 0	0. 948 7
4	1. 360 5	0. 735 0	4. 506 1	0. 221 9	0. 301 9	3. 312 1	6. 326 4	1. 404 0
5	1. 469 3	0. 680 6	5. 866 6	0. 170 5	0. 250 5	3. 992 7	10. 832 5	1. 846 5
6	1. 586 9	0. 630 2	7. 335 9	0. 136 3	0. 216 3	4. 622 9	16. 699 1	2. 276 3
7	1. 713 8	0. 583 5	8. 922 8	0. 112 1	0. 192 1	5. 206 4	24. 035 0	2. 693 7
8	1. 850 9	0. 540 3	10. 636 6	0. 094 0	0. 174 0	5. 746 6	32. 957 8	3. 098 5
9	1. 999 0	0. 500 2	12. 487 6	0. 080 1	0. 160 1	6. 246 9	43. 594 5	3. 491 0
10	2. 158 9	0. 463 2	14. 486 6	0. 069 0	0. 149 0	6. 710 1	56. 082 0	3. 871 3
11	2. 331 6	0. 428 9	16. 645 5	0. 060 1	0. 140 1	7. 139 0	70. 568 6	4. 239 5
12	2. 518 2	0. 397 1	18. 977 1	0. 052 7	0. 132 7	7. 536 1	87. 214 1	4. 595 7
13	2. 719 6	0. 367 7	21. 495 3	0. 046 5	0. 126 5	7. 903 8	106. 191 2	4. 940 2
14	2. 937 2	0. 340 5	24. 214 9	0. 041 3	0. 121 3	8. 244 2	127. 686 5	5. 273 1
15	3. 172 2	0. 315 2	27. 152 1	0. 036 8	0. 116 8	8. 559 5	151. 901 4	5. 594 5
16	3. 425 9	0. 291 9	30. 324 3	0. 033 0	0. 113 0	8. 851 4	179. 053 5	5. 904 6
17	3. 700 0	0. 270 3	33. 750 2	0. 029 6	0. 109 6	9. 121 6	209. 377 8	6. 203 7
18	3. 996 0	0. 250 2	37. 450 2	0. 026 7	0. 106 7	9. 371 9	243. 128 0	6. 492 0
19	4. 315 7	0. 231 7	41. 446 3	0. 024 1	0. 104 1	9. 603 6	280. 578 3	6. 769 7
20	4. 661 0	0. 214 5	45. 762 0	0. 021 9	0. 101 9	9. 818 1	322. 024 6	7. 036 9
21	5. 033 8	0. 198 7	50. 422 9	0. 019 8	0. 099 8	10. 016 8	367. 786 5	7. 294 0
22	5. 436 5	0. 183 9	55. 456 8	0. 018 0	0. 098 0	10. 200 7	418. 209 4	7. 541 2
23	5. 871 5	0. 170 3	60. 893 3	0. 016 4	0. 096 4	10. 371 1	473. 666 2	7. 778 6
24	6. 341 2	0. 157 7	66. 764 8	0. 015 0	0. 095 0	10. 528 8	534. 559 5	8. 006 6
25	6. 848 5	0. 146 0	73. 105 9	0. 013 7	0. 093 7	10. 674 8	601. 324 2	8. 225 4
30	10. 062 7	0. 099 4	113. 283 2	0. 008 8	0. 088 8	11. 257 8	1 041. 040 1	9. 189 7
35	14. 785 3	0. 067 6	172. 316 8	0. 005 8	0. 085 8	11. 654 6	1 716. 460 0	9. 961 1
40	21. 724 5	0. 046 0	259. 056 5	0. 003 9	0. 083 9	11. 924 6	2 738. 206 5	10. 569 9
45	31. 920 4	0. 031 3	386. 505 6	0. 002 6	0. 082 6	12. 108 4	4 268. 820 2	11. 044 7
50	46. 901 6	0. 021 3	573. 770 2	0. 001 7	0. 081 7	12. 233 5	6 547. 127 0	11. 410 7

表 A-9 $i=9\%$

n	$(F/P, i, n)$	$(P/F, i, n)$	$(F/A, i, n)$	$(A/F, i, n)$	$(A/P, i, n)$	$(P/A, i, n)$	$(F/G, i, n)$	$(A/G, i, n)$
1	1.090 0	0.917 4	1.000 0	1.000 0	1.090 0	0.917 4	0.000 0	0.000 0
2	1.188 1	0.841 7	2.090 0	0.478 5	0.568 5	1.759 1	1.000 0	0.478 5
3	1.295 0	0.772 2	3.278 1	0.305 1	0.395 1	2.531 3	3.090 0	0.942 6
4	1.411 6	0.708 4	4.573 1	0.218 7	0.308 7	3.239 7	6.368 1	1.392 5
5	1.538 6	0.649 9	5.984 7	0.167 1	0.257 1	3.889 7	10.941 2	1.828 2
6	1.677 1	0.596 3	7.523 3	0.132 9	0.222 9	4.485 9	16.925 9	2.249 8
7	1.828 0	0.547 0	9.200 4	0.108 7	0.198 7	5.033 0	24.449 3	2.657 4
8	1.992 6	0.501 9	11.028 5	0.090 7	0.180 7	5.534 8	33.649 7	3.051 2
9	2.171 9	0.460 4	13.021 0	0.076 8	0.166 8	5.995 2	44.678 2	3.431 2
10	2.367 4	0.422 4	15.192 9	0.065 8	0.155 8	6.417 7	57.699 2	3.797 8
11	2.580 4	0.387 5	17.560 3	0.056 9	0.146 9	6.805 2	72.892 1	4.151 0
12	2.812 7	0.355 5	20.140 7	0.049 7	0.139 7	7.160 7	90.452 4	4.491 0
13	3.065 8	0.326 2	22.953 4	0.043 6	0.133 6	7.486 9	110.593 2	4.818 2
14	3.341 7	0.299 2	26.019 2	0.038 4	0.128 4	7.786 2	133.546 5	5.132 6
15	3.642 5	0.274 5	29.360 9	0.034 1	0.124 1	8.060 7	159.565 7	5.434 6
16	3.970 3	0.251 9	33.003 4	0.030 3	0.120 3	8.312 6	188.926 7	5.724 5
17	4.327 6	0.231 1	36.973 7	0.027 0	0.117 0	8.543 6	221.930 1	6.002 4
18	4.717 1	0.212 0	41.301 3	0.024 2	0.114 2	8.755 6	258.903 8	6.268 7
19	5.141 7	0.194 5	46.018 5	0.021 7	0.111 7	8.950 1	300.205 1	6.523 6
20	5.604 4	0.178 4	51.160 1	0.019 5	0.109 5	9.128 5	346.223 6	6.767 4
21	6.108 8	0.163 7	56.764 5	0.017 6	0.107 6	9.292 2	397.383 7	7.000 6
22	6.658 6	0.150 2	62.873 3	0.015 9	0.105 9	9.442 4	454.148 2	7.223 2
23	7.257 9	0.137 8	69.531 9	0.014 4	0.104 4	9.580 2	517.021 5	7.435 7
24	7.911 1	0.126 4	76.789 8	0.013 0	0.103 0	9.706 6	586.553 5	7.638 4
25	8.623 1	0.116 0	84.700 9	0.011 8	0.101 8	9.822 6	663.343 3	7.831 6
26	9.399 2	0.106 4	93.324 0	0.010 7	0.100 7	9.929 0	748.044 2	8.015 6
27	10.245 1	0.097 6	102.723 1	0.009 7	0.099 7	10.026 6	841.368 2	8.190 6
28	11.167 1	0.089 5	112.968 2	0.008 9	0.098 9	10.116 1	944.091 3	8.357 1
29	12.172 2	0.082 2	124.135 4	0.008 1	0.098 1	10.198 3	1 057.059 5	8.515 4
30	13.267 7	0.075 4	136.307 5	0.007 3	0.097 3	10.273 7	1 181.194 9	8.665 7
31	14.461 8	0.069 1	149.575 2	0.006 7	0.096 7	10.342 8	1 317.502 4	8.808 3
32	15.763 3	0.063 4	164.037 0	0.006 1	0.096 1	10.406 2	1 467.077 6	8.943 6
33	17.182 0	0.058 2	179.800 3	0.005 6	0.095 6	10.464 4	1 631.114 6	9.071 8
34	18.728 4	0.053 4	196.982 3	0.005 1	0.095 1	10.517 8	1 810.914 9	9.193 3
35	20.414 0	0.049 0	215.710 8	0.004 6	0.094 6	10.566 8	2 007.897 3	9.308 3
36	22.251 2	0.044 9	236.124 7	0.004 2	0.094 2	10.611 8	2 223.608 0	9.417 1
37	24.253 8	0.041 2	258.375 9	0.003 9	0.093 9	10.653 0	2 459.732 8	9.520 0
38	26.436 7	0.037 8	282.629 8	0.003 5	0.093 5	10.690 8	2 718.108 7	9.617 2
39	28.816 0	0.034 7	309.066 5	0.003 2	0.093 2	10.725 5	3 000.738 5	9.709 0
40	31.409 4	0.031 8	337.882 4	0.003 0	0.093 0	10.757 4	3 309.804 9	9.795 7
41	34.236 3	0.029 2	369.291 9	0.002 7	0.092 7	10.786 6	3 647.687 4	9.877 5
42	37.317 5	0.026 8	403.528 1	0.002 5	0.092 5	10.813 4	4 016.979 3	9.954 6
43	40.676 1	0.024 6	440.845 7	0.002 3	0.092 3	10.838 0	4 420.507 4	10.027 3
44	44.337 0	0.022 6	481.521 8	0.002 1	0.092 1	10.860 5	4 861.353 1	10.095 8
45	48.327 3	0.020 7	525.858 7	0.001 9	0.091 9	10.881 2	5 342.874 8	10.160 3
46	52.676 7	0.019 0	574.186 0	0.001 7	0.091 7	10.900 2	5 868.733 6	10.221 0
47	57.417 6	0.017 4	626.862 8	0.001 6	0.091 6	10.917 6	6 442.919 6	10.278 0
48	62.585 2	0.016 0	684.280 4	0.001 5	0.091 5	10.933 6	7 069.782 3	10.331 7
49	68.217 9	0.014 7	746.865 6	0.001 3	0.091 3	10.948 2	7 754.062 8	10.382 1
50	74.357 5	0.013 4	815.083 6	0.001 2	0.091 2	10.961 7	8 500.928 4	10.429 5

表 A-10　$i=10\%$

n	(F/P, i, n)	(P/F, i, n)	(F/A, i, n)	(A/F, i, n)	(A/P, i, n)	(P/A, i, n)	(F/G, i, n)	(A/G, i, n)
1	1.100 0	0.909 1	1.000 0	1.000 0	1.100 0	0.909 1	0.000 0	0.000 0
2	1.210 0	0.826 4	2.100 0	0.476 2	0.576 2	1.735 5	1.000 0	0.476 2
3	1.331 0	0.751 3	3.310 0	0.302 1	0.402 1	2.486 9	3.100 0	0.936 6
4	1.464 1	0.683 0	4.641 0	0.215 5	0.315 5	3.169 9	6.410 0	1.381 2
5	1.610 5	0.620 9	6.105 1	0.163 8	0.263 8	3.790 8	11.051 0	1.810 1
6	1.771 6	0.564 5	7.715 6	0.129 6	0.229 6	4.355 3	17.156 1	2.223 6
7	1.948 7	0.513 2	9.487 2	0.105 4	0.205 4	4.868 4	24.871 7	2.621 6
8	2.143 6	0.466 5	11.435 9	0.087 4	0.187 4	5.334 9	34.358 9	3.004 5
9	2.357 9	0.424 1	13.579 5	0.073 6	0.173 6	5.759 0	45.794 8	3.372 4
10	2.593 7	0.385 5	15.937 4	0.062 7	0.162 7	6.144 6	59.374 2	3.725 5
11	2.853 1	0.350 5	18.531 2	0.054 0	0.154 0	6.495 1	75.311 7	4.064 1
12	3.138 4	0.318 6	21.384 3	0.046 8	0.146 8	6.813 7	93.842 8	4.388 4
13	3.452 3	0.289 7	24.522 7	0.040 8	0.140 8	7.103 4	115.227 1	4.698 8
14	3.797 5	0.263 3	27.975 0	0.035 7	0.135 7	7.366 7	139.749 8	4.995 5
15	4.177 2	0.239 4	31.772 5	0.031 5	0.131 5	7.606 1	167.724 8	5.278 9
16	4.595 0	0.217 6	35.949 7	0.027 8	0.127 8	7.823 7	199.497 3	5.549 3
17	5.054 5	0.197 8	40.544 7	0.024 7	0.124 7	8.021 6	235.447 0	5.807 1
18	5.559 9	0.179 9	45.599 2	0.021 9	0.121 9	8.201 4	275.991 7	6.052 6
19	6.115 9	0.163 5	51.159 1	0.019 5	0.119 5	8.364 9	321.590 9	6.286 1
20	6.727 5	0.148 6	57.275 0	0.017 5	0.117 5	8.513 6	372.750 0	6.508 1
21	7.400 2	0.135 1	64.002 5	0.015 6	0.115 6	8.648 7	430.025 0	6.718 9
22	8.140 3	0.122 8	71.402 7	0.014 0	0.114 0	8.771 5	494.027 5	6.918 9
23	8.954 3	0.111 7	79.543 0	0.012 6	0.112 6	8.883 2	565.430 2	7.108 5
24	9.849 7	0.101 5	88.497 3	0.011 3	0.111 3	8.984 7	644.973 3	7.288 1
25	10.834 7	0.092 3	98.347 1	0.010 2	0.110 2	9.077 0	733.470 6	7.458 0
26	11.918 2	0.083 9	109.181 8	0.009 2	0.109 2	9.160 9	831.817 7	7.618 6
27	13.110 0	0.076 3	121.099 9	0.008 3	0.108 3	9.237 2	940.999 4	7.770 4
28	14.421 0	0.069 3	134.209 9	0.007 5	0.107 5	9.306 6	1 062.099 4	7.913 7
29	15.863 1	0.063 0	148.630 9	0.006 7	0.106 7	9.369 6	1 196.309 3	8.048 9
30	17.449 4	0.057 3	164.494 0	0.006 1	0.106 1	9.426 9	1 344.940 2	8.176 2
31	19.194 3	0.052 1	181.943 4	0.005 5	0.105 5	9.479 0	1 509.434 2	8.296 2
32	21.113 8	0.047 4	201.137 8	0.005 0	0.105 0	9.526 4	1 691.377 7	8.409 1
33	23.225 2	0.043 1	222.251 5	0.004 5	0.104 5	9.569 4	1 892.515 4	8.515 2
34	25.547 7	0.039 1	245.476 7	0.004 1	0.104 1	9.608 6	2 114.767 0	8.614 9
35	28.102 4	0.035 6	271.024 4	0.003 7	0.103 7	9.644 2	2 360.243 7	8.708 6
36	30.912 7	0.032 3	299.126 8	0.003 3	0.103 3	9.676 5	2 631.268 1	8.796 5
37	34.003 9	0.029 4	330.039 5	0.003 0	0.103 0	9.705 9	2 930.394 9	8.878 9
38	37.404 3	0.026 7	364.043 4	0.002 7	0.102 7	9.732 7	3 260.434 3	8.956 2
39	41.144 8	0.024 3	401.447 8	0.002 5	0.102 5	9.757 0	3 624.477 8	9.028 5
40	45.259 3	0.022 1	442.592 6	0.002 3	0.102 3	9.779 1	4 025.925 6	9.096 2
41	49.785 2	0.020 1	487.851 8	0.002 0	0.102 0	9.799 1	4 468.518 1	9.159 6
42	54.763 7	0.018 3	537.637 0	0.001 9	0.101 9	9.817 4	4 956.369 9	9.218 8
43	60.240 1	0.016 6	592.400 7	0.001 7	0.101 7	9.834 0	5 494.006 9	9.274 1
44	66.264 1	0.015 1	652.640 8	0.001 5	0.101 5	9.849 1	6 086.407 6	9.325 8
45	72.890 5	0.013 7	718.904 8	0.001 4	0.101 4	9.862 8	6 739.048 4	9.374 0
46	80.179 5	0.012 5	791.795 3	0.001 3	0.101 3	9.875 3	7 457.953 2	9.419 0
47	88.197 5	0.011 3	871.974 9	0.001 1	0.101 1	9.886 6	8 249.748 5	9.461 0
48	97.017 2	0.010 3	960.172 3	0.001 0	0.101 0	9.896 9	9 121.723 4	9.500 1
49	106.719 0	0.009 4	1 057.189 6	0.000 9	0.100 9	9.906 3	10 081.895 7	9.536 5
50	117.390 9	0.008 5	1 163.908 5	0.000 9	0.100 9	9.914 8	11 139.085 3	9.570 4

表 A-11 $i=11\%$

n	$(F/P, i, n)$	$(P/F, i, n)$	$(F/A, i, n)$	$(A/F, i, n)$	$(A/P, i, n)$	$(P/A, i, n)$	$(F/G, i, n)$	$(A/G, i, n)$
1	1.110 0	0.900 9	1.000 0	1.000 0	1.110 0	0.900 9	0.000 0	0.000 0
2	1.232 1	0.811 6	2.110 0	0.473 9	0.583 9	1.712 5	1.000 0	0.473 9
3	1.367 6	0.731 2	3.342 1	0.299 2	0.409 2	2.443 7	3.110 0	0.930 6
4	1.518 1	0.658 7	4.709 7	0.212 3	0.322 3	3.102 4	6.452 1	1.370 0
5	1.685 1	0.593 5	6.227 8	0.160 6	0.270 6	3.695 9	11.161 8	1.792 3
6	1.870 4	0.534 6	7.912 9	0.126 4	0.236 4	4.230 5	17.389 6	2.197 6
7	2.076 2	0.481 7	9.783 3	0.102 2	0.212 2	4.712 2	25.302 5	2.586 3
8	2.304 5	0.433 9	11.859 4	0.084 3	0.194 3	5.146 1	35.085 8	2.958 5
9	2.558 0	0.390 9	14.164 0	0.070 6	0.180 6	5.537 0	46.945 2	3.314 4
10	2.839 4	0.352 2	16.722 0	0.059 8	0.169 8	5.889 2	61.109 2	3.654 4
11	3.151 8	0.317 3	19.561 4	0.051 1	0.161 1	6.206 5	77.831 2	3.978 8
12	3.498 5	0.285 8	22.713 2	0.044 0	0.154 0	6.492 4	97.392 6	4.287 9
13	3.883 3	0.257 5	26.211 6	0.038 2	0.148 2	6.749 9	120.105 8	4.582 2
14	4.310 4	0.232 0	30.094 9	0.033 2	0.143 2	6.981 9	146.317 4	4.861 9
15	4.784 6	0.209 0	34.405 4	0.029 1	0.139 1	7.190 9	176.412 4	5.127 5
16	5.310 9	0.188 3	39.189 9	0.025 5	0.135 5	7.379 2	210.817 7	5.379 4
17	5.895 1	0.169 6	44.500 8	0.022 5	0.132 5	7.548 8	250.007 7	5.618 0
18	6.543 6	0.152 8	50.395 9	0.019 8	0.129 8	7.701 6	294.508 5	5.843 9
19	7.263 3	0.137 7	56.939 5	0.017 6	0.127 6	7.839 3	344.904 4	6.057 4
20	8.062 3	0.124 0	64.202 8	0.015 6	0.125 6	7.963 3	401.843 9	6.259 0
21	8.949 2	0.111 7	72.265 1	0.013 8	0.123 8	8.075 1	466.046 8	6.449 1
22	9.933 6	0.100 7	81.214 3	0.012 3	0.122 3	8.175 7	538.311 9	6.628 3
23	11.026 3	0.090 7	91.147 9	0.011 0	0.121 0	8.266 4	619.526 2	6.796 9
24	12.239 2	0.081 7	102.174 2	0.009 8	0.119 8	8.348 1	710.674 1	6.955 5
25	13.585 5	0.073 6	114.413 3	0.008 7	0.118 7	8.421 7	812.848 2	7.104 5
26	15.079 9	0.066 3	127.998 8	0.007 8	0.117 8	8.488 1	927.261 6	7.244 3
27	16.738 6	0.059 7	143.078 6	0.007 0	0.117 0	8.547 8	1 055.260 3	7.375 4
28	18.579 9	0.053 8	159.817 3	0.006 3	0.116 3	8.601 6	1 198.339 0	7.498 2
29	20.623 7	0.048 5	178.397 2	0.005 6	0.115 6	8.650 1	1 358.156 2	7.613 1
30	22.892 3	0.043 7	199.020 9	0.005 0	0.115 0	8.693 8	1 536.553 4	7.720 6
31	25.410 4	0.039 4	221.913 2	0.004 5	0.114 5	8.733 1	1 735.574 3	7.821 0
32	28.205 6	0.035 5	247.323 6	0.004 0	0.114 0	8.768 6	1 957.487 5	7.914 7
33	31.308 2	0.031 9	275.529 2	0.003 6	0.113 6	8.800 5	2 204.811 1	8.002 1
34	34.752 1	0.028 8	306.837 4	0.003 3	0.113 3	8.829 3	2 480.340 3	8.083 6
35	38.574 9	0.025 9	341.589 6	0.002 9	0.112 9	8.855 2	2 787.177 8	8.159 4
36	42.818 1	0.023 4	380.164 4	0.002 6	0.112 6	8.878 6	3 128.767 3	8.230 0
37	47.528 1	0.021 0	422.982 5	0.002 4	0.112 4	8.899 6	3 508.931 7	8.295 7
38	52.756 2	0.019 0	470.510 6	0.002 1	0.112 1	8.918 6	3 931.914 2	8.356 7
39	58.559 3	0.017 1	523.266 7	0.001 9	0.111 9	8.935 7	4 402.424 8	8.413 3
40	65.000 9	0.015 4	581.826 1	0.001 7	0.111 7	8.951 1	4 925.691 5	8.465 9
41	72.151 0	0.013 9	646.826 9	0.001 5	0.111 5	8.964 9	5 507.517 6	8.514 7
42	80.087 6	0.012 5	718.977 9	0.001 4	0.111 4	8.977 4	6 154.344 5	8.559 9
43	88.897 2	0.011 2	799.065 5	0.001 3	0.111 3	8.988 6	6 873.322 4	8.601 7
44	98.675 9	0.010 1	887.962 7	0.001 1	0.111 1	8.998 8	7 672.387 9	8.640 4
45	109.530 2	0.009 1	986.638 6	0.001 0	0.111 0	9.007 9	8 560.350 5	8.676 3
46	121.578 6	0.008 2	1 096.168 8	0.000 9	0.110 9	9.016 1	9 546.989 1	8.709 4
47	134.952 2	0.007 4	1 217.747 4	0.000 8	0.110 8	9.023 5	10 643.157 9	8.740 0
48	149.797 0	0.006 7	1 352.699 6	0.000 7	0.110 7	9.030 2	11 860.905 3	8.768 3
49	166.274 6	0.006 0	1 502.496 5	0.000 7	0.110 7	9.036 2	13 213.604 8	8.794 4
50	184.564 8	0.005 4	1 668.771 2	0.000 6	0.110 6	9.041 7	14 716.101 4	8.818 5

表 A-12 $i=12\%$

n	$(F/P, i, n)$	$(P/F, i, n)$	$(F/A, i, n)$	$(A/F, i, n)$	$(A/P, i, n)$	$(P/A, i, n)$	$(F/G, i, n)$	$(A/G, i, n)$
1	1.120 0	0.892 9	1.000 0	1.000 0	1.120 0	0.892 9	0.000 0	0.000 0
2	1.254 4	0.797 2	2.120 0	0.471 7	0.591 7	1.690 1	1.000 0	0.471 7
3	1.404 9	0.711 8	3.374 4	0.296 3	0.416 3	2.401 8	3.120 0	0.924 6
4	1.573 5	0.635 5	4.779 3	0.209 2	0.329 2	3.037 3	6.494 4	1.358 9
5	1.762 3	0.567 4	6.352 8	0.157 4	0.277 4	3.604 8	11.273 7	1.774 6
6	1.973 8	0.506 6	8.115 2	0.123 2	0.243 2	4.111 4	17.626 6	2.172 0
7	2.210 7	0.452 3	10.089 0	0.099 1	0.219 1	4.563 8	25.741 8	2.551 5
8	2.476 0	0.403 9	12.299 7	0.081 3	0.201 3	4.967 6	35.830 8	2.913 1
9	2.773 1	0.360 6	14.775 7	0.067 7	0.187 7	5.328 2	48.130 5	3.257 4
10	3.105 8	0.322 0	17.548 7	0.057 0	0.177 0	5.650 2	62.906 1	3.584 7
11	3.478 5	0.287 5	20.654 6	0.048 4	0.168 4	5.937 7	80.454 9	3.895 3
12	3.896 0	0.256 7	24.133 1	0.041 4	0.161 4	6.194 4	101.109 4	4.189 7
13	4.363 5	0.229 2	28.029 1	0.035 7	0.155 7	6.423 5	125.242 6	4.468 3
14	4.887 1	0.204 6	32.392 6	0.030 9	0.150 9	6.628 2	153.271 7	4.731 7
15	5.473 6	0.182 7	37.279 7	0.026 8	0.146 8	6.810 9	185.664 3	4.980 3
16	6.130 4	0.163 1	42.753 3	0.023 4	0.143 4	6.974 0	222.944 0	5.214 7
17	6.866 0	0.145 6	48.883 7	0.020 5	0.140 5	7.119 6	265.697 3	5.435 3
18	7.690 0	0.130 0	55.749 7	0.017 9	0.137 9	7.249 7	314.581 0	5.642 7
19	8.612 8	0.116 1	63.439 7	0.015 8	0.135 8	7.365 8	370.330 7	5.837 5
20	9.646 3	0.103 7	72.052 4	0.013 9	0.133 9	7.469 4	433.770 4	6.020 2
21	10.803 8	0.092 6	81.698 7	0.012 2	0.132 2	7.562 0	505.822 8	6.191 3
22	12.100 3	0.082 6	92.502 6	0.010 8	0.130 8	7.644 6	587.521 5	6.351 4
23	13.552 3	0.073 8	104.602 9	0.009 6	0.129 6	7.718 4	680.024 1	6.501 0
24	15.178 6	0.065 9	118.155 2	0.008 5	0.128 5	7.784 3	784.627 0	6.640 6
25	17.000 1	0.058 8	133.333 9	0.007 5	0.127 5	7.843 1	902.782 3	6.770 8
26	19.040 1	0.052 5	150.333 9	0.006 7	0.126 7	7.895 7	1 036.116 1	6.892 1
27	21.324 9	0.046 9	169.374 0	0.005 9	0.125 9	7.942 6	1 186.450 1	7.004 9
28	23.883 9	0.041 9	190.698 9	0.005 2	0.125 2	7.984 4	1 355.824 1	7.109 8
29	26.749 9	0.037 4	214.582 8	0.004 7	0.124 7	8.021 8	1 546.522 9	7.207 1
30	29.959 9	0.033 4	241.332 7	0.004 1	0.124 1	8.055 2	1 761.105 7	7.297 4
31	33.555 1	0.029 8	271.292 6	0.003 7	0.123 7	8.085 0	2 002.438 4	7.381 1
32	37.581 7	0.026 6	304.847 7	0.003 3	0.123 3	8.111 6	2 273.731 0	7.458 6
33	42.091 5	0.023 8	342.429 4	0.002 9	0.122 9	8.135 4	2 578.578 7	7.530 2
34	47.142 5	0.021 2	384.521 0	0.002 6	0.122 6	8.156 6	2 921.008 2	7.596 5
35	52.799 6	0.018 9	431.663 5	0.002 3	0.122 3	8.175 5	3 305.529 1	7.657 7
36	59.135 6	0.016 9	484.463 1	0.002 1	0.122 1	8.192 4	3 737.192 6	7.714 1
37	66.231 8	0.015 1	543.598 7	0.001 8	0.121 8	8.207 5	4 221.655 8	7.766 1
38	74.179 7	0.013 5	609.830 5	0.001 6	0.121 6	8.221 0	4 765.254 4	7.814 1
39	83.081 2	0.012 0	684.010 2	0.001 5	0.121 5	8.233 0	5 375.085 0	7.858 2
40	93.051 0	0.010 7	767.091 4	0.001 3	0.121 3	8.243 8	6 059.095 2	7.898 8
41	104.217 1	0.009 6	860.142 4	0.001 2	0.121 2	8.253 4	6 826.186 6	7.936 1
42	116.723 1	0.008 6	964.359 5	0.001 0	0.121 0	8.261 9	7 686.329 0	7.970 4
43	130.729 9	0.007 6	1 081.082 6	0.000 9	0.120 9	8.269 6	8 650.688 5	8.001 9
44	146.417 5	0.006 8	1 211.812 5	0.000 8	0.120 8	8.276 4	9 731.771 1	8.030 8
45	163.987 6	0.006 1	1 358.230 0	0.000 7	0.120 7	8.282 5	10 943.583 6	8.057 2
46	183.666 1	0.005 4	1 522.217 6	0.000 7	0.120 7	8.288 0	12 301.813 6	8.081 5
47	205.706 1	0.004 9	1 705.883 8	0.000 6	0.120 6	8.292 8	13 824.031 3	8.103 7
48	230.390 8	0.004 3	1 911.589 8	0.000 5	0.120 5	8.297 2	15 529.915 0	8.124 1
49	258.037 7	0.003 9	2 141.980 6	0.000 5	0.120 5	8.301 0	17 441.504 8	8.142 7
50	289.002 2	0.003 5	2 400.018 2	0.000 4	0.120 4	8.304 5	19 583.485 4	8.159 7

表 A-13 $i=13\%$

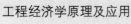

n	$(F/P, i, n)$	$(P/F, i, n)$	$(F/A, i, n)$	$(A/F, i, n)$	$(A/P, i, n)$	$(P/A, i, n)$	$(F/G, i, n)$	$(A/G, i, n)$
1	1.130 0	0.885 0	1.000 0	1.000 0	1.130 0	0.885 0	0.000 0	0.000 0
2	1.276 9	0.783 1	2.130 0	0.469 5	0.599 5	1.668 1	1.000 0	0.469 5
3	1.442 9	0.693 1	3.406 9	0.293 5	0.423 5	2.361 2	3.130 0	0.918 7
4	1.630 5	0.613 3	4.849 8	0.206 2	0.336 2	2.974 5	6.536 9	1.347 9
5	1.842 4	0.542 8	6.480 3	0.154 3	0.284 3	3.517 2	11.386 7	1.757 1
6	2.082 0	0.480 3	8.322 7	0.120 2	0.250 2	3.997 5	17.867 0	2.146 8
7	2.352 6	0.425 1	10.404 7	0.096 1	0.226 1	4.422 6	26.189 7	2.517 1
8	2.658 4	0.376 2	12.757 3	0.078 4	0.208 4	4.798 8	36.594 3	2.868 5
9	3.004 0	0.332 9	15.415 7	0.064 9	0.194 9	5.131 7	49.351 6	3.201 4
10	3.394 6	0.294 6	18.419 7	0.054 3	0.184 3	5.426 2	64.767 3	3.516 2
11	3.835 9	0.260 7	21.814 3	0.045 8	0.175 8	5.686 9	83.187 1	3.813 4
12	4.334 5	0.230 7	25.650 2	0.039 0	0.169 0	5.917 6	105.001 4	4.093 6
13	4.898 0	0.204 2	29.984 7	0.033 4	0.163 4	6.121 8	130.651 5	4.357 3
14	5.534 8	0.180 7	34.882 7	0.028 7	0.158 7	6.302 5	160.636 2	4.605 0
15	6.254 3	0.159 9	40.417 5	0.024 7	0.154 7	6.462 4	195.519 0	4.837 5
16	7.067 3	0.141 5	46.671 7	0.021 4	0.151 4	6.603 9	235.936 4	5.055 2
17	7.986 1	0.125 2	53.739 1	0.018 6	0.148 6	6.729 1	282.608 2	5.258 9
18	9.024 3	0.110 8	61.725 1	0.016 2	0.146 2	6.839 9	336.347 2	5.449 1
19	10.197 4	0.098 1	70.749 4	0.014 1	0.144 1	6.938 0	398.072 4	5.626 5
20	11.523 1	0.086 8	80.946 8	0.012 4	0.142 4	7.024 8	468.821 8	5.791 7
21	13.021 1	0.076 8	92.469 9	0.010 8	0.140 8	7.101 6	549.768 6	5.945 4
22	14.713 8	0.068 0	105.491 0	0.009 5	0.139 5	7.169 5	642.238 5	6.088 1
23	16.626 6	0.060 1	120.204 8	0.008 3	0.138 3	7.229 7	747.729 5	6.220 5
24	18.788 1	0.053 2	136.831 5	0.007 3	0.137 3	7.282 9	867.934 3	6.343 1
25	21.230 5	0.047 1	155.619 6	0.006 4	0.136 4	7.330 0	1 004.765 8	6.456 6
26	23.990 5	0.041 7	176.850 1	0.005 7	0.135 7	7.371 7	1 160.385 4	6.561 4
27	27.109 3	0.036 9	200.840 6	0.005 0	0.135 0	7.408 6	1 337.235 5	6.658 2
28	30.633 5	0.032 6	227.949 9	0.004 4	0.134 4	7.441 2	1 538.076 1	6.747 4
29	34.615 8	0.028 9	258.583 4	0.003 9	0.133 9	7.470 1	1 766.026 0	6.829 6
30	39.115 9	0.025 6	293.199 2	0.003 4	0.133 4	7.495 7	2 024.609 3	6.905 2
31	44.201 0	0.022 6	332.315 1	0.003 0	0.133 0	7.518 3	2 317.808 6	6.974 7
32	49.947 1	0.020 0	376.516 1	0.002 7	0.132 7	7.538 3	2 650.123 7	7.038 5
33	56.440 2	0.017 7	426.463 2	0.002 3	0.132 3	7.556 0	3 026.639 8	7.097 1
34	63.777 4	0.015 7	482.903 4	0.002 1	0.132 1	7.571 7	3 453.102 9	7.150 7
35	72.068 5	0.013 9	546.680 8	0.001 8	0.131 8	7.585 6	3 936.006 3	7.199 8
36	81.437 4	0.012 3	618.749 3	0.001 6	0.131 6	7.597 9	4 482.687 1	7.244 8
37	92.024 3	0.010 9	700.186 7	0.001 4	0.131 4	7.608 7	5 101.436 4	7.285 8
38	103.987 4	0.009 6	792.211 0	0.001 3	0.131 3	7.618 3	5 801.623 2	7.323 3
39	117.505 8	0.008 5	896.198 4	0.001 1	0.131 1	7.626 8	6 593.834 2	7.357 6
40	132.781 6	0.007 5	1 013.704 2	0.001 0	0.131 0	7.634 4	7 490.032 6	7.388 8
41	150.043 2	0.006 7	1 146.485 8	0.000 9	0.130 9	7.641 0	8 503.736 9	7.417 2
42	169.548 8	0.005 9	1 296.528 9	0.000 8	0.130 8	7.646 9	9 650.222 7	7.443 1
43	191.590 1	0.005 2	1 466.077 7	0.000 7	0.130 7	7.652 2	10 946.751 6	7.466 7
44	216.496 8	0.004 6	1 657.667 8	0.000 6	0.130 6	7.656 8	12 412.829 3	7.488 1
45	244.641 4	0.004 1	1 874.164 6	0.000 5	0.130 5	7.660 9	14 070.497 2	7.507 6
46	276.444 8	0.003 6	2 118.806 0	0.000 5	0.130 5	7.664 5	15 944.661 8	7.525 3
47	312.382 6	0.003 2	2 395.250 8	0.000 4	0.130 4	7.667 7	18 063.467 8	7.541 4
48	352.992 3	0.002 8	2 707.633 4	0.000 4	0.130 4	7.670 5	20 458.718 6	7.555 9
49	398.881 3	0.002 5	3 060.625 8	0.000 3	0.130 3	7.673 0	23 166.352 1	7.569 2
50	450.735 9	0.002 2	3 459.507 1	0.000 3	0.130 3	7.675 2	26 226.977 8	7.581 1

表 A-14 $i=14\%$

n	$(F/P, i, n)$	$(P/F, i, n)$	$(F/A, i, n)$	$(A/F, i, n)$	$(A/P, i, n)$	$(P/A, i, n)$	$(F/G, i, n)$	$(A/G, i, n)$
1	1.140 0	0.877 2	1.000 0	1.000 0	1.140 0	0.877 2	0.000 0	0.000 0
2	1.299 6	0.769 5	2.140 0	0.467 3	0.607 3	1.646 7	1.000 0	0.467 3
3	1.481 5	0.675 0	3.439 6	0.290 7	0.430 7	2.321 6	3.140 0	0.912 9
4	1.689 0	0.592 1	4.921 1	0.203 2	0.343 2	2.913 7	6.579 6	1.337 0
5	1.925 4	0.519 4	6.610 1	0.151 3	0.291 3	3.433 1	11.500 7	1.739 9
6	2.195 0	0.455 6	8.535 5	0.117 2	0.257 2	3.888 7	18.110 8	2.121 8
7	2.502 3	0.399 6	10.730 5	0.093 2	0.233 2	4.288 3	26.646 4	2.483 2
8	2.852 6	0.350 6	13.232 8	0.075 6	0.215 6	4.638 9	37.376 9	2.824 6
9	3.251 9	0.307 5	16.085 3	0.062 2	0.202 2	4.946 4	50.609 6	3.146 3
10	3.707 2	0.269 7	19.337 3	0.051 7	0.191 7	5.216 1	66.695 0	3.449 0
11	4.226 2	0.236 6	23.044 5	0.043 4	0.183 4	5.452 7	86.032 3	3.733 3
12	4.817 9	0.207 6	27.270 7	0.036 7	0.176 7	5.660 3	109.076 8	3.999 8
13	5.492 4	0.182 1	32.088 7	0.031 2	0.171 2	5.842 4	136.347 5	4.249 1
14	6.261 3	0.159 7	37.581 1	0.026 6	0.166 6	6.002 1	168.436 2	4.481 9
15	7.137 9	0.140 1	43.842 4	0.022 8	0.162 8	6.142 2	206.017 2	4.699 0
16	8.137 2	0.122 9	50.980 4	0.019 6	0.159 6	6.265 1	249.859 7	4.901 1
17	9.276 5	0.107 8	59.117 6	0.016 9	0.156 9	6.372 9	300.840 0	5.088 8
18	10.575 2	0.094 6	68.394 1	0.014 6	0.154 6	6.467 4	359.957 6	5.263 0
19	12.055 7	0.082 9	78.969 2	0.012 7	0.152 7	6.550 4	428.351 7	5.424 3
20	13.743 5	0.072 8	91.024 9	0.011 0	0.151 0	6.623 1	507.320 9	5.573 4
21	15.667 6	0.063 8	104.768 4	0.009 5	0.149 5	6.687 0	598.345 8	5.711 1
22	17.861 0	0.056 0	120.436 0	0.008 3	0.148 3	6.742 9	703.114 3	5.838 1
23	20.361 6	0.049 1	138.297 0	0.007 2	0.147 2	6.792 1	823.550 3	5.954 9
24	23.212 2	0.043 1	158.658 6	0.006 3	0.146 3	6.835 1	961.847 3	6.062 4
25	26.461 9	0.037 8	181.870 8	0.005 5	0.145 5	6.872 9	1 120.505 9	6.161 0
26	30.166 6	0.033 1	208.332 7	0.004 8	0.144 8	6.906 1	1 302.376 7	6.251 4
27	34.389 9	0.029 1	238.499 3	0.004 2	0.144 2	6.935 2	1 510.709 5	6.334 2
28	39.204 5	0.025 5	272.889 2	0.003 7	0.143 7	6.960 7	1 749.208 8	6.410 0
29	44.693 1	0.022 4	312.093 7	0.003 2	0.143 2	6.983 0	2 022.098 0	6.479 1
30	50.950 2	0.019 6	356.786 8	0.002 8	0.142 8	7.002 7	2 334.191 8	6.542 3
31	58.083 2	0.017 2	407.737 0	0.002 5	0.142 5	7.019 9	2 690.978 6	6.599 8
32	66.214 8	0.015 1	465.820 2	0.002 1	0.142 1	7.035 0	3 098.715 6	6.652 2
33	75.484 9	0.013 2	532.035 0	0.001 9	0.141 9	7.048 2	3 564.535 8	6.699 8
34	86.052 8	0.011 6	607.519 9	0.001 6	0.141 6	7.059 9	4 096.570 8	6.743 1
35	98.100 2	0.010 2	693.572 7	0.001 4	0.141 4	7.070 0	4 704.090 7	6.782 4
36	111.834 2	0.008 9	791.672 9	0.001 3	0.141 3	7.079 0	5 397.663 4	6.818 0
37	127.491 0	0.007 8	903.507 1	0.001 1	0.141 1	7.086 8	6 189.336 3	6.850 3
38	145.339 7	0.006 9	1 030.998 1	0.001 0	0.141 0	7.093 7	7 092.843 4	6.879 6
39	165.687 3	0.006 0	1 176.337 8	0.000 9	0.140 9	7.099 7	8 123.841 5	6.906 0
40	188.883 5	0.005 3	1 342.025 1	0.000 7	0.140 7	7.105 0	9 300.179 3	6.930 0
41	215.327 2	0.004 6	1 530.908 6	0.000 7	0.140 7	7.109 7	10 642.204 4	6.951 6
42	245.473 0	0.004 1	1 746.235 8	0.000 6	0.140 6	7.113 8	12 173.113 0	6.971 1
43	279.839 2	0.003 6	1 991.708 8	0.000 5	0.140 5	7.117 3	13 919.348 8	6.988 6
44	319.016 7	0.003 1	2 271.548 1	0.000 4	0.140 4	7.120 5	15 911.057 6	7.004 5
45	363.679 1	0.002 7	2 590.564 8	0.000 4	0.140 4	7.123 2	18 182.605 7	7.018 8
46	414.594 1	0.002 4	2 954.243 9	0.000 3	0.140 3	7.125 6	20 773.170 5	7.031 6
47	472.637 3	0.002 1	3 368.838 0	0.000 3	0.140 3	7.127 7	23 727.414 4	7.043 2
48	538.806 5	0.001 9	3 841.475 3	0.000 3	0.140 3	7.129 6	27 096.252 4	7.053 6
49	614.239 5	0.001 6	4 380.281 9	0.000 2	0.140 2	7.131 2	30 937.727 7	7.063 0
50	700.233 0	0.001 4	4 994.521 3	0.000 2	0.140 2	7.132 7	35 318.009 6	7.071 4

表 A-15　$i=15\%$

n	(F/P, i, n)	(P/F, i, n)	(F/A, i, n)	(A/F, i, n)	(A/P, i, n)	(P/A, i, n)	(F/G, i, n)	(A/G, i, n)
1	1.150 0	0.869 6	1.000 0	1.000 0	1.150 0	0.869 6	0.000 0	0.000 0
2	1.322 5	0.756 1	2.150 0	0.465 1	0.615 1	1.625 7	1.000 0	0.465 1
3	1.520 9	0.657 5	3.472 5	0.288 0	0.438 0	2.283 2	3.150 0	0.907 1
4	1.749 0	0.571 8	4.993 4	0.200 3	0.350 3	2.855 0	6.622 5	1.326 3
5	2.011 4	0.497 2	6.742 4	0.148 3	0.298 3	3.352 2	11.615 9	1.722 8
6	2.313 1	0.432 3	8.753 7	0.114 2	0.264 2	3.784 5	18.358 3	2.097 2
7	2.660 0	0.375 9	11.066 8	0.090 4	0.240 4	4.160 4	27.112 0	2.449 8
8	3.059 0	0.326 9	13.726 8	0.072 9	0.222 9	4.487 3	38.178 8	2.781 3
9	3.517 9	0.284 3	16.785 8	0.059 6	0.209 6	4.771 6	51.905 6	3.092 2
10	4.045 6	0.247 2	20.303 7	0.049 3	0.199 3	5.018 8	68.691 5	3.383 2
11	4.652 4	0.214 9	24.349 3	0.041 1	0.191 1	5.233 7	88.995 2	3.654 9
12	5.350 3	0.186 9	29.001 7	0.034 5	0.184 5	5.420 6	113.344 4	3.908 2
13	6.152 8	0.162 5	34.351 9	0.029 1	0.179 1	5.583 1	142.346 1	4.143 8
14	7.075 7	0.141 3	40.504 7	0.024 7	0.174 7	5.724 5	176.698 0	4.362 4
15	8.137 1	0.122 9	47.580 4	0.021 0	0.171 0	5.847 4	217.202 7	4.565 0
16	9.357 6	0.106 9	55.717 5	0.017 9	0.167 9	5.954 2	264.783 1	4.752 2
17	10.761 3	0.092 9	65.075 1	0.015 4	0.165 4	6.047 2	320.500 6	4.925 1
18	12.375 5	0.080 8	75.836 4	0.013 2	0.163 2	6.128 0	385.575 7	5.084 3
19	14.231 8	0.070 3	88.211 8	0.011 3	0.161 3	6.198 2	461.412 1	5.230 7
20	16.366 5	0.061 1	102.443 6	0.009 8	0.159 8	6.259 3	549.623 9	5.365 1
21	18.821 5	0.053 1	118.810 1	0.008 4	0.158 4	6.312 5	652.067 5	5.488 3
22	21.644 7	0.046 2	137.631 6	0.007 3	0.157 3	6.358 7	770.877 6	5.601 0
23	24.891 5	0.040 2	159.276 4	0.006 3	0.156 3	6.398 8	908.509 2	5.704 0
24	28.625 2	0.034 9	184.167 8	0.005 4	0.155 4	6.433 8	1 067.785 6	5.797 9
25	32.919 0	0.030 4	212.793 0	0.004 7	0.154 7	6.464 1	1 251.953 4	5.883 4
26	37.856 8	0.026 4	245.712 0	0.004 1	0.154 1	6.490 6	1 464.746 5	5.961 2
27	43.535 3	0.023 0	283.568 8	0.003 5	0.153 5	6.513 5	1 710.458 4	6.031 9
28	50.065 6	0.020 0	327.104 1	0.003 1	0.153 1	6.533 5	1 994.027 2	6.096 0
29	57.575 5	0.017 4	377.169 7	0.002 7	0.152 7	6.550 9	2 321.131 3	6.154 1
30	66.211 8	0.015 1	434.745 1	0.002 3	0.152 3	6.566 0	2 698.301 0	6.206 6
31	76.143 5	0.013 1	500.956 9	0.002 0	0.152 0	6.579 1	3 133.046 1	6.254 1
32	87.565 1	0.011 4	577.100 5	0.001 7	0.151 7	6.590 5	3 634.003 0	6.297 0
33	100.699 8	0.009 9	664.665 5	0.001 5	0.151 5	6.600 5	4 211.103 5	6.335 7
34	115.804 8	0.008 6	765.365 4	0.001 3	0.151 3	6.609 1	4 875.769 0	6.370 5
35	133.175 5	0.007 5	881.170 2	0.001 1	0.151 1	6.616 6	5 641.134 4	6.401 9
36	153.151 9	0.006 5	1 014.345 7	0.001 0	0.151 0	6.623 1	6 522.304 5	6.430 1
37	176.124 6	0.005 7	1 167.497 5	0.000 9	0.150 9	6.628 8	7 536.650 2	6.455 4
38	202.543 3	0.004 9	1 343.622 2	0.000 7	0.150 7	6.633 8	8 704.147 7	6.478 1
39	232.924 8	0.004 3	1 546.165 5	0.000 6	0.150 6	6.638 0	10 047.769 9	6.498 5
40	267.863 5	0.003 7	1 779.090 3	0.000 6	0.150 6	6.641 8	11 593.935 4	6.516 8
41	308.043 1	0.003 2	2 046.953 9	0.000 5	0.150 5	6.645 0	13 373.025 7	6.533 1
42	354.249 5	0.002 8	2 354.996 9	0.000 4	0.150 4	6.647 8	15 419.979 6	6.547 8
43	407.387 0	0.002 5	2 709.246 5	0.000 4	0.150 4	6.650 3	17 774.976 5	6.560 9
44	468.495 0	0.002 1	3 116.633 4	0.000 3	0.150 3	6.652 4	20 484.223 0	6.572 5
45	538.769 3	0.001 9	3 585.128 5	0.000 3	0.150 3	6.654 3	23 600.856 4	6.583 0
46	619.584 7	0.001 6	4 123.897 7	0.000 2	0.150 2	6.655 9	27 185.984 9	6.592 3
47	712.522 4	0.001 4	4 743.482 4	0.000 2	0.150 2	6.657 3	31 309.882 6	6.600 6
48	819.400 7	0.001 2	5 456.004 7	0.000 2	0.150 2	6.658 5	36 053.365 0	6.608 0
49	942.310 8	0.001 1	6 275.405 5	0.000 2	0.150 2	6.659 6	41 509.369 7	6.614 6
50	1 083.657 4	0.000 9	7 217.716 3	0.000 1	0.150 1	6.660 5	47 784.775 2	6.620 5

表 A-16 $i=16\%$

n	$(F/P, i, n)$	$(P/F, i, n)$	$(F/A, i, n)$	$(A/F, i, n)$	$(A/P, i, n)$	$(P/A, i, n)$	$(F/G, i, n)$	$(A/G, i, n)$
1	1.160 0	0.862 1	1.000 0	1.000 0	1.160 0	0.862 1	0.000 0	0.000 0
2	1.345 6	0.743 2	2.160 0	0.463 0	0.623 0	1.605 2	1.000 0	0.463 0
3	1.560 9	0.640 7	3.505 6	0.285 3	0.445 3	2.245 9	3.160 0	0.901 4
4	1.810 6	0.552 3	5.066 5	0.197 4	0.357 4	2.798 2	6.665 6	1.315 6
5	2.100 3	0.476 1	6.877 1	0.145 4	0.305 4	3.274 3	11.732 1	1.706 0
6	2.436 4	0.410 4	8.977 5	0.111 4	0.271 4	3.684 7	18.609 2	2.072 9
7	2.826 2	0.353 8	11.413 9	0.087 6	0.247 6	4.038 6	27.586 7	2.416 9
8	3.278 4	0.305 0	14.240 1	0.070 2	0.230 2	4.343 6	39.000 6	2.738 8
9	3.803 0	0.263 0	17.518 5	0.057 1	0.217 1	4.606 5	53.240 7	3.039 1
10	4.411 4	0.226 7	21.321 5	0.046 9	0.206 9	4.833 2	70.759 2	3.318 7
11	5.117 3	0.195 4	25.732 9	0.038 9	0.198 9	5.028 6	92.080 7	3.578 3
12	5.936 0	0.168 5	30.850 2	0.032 4	0.192 4	5.197 1	117.813 6	3.818 9
13	6.885 8	0.145 2	36.786 2	0.027 2	0.187 2	5.342 3	148.663 7	4.041 3
14	7.987 5	0.125 2	43.672 0	0.022 9	0.182 9	5.467 5	185.449 9	4.246 4
15	9.265 5	0.107 9	51.659 5	0.019 4	0.179 4	5.575 5	229.121 9	4.435 2
16	10.748 0	0.093 0	60.925 0	0.016 4	0.176 4	5.668 5	280.781 4	4.608 6
17	12.467 7	0.080 2	71.673 0	0.014 0	0.174 0	5.748 7	341.706 4	4.767 6
18	14.462 5	0.069 1	84.140 7	0.011 9	0.171 9	5.817 8	413.379 5	4.913 0
19	16.776 5	0.059 6	98.603 2	0.010 1	0.170 1	5.877 5	497.520 2	5.045 7
20	19.460 8	0.051 4	115.379 7	0.008 7	0.168 7	5.928 8	596.123 4	5.166 6
21	22.574 5	0.044 3	134.840 5	0.007 4	0.167 4	5.973 1	711.503 2	5.276 6
22	26.186 4	0.038 2	157.415 0	0.006 4	0.166 4	6.011 3	846.343 7	5.376 5
23	30.376 2	0.032 9	183.601 4	0.005 4	0.165 4	6.044 2	1 003.758 7	5.467 1
24	35.236 4	0.028 4	213.977 6	0.004 7	0.164 7	6.072 6	1 187.360 0	5.549 0
25	40.874 2	0.024 5	249.214 0	0.004 0	0.164 0	6.097 1	1 401.337 6	5.623 0
26	47.414 1	0.021 1	290.088 3	0.003 4	0.163 4	6.118 2	1 650.551 7	5.689 8
27	55.000 4	0.018 2	337.502 4	0.003 0	0.163 0	6.136 4	1 940.639 9	5.750 0
28	63.800 4	0.015 7	392.502 8	0.002 5	0.162 5	6.152 0	2 278.142 3	5.804 1
29	74.008 5	0.013 5	456.303 2	0.002 2	0.162 2	6.165 6	2 670.645 1	5.852 8
30	85.849 9	0.011 6	530.311 7	0.001 9	0.161 9	6.177 2	3 126.948 3	5.896 4
31	99.585 9	0.010 0	616.161 6	0.001 6	0.161 6	6.187 2	3 657.260 0	5.935 6
32	115.519 6	0.008 7	715.747 5	0.001 4	0.161 4	6.195 9	4 273.421 7	5.970 6
33	134.002 7	0.007 5	831.267 1	0.001 2	0.161 2	6.203 4	4 989.169 1	6.001 9
34	155.443 2	0.006 4	965.269 8	0.001 0	0.161 0	6.209 8	5 820.436 2	6.029 9
35	180.314 1	0.005 5	1 120.713 0	0.000 9	0.160 9	6.215 3	6 785.706 0	6.054 8
36	209.164 3	0.004 8	1 301.027 0	0.000 8	0.160 8	6.220 1	7 906.418 9	6.077 1
37	242.630 6	0.004 1	1 510.191 4	0.000 7	0.160 7	6.224 2	9 207.446 0	6.096 9
38	281.451 5	0.003 6	1 752.822 0	0.000 6	0.160 6	6.227 8	10 717.637 3	6.114 5
39	326.483 8	0.003 1	2 034.273 5	0.000 5	0.160 5	6.230 9	12 470.459 3	6.130 2
40	378.721 2	0.002 6	2 360.757 2	0.000 4	0.160 4	6.233 5	14 504.732 8	6.144 1
41	439.316 5	0.002 3	2 739.478 4	0.000 4	0.160 4	6.235 8	16 865.490 0	6.156 5
42	509.607 2	0.002 0	3 178.794 9	0.000 3	0.160 3	6.237 7	19 604.968 4	6.167 4
43	591.144 3	0.001 7	3 688.402 1	0.000 3	0.160 3	6.239 4	22 783.763 3	6.177 1
44	685.727 4	0.001 5	4 279.546 5	0.000 2	0.160 2	6.240 9	26 472.165 5	6.185 7
45	795.443 8	0.001 3	4 965.273 9	0.000 2	0.160 2	6.242 1	30 751.711 9	6.193 4
46	922.714 8	0.001 1	5 760.717 7	0.000 2	0.160 2	6.243 2	35 716.985 9	6.200 1
47	1 070.349 2	0.000 9	6 683.432 6	0.000 1	0.160 1	6.244 2	41 477.703 6	6.206 0
48	1 241.605 1	0.000 8	7 753.781 8	0.000 1	0.160 1	6.245 0	48 161.136 2	6.211 3
49	1 440.261 9	0.000 7	8 995.386 9	0.000 1	0.160 1	6.245 7	55 914.918 0	6.216 0
50	1 670.703 8	0.000 6	10 435.648 8	0.000 1	0.160 1	6.246 3	64 910.304 8	6.220 1

附录B　Excel内置财务函数及使用方法

1. ACCRINT

用途：返回定期付息有价证券的应计利息。

语法：ACCRINT（issue，first_interest，settlement，rate，par，frequency，basis）

参数：issue为有价证券的发行日，first_interest为证券的起息日，settlement为证券的成交日（即发行日之后证券卖给购买者的日期），rate为有价证券的年息票利率，par为有价证券的票面价值（如果省略par，函数ACCRINT将par看作$1 000），frequency为年付息次数（如果按年支付，frequency = 1；按半年期支付，frequency = 2；按季支付，frequency = 4）；basis为日计数基准类型（0或省略时为30/360，1为实际天数/实际天数，2为实际天数/360，3为实际天数/365，4为欧洲30/360）。

2. ACCRINTM

用途：返回到期一次性付息有价证券的应计利息。

语法：ACCRINTM（issue，maturity，rate，par，basis）

参数：issue为有价证券的发行日，maturity为有价证券的到期日，rate为有价证券的年息票利率，par为有价证券的票面价值，basis为日计数基准类型（0或省略时为30/360，1为实际天数/实际天数，2为实际天数/360，3为实际天数/365，4为欧洲30/360）。

3. AMORDEGRC

用途：返回每个会计期间的折旧值。

语法：AMORDEGRC（cost，date_purchased，first_period，salvage，period，rate，basis）

参数：cost为资产原值，date_purchased为购入资产的日期，first_period为第一个期间结束时的日期，salvage为资产在使用寿命结束时的残值，period为期间，rate为折旧率，basis为所使用的年基准（0或省略时为360天，1为实际天数，3为一年365天，4为一年360天）。

4. AMORLINC

用途：返回每个会计期间的折旧值，该函数为法国会计系统提供。如果某项资产是在会计期间内购入的，则按线性折旧法计算。

语法：AMORLINC（cost，date_purchased，first_period，salvage，period，rate，basis）

参数：cost为资产原值，date_purchased为购入资产的日期，first_period为第一个期间结束时的日期，salvage为资产在使用寿命结束时的残值，period为期间，rate为折旧率，basis为所使用的年基准（0或省略时为360天，1为实际天数，3为一年365天，4为一年360天）。

5. COUPDAYBS

用途：返回当前付息期内截止到成交日的天数。

语法：COUPDAYBS（settlement，maturity，frequency，basis）

参数：settlement为证券的成交日（即发行日之后证券卖给购买者的日期），maturity为有价证券的到期日，frequency为年付息次数（如果按年支付，frequency=1；按半年期支付，frequency=2；按季支付，frequency=4），basis为日计数基准类型（0或省略为30/360，1为实际天数/实际天数，2为实际天数/360，3为实际天数/365，4为欧洲30/360）。

6. COUPDAYS

用途：返回成交日所在的付息期的天数。

语法：COUPDAYS（settlement，maturity，frequency，basis）

参数：settlement 为证券的成交日（即发行日之后证券卖给购买者的日期），maturity 为有价证券的到期日（即有价证券有效期截止时的日期），frequency 为年付息次数（如果按年支付，frequency=1；按半年期支付，frequency=2；按季支付，frequency=4），basis 为日计数基准类型（0 或省略为 30/360，1 为实际天数/实际天数，2 为实际天数/360，3 为实际天数/365，4 为欧洲 30/360）。

7. COUPDAYSNC

用途：返回从成交日到下一付息日之间的天数。

语法：COUPDAYSNC（settlement，maturity，frequency，basis）

参数：settlement 为证券的成交日，maturity 为有价证券的到期日，frequency 为年付息次数（如果按年支付，frequency=1；按半年期支付，frequency=2；按季支付，frequency=4），basis 为日计数基准类型（0 或省略为 30/360，1 为实际天数/实际天数，2 为实际天数/360，3 为实际天数/365，4 为欧洲 30/360）。

8. COUPNUM

用途：返回成交日和到期日之间的利息应付次数，向上取整到最近的整数。

语法：COUPNUM（settlement，maturity，frequency，basis）

参数：同上。

9. COUPPCD

用途：返回成交日之前的上一付息日的日期。

语法：COUPPCD（settlement，maturity，frequency，basis）

参数：同上。

10. CUMIPMT

用途：返回一笔贷款在给定的 start-period 到 end-period 期间累计偿还的利息数额。

语法：CUMIPMT（rate，nper，pv，start_period，end_period，type）

参数：rate 为利率，nper 为总付款期数，pv 为现值，start_period 为计算中的首期（付款期数从 1 开始计数），end_period 为计算中的末期，type 为付款时间类型（0 为期末付款，1 为期初付款）。

11. CUMPRINC

用途：返回一笔贷款在给定的 start-period 到 end-period 期间累计偿还的本金数额。

语法：CUMPRINC（rate，nper，pv，start_period，end_period，type）

参数：rate 为利率，nper 为总付款期数，pv 为现值，start_period 为计算中的首期（付款期数从 1 开始计数），end_period 为计算中的末期，type 为付款时间类型（0 为期末付款，1 为期初付款）。

12. DB

用途：使用固定余额递减法[⊖]，计算一笔资产在给定期间内的折旧值。

语法：DB（cost，salvage，life，period，month）

参数：cost 为资产原值，salvage 为资产在折旧期末的价值（也称为资产残值），life 为折旧期限（有时也称作资产的使用寿命），period 为需要计算折旧值的期间。period 必须使用与 life 相同的单位，month 为第一年的月份数（省略时假设为 12）。

13. DDB

用途：使用双倍余额递减法或其他指定方法，计算一笔资产在给定期间内的折旧值。

语法：DDB（cost，salvage，life，period，factor）

参数：cost 为资产原值，salvage 为资产在折旧期末的价值（也称为资产残值），life 为折旧期

⊖ 固定余额递减法又称余额递减法，国内较少采用，国内常用双倍余额递减法。

限（有时也称作资产的使用寿命），period 为需要计算折旧值的期间。period 必须使用与 life 相同的单位，factor 为余额递减速率（如果 factor 省略，则假设为 2）。

14. DISC

用途：返回有价证券的贴现率。

语法：DISC（settlement，maturity，pr，redemption，basis）

参数：settlement 为证券的成交日（即在发行日之后，证券卖给购买者的日期），maturity 为有价证券的到期日，pr 为面值$100 的有价证券的价格，redemption 为面值$100 的有价证券的清偿价值，basis 为日计数基准类型（0 或省略为 30/360，1 为实际天数/实际天数，2 为实际天数/360，3 为实际天数/365，4 为欧洲 30/360）。

15. DOLLARDE

用途：将按分数表示的价格转换为按小数表示的价格，如证券价格，转换为小数表示的数字。

语法：DOLLARDE（fractional_dollar，fraction）

参数：fractional_dollar 以分数表示的数字，fraction 分数中的分母（整数）。

16. DOLLARFR

用途：将按小数表示的价格转换为按分数表示的价格。

语法：DOLLARFR（decimal_dollar，fraction）

参数：decimal_dollar 为小数，fraction 分数中的分母（整数）。

17. DURATION

用途：返回假设面值$100 的定期付息有价证券的修正期限。期限定义为一系列现金流量现值的加权平均值，用于计量债券价格对于收益率变化的敏感程度。

语法：DURATION（settlement，maturity，coupon，yld，frequency，basis）

参数：settlement 为证券的成交日，maturity 为有价证券的到期日，coupon 为有价证券的年息票利率，yld 为有价证券的年收益率，frequency 为年付息次数（如果按年支付，frequency = 1；按半年期支付，frequency = 2；按季支付，frequency = 4），basis 为计数基准类型（0 或省略为 30/360，1 为实际天数/实际天数，2 为实际天数/360，3 为实际天数/365，4 为欧洲 30/360）。

18. EFFECT

用途：利用给定的名义年利率和一年中的复利期次，计算实际年利率。

语法：EFFECT（nominal_rate，npery）

参数：nominal_rate 为名义利率，npery 为每年的复利期数。

19. FV

用途：基于固定利率及等额分期付款方式，返回某项投资的未来值。

语法：FV（rate，nper，pmt，pv，type）

参数：rate 为各期利率，nper 为总投资期（即该项投资的付款期总数），pmt 为各期所应支付的金额，pv 为现值（即从该项投资开始计算时已经入账的款项，或一系列未来付款的当前值的累积和，也称为本金），type 为数字 0 或 1（0 为期末，1 为期初）。

20. FVSCHEDULE

用途：基于一系列复利返回本金的未来值，用于计算某项投资在变动或可调利率下的未来值。

语法：FVSCHEDULE（principal，schedule）

参数：principal 为现值，schedule 为利率数组。

21. INTRATE

用途：返回一次性付息证券的利率。

语法：INTRATE（settlement，maturity，investment，redemption，basis）

参数：settlement 为证券的成交日，maturity 为有价证券的到期日，investment 为有价证券的投资额，redemption 为有价证券到期时的清偿价值，basis 为日计数基准类型（0 或省略为 30/360，1 为实际天数/实际天数，2 为实际天数/360，3 为实际天数/365，4 为欧洲 30/360）。

22. IPMT

用途：基于固定利率及等额分期付款方式，返回投资或贷款在某一给定期限内的利息偿还额。

语法：IPMT（rate，per，nper，pv，fv，type）

参数：rate 为各期利率，per 用于计算其利息数额的期数（在 1 到 nper 之间），nper 为总投资期，pv 为现值（本金），fv 为未来值（最后一次付款后的现金余额。如果省略 fv，则假设其值为 0），type 指定各期的付款时间是在期初还是在期末（0 为期末，1 为期初）。

23. IRR

用途：返回由数值代表的一组现金流量的内部收益率。

语法：IRR（values，guess）

参数：values 为数组或单元格的引用，包含用来计算返回的内部收益率的数字。guess 为对函数 IRR 计算结果的估计值。

24. ISPMT

用途：计算特定投资期内要支付的利息。

语法：ISPMT（rate，per，nper，pv）

参数：rate 为投资的利率，per 为要计算利息的期数（在 1 到 nper 之间），nper 为投资的总支付期数，pv 为投资的当前值（对于贷款来说，pv 为贷款数额）。

25. MDURATION

用途：返回假设面值$100 的有价证券的 Macauley 修正期限。

语法：MDURATION（settlement，maturity，coupon，yld，frequency，basis）

参数：settlement 为证券的成交日，maturity 为有价证券的到期日，coupon 为有价证券的年息票利率，yld 为有价证券的年收益率，frequency 为年付息次数（如果按年支付，frequency = 1；按半年期支付，frequency = 2；按季支付，frequency = 4），basis 为日计数基准类型（0 或省略为 30/360，1 为实际天数/实际天数，2 为实际天数/360，3 为实际天数/365，4 为欧洲 30/360）。

26. MIRR

用途：返回某一期限内现金流量的修正内部收益率。

语法：MIRR（values，finance_rate，reinvest_rate）

参数：values 为一个数组或对包含数字的单元格的引用（代表着各期的一系列支出及收入，其中必须至少包含一个正值和一个负值，才能计算修正后的内部收益率），finance_rate 为现金流量中使用的资金支付的利率，reinvest_rate 为将现金流量再投资的收益率。

27. NOMINAL

用途：基于给定的实际利率和年复利期数，返回名义年利率。

语法：NOMINAL（effect_rate，npery）

参数：effect_rate 为实际利率，npery 为每年的复利期数。

28. NPER

用途：基于固定利率及等额分期付款方式，返回某项投资（或贷款）的总期数。

语法：NPER（rate，pmt，pv，fv，type）

参数：rate 为各期利率，pmt 为各期所应支付的金额，pv 为现值（本金），fv 为未来值（即最后一次付款后希望得到的现金余额），type 可以指定各期的付款时间是在期初还是在期末（0 为期末，1 为期初）。

29. NPV

用途：通过使用贴现率及一系列未来支出（负值）和收入（正值），返回一项投资的净现值。

语法：NPV（rate，value1，value2，…）

参数：rate 为某一期间的贴现率，value1，value2，…为 1~29 个参数，代表支出及收入。

30. ODDFPRICE

用途：返回首期付息日不固定的面值$100 的有价证券的价格。

语法：ODDFPRICE（settlement，maturity，issue，first_coupon，rate，yld，redemption，frequency，basis）

参数：settlement 为证券的成交日，maturity 为有价证券的到期日，issue 为有价证券的发行日，first_coupon 为有价证券的首期付息日，rate 为有价证券的利率，yld 为有价证券的年收益率，redemption 为面值$100 的有价证券的清偿价值，frequency 为年付息次数（如果按年支付，frequency=1；按半年期支付，frequency=2；按季支付，frequency=4），basis 为日计数基准类型（0 或省略为 30/360，1 为实际天数/实际天数，2 为实际天数/360，3 为实际天数/365，4 为欧洲 30/360）。

31. ODDFYIELD

用途：返回首期付息日不固定的有价证券（长期或短期）的收益率。

语法：ODDFYIELD（settlement，maturity，issue，first_coupon，rate，pr，redemption，frequency，basis）

参数：settlement 为证券的成交日，maturity 为有价证券的到期日，issue 为有价证券的发行日，first_ coupon 为有价证券的首期付息日，rate 为有价证券的利率，pr 为有价证券的价格，redemption 为面值$100 的有价证券的清偿价值，frequency 为年付息次数（如果按年支付，frequency=1；按半年期支付，frequency=2；按季支付，frequency=4），basis 为日计数基准类型（0 或省略为 30/360，1 为实际天数/实际天数，2 为实际天数/360，3 为实际天数/365，4 为欧洲 30/360）。

32. ODDLPRICE

用途：返回末期付息日不固定的面值$100 的有价证券（长期或短期）的价格。

语法：ODDLPRICE（settlement，maturity，last_interest，rate，yld，redemption，frequency，basis）

参数：settlement 为有价证券的成交日，maturity 为有价证券的到期日，last_interest 为有价证券的末期付息日，rate 为有价证券的利率，yld 为有价证券的年收益率，redemption 为面值$100 的有价证券的清偿价值，frequency 为年付息次数（如果按年支付，frequency=1；按半年期支付，frequency=2；按季支付，frequency=4），basis 为日计数基准类型（0 或省略为 30/360，1 为实际天数/实际天数，2 为实际天数/360，3 为实际天数/365，4 为欧洲 30/360）。

33. ODDLYIELD

用途：返回末期付息日不固定的有价证券（长期或短期）的收益率。

语法：ODDLYIELD（settlement，maturity，last_interest，rate，pr，redemption，frequency，basis）

参数：settlement 是证券的成交日，maturity 为有价证券的到期日，last_interest 为有价证券的末期付息日，rate 为有价证券的利率，pr 为有价证券的价格，redemption 为面值$100 的有价证券的清偿价值，frequency 为年付息次数（如果按年支付，frequency=1；按半年期支付，frequency=2；按季支付，frequency=4），basis 为日计数基准类型（0 或省略为 30/360，1 为实际天数/实际天数，2 为实际天数/360，3 为实际天数/365，4 为欧洲 30/360）。

34. PMT

用途：基于固定利率及等额分期付款方式，返回贷款的每期付款额。

语法：PMT（rate，nper，pv，fv，type）

参数：rate 为贷款利率，nper 为该项贷款的付款总数，pv 为现值（也称为本金），fv 为未来值（或最后一次付款后希望得到的现金余额），type 指定各期的付款时间是在期初还是在期末（1 为期初，0 为期末）。

35. PPMT

用途：基于固定利率及等额分期付款方式，返回投资在某一给定期间内的本金偿还额。

语法：PPMT（rate，per，nper，pv，fv，type）

参数：rate 为各期利率，per 用于计算其本金数额的期数（介于 1 到 nper 之间），nper 为总投资期（该项投资的付款期总数），pv 为现值（也称为本金），fv 为未来值，type 指定各期的付款时间是在期初还是在期末（1 为期初。0 为期末）。

36. PRICE

用途：返回定期付息的面值$100 的有价证券的价格。

语法：PRICE（settlement，maturity，rate，yld，redemption，frequency，basis）

参数：settlement 为证券的成交日，maturity 为有价证券的到期日，rate 为有价证券的年息票利率，yld 为有价证券的年收益率，redemption 为面值$100 的有价证券的清偿价值，frequency 为年付息次数（如果按年支付，frequency = 1；按半年期支付，frequency = 2；按季支付，frequency = 4），basis 为日计数基准类型（0 或省略为 30/360，1 为实际天数/实际天数，2 为实际天数/360，3 为实际天数/365，4 为欧洲 30/360）。

37. PRICEDISC

用途：返回折价发行的面值$100 的有价证券的价格。

语法：PRICEDISC（settlement，maturity，discount，redemption，basis）

参数：settlement 为证券的成交日，maturity 为有价证券的到期日，discount 为有价证券的贴现率，redemption 为面值$100 的有价证券的清偿价值，basis 为日计数基准类型（0 或省略为 30/360，1 为实际天数/实际天数，2 为实际天数/360，3 为实际天数/365，4 为欧洲 30/360）。

38. PRICEMAT

用途：返回到期付息的面值$100 的有价证券的价格。

语法：PRICEMAT（settlement，maturity，issue，rate，yld，basis）

参数：settlement 为证券的成交日，maturity 为有价证券的到期日，issue 为有价证券的发行日（以时间序列号表示），rate 为有价证券在发行日的利率，yld 为有价证券的年收益率，basis 为日计数基准类型（0 或省略为 30/360，1 为实际天数/实际天数，2 为实际天数/360，3 为实际天数/365，4 为欧洲 30/360）。

39. PV

用途：返回投资的现值（即一系列未来付款的当前值的累积和），如借入方的借入款即为贷出方贷款的现值。

语法：PV（rate，nper，pmt，fv，type）

参数：rate 为各期利率，nper 为总投资（或贷款）期数，pmt 为各期所应支付的金额，fv 为未来值，type 指定各期的付款时间是在期初还是在期末（1 为期初，0 为期末）。

40. RATE

用途：返回年金的各期利率。函数 RATE 通过迭代法计算得出，并且可能无解或有多个解。

语法：RATE（nper，pmt，pv，fv，type，guess）

参数：nper 为总投资期（即该项投资的付款期总数），pmt 为各期付款额，pv 为现值（本金），fv 为未来值，type 指定各期的付款时间是在期初还是在期末（1 为期初，0 为期末，guess 为预期利率的估计值）。

41. RECEIVED

用途：返回一次性付息的有价证券到期收回的金额。

语法：RECEIVED（settlement，maturity，investment，discount，basis）

参数：settlement 为证券的成交日，maturity 为有价证券的到期日，investment 为有价证券的投资额，discount 为有价证券的贴现率，basis 为日计数基准类型（0 或省略为 30/360，1 为实际天数/实际天数，2 为实际天数/360，3 为实际天数/365，4 为欧洲 30/360）。

42. SLN

用途：返回某项资产在一个期间中的线性折旧值。

语法：SLN（cost，salvage，life）

参数：cost 为资产原值，salvage 为资产在折旧期末的价值（也称为资产残值），life 为折旧期限（有时也称作资产的使用寿命）。

43. SYD

用途：返回某项资产按年数总和法计算的指定期间的折旧值。

语法：SYD（cost，salvage，life，per）

参数：cost 为资产原值，salvage 为资产在折旧期末的价值（也称为资产残值），life 为折旧期限（有时也称作资产的使用寿命），per 为期间（单位与 life 相同）。

44. TBILLEQ

用途：返回国库券的等效收益率。

语法：TBILLEQ（settlement，maturity，discount）

参数：settlement 为国库券的成交日（即在发行日之后，国库券卖给购买者的日期），maturity 为国库券的到期日，discount 为国库券的贴现率。

45. TBILLPRICE

用途：返回面值$100 的国库券的价格。

语法：TBILLPRICE（settlement，maturity，discount）

参数：settlement 为国库券的成交日，maturity 为国库券的到期日，discount 为国库券的贴现率。

46. TBILLYIELD

用途：返回国库券的收益率。

语法：TBILLYIELD（settlement，maturity，pr）

参数：settlement 为国库券的成交日，maturity 为国库券的到期日，pr 为面值$100 的国库券的价格。

47. VDB

用途：使用双倍余额递减法或其他指定的方法，返回指定的任何期间内（包括部分期间）的资产折旧值。

语法：VDB（cost，salvage，life，start_period，end_period，factor，no_switch）

参数：cost 为资产原值，salvage 为资产在折旧期末的价值（也称为资产残值），life 为折旧期限（有时也称作资产的使用寿命），start_period 为进行折旧计算的起始期间，end_period 为进行折旧计算的截止期间，factor 为余额递减速率（省略时取 2），no_switch 为逻辑值（取为 FALSE 或省略时，当指定折旧值大于余额递减计算时转用直线折旧法，取 TRUE 时，则不转用）。

48. XIRR

用途：返回一组现金流量的内部收益率，这些现金流量不一定定期发生。若要计算一组定期现金流量的内部收益率，可以使用 IRR 函数。

语法：XIRR（values，dates，guess）

参数：values 与 dates 中的支付时间相对应的一系列现金流量，dates 是与现金流量支付相对应的支付日期表，guess 是对函数 XIRR 计算结果的估计值。

49. XNPV

用途：返回一组现金流量的净现值，这些现金流量不一定定期发生。若要计算一组定期现金流量的净现值，可以使用 NPV 函数。

语法：XNPV（rate，values，dates）

参数：rate 应用于现金流量的贴现率，values 是与 dates 中的支付时间相对应的一系列现金流转，dates 与现金流量支付相对应的支付日期表。

50. YIELD

用途：返回定期付息有价证券的收益率，函数 YIELD 用于计算债券收益率。

语法：YIELD（settlement，maturity，rate，pr，redemption，frequency，basis）

参数：settlement 为证券的成交日，maturity 为有价证券的到期日，rate 为有价证券的年息票利率，pr 为面值$100 的有价证券的价格，redemption 为面值$100 的有价证券的清偿价值，frequency 为年付息次数（如果按年支付，frequency=1；按半年期支付，frequency=2；按季支付，frequency=4），basis 为日计数基准类型（0 或省略为 30/360，1 为实际天数/实际天数，2 为实际天数/360，3 为实际天数/365，4 为欧洲 30/360）。

51. YIELDDISC

用途：返回折价发行的有价证券的年收益率。

语法：YIELDDISC（settlement，maturity，pr，redemption，basis）

参数：settlement 为证券的成交日，maturity 为有价证券的到期日，pr 为面值$100 的有价证券的价格，redemption 为面值$100 的有价证券的清偿价值，basis 为日计数基准类型（0 或省略为 30/360，1 为实际天数/实际天数，2 为实际天数/360，3 为实际天数/365，4 为欧洲 30/360）。

52. YIELDMAT

用途：返回到期付息的有价证券的年收益率。

语法：YIELDMAT（settlement，maturity，issue，rate，pr，basis）

参数：settlement 为证券的成交日，maturity 为有价证券的到期日，issue 为有价证券的发行日（以时间序列号表示），rate 为有价证券在发行日的利率，pr 为面值$100 的有价证券的价格，basis 为日计数基准类型（0 或省略为 30/360，1 为实际天数/实际天数，2 为实际天数/360，3 为实际天数/365，4 为欧洲 30/360）。

附录 C　各章主要例题 Excel 财务函数解答

Excel 的内置财务函数及 Excel 的可建立工作表之间数据关联功能为工程方案经济的研究和 0 投

资项目的财务分析提供了简单易学、便于操作的现代计算工具。本附录是对各章主要例题 Excel 的解答，学习时请先了解以下四点内容：

一是本附录只列入了可采用 Excel 财务函数计算的例题，并没有包括需要采用自建公式进行运算例题。读者可对照本附录的 Excel 解答示例，在 Excel 上边学习边实操，并可与正文中的传统解法进行对照，有助于理解和掌握财务函数公式。有些例题正文中计算结果与电子表格计算结果有差异，这是由于电子表格计算精度较高的缘故。此外，正文中重复运用某一函数公式的多个例题，一般本附录只给出其中一个例题的解法，其他留给读者自行练习。

二是各题在 Excel 编辑栏中显示或是用批注形式注明财务函数公式。财务函数公式使用方法可参阅附录 B 的说明，或者查看 Excel 的帮助。特别要注意，PV、FV、PMT 等函数计算结果的正负号，通常计算结果与其所含参数现金流量的正负号相反，多用几个例子试算就能掌握。

三是众多财务函数涉及 type 参数，type 为数字 0 或 1，用以指定各期的付款（等额支付系列）时间是在期初（取 1）还是期末（取 0）；如果省略，则默认其值为零。选 0 或省略时，与第 1 章的等额支付终值、偿债基金公式、资金回收公式和等额支付现值公式等是直接对应的。

四是在 Excel 录入数据或公式时，充分利用数据管理快捷功能，可快速实现大量数据和公式的录入。常用技巧有两个，一是用鼠标的填充柄功能对有数据或公式的单元格进行拖曳复制；二是编辑公式时，按〈F4〉键对引用单元格插入“$”符号可实现单元格的相对引用、绝对引用或混合引用（再次按〈F4〉键可进行模态切换），可实现公式的快捷复制。

C-1　第 1 章主要例题 Excel 财务函数解答

E3　=C3*POWER(1+5%,2)+D3*POWER(1+5%,1)

	A	B	C	D	E	F
1						
2		年初	1	2	收益总额	
3		A方案	12000	8000	21630	
4		B方案	8000	12000	21420	
5						
6						

=C4*POWER(1+5%, 2)+D4*POWER(1+5%, 1)

图 C-1 【例 1-1】Excel 财务函数解答

C6　=C2*POWER(1+C3,C4)

	A	B	C	D	E
1					
2	已知	P	100		
3		i	10%		
4		n	5		
5					
6	求	F	161.05		

C13　=FV(C10,C11,0,C9)

	A	B	C	D
8				
9	已知	P	-100	
10		i	10%	
11		n	5	
12				
13	求	F	161.05	

图 C-2 【例 1-2】Excel 财务函数解答

C6 =PV(C3,C4,0,C2)

	A	B	C
1			
2	已知	F	500000
3		i	5%
4		n	18
5			
6	求	P	−207760

图 C-3 【例 1-3】Excel 财务函数解答

C6 =FV(C3,C4,C2)

	A	B	C
1			
2	已知	A	−100000
3		i	7%
4		n	10
5			
6	求	F	1381645

图 C-4 【例 1-4】Excel 财务函数解答

C6 =PMT(C3,C4,0,C2)

	A	B	C	D
1				
2	已知	F	300	
3		i	8%	
4		n	8	
5				
6	求	A	−28.20	

图 C-5 【例 1-5】Excel 财务函数解答

C6 = PV(C3,C4,C2)

	A	B	C	D
1				
2	已知	A	10000	type取0
3		i	10%	
4		n	5	
5				
6	求	P	−37908	

图 C-6 【例 1-6】Excel 财务函数解答

C6 = PMT(C3,C4,C2)

	A	B	C	D
1				
2	已知	P	500	
3		i	5%	
4		n	30	
5				
6	求	A	−32.53	type取0

图 C-7 【例 1-8】Excel 财务函数解答

C6 = FV(C3,C4,C2,0,1)

	A	B	C	D
1				
2	已知	A	−100000	type取1
3		i	10%	
4		n	5	
5				
6	求	F	671561	

图 C-8 【例 1-10】Excel 财务函数解答

C6 = PV(C3,C4,C2,0,1)

	A	B	C	D
1				
2	已知	A	−100000	type取1
3		i	10%	
4		n	5	
5				
6	求	F	416987	

图 C-9 【例 1-11】Excel 财务函数解答

C8 =PV(C3,C6,0,PV(C3,C5,C2))

	A	B	C	D	E	F
1						
2	已知	A	100	type取0		
3		i	10%			
4		n1	12			
5		n2	10	=PV (C3, C6, 0, PV (C3, C5, C2))		
6		n3	2	=PV (C3, C4, C2) −PV (C3, C6, C2)		
7						
8	解法一	P	508	=PV (C3, C4, 0, FV (C3, C5, C2))		
9	解法二	P	−508			
10	解法三	P	508			

图 C-10 【例 1-12】Excel 财务函数解答

C10　=EFFECT(C4,C5)

	A	B	C
1			
2	已知	P	10
3		n	10
4		r	8%
5		m	4
6			
7	求	F	
8			
9	解法一	F	−22.08
10	解法二	年有效利率i	8.24%
11		F	−22.08

注：C9 =FV(C4/C5, C3*C5, 0, C2)；C10 =EFFECT(C4, C5)；C11 =FV(C10, C3, 0, C2)

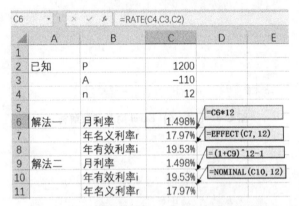

图 C-11 【例 1-15】Excel 财务函数解答

C6　=RATE(C4,0,C2,C3)

	A	B	C
1			
2	已知	P	−300
3		F	525
4		n	9
5			
6	求	i	6.42%

图 C-12 【例 1-16】Excel 财务函数解答

C6　=RATE(C4,C3,C2)

	A	B	C
1			
2	已知	P	1200
3		A	−110
4		n	12
5			
6	解法一	月利率	1.498%
7		年名义利率r	17.97%
8		年有效利率i	19.53%
9	解法二	月利率	1.498%
10		年有效利率i	19.53%
11		年名义利率r	17.97%

注：C7 =C6*12；C8 =EFFECT(C7, 12)；C10 =(1+C9)^12-1；C11 =NOMINAL(C10, 12)

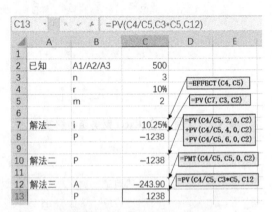

图 C-13 【例 1-19】Excel 财务函数解答

C13　=PV(C4/C5,C3*C5,C12)

	A	B	C
1			
2	已知	A1/A2/A3	500
3		n	3
4		r	10%
5		m	2
6			
7	解法一	i	10.25%
8		P	−1238
9			
10	解法二	P	−1238
11			
12	解法三	A	−243.90
13		P	1238

注：C7 =EFFECT(C4, C5)；C8 =PV(C7, C3, C2)；C10 =PV(C4/C5, 2, 0, C2)+PV(C4/C5, 4, 0, C2)+PV(C4/C5, 6, 0, C2)；C12 =PMT(C4/C5, C5, 0, C2)；C13 =PV(C4/C5, C3*C5, C12)

图 C-14 【例 1-20】财务函数解答

C-2　第 2 章主要例题 Excel 财务函数解答

C5　=SLN(C1,C3,C2)

	A	B	C
1	已知	原值	160000
2		折旧年限	5
3		净残值	5000
4			
5	求	年折旧额	31000.00

图 C-15 【例 2-5】财务函数解答

C6　=SLN(C1,C3*C1,C2*10000)

	A	B	C
1	已知	原值	60000
2		总行驶里程	50
3		残值率	5%
4		本月行驶里程数	4000
5			
6	求	单位里程折旧额	0.114
7		本月折旧额	456

注：C7 =C6*C4

图 C-16 【例 2-6】财务函数解答

C-3　第 3 章主要例题 Excel 财务函数解答

Excel 中有 NPV、IRR 财务函数，但没有内置的静态投资回收期计算函数，一般可应用查找和运算函数嵌套实现静态投资回收期的自动计算。下面简单介绍三个可能需要用到的运算函数，具体运用参见相关例题。

电子表格中的财务函数

（1）MATCH　MATCH 函数返回指定数值在指定数组区域中的位置。

C7 =DDB($C$1,$C$3,$C$2,C6)

	A	B	C	D	E	F	G	H
1	已知	原值	160000					
2		折旧年限	5					
3		净残值	5000					
4								
5	解法一	（DDB函数）						
6		年份	1	2	3	4	5	
7		年折旧额	64000	38400	23040	14780	14780	
8		年末账面净值	96000	57600	34560	19780	5000	
9			=C1-C7	=C8-D7	=DDB($C$1, $C$3, $C$2, E6)			=F7
10								
11	解法二	（VDB函数）	=VDB($C$1, $C$3, $C$2, C12, D12)		=VDB($C$1, $C$3, $C$2, G12, H12)			
12		年末	0	1	2	3	4	5
13		年折旧额		64000	38400	23040	14780	14780
14		累计折旧额		64000	102400	125440	140220	155000
15		=VDB($C$1, $C$3, $C$2, $C$12, D12)			=VDB($C$1, $C$3, $C$2, $C$12, H12)			
16								

DDB函数不能满足双倍余额递减法要求的最后两年折旧按倒数第3年年末固定资产净值扣除预计净残值后净额按2年平均计提的算法。所以，最后两年可输入公式进行计算：=(E8-C3)/2

图 C-17 【例 2-7】财务函数解答

C7 =SYD($C$1,$C$3,$C$2,C6)

	A	B	C	D	E	F	G
1	已知	原值	160000				
2		折旧年限	5				
3		净残值	5000				
4							
5	解	（SYD函数）			=SYD($C$1, $C$3, $C$2, G6)		
6		年份	1	2	3	4	5
7		年折旧额	51667	41333	31000	20667	10333

图 C-18 【例 2-8】财务函数解答

语法：MATCH（lookup_value，lookup_array，[match_type]）

参数：

lookup_value 必需参数，需要在 lookup_array 中查找的值。

lookup_array 必需参数，要搜索的单元格区域。

match_type 可选参数，数字 -1、0 或 1。match_type 参数指定 Excel 如何在 lookup_array 中查找 lookup_value 的值。1 或省略，表示 MATCH 函数会查找小于或等于 lookup_value 的最大值；0，表示 MATCH 函数会查找等于 lookup_value 的第一个值；-1，表示 MATCH 函数会查找大于或等于 lookup_value 的最小值。

（2）LOOKUP　LOOKUP 函数返回向量或数组中的数值，要求数值必须按升序排序。如果函数 LOOKUP 找不到指定的数值，则查找小于指定数值的最大数值。

语法：LOOKUP（lookup_value，array）

参数：

lookup_value 必需参数，需要在 array 中查找的值。

array 必需参数，要搜索的单元格区域，单元格数值必须按升序排列。

（3）INDEX　INDEX 函数是返回表或区域中的值或值的引用。

语法：INDEX（array，row_num，[column_num]）

参数：

array 必需参数，单元格区域或数组常量。

row_num 必需参数，选择数组中的某行，函数从该行返回数值。如果省略 row_num，则必须有 column_num。

column_num 可选参数，选择数组中的某列，函数从该列返回数值。如果省略 column_num，则必须有 row_num。

G4 =SUM($B$3:G3)

	A	B	C	D	E	F	G	H
1								
2	年　序	0	1	2	3	4	5	6
3	净现金流量	–100	–80	40	60	60	60	90
4	累计净现金流量	–100	–180	–140	–80	–20	40	130
5	静态投资回收期	4.33						
6								
7								

=MATCH(0, B4:H4)+ABS(LOOKUP(0, B4:H4))/INDEX(B3:H3, MATCH(0, B4:H4)+1)-1

图 C-19 【例 3-4】财务函数解答

B6 =SUM($B$5:B5)

	A	B	C	D	E	F	G	H	I
1									
2	年份	1	2	3	4	5	6	7	8
3	投资额	1800	1000						
4	年净收益			500	800	1400	1500	1800	2000
5	净现金流量	–1800	–1000	500	800	1400	1500	1800	2000
6	累计净现金流量	–1800	–2800	–2300	–1500	–100	1400	3200	5200
7	静态投资回收期	5.07							
8									

=MATCH(0, B6:I6)+ABS(LOOKUP(0, B6:I6))/INDEX(B5:I5, MATCH(0, B6:I6)+1)

图 C-20 【例 3-5】财务函数解答

【例 3-5】的计算公式与【例 3-4】的比较，发现公式中并没有在最后减“1”年，这是因为【例 3-4】中单位格区域中有 0 年这一时点的数据。即，如果现金流量表从 0 年时点开始，则公式中要有“–1”，如果现金流量表从 1 年时点开始，则公式中没有“–1”。

C8 =C2–C5

	A	B	C	D	E	F	G	H	I
1	序号	年份	0	1	2	3	4	5	6
2	1	现金流入		800	800	800	800	800	1100
3	1.1	营业收入		800	800	800	800	800	800
4	1.2	期末残值							300
5	2	现金流出	900	400	400	400	400	400	400
6	2.1	投资	900						
7	2.2	经营成本		400	400	400	400	400	400
8	3	净现金流量	–900	400	400	400	400	400	700
9									
10		基准收益率	10%						
11		净现值NPV	1011						
12									

EXCEL内置的NPV函数总是默认0时点现金流量为0，若0时点净现金流量不为0，则应将0时点净现金流量值加入计算式：
=NPV(C10, D8:I8)+C8

图 C-21 【例 3-6】财务函数解答

C11　=NPV(C10,$D$8:$I$8)+$C$8

	A	B	C	D	E	F	G	H	I	J
1	序号	年份	0	1	2	3	4	5	6	
2	1	现金流入		800	800	800	800	800	1100	
3	1.1	营业收入		800	800	800	800	800	800	
4	1.2	期末残值							300	
5	2	现金流出	900	400	400	400	400	400	400	
6	2.1	投资	900							
7	2.2	经营成本		400	400	400	400	400	400	
8	3	净现金流量	−900	400	400	400	400	400	700	
9										
10	折现率	i	0%	10%	20%	30%	40%	50%	60%	70%
11	净现值	NPV	1800	1011	531	219	7	−144	−255	−340

=NPV(I10, $D$8:$I$8)+$C$8

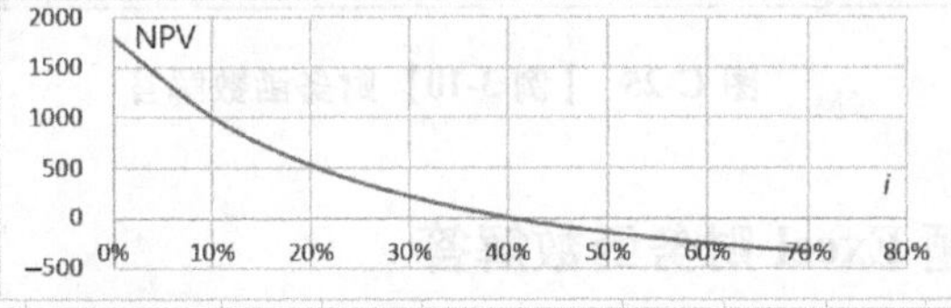

图 C-22 【例 3-6】NPV 函数

C10　=IRR(C8:I8)

	A	B	C	D	E	F	G	H	I
1	序号	年份	0	1	2	3	4	5	6
2	1	现金流入		800	800	800	800	800	1100
3	1.1	营业收入		800	800	800	800	800	800
4	1.2	期末残值							300
5	2	现金流出	900	400	400	400	400	400	400
6	2.1	投资	900						
7	2.2	经营成本		400	400	400	400	400	400
8	3	净现金流量	−900	400	400	400	400	400	700
9									
10		内部收益率IRR	40.4%						

IRR函数计算时可直接将0时点的现金流量列入：=IRR(C8:I8)

图 C-23 【例 3-7】财务函数解答

D16　=IRR(B2:B21,20%)

	A	B	C	D
1	年	净现金流	i	NPV
2	1	10000	0%	100000
3	2	10000	5%	42352
4	3	10000	10%	16834
5	4	−90000	15%	5418
6	5	10000	20%	470
7	6	10000	25%	−1421
8	7	10000	30%	−1855
9	8	10000	35%	−1606
10	9	10000	40%	−1061
11	10	10000	45%	−413
12	11	10000	50%	241
13	12	10000	55%	854
14	13	10000	60%	1406
15	14	10000		
16	15	10000	IRR_1	21%
17	16	10000	IRR_2	48%
18	17	10000		
19	18	10000		
20	19	10000		
21	20	10000		

=IRR(B2:B21, 40%)

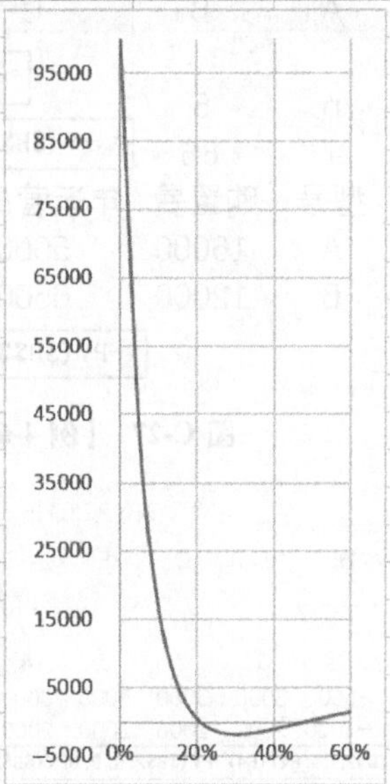

图 C-24 【例 3-9】财务函数解答

E5 =SUM($B$4:E4)

	A	B	C	D	E	F	G	H
1	基准投资收益率	10%						
2	年末	0	1	2	3	4	5	6
3	净现金流量	−100	−80	40	60	60	60	90
4	净现金流量现值	−100	−73	33	45	41	37	51
5	累计现金流量现值	−100	−173	−140	−95	−54	−16	34
6	=-PV($B$1, B2, 0, B3)					=-PV($B$1, H2, 0, H3)		
7								
8	动态投资回收期	5.32						
9	=MATCH(0, B5:H5)+ABS(LOOKUP(0, B5:H5))/INDEX(B4:H4, MATCH(0, B5:H5)+1)-1							

图 C-25 【例 3-10】财务函数解答

C-4 第 4 章主要例题 Excel 财务函数解答

E6 =-(B6+C6)-PV($B$3,$B$2,D6)

	A	B	C	D	E	F
1						
2	n	10				
3	i	10%				
4	方案	专利购置费	初始投资	年净收益	NPV	NAV
5	A	500	4400	1000	1245	203
6	B	500	5500	1200	1373	224
7	C	500	6500	1300	988	161
8						
9						

=PMT($B$3, $B$2, B5+C5)+D5

=-(B5+C5)-PV($B$3, $B$2, D5)

=-(B7+C7)-PV($B$3, $B$2, D7)

=PMT($B$3, $B$2, B7+C7)+D7

图 C-26 【例 4-2】和【例 4-3】财务函数解答

F6 =-PMT($B$3,$B$2,B6,-D6)+C6

	A	B	C	D	E	F
1						
2	n	5				
3	i	8%				
4	型号	购置费	年运营成本	残值	PC	AC
5	A	16000	5000	1500	34943	8752
6	B	12000	6500	2000	36591	9165
7						

=-PMT($B$3, $B$2, B5, -D5)+C5

=-PV($B$3, $B$2, C5, -D5)+B5

=-PV($B$3, $B$2, C6, -D6)+B6

图 C-27 【例 4-6】财务函数解答

I5 =(NPV($B$2,C5:H5)+B5)-PV($B$2,6,0,NPV($B$2,C5:H5)+B5)

	A	B	C	D	E	F	G	H	I	J	K
1											
2	i	10%									
3	年末	0	1	2	3	4	5	6	NPV^{12}		
4	A方案	−5000	3000	3000	3000	3000			9693		
5	B方案	−4000	2000	2000	2000	2000	2000	2000	7369		
6	=(NPV($B$2, C4:F4)+B4)-PV($B$2, 4, 0, NPV($B$2, C4:F4)+B4)-PV($B$2, 8, 0, NPV($B$2, C4:F4)+B4)										

图 C-28 【例 4-7】财务函数解答

H15 =-PV($B$1,G15,F15)-E15

	A	B	C	D	E	F	G	H
1	i	8%						
2	方案	初始投资	年净收益					
3	A	3000	600					
4	B	5000	850					
5	C	7000	1200					
6								
7	序号	方案组合			初始投资	年净收益	寿命	净现值
8		A	B	C	/万元	/万元	/年	/万元
9	1	0	0	0	0	0	10	0
10	2	1	0	0	3000	600	10	1026
11	3	0	1	0	5000	850	10	704
12	4	0	0	1	7000	1200	10	1052
13	5	1	1	0	8000	1450	10	1730
14	6	1	0	1	10000	1800	10	2078
15	7	0	1	1	12000	2050	10	1756
16	8	1	1	1	15000	—	—	—

=-PV($B$1, G9, F9)-E9

=$C$3*B9+$C$4*C9+$C$5*D9

=$B$3*B9+$B$4*C9+$B$5*D9

=$B$3*B15+$B$4*C15+$B$5*D15

=$C$3*B15+$C$4*C15+$C$5*D15

图 C-29 【例 4-12】财务函数解答

C-5 第 7 章 7.4 示例 Excel 编制报表

用 Excel 等电子表格即可方便地编制财务分析报表式样，又能实现报表数据和指标的自动计算。编制时，要充分利用电子表格的数据管理与分析功能，如用填充柄对数据和公式进行拖曳复制、单元格相对和绝对引用、单元格键入数学公式并自动计算、工作表之间数据可实现链接、工作簿自动重算等，可轻松实现各财务报表内部及相互之间的数据关联关系，避免了手工计算所遇到的因重复录入数据、数据变动后重复计算等而造成的费时、费力且易出错等问题。

G29 =G23-G27

	A	B	C	D	E	F	G	H	I	J	K
1	一、投资数据										
2	投资构成	数额	资金来源	年份			利率				
3				1	2	3					
4	建设投资	10000	资本金	1200	800						
5			借款	4800	3200		10%				
6	小计：			6000	4000						
7	流动资金投资	1000	资本金			400					
8			借款			600	10%				
9	小计：					1000					
10	资本金合计：	2400		1200	800	400					
11	二、收入和费用数据										
12	年份	1	2	3	4	5	6	7	8	9	10
13	年销售收入			5000	7000	7000	7000	7000	7000	7000	7000
14	年经营成本			2300	2700	2700	2700	2700	2700	2700	2700
15	年进项增值税税额			200	300	300	300	300	300	300	300
16	三、其他数据										
17	固定资产形成比例	90%	无形资产形成比例			10%	增值税税率			13%	
18	固定资产残值率	5%	无形资产摊销年限/			5	增值税附加税税			10%	
19	固定资产折旧年限/年	10	法定盈余公积金比例			10%	所得税税率			25%	
20	基准投资收益率	15%									
21	四、流动资产、负债数据										
22	年份	1	2	3	4	5	6	7	8	9	10
23	流动资产总额（1）			1400	1400	1400	1400	1400	1400	1400	1400
24	其中：应收账款			400	400	400	400	400	400	400	400
25	存货			600	600	600	600	600	600	600	600
26	现金			400	400	400	400	400	400	400	400
27	流动负债总额（2）			400	400	400	400	400	400	400	400
28	其中：应付账款			400	400	400	400	400	400	400	400
29	流动资金(1)－(2)			1000	1000	1000	1000	1000	1000	1000	1000

基础数据表 | 辅助报表 | 借款还本付息计划表 | 总成本费用估算表 | 利润及利润分配表 | 投资现金流量

图 C-30 基础数据表

用电子表格编制财务分析报表，宜将通过市场调查等相关工作所得到的基础数据建立一个“基础数据表”工作表，编制其他报表所需的原始数据都放在该表内。编制其他报表时，在相应单元格内对“基础数据表”相应数据进行引用。在编制过程中，若遇到原始数据有变动，只要改变“基础数据表”中相应单元格数据，所有财务报表中相应数据或关联数据都会自动做出改变或重新计算。

C4 =基础数据表!D5

建设期利息估算表

序号	项目	1	2	合计
1	期初借款余额		5040	
2	当期借款	4800	3200	
3	当期应计利息	240	664	904
4	期末借款余额	5040	8904	

增值税及附加估算表

序号	项目	1	2	3	4	5	6	7	8	9	10
1	增值税			450	610	610	610	610	610	610	610
1.1	销项增值税			650	910	910	910	910	910	910	910
1.2	进项增值税			200	300	300	300	300	300	300	300
2	增值税附加			45	61	61	61	61	61	61	61
3	合计			495	671	671	671	671	671	671	671

固定资产折旧估算表

序号	项目	1	2	3	4	5	6	7	8	9	10
1	固定资产原值			9904							
2	当期折旧费			941	941	941	941	941	941	941	941
3	年末固定资产净值			8963	8022	7081	6140	5200	4259	3318	2377

无形资产摊销估算表

序号	项目	1	2	3	4	5	6	7	8	9	10
1	无形资产原值			1000							
2	当期摊销费			200	200	200	200	200			
3	年末无形资产净值			800	600	400	200	0			

=(D3+D4/2)*基础数据表!$G$5
=基础数据表!J13*基础数据表!$J$17
=基础数据表!E15
=E10-E11
=E9*基础数据表!$J$18
=基础数据表!B4*基础数据表!B17+E5
=E16*(1-基础数据表!B18)/基础数据表!B19
=基础数据表!B4*基础数据表!F17
=E21/基础数据表!F18

基础数据表 | 辅助报表 | 借款还本付息计划表 | 总成本费用估算表 | 利润及利润分配表 | 投资现金流量表 | 资本金现金流量表 | 财

图 C-31 辅助报表

E23 =E22*基础数据表!$G$8

建设投资借款偿还计划表 单位：万元

序号	项目	计算期									
		1	2	3	4	5	6	7	8	9	10
1	借款										
1.1	年初本息余额		5040	8904	7340	4471	1387				
1.2	本年借款	4800	3200								
1.3	本年应计利息	240	664	890	734	447	139				
1.4	本年还本付息			2454	3603	3531	1526				
	其中：还本			1564	2869	3084	1387				
	付息			890	734	447	139				
1.5	年末本息余额	5040	8904	7340	4471	1387	0				
2	还本资金来源			1564	2869	3084	3315	3192	3127	3127	3127
2.1	未分配利润			423	1728	1943	2175	2051	2186	2186	2186
2.2	折旧			941	941	941	941	941	941	941	941
2.3	摊销			200	200	200	200	200			
计算指标	借款偿还期/年	5.42									

=G11
=(E5+E6/2)*基础数据表!$G$5
=E12
=利润及利润分配表!E19
=辅助报表!E17
=辅助报表!E22
=(H3-C3)+H5/H12

流动资金借款还本付息表 单位：万元

序号	项目	计算期									
		1	2	3	4	5	6	7	8	9	10
1	本年借款			600							
2	年初本息余额			600	600	600	600	600	600	600	600
3	本年应计利息			60	60	60	60	60	60	60	60
4	本年还本付息			60	60	60	60	60	60	60	660
	其中：还本										600
	付息			60	60	60	60	60	60	60	60

=E22*基础数据表!$G$8

基础数据表 | 辅助报表 | 借款还本付息计划表 | 总成本费用估算表 | 利润及利润分配表 | 投资现金流量表 | 资本金现金流量表 | 财务计划现金

图 C-32 借款还本付息计划表

J10 =SUM(J4:J7)

总成本费用估计表

序号	项目	1	2	3	4	5	6	7	8	9	10
		计算期									
1	经营成本			2300	2700	2700	2700	2700	2700	2700	2700
2	折旧费			941	941	941	941	941	941	941	941
3	摊销费			200	200	200	200	200			
4	财务费用			950	794	507	199	60	60	60	60
	其中：建设借款利息			890	734	447	139				
	流动资金借款利息			60	60	60	60	60	60	60	60
5	合计：总成本费用			4391	4635	4348	4040	3901	3701	3701	3701

=辅助报表!E17

=辅助报表!E22

=借款还本付息计划表!E10

=借款还本付息计划表!E26

图 C-33　总成本费用估算表

G4 =基础数据表!F13

利润和利润分配表　　单位：万元

序号	项目	1	2	3	4	5	6	7	8	9	10
		计算期									
1	销售（营业）收入			5000	7000	7000	7000	7000	7000	7000	7000
2	税金及附加			45	61	61	61	61	61	61	61
3	总成本费用			4391	4635	4348	4040	3901	3701	3701	3701
3.1	其中：利息			950	794	507	199	60	60	60	60
4	利润总额			564	2304	2591	2899	3038	3238	3238	3238
5	息税前利润			1514	3098	3098	3098	3098	3298	3298	3298
6	弥补以前年度亏损										
7	应纳税所得额			564	2304	2591	2899	3038	3238	3238	3238
8	所得税			141	576	648	725	760	810	810	810
	调整所得税			379	775	775	775	775	825	825	825
9	税后利润			423	1728	1943	2175	2279	2429	2429	2429
10	提取法定盈余公积金							228	243	243	243
11	提取任意盈余公积金										
	累计盈余公积金							228	471	714	956
12	应付利润（股利分配）										
13	未分配利润			423	1728	1943	2175	2051	2186	2186	2186

=辅助报表!E12

=总成本费用估算表!E10

=E4-E5-E6

=E8-E10

=E11*基础数据表!$J$19

=E9*基础数据表!$J$19

=E8-E12

=I14*基础数据表!$F$19

=E14-E15-E16-E18

图 C-34　利润和利润分配表

F21 =MATCH(0,C18:L18)+ABS(LOOKUP(0,C18:L18))/INDEX(C17:L17,MATCH(0,C18:L18)+1)

项目投资现金流量表 单位：万元

序号	项目	计算期 1	2	3	4	5	6	7	8	9	10
1	**现金流入**			5000	7000	7000	7000	7000	7000	7000	10377
1.1	销售（营业）收入			5000	7000	7000	7000	7000	7000	7000	7000
1.2	回收固定资产余值										2377
1.3	回收流动资金										1000
2	**现金流出**	6000	4000	3724	3536	3536	3536	3536	3586	3586	3586
2.1	建设投资	6000	4000								
2.2	流动资金			1000							
2.3	经营成本			2300	2700	2700	2700	2700	2700	2700	2700
2.4	税金及附加			45	61	61	61	61	61	61	61
2.5	调整所得税			379	775	775	775	775	825	825	825
3	**税后净现金流量（1-2）**	−6000	−4000	1276	3464	3464	3464	3464	3414	3414	6791
4	累计税后净现金流量	−6000	−10000	−8724	−5259	−1795	1670	5134	8549	11963	18755
5	税前净现金流量	−6000	−4000	1655	4239	4239	4239	4239	4239	4239	7616
6	累计税前净现金流量	−6000	−10000	−8345	−4106	133	4372	8611	12850	17089	24705
计算指标	财务内部收益率：	税后 22%		税前 28%							
	财务净现值/万元：	税后 2866		税前 5277							
	投资回收期/年：	税后 5.52		税前 4.97							

=辅助报表!L18

=E11

=基础数据表!F9

=辅助报表!E12

=利润及利润分配表!E13

=SUM($C$15:E15)

=IRR(C15:L15)

=IRR(C17:L17)

=NPV(基础数据表!B20, C17:L17)

=NPV(基础数据表!B20, C15:L15)

=MATCH(0, C16:L16)+ABS(LOOKUP(0, C16:L16))/INDEX(C15:L15, MATCH(0, C16:L16)+1)

辅助报表 | 借款还本付息计划表 | 总成本费用估算表 | 利润及利润分配表 | 投资现金流量表 | 资本金现金流量表 | 财务计划现金流量表 | 资产负...

图 C-35 项目投资现金流量表

C16 =IRR(C15:L15)

项目资本金现金流量表 单位：万元

序号	项目	计算期 1	2	3	4	5	6	7	8	9	10
1	**现金流入**	0	0	5000	7000	7000	7000	7000	7000	7000	10377
1.1	销售（营业）收入			5000	7000	7000	7000	7000	7000	7000	7000
1.2	回收固定资产余值										2377
1.3	回收流动资金										1000
2	**现金流出**	1200	800	5400	7000	7000	5072	3581	3631	3631	4231
2.1	项目资本金	1200	800	400							
2.2	借款本金偿还			1564	2869	3084	1387	0	0	0	600
2.3	借款利息偿还			950	794	507	199	60	60	60	60
2.4	经营成本			2300	2700	2700	2700	2700	2700	2700	2700
2.5	税金及附加			45	61	61	61	61	61	61	61
2.6	所得税			141	576	648	725	760	810	810	810
3	**净现金流量**	−1200	−800	−400	0	0	1928	3419	3369	3369	6146
计算指标	资本金内部收益率	36%									

=投资现金流量表!L7

=借款还本付息计划表!E9+借款还本付息计划表!E25

=投资现金流量表!L8

=基础数据表!D10

=借款还本付息计划表!E10+借款还本付息计划表!E26

辅助报表 | 借款还本付息计划表 | 总成本费用估算表 | 利润及利润分配表 | 投资现金流量表 | 资本金现金流量表 | 财务计划现金流量表 | 资产负...

图 C-36 项目资本金现金流量表

C-6 第 8 章主要例题 Excel 财务函数解答

H8 =-PV($C$1,$C$2,(F8+G8)*365)/10000

	A	B	C	D	E	F	G	H
1		i=	6%					
2		计算寿命期/年=	25			A公路	B公路	现值/万元
3			日通行量			10000	8000	
4		社会净收益	停车等候率	50%		1	1.2	
5	收益	节省车辆等待时间	货车占比	20%	100	1667	1600	
6			商用客车占比	60%	180	9000	8640	
7			轿车占比	20%	60	1000	960	
8				小计		11667	11200	10669
9		节约车辆启动次数	货车占比	20%	0.06	60	48	
10			商用客车占比	60%	0.04	120	96	
11			轿车占比	20%	0.02	20	16	
12				小计		200	160	168
13		减少交通事故	统计时间/年	4				
14			死亡事故/起	2	50			
15			伤残事故/件	40	1			
16				小计	35			447
17	支出	增加行驶里程	增加里程车辆率	20%		0.25	0.25	
18			货车占比	20%	1.00	100	80	
19			商用客车占比	60%	0.80	240	192	
20			轿车占比	20%	0.50	50	40	
21				小计		390	312	328
22		合计：	B					10957
23								
24		举办者净支出						
25	支出	投资/万元	10000					
26		年使用费/万元/年	25					
27		残值/万元	0					
28		小计						10320
29	收入	节省信号系统费用	运行费用/元/年	5000				6
30		节省交警工资	执勤人数/名	2				
31			执勤时间/小时/日	2				
32			单位工资/元/小时	20				
33		小计		29200				37
34		合计：	C					10276
35								
36		B/C=	1.07					
37		B−C=	681					

=$G$3*$D$4*D5*E5*$G$4/60

=$F$3*$D$4*D7*E7*$F$4/

=$F$3*$D$4*D11*E11

=-PV($C$1,$C$2,(F12+G12)*365)/10000

=D14/D13*E14+D15/D13*E1

=$F$3*$D$17*D19*E19*$F$1

=H8+H12+H16-

=-PV(C1,C2,C26,C27)+C25

=D30*D31*D32*365

=-PV(C1,C2,D33)/10000

=H28-H29-H33

=H22/H34

图 C-37 【例 8-1】财务函数解答

C15 =NPV(8%,C13:L13)+PV(8%,10,0,PV(8%,5,M13))−PV(8%,16,0,N13)+PV(8%,16,0,PV(8%,9,O13))

	A	B	C	D	E	F	G	H	I	J	K	L	M	N	O
1	序号	项目	建设期			运行初期							正常运行期		
2			1	2	3	4	5	6	7	8	9	10	11～15	16	17～25
3	1	效益流量				5224	6106	7135	8339	9744	11389	13309	15553	15553	15553
4	1.1	运输时间节约效益				5594	6537	7639	8928	10433	12193	14249	16651	16651	16651
5	1.2	货物在途时间缩短效益				1.27	1.49	1.74	2.03	2.37	2.77	3.24	3.79	3.79	3.79
6	1.3	减少货物损失的效益				103	121	141	165	192	225	263	307	307	307
7	1.4	增加外汇收益				582	680	795	929	1086	1269	1483	1733	1733	1733
8	1.5	旅客运输费用的节约效益				−3200	−3739	−4370	−5107	−5968	−6974	−8150	−9524	−9524	−9524
9	1.6	诱发效益				2144	2506	2928	3422	3999	4673	5461	6382	6382	6382
10	2	费用流量	9210	23025	13815	169	183	199	216	236	258	283	312	5727	312
11	2.1	建设投资	9210	23025	13815									5415	
12	2.2	运营费用				169	183	199	216	236	258	283	312	312	312
13	3	净效益流量	−9210	−23025	−13815	5055	5923	6936	8123	9508	11131	13026	15241	9826	15241
14	评价指标：														
15	经济净现值ENPV（8%）		53206	万元											
16	经济内部收益率EIRR		18%												
17		ENPV函数	0												
18															
19															
20															

=NPV(8%,C13:L13)+PV(8%,10,0,PV(8%,5,M13))−PV(8%,16,0,N13)+PV(8%,16,0,PV(8%,9,O13))

IRR函数必须有各年的单元格数据，才可以套用。本例计算用EXCEL时，方法一是把11～15年和17～25年的单元格及数据分年设计，然后套用IRR函数，可直接计算出来。另一个方法，是采用利用ENPV计算式子，可以获得ENPV函数，然后运用EXCEL模拟运算的单变量求解计算出来。单元格C17的ENPV函数如下：
=NPV(C16,C13:L13)+PV(C16,10,0,PV(C16,5,M13))−PV(C16,16,0,N13)+PV(C16,16,0,PV(C16,9,O13))

图 C-38 表 8-10 财务函数解答

C-7 第9章主要例题 Excel 财务函数解答

不确定性分析可采用 Excel 的单变量求解计算相关指标。

"单变量求解"由一组命令组成，用于已知单个公式的预期结果，计算出决定预期结果的输入值（变量）大小，即对公式进行逆运算，根据公式运算结果倒推出变量。基本步骤如下：

①在工作表中选定两个单元格，一个作为存放变量的单元格（A 格），一个作为输入公式的单位格（B 格）。

②单击 B 格，建立公式（或者引用 Excel 内置公式），公式必须是引用 A 格作为变量的一元方程。

③单击"数据"栏，再单击"模拟分析"，在下拉菜单中单击"单变量求解"命令，则弹出"单变量求解"对话框（老版本 Excel 的"单变量求解"命令在"工具"栏中）。

④选定对话框的"目标单元格"栏，并单击 B 格，则自动导入公式单元格的地址。

⑤在对话框的"目标值"栏中输入期望的公式计算结果。

⑥选中对话框的"可变单元格"栏，单击 A 格，则自动导入变量所在单元格的地址。

⑦单击"确定"按钮。

⑧弹出"单变量求解"对话框，可见设定的目标值和当前解（当前目标值，在无精确解的情况下，是一个近似值。Excel 默认的计算精度是最大误差 0.001，可以自行设置）。同时，工作表的 A 格显示出变量值，B 格则显示根据 A 格变量值计算的当前目标值。如接受，单击"确定"按钮。如不接受，单击"取消"按钮，再重复④~⑦步进行新的计算。

具体运用参见相关例题。

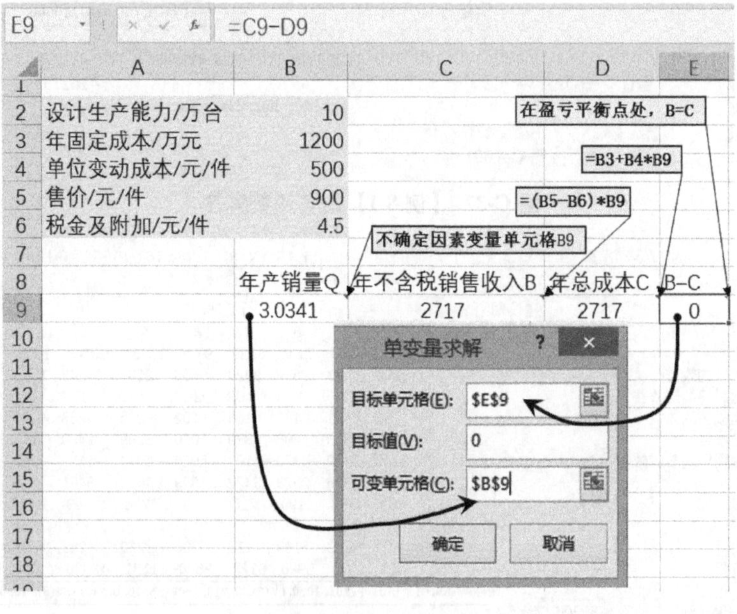

图 C-39 【例 9-1】财务函数解答

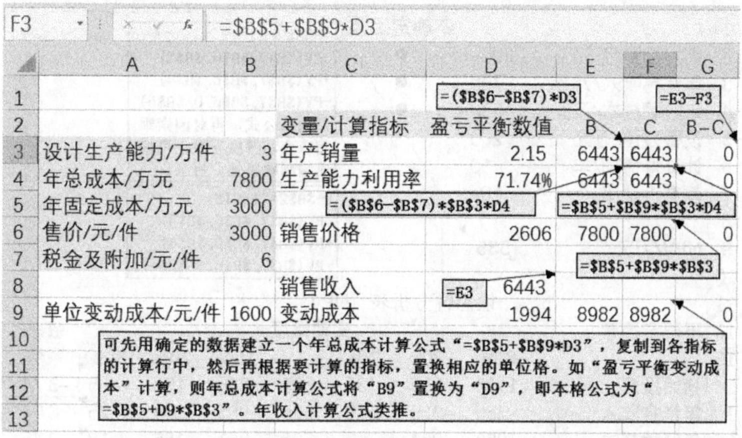

F3 =$B$5+$B$9*D3

	A	B	C	D	E	F	G
1							
2			变量/计算指标	盈亏平衡数值	B	C	B−C
3	设计生产能力/万件	3	年产销量	2.15	6443	6443	0
4	年总成本/万元	7800	生产能力利用率	71.74%	6443	6443	0
5	年固定成本/万元	3000					
6	售价/元/件	3000	销售价格	2606	7800	7800	0
7	税金及附加/元/件	6					
8			销售收入	6443			
9	单位变动成本/元/件	1600	变动成本	1994	8982	8982	0

图 C-40 【例 9-2】财务函数解答

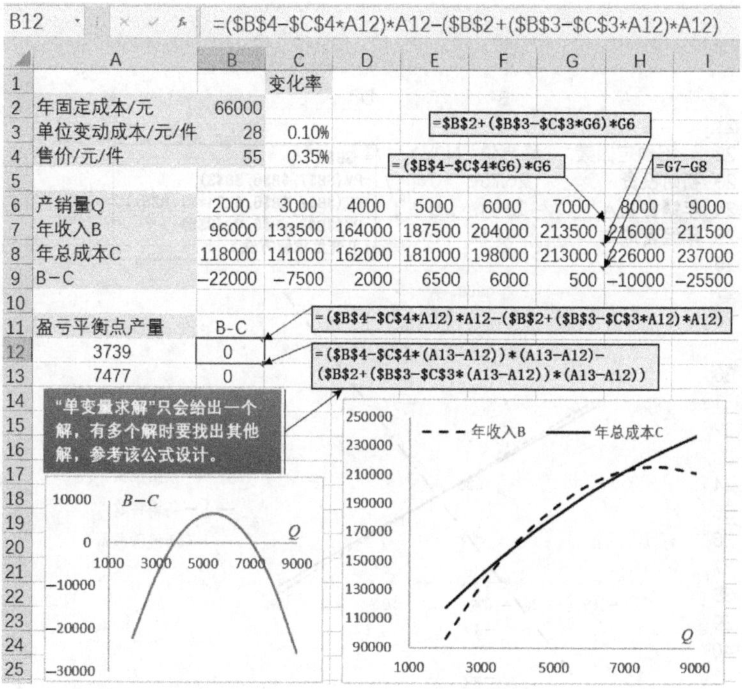

B12 =($B$4−$C$4*A12)*A12−($B$2+($B$3−$C$3*A12)*A12)

	A	B	C	D	E	F	G	H	I
1			变化率						
2	年固定成本/元	66000							
3	单位变动成本/元/件	28	0.10%						
4	售价/元/件	55	0.35%						
5									
6	产销量Q	2000	3000	4000	5000	6000	7000	8000	9000
7	年收入B	96000	133500	164000	187500	204000	213500	216000	211500
8	年总成本C	118000	141000	162000	181000	198000	213000	226000	237000
9	B−C	−22000	−7500	2000	6500	6000	500	−10000	−25500
10									
11	盈亏平衡点产量	B-C							
12	3739	0							
13	7477	0							

图 C-41 【例 9-3】财务函数解答

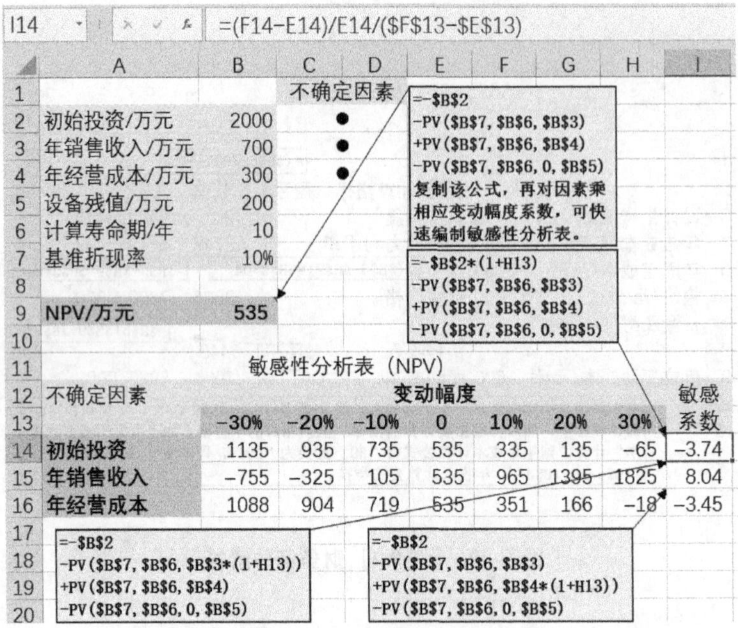

图 C-42 【例 9-4】财务函数解答 1

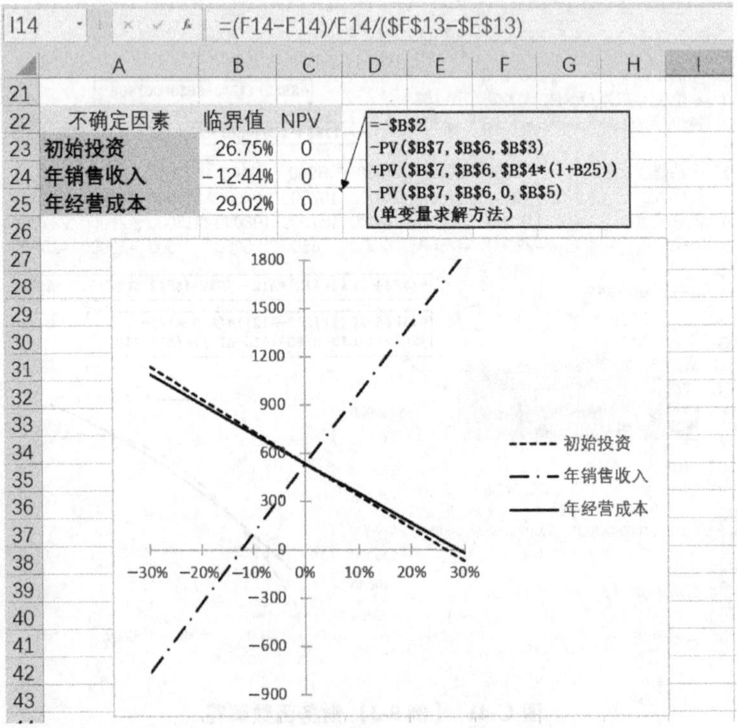

图 C-43 【例 9-4】财务函数解答 2

C-8 第 10 章主要例题 Excel 财务函数解答

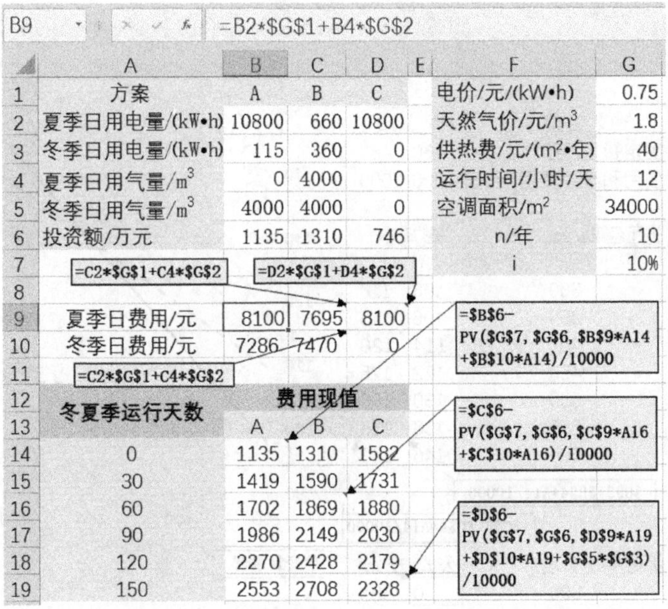

	A	B	C	D	E	F	G
1	方案	A	B	C		电价/元/(kW•h)	0.75
2	夏季日用电量/(kW•h)	10800	660	10800		天然气价/元/m³	1.8
3	冬季日用电量/(kW•h)	115	360	0		供热费/元/(m²•年)	40
4	夏季日用气量/m³	0	4000	0		运行时间/小时/天	12
5	冬季日用气量/m³	4000	4000	0		空调面积/m²	34000
6	投资额/万元	1135	1310	746		n/年	10
7						i	10%
8							
9	夏季日费用/元	8100	7695	8100			
10	冬季日费用/元	7286	7470	0			
11							
12	冬夏季运行天数	费用现值					
13		A	B	C			
14	0	1135	1310	1582			
15	30	1419	1590	1731			
16	60	1702	1869	1880			
17	90	1986	2149	2030			
18	120	2270	2428	2179			
19	150	2553	2708	2328			

图 C-44 【例 10-1】财务函数解答 1

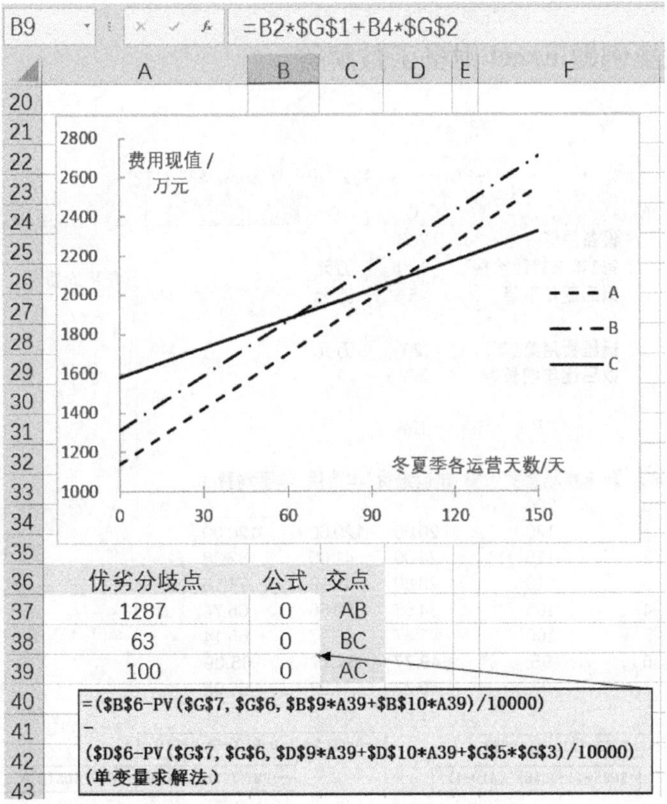

	A	B	C
36	优劣分歧点	公式	交点
37	1287	0	AB
38	63	0	BC
39	100	0	AC

图 C-45 【例 10-1】财务函数解答 2

C-9　第 11 章主要例题 Excel 财务函数解答

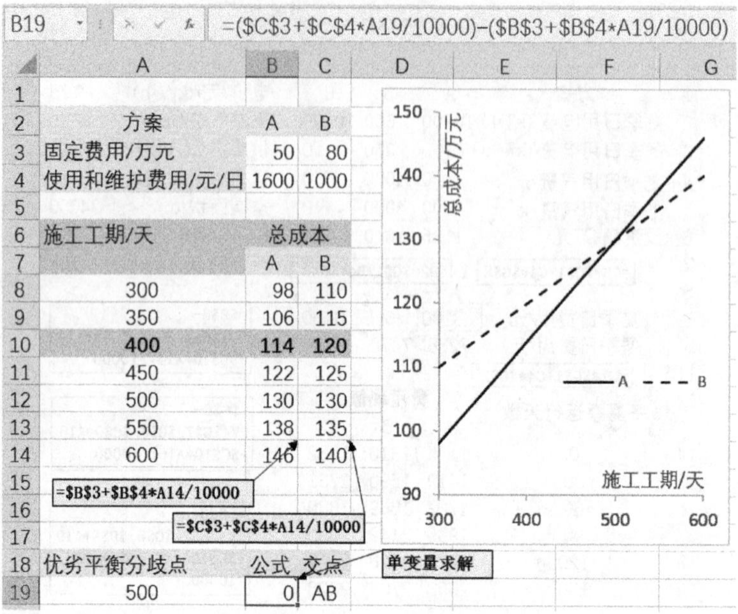

B19　=($C$3+$C$4*A19/10000)-($B$3+$B$4*A19/10000)

	A	B	C
1			
2	方案	A	B
3	固定费用/万元	50	80
4	使用和维护费用/元/日	1600	1000
5			
6	施工工期/天	总成本	
7		A	B
8	300	98	110
9	350	106	115
10	**400**	**114**	**120**
11	450	122	125
12	500	130	130
13	550	138	135
14	600	146	140
15			
16			
17			
18	优劣平衡分歧点	公式	交点
19	500	0	AB

图 C-46 【例 11-2】财务函数解答

C-10　第 12 章主要例题 Excel 财务函数解答

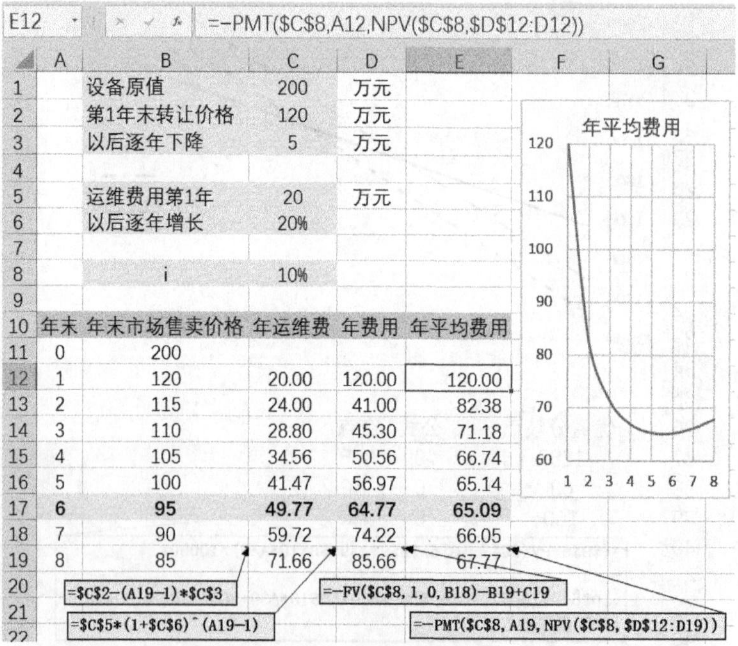

E12　=-PMT($C$8,A12,NPV($C$8,$D$12:D12))

	A	B	C	D	E
1		设备原值	200	万元	
2		第1年末转让价格	120	万元	
3		以后逐年下降	5	万元	
4					
5		运维费用第1年	20	万元	
6		以后逐年增长	20%		
7					
8		i	10%		
9					
10	年末	年末市场售卖价格	年运维费	年费用	年平均费用
11	0	200			
12	1	120	20.00	120.00	120.00
13	2	115	24.00	41.00	82.38
14	3	110	28.80	45.30	71.18
15	4	105	34.56	50.56	66.74
16	5	100	41.47	56.97	65.14
17	**6**	**95**	**49.77**	**64.77**	**65.09**
18	7	90	59.72	74.22	66.05
19	8	85	71.66	85.66	67.77

图 C-47 【例 12-1】财务函数解答

C15 =$C$5*(1+$C$6)^(A15-1)

	A	B	C	D	E
1			A型	B型	
2		设备原值	100	80	万元
3		第1年末转让价格	80	60	万元
4		以后逐年下降	5	5	万元
5		运维费用第1年	10	10	万元
6		以后逐年增长	10%	15%	
7		i	10%		
8	=-FV($C$7, 1, 0, B11)-B12+C12			=-PMT($C$7, A12, NPV($C$7, $D$12:D12))	
9	A型				
10	年末	年末市场售卖价格	年运维费	年费用	A型年平均费用
11	0	100			
12	1	80	10.00	40.00	40.00
13	2	75	11.00	24.00	32.38
14	3	70	12.10	24.60	30.03
15	4	65	13.31	25.31	29.01
16	5	60	14.64	26.14	28.54
17	6	55	16.11	27.11	28.36
18	**7**	**50**	**17.72**	**28.22**	**28.34**
19	8	45	19.49	29.49	28.44
20	9	40	21.44	30.94	28.63
21	=-FV($C$7, 1, 0, B19)-B20+C20			=-PMT($C$7, A20, NPV($C$7, $D$12:D20))	

图 C-48 【例 12-4】财务函数解答 1

E25 =-PMT($C$7,A25,NPV($C$7,$D$25:D25))

	A	B	C	D	E
22	B型				
23	年末	年末市场售卖价格	年运维费	年费用	B型年平均费用
24	0	80			
25	1	60	10.00	38.00	38.00
26	2	55	11.50	22.50	30.62
27	3	50	13.23	23.73	28.54
28	4	45	15.21	25.21	27.82
29	**5**	**40**	**17.49**	**26.99**	**27.68**
30	6	35	20.11	29.11	27.87
31	7	30	23.13	31.63	28.27
32	8	25	26.60	34.60	28.82
33	9	20	30.59	38.09	29.50
34	=-FV($C$7, 1, 0, B32)-B33+C33			=-PMT($C$7, A33, NPV($C$7, $D$25:D33))	

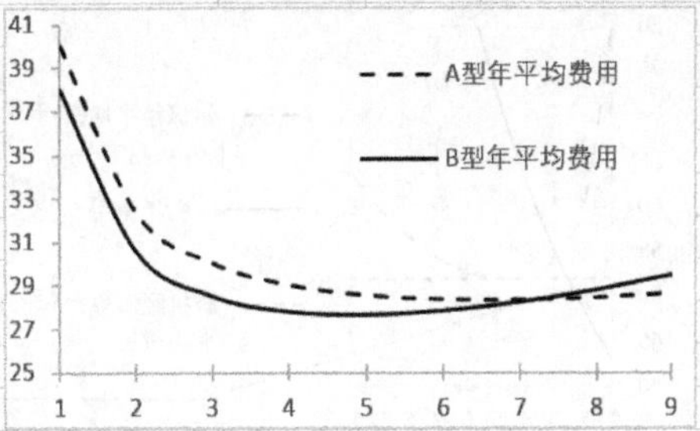

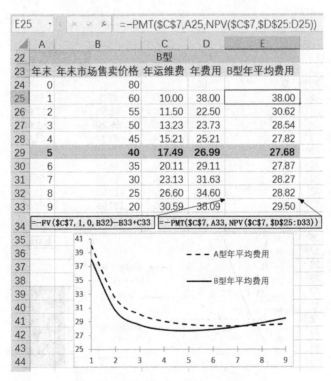

图 C-49 【例 12-4】财务函数解答 2

E13 =-PMT($C$7,A13,NPV($C$7,$D$12:D13))

	A	B	C	D	E
1			新机	旧机	
2		设备原值	200	80	万元
3		第1年末转让价格	150	75	万元
4		以后逐年下降	10	5	万元
5		运维费用第1年	10	30	万元
6		以后逐年增长	30%	20%	
7		i	10%		
8				=-FV($C$7, 1, 0, B11)-B12+C12	
9		新发电机			
10	年末	年末市场售卖价格	年运维费	年费用	新机年平均费用
11	0	200			
12	1	150	10.00	80.00	80.00
13	2	140	13.00	38.00	60.00
14	3	130	16.90	40.90	54.23
15	4	120	21.97	44.97	52.23
16	**5**	**110**	**28.56**	**50.56**	**51.96**
17	6	100	37.13	58.13	52.76
18	7	90	48.27	68.27	54.39
19	8	80	62.75	81.75	56.79
20	9	70	81.57	99.57	59.94
21	10	60	106.04	123.04	63.90
22			=-PMT($C$7, A21, NPV($C$7, $D$12:D21))		

图 C-50 【例 12-7】财务函数解答 1

D27 =-FV($C$7,1,0,B26)-B27+C27

	A	B	C	D	E
23	旧发电机				新机经济寿命
24	年末	年末市场售卖价格	年运维费	旧机年费用	年平均费用
25	0	80			
26	1	75	30.00	43.00	51.96
27	**2**	70	36.00	**48.50**	**51.96**
28	**3**	65	43.20	**55.20**	**51.96**
29	4	60	51.84	63.34	51.96
30	5	55	62.21	73.21	51.96
31	6	50	74.65	85.15	51.96
32	7	45	89.58	99.58	51.96
33	8	40	107.50	117.00	51.96
34	9	35	128.99	137.99	51.96
35	10	30	154.79	163.29	51.96
36					=$E$16

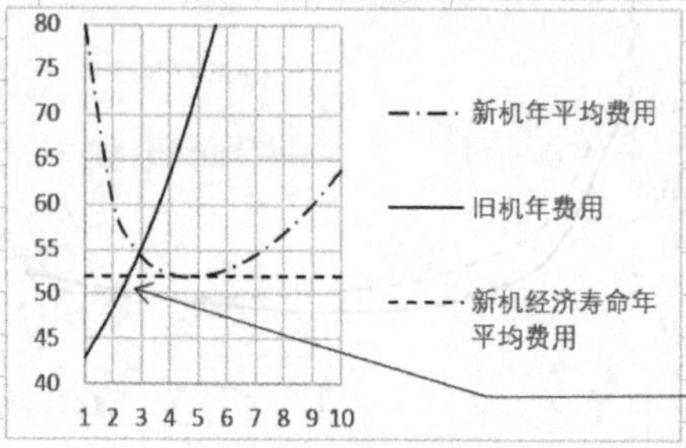

交点处为最佳更换时机

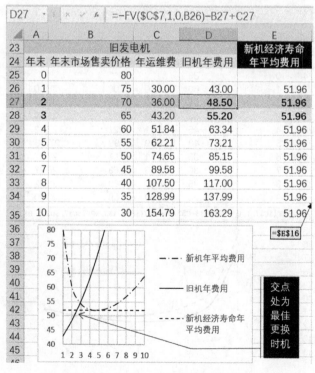

图 C-51 【例 12-7】财务函数解答 2

B11 =$C$2-SLN($C$2,$F$5,$F$4)*A11

	A	B	C	D	E	F
1			新机	旧机	旧设备折旧	0
2		设备原值	200	80	账面价值	0
3		第1年末转让价格	150	75	新设备	
4		以后逐年下降	10	5	折旧期/年	5
5		运维费用第1年	10	30	期末残值	0
6		以后逐年增长	30%	20%		
7		i	10%		所得税税率	25%
8				=(1-$F$7)*(-FV($C$7,1,0,C11)-C12+D12)+$F$7*$C$7*B11		
9	新发电机					
10	年末	年末账面残值	年末市场售卖价格	年运维费	年费用	新机年平均费用
11	0	200	200			
12	1	160	150	10	65.00	65.00
13	2	120	140	13	32.50	49.52
14	3	80	130	17	33.68	44.74
15	4	40	120	22	35.73	42.79
16	5	0	110	29	38.92	42.16
17	6	0	100	37	43.60	42.35
18	7	0	90	48	51.20	43.28
19	8	0	80	63	61.31	44.86
20	9	0	70	82	74.68	47.05
21	10	0	60	106	92.28	49.89

图 C-52 【例 12-11】财务函数解答 1

E35 =(1-$F$7)*(-FV($C$7,1,0,C34)-C35+D35)+$F$7*$C$7*B34

	A	B	C	D	E	F
23	旧发电机					新机经济寿命
24	年末	年末账面残值	年末市场售卖价格	年运维费	旧机年费用	年平均费用
25	0	0	80			
26	1	0	75	30.00	32.25	42.16
27	2	0	70	36.00	36.38	42.16
28	3	0	65	43.20	41.40	42.16
29	4	0	60	51.84	47.51	42.16
30	5	0	55	62.21	54.91	42.16
31	6	0	50	74.65	63.86	42.16
32	7	0	45	89.58	74.68	42.16
33	8	0	40	107.50	87.75	42.16
34	9	0	35	128.99	103.50	42.16
35	10	0	30	154.79	122.47	42.16

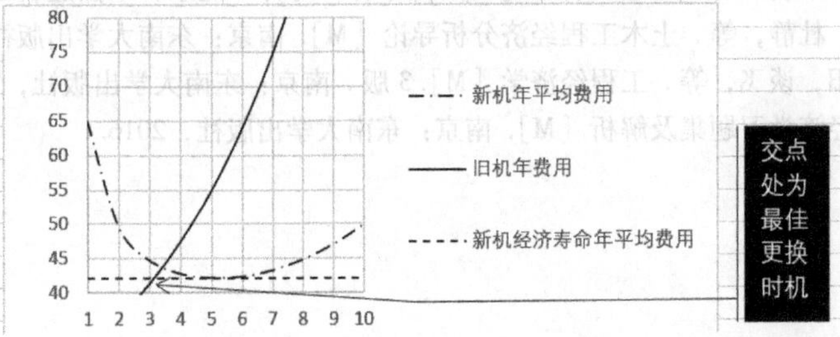

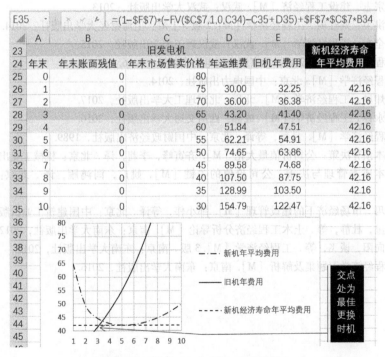

图 C-53 【例 12-11】财务函数解答 2

参考文献

[1] 国家发展和改革委员会，建设部．建设项目经济评价方法与参数［M］.3 版．北京：中国计划出版社，2006.
[2] 邵颖红，黄渝祥，邢爱芳，等．工程经济学［M］.5 版．上海：同济大学出版社，2015.
[3] 刘晓君．工程经济学［M］.3 版．北京：中国建筑工业出版社，2015.
[4] 钱昆润，葛筠圃，张星．建筑经济与建筑技术经济［M］. 南京：东南大学出版社，1993.
[5] 李南．工程经济学［M］.5 版．北京：科学出版社，2018.
[6] 杨昌鸣，庄惟敏．建筑设计与经济［M］. 北京：中国计划出版社，2003.
[7] 邵颖红．工程经济学概论［M］.3 版．北京：电子工业出版社，2015.
[8] 赵国杰．工程经济与项目评价［M］. 天津：天津大学出版社，1999.
[9] 徐向阳．实用技术经济学教程［M］.2 版．南京：东南大学出版社，2019.
[10] 刘亚臣．工程经济学［M］.4 版．大连：大连理工大学出版社，2013.
[11] 周惠珍．投资项目评估［M］.6 版．大连：东北财经大学出版社，2018.
[12] 傅家骥，仝允桓．工业技术经济学［M］.3 版．北京：清华大学出版社，1996.
[13] 陶树人．技术经济学［M］. 北京：经济管理出版社，1999.
[14] 肖笃猍．工程投资经济分析［M］. 北京：机械工业出版社，1989.
[15] 吴鼎贤．建筑工程现代管理量化与优化方法［M］. 北京：地震出版社，1999.
[16] 刘洪玉．房地产开发经营与管理［M］.4 版．北京：中国建筑工业出版社，2009.
[17] 秦寿康．综合评价原理与应用［M］. 北京：电子工业出版社，2003.
[18] 李长花，段宗志．建设工程经济［M］. 武汉：武汉大学出版社，2013.
[19] 王克强，王洪卫，刘红梅．工程经济学［M］.2 版．上海：上海财经大学出版社，2014.
[20] 陈云钢，肖全东．工程经济学［M］. 武汉：武汉理工大学出版社，2015.
[21] 李相然．工程经济学［M］.2 版．北京：中国电力出版社，2016.
[22] 陈立文．工程经济学［M］. 北京：中国电力出版社，2014.
[23] 王少文，邵炜星．工程经济学［M］. 北京：北京理工大学出版社，2017.
[24] 何元斌，杜永林．工程经济学［M］. 成都：西南交通大学出版社，2016.
[25] 里格斯．工程经济学［M］. 吕薇，等译．北京：中国财政经济出版社，1989.
[26] 约翰逊．资本预算决策：公司价值最大化［M］. 齐寅峰，李莉，译．北京：机械工业出版社，2002.
[27] 约翰逊．资本成本管理与决策：公司价值的关键［M］. 姚广，闫鸿雁，译．北京：机械工业出版社，2002.
[28] 麦乔治，保玛．市场经济下的建设管理［M］. 邹小伟，等译．北京：中国建筑工业出版社，2003.
[29] 黄有亮，张星，杜静，等．土木工程经济分析导论［M］. 南京：东南大学出版社，2012.
[30] 黄有亮，徐向阳，谈飞，等．工程经济学［M］.3 版．南京：东南大学出版社，2015.
[31] 黄有亮．工程经济学习题集及解析［M］. 南京：东南大学出版社，2016.